紹興大典

史部

紹興縣志資料 7

中華書局

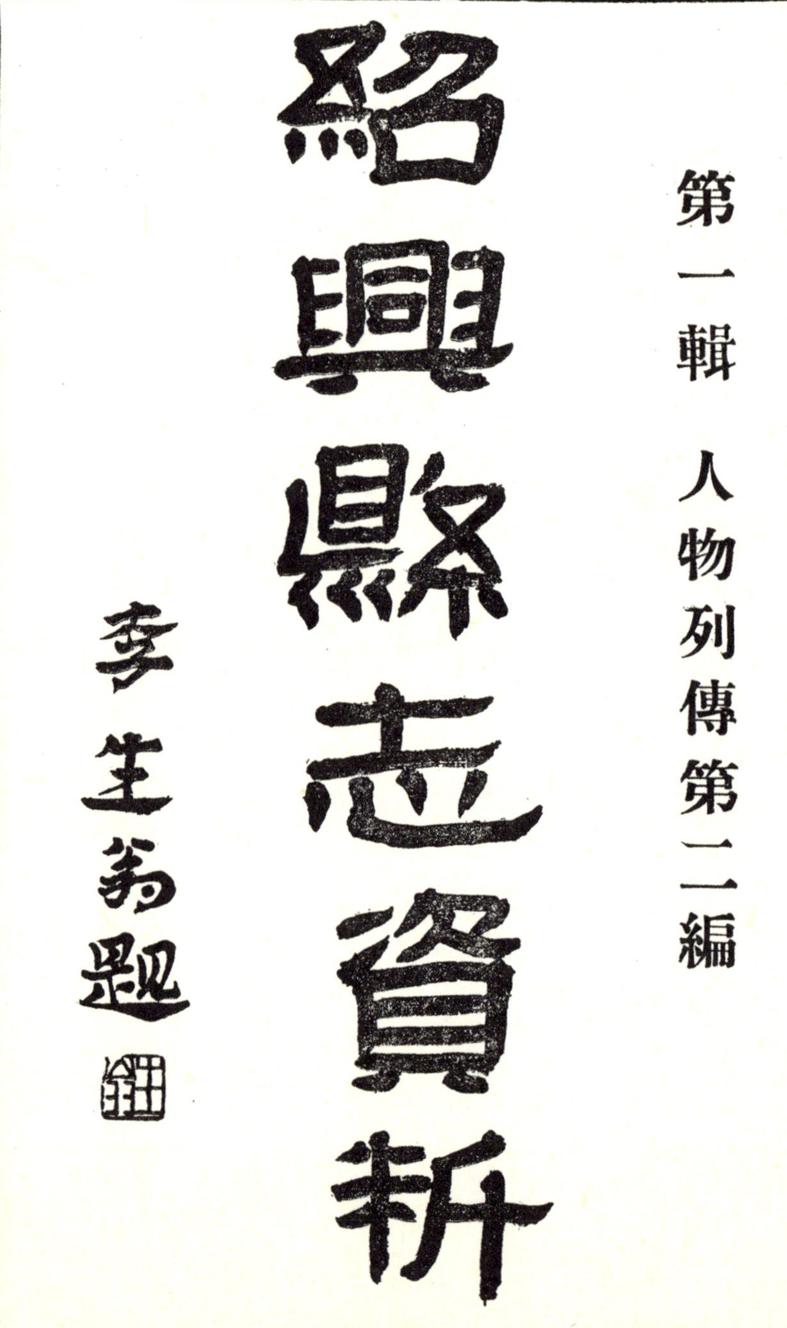

紹興縣志資料

第一輯 人物列傳第二編

李生翁題

中華民國二十八年十月

紹興縣修志委員會刊

第二編目錄

陳鴻逵 馬志燮 馬光瀾 馬寶琛 沈鳳喈 王惠 余樹疇
魯元方 孫選 孫遴 樊勳 金鰲 胡澐 胡兆松
李士高 何蘭汀 汪能肅 潘汝翼 楊珸 何炳勳 黃同勳
陳慶怡 陳秀鈺 曾文炯 黃培杰 馮楷 趙庭椿 孟瀾清子錦城
王樹棨 紐大紳 徐業鈞 鄔宗梅 張杓 諸星杓孫錡 葛雲飛
葛以簡 葛以敦 袁樂忠 楊慶恩 張澄齋 潘忠燮 趙士介
趙元能 王澐 李師泌 陳光緒 沈如淵 王錫九 胡應泰
趙璧 周煒 馬正綬 鄔鶴徵 平浩 周調梅 杜煦
杜丙杰 杜春生子寶乘 杜寶辰 杜寶[illegible] 沈復燦 倪宗海 胡封
魯經芳 孫道豫 孫道乾 朱兆奎 陳慶偕 王汝成 胡學醰
汪鼎 董梗 高驤雲 茅念劬子立仁 張繼昌 許杲 相繼魁
陶辰 陶澐子濬宣 萬家學 萬家霖 濮堯 朱光旭 馮光裕
邵萬楓 張啓榮 陳鍾祥 陳彥泳 謝榮棣 王錫振 謝申烈
沈玎 包仁堃 吳沅 王慶恩 王庚華 潘諮 許正綬

倪　植　余炳燾　王官亮　吳芳蘭　王　藩　沈元泰　馬百慶
陳顯彝　顧湄慶　王汝鼎　金壽萱　董士熊　陶慶麒　陶慶章子在廉
陶良翰　陶仍慶　陶良駿　陶慶禾　嚴嘉榮　袁　夔　宗稷辰
張景燾　桑春榮　譚廷襄　李燮鼎　沈懷祖　李　瑛　王　澤
魯　淦　湯聘尹　錢德承　杜　聯　朱　潮　胡慶騮　余承普
茅　湘　余恩熙　全　淇　馮紹俊　杜保恩　姚立三　楊紹文
馮文燦　周玉衡　王贊元　余　偉　沈光埏子兆圻　酈文杰　韓彤文
陳　烈　孫繼祖　王振榮　馬炳章　徐辰告　凌　漢　范壽枏
姚仰雲　王宗濂　王尙焜　陶　棠　秦金鑑　王　稷　汪　璟
汪　璥　平元杰　羅嘉福　馬文華　俞明厚　章嗣衡　陶際會
胡詩巢　馬傳和　馬傳業　陸　枚子炳圻　陸顯勳　陸　獻　孟　煊
陶恩培　馮元吉　蔣嘉穀　平　源　王汝庚　陳　均子鏞　全　治
陳春暉　沈培源　周錫桐　王洽書　吳嗣昌　高廷祉　謝紹璜
婁慕曾　葉國霖　沈昌世孫光烈其秀　劉鴻庚子憲　黃培嶸子啓勛　史　勳

許道卿 陳惟和 祝永文 鍾普塘 張學海 洪 潭 胡良魁

孫 椿孫平山 劉 然 章 惠章朝棟 金萬清 趙啓玉 沈 晳史與善 蔡中和

趙 震 孫錫珙 胡錦堂 羅 楨 錢元善子恭 張學襄 鄭 沅

張 埰子文鋭文鑑侄月波 孫詹午 陳化鯤 趙榮祺胡玉林 李保衡 莫元賡

鄺 豫 秋曰覲 屠旭初 戴承恩子繼堂 萬青雲 黃培林 孫 炘

陳景賢 王震基 周鳳山 魯訓恭 田 慶 田 泰 田 祥

田 祚 田福疇 朱之琳 朱炳榮 陳述義 陳安生 張少連

婁長源 薛 芳 薛鳴鳳 董 偉 夏孝源 潘慧香 杜毓鯉

何慶皆 周治潤 沈葆初 徐廷縉弟廷綬子文翰 陶綬青 馬傳諫

馬傳朱 何惟俊 潘治安楊鳳藻 陸以鈞 金 大 徐大髦 朱 杰子翰步雲

陳文薈 張程光 杜 衡 朱 渼 李肇丙 李雲杲 李 淞

李 樾 魯燮光 朱傳源 沈宗源 俞蔭棠 徐敬立子溥 劉炳森

趙世英 陳日照 屠佩初 謝英才弟英豪 徐本榮 史久芳弟入青 趙 淮

諸人鑑 韓茂鏕 韓茂鎬 章夢生 鄭泮美族人之穗之祺子在文侄在鈞在銘 徐炳棻

施照 孫濰 陳怡 田逢年 邱廷藻 朱宗燾 李培蘭
胡祖望 孟昭芬 李光興子篤慶 周浩 朱宗懋 周淞 譚廷榮
沈家楨 袁敬 趙均 章壽嵩 陶彝相 陶兆馨 諸嘉臨
樊葆書 汪賡才 胡圻 沈湆常 楊某 蔡華 鍾念祖
魯毓麟 胡延燮 馬傳煦 陳冕 謝鳴鳳 王綬 章桂慶
周巖 司馬檮 胡裕燕 李國鎮 馬家鼎 徐楷子朴 楊燮和
周炳琦 王餘慶 周蘊良 駱照 駱文光 姚國慶 葉世昌
沈源深 黃慕憲 周昂駿 俞大錦 沈孳梅 胡霖霈 陳鉌
陳漢章 章慶寶 沈鏡煌 沈家晉 沈惟善 董邦賚 曾厚基
倪兆錦 孫定橋 孫復功 姚孝連 丁又香 孫鵬振 章毓嵩
阮祖棠 何澂 任塍 高學治 姜秉初 沈翼淸 陶福祥
屠福謙 王煥 徐廷綬 徐樹蘭 徐友蘭 姚振宗 孫詠裳
馮厚忠 陶承業 陸鳳齊 周福康 俞思穆 章華國 程壎
婁杰 李大椿 范濂 湯賢襄 章烋 黃啓泰 黃紹先

人物列傳第二編

傳鼐〔錄魏源譔傳〕傳鼐字重菴浙江山陰人祖樹德江西萬安縣知縣父兆東四川南部縣縣丞始鼐以府經歷仕雲南也猓夷擾邊威遠廳屢戕同知大吏以鼐往圖之乾隆五十九年以馘猓二百餘功擢知寧洱縣明年從雲貴總督大學士嘉勇貝子福康安討貴州湖南紅苗復以計擒吳半生功賜花翎以同知直隷州用旋丁母憂以金革奪情嘉慶元年冬授鳳凰廳同知廳治鎭筸當苗衝戶口竄亡明年春大兵已移征湖北教匪月給降苗鹽糧銀覊縻之而氛愈惡藉口前宣勇伯和琳苗地歸苗之約遂蔓延三廳地司事者至倡以苗爲民之議議盡應其求鼐知愈撫且愈驕而兵罷難再動且防民弱苗强也乃日招流亡附郭棲之團其丁壯而碉其要害十餘碉則堡之年餘犄角漸密苗妨出沒遂死力攻阻鼐以鄉勇東西援救戰且修其修之之法曰近其防閑遙其聲勢邊牆以限疆界哨臺以守望礮臺以堵敵堡以聚家室碉卡以守以戰以遏出以截歸邊牆亘山洞哨臺中邊牆礮臺横其衝碉堡相其宜凡數制者近石以石遠石以土外石中土留孔以槍掘濠以防又曰申戒其民曰勉爲之是有三利矢不入火不焚盜不踰有三便族聚故心固扼要故數數犄角故勢强民競以勸百堵皆作而三年苗大出焚掠下五峒大吏將中鼐開邊釁罪又兵備道某者阿意吝出納以旁掣之事且敗會四年鎭筸黑苗吳陳受衆數千犯邊於是有苗疆何嘗底定之詔責巡撫姜晟嚴首賊鼐爲擒之始奏加知府銜俸是年碉堡成明年邊牆百餘里亦竣苗弃不敢乘晦霧

潛出沒每哨臺舉銃角則知有警婦女牲畜立歸堡環數十里戒嚴於是守固矣可以戰時鎭篁左右營黑苗最患邊適諜晒金塘驍苗悉出掠瀘溪即夜三路擣焚其巢復回伏要苟稆巖大殲之苗氣始奪六年而貴州變起蓋湖南環苗東南北三面七百餘里其西面二百餘里之貴州邊尚未脩備故石峴苗復思狡逞煽十四寨並附近湖南苗以叛鼐以鄉勇千五百馳赴銅仁而貴州巡撫伊桑阿叱其越境要功遂以招撫勘定奏回貴陽時首逆槍械皆未繳各寨方沸然邊民赴愬雲貴總督琅玕琅玕急檄鼐會勦三日盡破諸寨其破崖屯溝也前兩路賊皆壘石守鼐使貴州兵攻其前而自領鄉勇夜探山後徑猿引上黎明始達礮裹山巓之而親督鄉勇黎明攻峽至晡礮破之追逼其寨驍苗方迎死戰即分兵火寨上潮潰而下潮亦望天降寨火起貴州兵望之亦奮呼奪隘連破五巢其破上下潮也莫山一峽苗以死守乃夜分貴州兵左右風潰又爲守隘貴州兵擒斬前後殲苗二千餘三日掃穴平仿湖南建碉堡法守之而伊桑阿冒功誤邊罪爲新巡撫初彭齡劾伏法鼐遂奉旨總理邊務始鼐議遷永綏城於花園副將營於茶洞而貴州亦藉永綏聲援重其移鼐屢陳督撫益力至是詔琅玕查奏鼐再赴銅仁而陳永綏孤懸苗巢形釜底自元年盡撤營汛後城以外即苗地有三難二可慮並請于貴州邊設螺螄堡移湖南守備戍之助彈壓琅玕乃奏移駐是七年九月遂移之既而其城果爲羣苗爭占彌月槍礮鬨黔境鼐以鄉勇數百深入忽遠近苗大集急上據吉多寨苗數重環之銃相繼鼐以奇計穿圍去苗疑不敢逼然自此遂議繳槍械以絕其牙距其抗命者又有永綏生苗鳳凰黑苗之勦矣初永綏以廳城掣肘從未深入其巢果抗繳槍械而積惡石宗四等並阻丈

田土復糾數千苗大猖獗而此時驄已移出且分駐形勢地又得貴州螺螄堡可駐兵遂立以鄉勇千餘苗兵二千敗之夯都河使永綏鎮營兵扼後路而自分兵進攻連燒六寨乘勝窮追至陽孟岡嚴寒山路凌兢方少息忽五鼓萬苗突至跣起揮兵禦之時火藥餘數十觔而後路既絕苗四面急攻銃發如雷勢岌岌會雨霰雜下苗繩硝濕槍凍比曉我兵乃刀槊並前人自爲戰鏖至山後斬墮溺死二千餘生擒石宗四明春正月移兵螺螄堡連勦破口漏魚補抽等寨焚巢破卵是役也賊起事卽戕良苗故鼐得以驅策苗兵深入轉戰月餘破寨十六獲槍礮刀矛三千有奇餘寨乞命降永綏苗一舉平此後唯高都兩頭羊役遂不復用兵二寨皆鳳凰深巢天險各寨繳兵後猶負固至是皆乘雨夜晦濛襲之懸徑出奇而後破其貴州苗未繳槍械者亦發印諭五十道遍繳黔寨威震疊無敢抗時嘉慶十一年也初乾隆乙卯嘉勇貝子征苗時川湖貴廣重兵環境有進康熙五路平苗策者不用故苗得并力拒大軍鼐則偵諜聞然聲東擊西倏然其來忽然其去苗各自守則黨日離不測則情益紲從來備西北邊莫善于李牧一大創之之法禦流寇莫如堅壁清野法而懲苗則莫如沈希儀鵰勦法鼐專用之大小百餘戰殲苗萬計追出良民五千口良苗千餘口而所用不過鄉兵數千則唯訓練有過人者大都苗疆用兵異他地重山深壑奧複巘峭而苗猱騰獸竄如平地此一長也地不容大衆其進無部伍行列退則鳥獸竄岡廻箐邃賊忽中發內暗外明猝不及防此二長也銃銳以長隨山起伏命中莫當唯腰繩藥無重衣裝此三長也鼐因苗地用苗技先囊沙輕走以習步仿造苗槍立上中下三的以習仰擊俯攻臨敵則亦不方陣進呼聚嘯散無異以苗攻苗又苗挾利刃乘我火

器甫發來攻因兼習籐牌閃躍法狹路則短兵制之彼橫衝則趫捷勝之每戰還必嚴汰數年始得精兵千號飛隊優養勤練而嚴節制之乍値山澗風雨而行列不亂遺貲貨載道無反顧者共甘苦若妻孥哭陣亡如子弟報公憤如私仇而鄉兵明地利習苗情又多被禍同仇之人是以致死如一十年勦永綏苗事聞詔各省督撫提鎭以雞練鄉勇法練官兵宋史稱辰州土官秦再雄練土兵三年皆披甲渡水歷山飛塹遂一方無邊患故詳著之俾司苗疆者有攷焉其屯田一事與修邊禦苗錯舉皆於十年蒇事其始不無廣占民田以權利害輕重其後事定民爭復業屢有訟言於是議者人異詞予獨載鼎上巡撫高杞書曰防邊之道兵民相輔兵衛民民實屯有村堡以資生聚必有碉卡以固防維邇者貴州巡撫初公奏商均田一事請陳利害情形而效其說湖南苗疆環以鳳凰永綏乾州古丈坪保靖五廳縣犬牙相錯其營汛相距或三四里或五六七八里故元年班師後苗雲擾波潰如故維時鼐竭心籌之無出碉堡爲上遂募丁壯子弟數千以與匪苗從事來痛擊去修邊前戈矛後邪許得險卽守寸步而前而後苗鋭挫望絶薪爐熠熄堤塞水止然湖南乙卯二載用兵來已耗帑金七百餘萬國家經費有常而頑苗叛服無定募勇不得不散則碉堡不得不虛後患不得不虞則目圖不得不亟通力合作且耕且戰所以招亡拯患於始也均田屯丁自養自衞所以一勞永逸於終也相其距苗遠近碉堡疎密爲田畝多少鳳凰廳碉堡八百需丁四千輪守並留千人備戰共需田三萬餘畝乾州廳碉堡九十餘需丁八百屯田三千餘畝靖縣碉堡四十餘守丁三百屯田千五百餘畝古丈坪廳苗馴止設碉堡十餘守丁三百屯田五百餘畝永綏廳新建碉堡百餘留勇丁二千亦屯

田萬餘畝而後邊無餘隙各環苗以成圈圍之勢峻國防省國計也異族偪處非碉堡無以保碉堡非勇丁無以守勇丁非田畝無以贍在邊民瀕近鋒鏑固願割世業而保身家卽後路同資屏蔽亦樂損有餘以補不足況所募土丁非其子弟則其親族而距邊稍遠者則仍佃本戶輸租視古來屯戍以客卒土民雜處者勢燕越矣與其一旦散數千驍健無業子弟流爲盜賊爲無賴何如守駕輕就熟之用而不費大帑一錢稽之古效則如彼籌之今勢則如此唯執事裁之其堅持定議者大致蓋如此也積久制愈密田益闢則又有出前議外者於是墾沿邊隙地二萬畝曰官墾田又贖苗質民田萬餘畝曰官贖田以備補助濟折耗以廩屯官授屯長以給老幼丁賞練勇暨歲修城堡及神祠學校養濟院育嬰堂費百務並舉而苗占民田三萬五千餘畝亦以兵勒出屯効力苗兵五千其苗弁復自呈七千餘畝爲經費以苗養苗卽以苗制苗於五年陳屯政三十四事十年陳經久八事十二年復陳未盡七事大抵其經費田皆佃租變價者其屯丁田則附碉躬耕者其訓練與農隙講武則屯守備掌之以轄於兵備道者使兵農爲一以相衛使民苗爲二以相安故約官與兵民曰毋擅入苗寨毋擅役苗夫約苗曰毋巫鬼椎牛羣飲以糜財毋挾槍矛尋睚眦釀釁則永永不窮久且變其習遂同學校同考試嗚呼其善深長思矣雍正間張尚書廣泗改黔粵苗歸流試九衛軍屯法蓋以經略督撫之權行之故帖帖無異議鼒區區守土臣未領縣官斗糧尺兵所事大吏不掣其肘卽已幸徒自奮於齟齬拮据中蓋獨爲其難者卽其始欲不借屯以養丁繼不長屯以安烏合數千衆其可得乎後之君子設身以處之綜其始末揆其利害而知用心苦矣十三年屯務竣入覲詔曰國家治民以官任

官以人辰沅永靖兵備道傅鼐專司苗疆十有餘載勸菉安良除弊興利置碉卡千有餘堡屯田十有二萬餘畝收恤流民十萬餘戶屯兵練勇八千人追繳苗寨兵器四萬餘件復勸墾化導設書院六義學百邇日苗民駸駸向學籲求考試遂已革面革心朕久聞其任勞任怨不顧身家悉心籌畫臻斯完善特因未識其人尚未特沛恩施今日召見果安詳諳練明白誠實洵傑出之才堪爲封疆保障若天下吏咸若此何患政治不日有起色其卽加按察使銜用風有位明年授湖南按察使以苗弁兵民籲留命每秋一赴苗疆慰邊人思鼐之在苗疆也日不暇給門設一木匭訴者投滿其中夜歸倒出閱之黎明升堂剖決盡兵民以事至直至榻前及陳臬事一如同知時下無壅情故事無不舉十五年兼權布政使十六年復入覲天子方將擢鼐巡撫以大福湖南民而六月卒於官事聞震悼贈巡撫賜祭葬敕祀名宦祠並許苗疆專祠嗚呼鼐可謂捍大災禦大患有功德於民者矣卒年五十有四嗣子端弼幼故未有碑狀嗣兵備道桐城姚興潔禮予纂屯防志鳳凰廳志志例當有傳故傳　論曰方鼐之惎於大吏以掎齕也則鎮筸鎮總兵富志那實保全之云又舉歲給降苗十餘萬金以委之故鼐得以豢苗者蠱苗富志那從征大小金川習知山碉設險之利鼐從受之卒以成功仁人利溥哉二妾寡居飦粥不給而議鼐者汔今諓諓焉吁北山勞大夫所爲太息也古微堂外集〔一〕按清史稿列傳鼐順天宛平人原籍浙江山陰卒贈巡撫銜照贈官賜邮賜祭一壇苗疆建專祠祀湖南名宦光緒中追謚壯肅

汪炌字明之山陰人佐有司幕凡數十年與傅鼐曾爔尤相得傅平苗疆時炌在幕中所辦善後事宜如禁絕

奸民入寨盤剝使苗人生計不致困乏鑿平天生砦使苗人無險可恃興文教設學校使明人倫即用炌議湖南魏源著聖武記紀述其事甚詳後屢佐督撫臬司治刑名事廉介不苟生平喜讀史尤習於顧氏讀史方輿紀要及溫公通鑑卒年七十七著有史億一卷〔采訪〕

李堯棟　〔錄陳用光撰神道碑〕公諱堯棟字東采又字松雲李氏世居上虞後遷山陰之趙墅村曾祖諱士珍河南彰德府通判祖諱光昭直隸東安縣知縣考諱浚原舉乾隆庚午順天鄉試仕至臺灣兵備道姚氏太夫人文定公國治妹也有子三人公爲長公少秉異資讀書過目不忘文章清麗雅贍操紙筆立就十八舉於鄉二十〔乾隆三十七年〕成進士改庶吉士習國書散館授編修四庫館開充永樂大典纂修官其奉使事庚子丁未兩與會試分校癸卯典試江西丙午典試福建其官階充文淵閣校理日講起居注官右春坊右贊善左春坊左中允乾隆庚戌京察一等授常州府知府調江寧丁父艱歸服闋選授雲南東川府以母老改近調山東泰安再調濟南以迴避門生方提刑維甸歸里居二年謁選授江南徐州府調福建延平丁母艱歸服闋授四川雅州府調成都擢建昌兵備道晉貴州按察使調江蘇按察使署江寧布政使調雲南布政使晉雲南巡撫調福建巡撫未之任署雲貴總督調湖南巡撫今上〔道光〕即位命來京以三品京堂候補道光元年九月初八日卒於寓享年六十有九公少以文學有聲館閣中而勤敏其職讐校祕書詳覈審慎高宗即知公矣又嘗代撰進日下舊聞考表文高宗覽之而亟稱善焉公又工於應制文字屢任衡文之役向例主江西試正考官多卿貳而公以編修被命異數也其前後所拔取多知名士後多歷卿貳

任封疆者人謂公久居京職且晚可躋卿相而公顧乞外迴翔二十餘年乃終陟封疆之任雖未足以盡公然觀公爲政知大體能因地措施以宜民而不爲趨避矯激之行則知公固有幹濟才而非徒以詞章著者也公在濟南時巡撫陳大文治尚嚴公輒侃侃與爭是非及居延平則一以簡靜爲治其在建昌中瞻對土司洛布七力抗拒官兵大府命總兵羅思舉勦之公駐打箭鑪籌辦糧餉設議置礮以擊碉樓蕆役敘績賞戴花翎其自雲南布政使入覲而歸也於途次膺仁宗擢任巡撫之命馳驛往滇助總督進勦臨安夷民高羅衣爲亂事至滇而事已平云助鞫囚誅渠魁數人而分別治其脅從者所全活甚衆既奏請緩徵建水蒙自二縣之被兵而誤春耕者又以爲滇南夷番錯處易起爭端思患豫防奏陳十款下部議施行邊民德之嘉慶戊寅緬甸之木邦新街夷民爲亂緬甸遣兵攻捕議者慮夷民竄入煽動內地公乃嚴飭邊防而於所獲竄入之夷民許緬甸求請發還自爲懲治邊境以安其在湖南湘潭商民互鬭奮言至京師獄久未決公至旬餘廉得其實定讞具奏戮十三人而已衆咸以爲允蓋公之爲政得大體如此其爲雲南山川地理圖二卷夷人圖二卷圖後各係以說蓋續成前巡撫陳若霖奉仁宗諭旨特辦未就之書及其創修四川通志詳實不蕪而以公帑五百緡購書以惠湖南嶽麓書院之士子則又公博聞精識嘉惠士民之大者若其爲江寧建長干橋繕莫愁湖瞻園而誌以詩築補梅亭於湖南節署以誌嗣美梁文定撫楚之名蹟風流輝映世豔稱之又其餘也用光當乾隆癸丑歲謁公於江寧嘉慶辛未十六年遇公於蘇州見公手寫十三經而質以所業公所以期許者愧未足以副之也今年公來京謁公於法源寺詢公詩文公笑曰予生平未嘗禍

梨棗不以自信也詢湘潭事公曰奮言不足信也始釁由江西商民而繼則湖南之報怨其所云掠殺之子女後其父母皆獲得之則未嘗掠殺矣戮爲亂者十三人非寬縱也余謂公持論得其平惜欲詢以贈對事而公已卒矣公子問以神道碑文屬用光曷敢以不文辭公所著有寫十四經堂詩集十二卷樂府詞各一卷又奏疏二十卷皆藏於家

李澐字鐵橋山陰人乾隆五十四年舉人知肇慶惠州二府事於端溪書院豐湖書院均捐置書籍儲藏院中以供諸生觀覽官至貴州按察使〔兩浙輶軒續錄〕

秋學禮字立亭山陰人乾隆五十四年舉人官秀水訓導年三十時師事茹三樵茹謂曰子忠信力行卓然自立行修矣博極羣書無閒寢饋學勤矣不患不成名也七旬餘朝夕必有正業歿時語子金曰善讀書無妄求可以自立可以樂道著有補齋文集〔兩浙輶軒續錄〕

高金成〔錄宗稷辰撰傳〕先生初名璡字藝輝晚改名金成字星岳號存齋會稽人也世居昌安門外先代多潛德先生入邑學爲名諸生甚久以歲貢升成均言動有法度治經教士以義理爲宗其授學者訓詁辭章要必歸於義理其學尤沈潛於周易周禮講易特主象嘗謂非象則理何以明數何以見乎周禮分析其官與事秩然各得其條理使人易解皆萃漢唐宋諸儒之說鉤深致遠而成一書凡十易稿而定他經亦多闡發其書百十卷大都散佚惟易稿周禮稿以授梅山丁氏吳瀜馬氏家塾得存先生治經之餘博覽羣史嘗欲續東萊詳節一書謂通鑑法左氏綱目法春秋而近人紀事本末亦取法國語著述貴有本當如此其

於文章選有關治道者董賈匡劉韓歐曾蘇以下千餘篇丹黄不釋手初願期以經術爲世用每掩卷歎曰立德立功立言何嘗不可合爲一耶其餘理學自周邵而下合爲一集朝夕省覽俗流姍其不急恐誤學子先生笑而弗辯也平居嚴氣正性凜不可犯接人又沖然以和故士多尊而親之聞之侄嘗問業齋中先生留之信宿深夜講論不倦五鼓時聞先生起坐念仁義禮智信五字殆亦如古人念中之法云一日談越中前哲之學曰姚江魄力固大然實踐無弊莫如蕺山之慎獨也每與學者曰乾隆間有請以劉子祀兩廡者以已入忠義祠而止賢等儻在言路當復請語畢淚下其自知道之不行有志於是而望之巽日深可悲已又嘗論陸宣公爲唐室大儒昌黎出其門下後人但以經濟文章推重由知公未深是亦當列孔廡者後胡君海門莫公寶齋迭言之於馬侍御步蟾請祀劉子馬君厚庵於吳侍郎傑爲侍御時言當祀宣公皆得如請實先生發其端也先生介然獨立不趨形勢寶齋閣學主講蕺山聞先生名詣館求一見不可得爲歎息去曰眞不愧爲高先生矣後得其四書義十篇刻之以示後進焉先生以嘉慶某年某月某日卒於家年七十二（躬耻齋文鈔）

陶維垣字愚墟號鶴門會稽諸生早歲遊學績學能文章其爲學之旨務重根柢以致知格物爲本嘗謂讀書必先識字識字自審音始能識字審音而后萬事萬物之理可窮生平尤邃於音韻之學時江段諸氏書尚未出維垣集切韻廣韻韻會諸書參以毛詩楚詞及周秦諸子中有韻可證者作韵辨一書凡五大册未付梓尤工駢體文已刊行者曰鶴門雜俎（兩浙輶軒續錄）

童鳳詔〔錄宗稷辰撰童氏兩世詩傳〕童筠巖先生諱聖俞嵊邑庠生後遷居會稽之富盛村改名鳳詔富盛有兩童氏一系同於李一系同於張不得而詳也先生安貧樂道好爲古詩鄉也未之見今其外曾孫沈生玉書守遺稿二十二首其詠懷之什思義俱古類左太冲阮嗣宗之所爲七言歌行似初唐人雖所存甚少知其志趣固不在魏晉下矣所箸曰敬慎堂詩鈔子震字青岳號寶晉一號萊村年十四即克爲里塾師十八爲會稽諸生二十五歲登乾隆乙卯副榜又二十六年登道光辛巳鄉舉君館剡中久士多成就文前見賞寶學使後見賞莫山長詩非所長而外孫沈生藏其少作有玉溪遺響在里門結泊鷗吟社壬午留京師館內城與黃笑山劉樨園結楸社爲詩課是冬遽卒於館子福齡嘗奉其晚年詩之都下示余福齡後落魄家人俱亡遺稿散失有沈生不得見者君世爲儒宜有後而慘焉中絕手校經史藏女家與中郎同恨噫嘻悲哉〔躬恥齋文鈔〕

史善長字春林浙江山陰人父積厚游幕來粵善長生十月而孤母王養姑教子以節孝旌善長倜儻有異才一應童子試不售援例捐知縣選江西餘干縣先是鄱陽湖濱有袁朱二族爭洲而鬭朱氏死十九人告於官主謀者袁梓材捕之不獲朱氏控京師猶不獲善長到官知府命發兵捕之善長則布衣草屨攜一童乘漁舟抵袁氏村外使童傳呼曰縣官來皆大驚善長曰吾奉府檄捕梓材所以却兵役屏騶從懼苦吾民耳父老相顧感泣願具結立限自往捕善長曰官與民信耳何結爲卽去白知府知府哂之未及期梓材果至與鄱陽知縣馮某會鞫於巡撫署湖洲錯兩邑本官荒無完糧據詢老吏無知者馮某抗言殺人者死據案

擬抵洲所屬不必問善長力持不可巡撫爲動容以此案專委善長善長據餘干舊志明末袁族曾納漁課獄遂決兩造皆折服立碑息訟巡撫深器之名大起在任年餘每旦坐堂皇視事竟日不入私室諸生有健訟者激勸之至涕泣悔過修湖隄冒雨監視捐廉增書院膏火親課之歲旱率父老禱雨徒行烈日中夜則焚香長跪隱几假寐吳嵩梁中翰贈詩云紅日未升朝判牘青天可告夜焚香紀實也民愛戴之縣以大治後坐失察褫職遣戍縣民相率醵金謀納贖叩巡撫轅門乞留俱格於例總督百齡閱兵江右吏民復遮道泣訴百齡因入覲以聞未幾赦歸道出江西餘干民知者走相告驚喜膜拜善長少貧而好施有討飯孟嘗之目家稍裕親串多待以舉火者友負八萬金無愠色反爲引手鄰有買婢者婢別父哭哀聞之乃急典衣贖歸其父雖遣戍意氣如昔謫而貧者皆周恤之廣東巡檢王暘在戍貧病爲具湯藥又制棺衾以慰之暘死葬之僧寺側捐金付僧使歲時設祭旁有湖南陳知縣墓亦并祭之刻石寺壁待其子孫訪至耆餘干外委與同謫挈以行衣食之至戍屢贈金外委飲博輒盡及釋負債不能行善長爲償債同行至江西復贈金使歸壽其母廣東肇慶人劉甲在戍娶妻生子遇赦貧不能歸謀鬻妻子亟止之並挈以歸善長之始謫也母年七十餘謂不復相見在戍三年恒思母悲泣及歸事母五年母卒廬於墓服闋擇近墓地築室以居朔望至墓泣拜善長博覽彊記工爲詩不落凡近邁往如其人江西知縣惲敬稱之曰七十二同官詩人第一在烏魯木齊有稱弟子從學詩者所著味根山房詩鈔九卷雜文一卷輪臺雜記二卷東還紀略一卷年六十三卒子澄翰林院編修著籍番禺〔番禺縣志〕〔按輶軒續錄引緝雅堂詩話云子穆堂諱澄籍番禺

成道光庚子進士官至右中允左遷編修以母老乞養主講粵秀書院二十三年〕

孫良字頴瞻三世皆敦義行少服賈養親一日歸見母容漸衰遂不出隱魚鹽以終身經畫先世義莊出貲爲貧家鬻妻者完娶〔陽川孫氏譜〕

孫暉字曉峰良仲子也習法家言嘉慶初入贛撫張誠基幕贊助平寧州邪教劉聯登堅辭不受薦剡後官江西督糧道庫大使欲以俸餘贍族未及而卒作遺命嗣子聞禮行之聞禮字又峰善承父志祀先贍族多參用范氏法郡中義舉如修城郜育嬰義倉等役多與焉置產不輕減人值曰吾不忍迫人子孫也有背父兄以田求售者必婉止之多感泣去〔同上〕

馮士毅字再可山陰柯橋人隱於市肆而樂善好施鎮之南岸東西官塘一帶綿亘數百里日久傾圮行者苦之士毅先自捐金若干與二三同志協力修復鄰人有鬻女者既成價矣士毅聞之蹙然爲出橐中金付之使弗果鬻士毅初援例捐職授登仕郎以盛德服人公舉鄉介賓嘉慶元年以上壽恩賜八品頂帶九年卒年八十有五葬於夏履橋之南庄山〔據柯橋馮氏譜〕

馮光昂山陰柯橋人邑之西有玉帶橋行義橋者連絡數十里西至蕭邑東達餘上千萬人往來之通衢也歲久傾圮行人苦之光昂出重金首行捐修復向親友勸輸逾年而巨工始竣利及行人〔同上〕

周源字心渠廣東香山縣知縣譜稱源所至有治行今浙江會館有碑記可考〔見越城周氏譜按選舉志周源原名清會稽人寄籍宛平乾隆乙卯順天舉人〕

馮國炳會稽監生嘉慶元年任福建馬巷通判時廳轄有班股會名目各糾黨數十莊衆械鬥不休國炳察啓釁多由擄人遇控擄立點幹役數十人親臨押放嚴究主擄之犯毁其屋廬故鄉村畏威不敢私擄械鬥之風熄〔同安縣志〕六年二月署泉州府知府下車勤考課查清源書院舊時經費僅存四之一先割俸終歲計費八百餘緡恐無以繼乃先倡捐復謀之僚友及紳士鳩金各半獲符原額申詳列憲增訂舊規以其子錢供歲費値童子試延名輩悉心批閲反覆周詳務絶弊竇士類稱之七年十二月卸事紳士爲奉位于清源書院中〔晉江縣志〕

孫樹新山陰人嘉慶中由舉人知山西代州下車卽興修學校星聚泉久湮爲疏濬之穿玉帶河與之通栽蓮萬本建亭其上人以爲文明之徵時州科名不競嗣是果翩聯而起云開西鄉水利溉田萬餘畝修雁門道以通行旅十七年歲祲盡心振濟州無饑人民感其廉惠爲建祠青龍泉歲祀之〔代州志〕

方友楨山陰人嘉慶間山東高密縣典史工詩善書性廉介解任歸時圖書數卷而已〔高密縣志〕

夏繼先山陰人嘉慶元年任中營中軍守備由行伍擢重慶中營守備委長壽縣防衞縣治二年十月二十三日白蓮教首王三槐率衆來攻繼先帶領兵勇奮力出禦戰歿於陣邺蔭如例〔四川通志〕

胡延璠字孔美山陰人由州吏目擢升州判嘉慶元年署四川閬中縣時教匪已滋蔓見城垣頹圮躬自督修百姓恃以無恐又於城西補修石堤並建魚翅以殺水勢公餘撰爲俚歌勸民息訟民多化焉〔閬中縣志〕

謝維良字圯授會稽監生嘉慶二年任四川營山縣知縣是年冬白蓮教首王三槐徐天德圍營山營山爲川

東北鎖隘而城居平衍無險可恃維良增築城堞率屬士民與俱守寇至親登堞燃礮擊一賊目墜馬死勢少退夜復大至四面環攻飛礮如雨守陴者皆負戶而立亦有斃者寇縱火焚東門樓急撲滅之亦擲火焚城外草樹使無所蔽匿復以長刀斫攻城竹梯如是者五晝夜得城中奸細韓藏保戮之寇勢大阻會援兵至乃解圍去後寇目羅其清張漢潮時來窺伺竟不敢逼維良以功擢茂州知州因病乞休卒〔四川通志〕

張大鼎山陰人嘉慶二年任雲南蒙化同知値改定鹽規之後爲政寬猛相濟〔雲南通志〕

黃詔字志鴻山陰人議叙授九道梁巡檢地距房縣四百餘里與巫山大寧接嘉慶元年枝宜教匪起其黨伏戎於房者出圍縣城大小羅溪冷盤埡賊數千欲趨助之詔扼要守禦賊不得過出奇計殲其渠房圍以解二三年間賊竄至者隨宜堵勦皆郤之四年七月賊由竹谿竄房川匪復自巴東入詔禦之雞鳴口賊大至詔中矛死妻王氏亦墜崖死之〔湖北通志〕

胡希煦山陰人父邦宰貴州婺川縣典史罷官寓銅仁府松桃廳遂家焉希煦由行伍歷官貴州平遠協右營守備以軍功卓異保升都司會白蓮教滋事川楚豫三省震動政府命大臣經略其地嘉慶三年希煦奉調至川隸夔州府開縣之開州坪軍營五月二十六日領隊進方接戰賊大至希煦力竭陣亡事聞奉旨加等優卹恩廕如例旋復崇祀昭忠祠〔張濮胡氏譜〕

王檢字式菴一字己亭山陰人寄籍瀘州嘉慶四年進士官山東鹽運使居官正色率下以廉潔稱任山東時屢攝藩臬篆度支刑名手自裁決上下憚其神明東撫雅重之將登薦牘引疾歸改歸山陰原籍卜宅郡城

葺廢園而新之名曰巢園著詩經旁証蜀都賦音釋孫秉中字廉叔諸生著幸草室詩存〔采訪參兩浙輶軒續錄〕

胡朝倫字敕廷山陰人嘉慶四年任江蘇邵伯司巡檢邵埭多水患荷花塘尤衝要九年洪澤河決口自淮至揚三百餘里成澤國民多漂沒有棲止樹杪者朝倫先以舟載胡餅遞給繼復捐錢米申勸富戶協助按極貧次貧分贍之至水退乃止以餘錢米給寒士之失所者十二年補升山東莘縣知縣裁去完漕陋規治獄無留牘人稱廉明十八年秋教首林清起事所在蠢動曹州屬曹單二縣陷波及直隸河南二省直隸之長垣東明河南之滑縣俱告警朝倫令老幼桀石登城於城東多設兵廠募義勇製軍械令嫺習之晝則刀槍森列夜則號燈交輝分地而守又采買各鄉豆麥濟軍食撫軍同興率兵至見境中有備喜曰吾自省至此三百餘里地方官除率衆屯城外一籌莫展沿途斥堠亦虛若無人號令嚴明隊伍整飭未有如莘縣胡令者東昌爲東省咽喉莘縣又東昌門戶得胡令扼其要吾無憂矣時各州縣皆爲屯城計朝倫獨洞開四門市不易肆農不易畝民間穀麥盡運入城不以賫盜糧但譏異言異服嚴其出入愼其啓閉不令匪類混迹而已查對門牌登城巡邏晝夜不撤明年正月縣始解嚴先是直隸鉅鹿縣釀敎案莘縣李發志其黨也朝倫親往收之得其檔册習敎者計八百餘家卽時投於火免株連平時曉民以大義講孝悌勸耕讀故莘縣闔境先後無迷民焉又以大軍之後必有大疫出貲造普度丸數十萬料至夏秋間痁瘧驟發道殣相望設藥局於城四門及各村鎭活人無算在莘凡九年調補聊城聊城爲東昌附郭縣水陸通衢寇盜充斥朝

倫嚴於緝捕修治沿途堡房添設巡役以便往來行旅縣東北濱運河堤高於城垣水高於民居朝倫令濬隄旁壕溝丈許通水以其土填道又於兩旁添栽柳樹以固堤根城西北隅名鵝鴨坡受曹濮數州之水秋潦張發汪洋數十里向恃涵洞十餘處以洩於運河而運河平時水盛須俟秋冬糧艘回空水涸之後方能施放又其時河工吏役正從事挑濬礙難徑洩迨冬春之交水澤腹堅坡水不能下注農田坐廢朝倫每逢積水之時請於河帥急疏放涸出腴地數千頃得以墾種民甚德之其爲政務遠大類如是道光二年以老病乞休己遣眷屬回籍無何爲仇家所中不得歸三年冬十一月二十四日夜分趺坐而逝年六十六〔張漊胡氏譜〕

張孔源山陰人嘉慶五年知直隸沙河縣蒞任首裁冗役高寨社等村水衝沙壓地畝久爲民累孔源力請於上官卒蒙蠲除士民勒石頌之〔畿輔通志〕

陳廣寧山陰人父聖傳官臺灣縣丞乾隆五十一年林爽文滋事被戕恩予雲騎尉世職五十五年廣寧承襲隸本省撫標學習嘉慶三年補海寧海防營守備旋援工賑例捐陞參將八年選閩浙督標右營參將十二年擢本標中營副將十五年陞江南壽春鎮總兵十六年調山東兗州鎮總兵十八年九月直隸長垣縣及河南滑縣山東曹縣等處教匪滋擾上命直隸總督溫承惠爲欽差大臣馳往長垣滑縣一帶統兵勦辦河南巡撫高杞防堵西南山東巡撫同興防勦東路廣寧偵知長垣賊匪竄東省卽帶兵由濟寧馳赴曹州防堵由四百里遞奏堵賊情形諭曰總兵雖有奏事之責至於辦理軍務則應事權歸一各路總兵祇應具報

總統及各省督撫具奏現在溫承惠係欽差大臣所統將領具報之事皆由伊馳奏山東則就近由同興具奏河南則就近由高杞具奏此外均不許擅發奏報廣寧復奏臣馳抵曹州府城卽派所帶弁兵分防巡查人心稍定連日捕獲賊探僧人通爵等十一名俱供認在定陶曹縣二處戕官劫獄當卽恭請王命正法現在匪徒裹脅二三千人在府城正南潛伏窺伺臣所轄各營兵丁俱派往鉅野金鄉嘉祥等縣防堵俟撫臣同興調集重兵前來將賊匪一鼓殲除諭曰總兵陳廣寧帶兵防賊因同興尚未到彼將曹州一帶現在賊情奏報尚無不合此後同興到彼則一切剿捕情形均應由同興具奏該總兵不許列名以符體制至摺內所敘緝獲奸細審明正法所辦尚是此時該總兵帶兵有限祇可防守曹州府城不必以有限兵力冒昧擊賊十月諭曰節據同興奏報東省兩次勦賊皆係運使劉清參將馬建紀二員帶兵獲勝總兵陳廣寧係帶兵大員總未親身臨敵殊爲可詫伊現在何處著那彥成據實查明如果該總兵畏賊遷延卽嚴行參奏同興尋奏廣寧自馳抵曹州以來捕獲奸細多人賊衆不敢窺伺現由定陶赴東明交界防堵尙無遷延畏賊之處又奏東省已無大夥賊匪惟直隸河南兩省正在進兵痛勦之時東明與曹州連界之處最爲緊要派陳廣寧帶兵堵截諭曰直隸邊界正當用兵之時尤恐竄匪逸入東境同興派陳廣寧在東明曹州連界之處駐劄殊不可靠著另派將弁幫同防堵同興因派陳廣寧駐兵單家集以守東明交界扼要之處復派四川提督多隆武協同防守十一月廣寧緝獲滑縣賊諜王宗賢等時滑縣道口賊匪經官兵勦敗由長垣之小貲集一帶東竄同興檄令廣寧偕直隸提督馬瑜蘇爾愼等嚴密防勦廣寧尋調雲南騰越鎭總兵具摺

謝恩以現在東省平定仍須搜捕豫直兩省竄來賊匪請暫留東省協同勦捕並附奏拿獲太行山口司寨及滑縣道口逸匪共一百七十八名盤出僞知府王學禮僞參將宋幗新僞總兵朱文盛及受僞職都司知縣等官並賊探董繼文等解送曹州交撫臣嚴審上以王學禮一犯前經同興奏明係屬著名賊目自必備知賊情著該撫親提研鞫十二月同興奏臣親提王學禮研訊與前此獲賊王奇山供出之王學禮一犯年貌不符惟該犯於九月間曾跟教匪滋擾云云匪平撤兵回兗州鎭交卸印務十九年正月陛見二月赴騰越任卒〔清史列傳〕

〔附錄〕陳廣寧字雪樵號默齋山陰人以父聖傳難廕授海塘守備嘉慶戊午抵任好吟咏尤喜搜羅金石文字所居一室刻碑者列其左刻書者列其右登登之聲與衙鼓相應和爾時上官如阮中丞百臬使秦觀察皆以文人才士目之不以麤官見待後歷官至山東兗州鎭總兵調雲南騰越未任卒〔海寧州志稿〕

王懋德山陰人嘉慶六年署貴州銅仁縣事先是銅仁苗叛懋德奉檄駐鎭遠龍眉一帶堵禦當道奇其才始有邑令之命方懋德至銅履任時途次遇縣卒解小竹山邪匪高某者回稟問何案役曰是訊明非邪教者故釋之耳懋德呼高某詰之聽其言詭譎支離惟貌似誠樸諭之曰且隨入城吾當白諸大吏以救汝曹身家也是巡撫按察尙駐節銅仁辦理善後事宜懋德入城且白訊高某狀力言叵測聞者疑信半焉懋德曰吾地方官也當親往察之事未成或可以化吾民事果成亦不惜致吾身利害何足計大吏壯其言許之懋德輕騎往視爲匪戕於梛木坳始信懋德於途次所以疑高某者爲不虛也〔銅仁縣志〕

吳尊盤山陰人乾隆戊戌進士選福建建寧縣知縣嘉慶六年補邵武府同知七年任晉江通判禮賢下士甫下車集士觀風親加披閱選擇制義爲士林宗居官儒雅醇謹不事奔競八年七月出鉛差卸事既回調別任卒眷屬羈晉江久乃還〔晉江縣志〕

濮繩武字德威號硯雲山陰人佐閩中惠安縣幕令將罷官修脯累千金不能償繩武竟不索徒手歸閩俗好械鬭殺人動以百十計買愚民以抵罪積俗相沿無平反之者繩武深歎之遂棄刑名之學且戒子孫勿習凡於修族譜建宗祠諸善舉均力行之所著有硯雲詩鈔一卷嘉慶十六年卒年六十三〔據濮氏家傳〕

平聖垣字翊山山陰人乾隆庚子舉人嘉慶六年任小直沽批驗大使天津鹽關向設浮橋以便往來值運鹽開橋令橋夫以巨艦渡人例給工食後橋夫漁利廢巨艦而用小舟每渡按人索錢無則詬辱之舟小人衆時有覆溺之虞至兩岸搭板與日暮閉橋輒故留其隙車陷則鬨起抬架以索重酬聖垣蒞任密訪得實立拘橋夫重懲之盡撤小舟仍用巨艦日坐河干以乾餱代饔飧暑遠於橋移而近之或不待肩輿而行從此人不病涉云〔天津府志〕

馮春潮會稽舉人嘉慶間任慶元教諭學問閎博口不言私行多古道凡探奇審問有叩則鳴不憚窮源竟委詳發其奧且謹而有禮所著有金帚集詩刋行於世〔慶元縣志〕

曹吉履山陰舉人嘉慶七年知山東荷澤縣值黃水衝溢躬歷災區周視賑邺全活甚衆〔山東通志〕

王壇字蔚堂山陰舉人嘉慶七年任慶元訓導博學多識書法豪邁平易近人與士人講論詩文恍如披雲見

月略師徒之分儼若家人父子誠信宅心忠恕接物闔庠德之尋陞廣東知縣〔慶元縣志〕

徐鼎會稽人嘉慶七年任四川江津縣勤政愛民斷獄每勸民和睦懲奸改悔即止未嘗峻刑然胥吏無敢玩法去之日民醵金以贐卻不受衆皆泣下乃受之刋史學提要一書藏之書院以示學者〔江津縣志〕

陳澍會稽舉人嘉慶十一年署陝西石泉縣時五郎新兵反破洋城人情洶洶居人皆避匿山谷八日興安鎭將王兆夢率兵至石楊芳亦至與澍協力守城賊至攻之不克圍二日而去〔石泉縣志〕

王湘山陰人嘉慶十五年知山東平度州事秉性慈惠辛未壬申連歲大祲設法賑濟善於撫綏〔平度州志〕

馬曾裕〔錄季芝昌撰傳〕嗚呼昔先大夫以无妄之灾遣戍西陲時虛舟先生官呼圖壁實延課其子閱歲先大夫捐館舍含殮楄柎萬里言還惟先生實料量之芝昌未及見先生每念高誼未嘗不感吁涕泗也迄芝昌典學山左而先生卒官闈中矣今先生子傳和函先生行狀乞爲之傳芝昌夙知先生行誼治蹟悉與狀符遂不辭而傳之先生諱曾裕字韞山虛舟其自號也世爲浙江會稽人自祖以上二代皆以先生季父諱光瀾官山東鹽運使贈中議大夫父諱鳳池初以先生官贈修職郎又以先生季父官刑部主事時貤贈奉政大夫先生幼而沈靜好讀書成童即有才識納資得州佐年十七選授甘肅涇州吏目〔嘉慶九年甲子〕調迪化城巡檢旋丁贈君艱服闋赴新疆坐補壬申調補呼圖壁巡檢飛蝗入境先生禱於神驅之蝗皆入山林不傷稼是歲豐登麥有雙歧者甲戌納資改官縣丞會查都蘭哈拉鉛廠事務大學士伊犂將軍松公卽奏留先生辦理都蘭地接蒙古去木壘禾千餘里地皆不耕黃蘆積雪道無人煙爚雪爲水炙獸肉

以食身衣重裘寒粟膚粟夜臥毯帳帳外時聞野獸呌嗷聲先生獨率民夫以往至則清地界覈盈耗事必以公廠夫五萬餘人往時嘗盜採蒙古鉛地或竊其牛羊先生日夜親巡及事竣歸無盜竊者大吏以先生勞績奏請仍留新疆以縣丞補用旋奏署昌吉縣事並奉旨俞允先時宜禾令某不諳吏治大吏欲劾之而令先生攝篆先生固辭爲某婉解並爲延賓佐理某遂得免大吏益器重先生及是遂有昌吉之請昌吉產煤凡各衙署所需吏因緣爲奸每歲供給至萬餘車民病苦之先生詳請裁汰其弊遂革乙卯補授濟木薩縣丞鄉民祖送百里不絕有痛哭欲挽留者邊地遼遠濟木薩所轄至七百餘里民俗健訟先生隨方判決務達民隱興復書院延師以教由是民漸向學訟者衰息辛巳〔道光元年〕以丁母憂去官服闋復納資爲鹽大使分發福建庚寅署福清場事會上洋設立鹽關大吏委先生查辦先生悉心籌畫酌定章程若干條大吏欲卽施行會中蜚語不果後大吏病危時悔之謂先生曰上洋事吾以誤聽人言負君也壬辰甲午閩省大水饑先生兩董粥廠事活民無算旋署霞浦縣事又署西河場事皆勤於職乙未鄉試又奉委闈差而先生以積勞成疾矣出闈甫三日卒時九月十日也先生性孝友年十四時贈君病殆先生刲股和藥以進遂愈歸里時出俸餘置祠田以贍族設義塚以惠鄉里平生好推解官塞外時綏來令某因虧帑將查辦先生代求寬限竭力先爲措繳十之三慕義者復佽助資之令得全後令署務歸先生曰後日必相償先生復毀其券並寬慰之又塞外多旅櫬未歸者先生必爲籌畫歸之其無可歸者必擇高塽地葬之表以碑以待其家人其宅心仁厚類如此生乾隆丙午卒道光乙未年五十配沈氏繼配章氏傅氏並封孺人側室朱氏

子三長輪臺殤次傳和河南候補從九品次傳賡論曰國家本用賢無方之意設納貲一途故我朝如李敏達李果毅皆以下僚躋上秩位通顯以先生抱經濟才服官南北三十餘年而未得專宰百里豈足盡先生之志哉吾聞先生官呼圖壁時有海騮馬奔入署中馬身而牛蹄不能訪所從來及辦都蘭哈拉鉛廠之役往返險阻甚賴其力及差竣而馬卽斃先生以敝帷報之然則先生之勤於職事鬼神且隱相之矣夫積善必昌語云不於其身必於其子孫豈誣也哉吾於哲嗣傳和輩蓋有厚望焉

劉世治山陰人嘉慶九年任直隸長垣典史十八年教匪倡亂知縣趙綸死於賊世治聞變急飭紳民閉城堅守時直隸總督那彥成駐師滑縣世治草牘請援邑恃以無恐〔長垣縣志〕

韓輝字盧舟會稽人乾隆己酉舉人嘉慶十年知山西襄陵縣值歲饑勸紳富輸貲得一萬數千金設法賑恤民賴以蘇修汾河石隄百餘丈縣人勒石誌遺愛焉〔采訪參山西通志〕

〔附節錄陶澍撰墓誌〕〔上略〕君在山西二十餘載由襄陵縣調臨汾再調浮山擢澤州府同知前後歷攝十餘郡邑所至有聲其在襄陵甫到任値歲薦饑爲粥賑向設廠城中君曰如是則饑民之遠者有奔走之勞有守候之苦適以資胥吏爲奸而聚五方之人於一區其氣將蒸爲疫癘且男女雜遝易啓不肖之心所慮有甚於餓死者乃倣魏叔子救荒策每鄉各設一廠民稱便官賑不足捐俸繼之並請下其法於他縣全活無算又爲隄東門外以捍汾流民德之呼爲韓公隄其在遼州遼僻處太行文教不章君至爲建書院籌廩餼進庠序之髦髦勗以植行績學擇其尤而獎勵之遼士不與於賓興之籍者垂三十年至是乃復聞工歌

鹿鳴也君尤長聽訟所平反檢次白氏及平定州侯氏諸大獄奉旨議敍然不以自喜曰聖人貴無訟明察不足尚也每有審讞必推勘再四然後定曰一字之間可生殺人奈何弗慎君在晉久所居民樂所去民思平定州卸事時百姓各持水一盂鏡一具送之至百里外又嘗署大同府既去任一歲民有聞君貧齎千金至省餽者曰感公德政無以報曩在郡未敢獻以避嫌也君却之再三終委而去君諱輝字虛舟世爲浙江會稽人乾隆己酉科舉人嘉慶辛酉大挑揀發山西道光元年七月補平陽府八月三十日卒於任年六十有六〔下略〕

沈庚榜名銧瑛字春江會稽人嘉慶九年舉人官永康教諭性廉介常以倫行爲身教邑有試規幾爲成例笑曰豈有讀書人而屑屑於此置不問有因事受累者爲別白之餽遺却勿受〔據永康縣志〕

高崇文字廣鏞號竹澗山陰貢生天性篤摯親喪釋服遇忌日必素衣冠加葛帶慘容竟日春秋祭墓襲回不忍離終其身如是長兄崇元以好施故儲蓄一空崇文能體其志遇有義舉必傾貲成之嘗擇地葬親故之無主者若干家其貧不能舉喪得其助而蕆事者不可勝計生平無華美之飾無豪侈之樂所爲家訓數十條有曰事親孝非言語可喻當從心坎中流出曰欲教子孫先從己身立標準曰覺而不改下流之漸曰處世去其自賢自是氣象其所訓於倫紀日用推明曲暢此尤其切而要者子孫遵其教咸尚敦樸戚黨多稱之〔兩浙輶軒錄　子鳳臺另有傳〕

高鳳臺字月垞山陰籍仁和人嘉慶丁卯舉人官內閣中書好學博覽著作爲時流傾倒稟德修行喜提倡後

學於仁和倉橋後營家祠內仿試棚成規月課子弟及鄉黨後進造就甚衆又嘗輯二十四孝別錄以翼風教與弟鳳墀商舉賙粟掩胔諸善舉無吝色亦無德色著有書畫舫集〔杭州府志及兩浙輶軒續錄〕〔附錄姚椿撰墓誌〕君於學無所不窺鄉舉後官內閣中書協辦漢本堂事務充內廷方略館分校奏派軍機處漢檔房又派本衙門撰文制誥多出其手在閣期滿將詮注會長兄卒乞假養親時太傅歙縣曹公領閣務頗慰留之君不應自是家居養母不復有仕宦意居恒好賓客嗜吟詠主講於潛海昌書院諸生皆感其善教君所交士友多予舊識君家行誼又屢爲人稱述予因得稔聞焉

范澍字今雨會稽人寄籍龍州嘉慶十年進士任直隸高邑縣知縣有善政後被劾去官遠謫塞外未幾回僑居保定著有待焚草〔采訪　參看兩浙輶軒續錄〕

童璜字磻珍山陰賓舍村人與鄞縣童槐受知於儀徵阮文達元有兩浙文章推二童之語嘉慶六年拔貢是年鄉試中式十年成進士授禮部儀制司主事在京日曾修浙紹鄉祠及會館添置器具鄉人至京者咸利賴之其爲學長於毛詩左氏傳三禮著有海雲書屋詩文集若干卷嘉慶十七年卒〔據富盛童氏譜〕

王銘〔錄宗稷辰撰墓表〕〔上略〕按狀先生系本太原明季譜牒盡毀不得而詳世居塊頭村爲會稽人曾祖諱宏相祖諱家祥潛德不耀父諱國泰始遷郡城敦本樂善不求仕進生二子先生其冢君也先生諱銘字裴山別署未巖生而潁異博學能文年十七入郡庠旋食餼累應鄉舉落解益自淬厲每夜發篋攻書漏盡乃寢儉不作食唯啜茗數甌而已久之淫泆於藏府遂患痔庸醫誤砭之瀉血數斗乃大困先生體素癯

至是轉豐偉臥疾三載竟不起悲哉先生至性過人居父喪哀戚中禮事母金尤孝館珠山日夕籠燈歸省問所需必致以獻須臾還館夜讀風雨寒暑無間友愛弱弟迺牀共被者三十年與其伯父國埔立家廟於墁頭村并捐置祀田以竟先志洽於族黨信於朋友一鄉之人薰德善良非所謂有道君子乎〔箸文稿〕〔未巖詩文稿〕若干卷手抄文史數十册經丹黃者數百册惜燬於兵燹其生在乾隆壬子年四月廿五日卒在道光己丑年五月十六日年僅三十有八〔下略〕〔躬恥齋文鈔〕

楊章山陰人嘉慶中署湖南寧鄉典史性廉介勤於捕盜暇則作眞草書去官之日惟敝筆盈束舊硯數方而已〔湖南通志〕

孫良炳字麟若山陰人嘉慶中爲高唐州知州政尙寬簡疏網闊目而訟獄不興百姓熙熙歌舞太平去之日父老攀轅祖餞不欲別有涕泣不能自已者或問之何施而民若此良炳曰吾所作爲於此土也惟教其莫爲惡人未嘗迫其爲善士有訟獄者吾不敢矜明決惟反覆開諭使直者不恃其直而枉者自知其過吾於是致直者以省事教枉者以悔過民幸聽吾故訟日稀焉罷官家歷下居城東竹甸布衣草笠與田夫坐田塍樹下笑語移日人皆忘其曾爲宰官也性慈愛樂與人爲善常曰親親仁民能並行博施亦人生樂事矣故於浙人同鄉善舉無不預議如與葉承謙創建浙紹鄉祠與邵薪之創設樂善堂立檢骨祀孤之會嚴侵盜義塚之禁或倡率或贊成未嘗居後云〔浙紹鄉祠徵信錄　民國十三年續歷城縣志〕

孫上驤〔錄王宗炎撰傳〕君姓孫氏諱上驤字思贊山陰縣學生世爲臨浦鎭人鎭在山陰蕭山之間君居

鎭東偏隸山陰天樂鄉有塘環之曰石堡坂其北則蕭山之西江塘屬於麻溪者也麻谿承淸化諸山之水經茅山閘出新閘而注於江江者古浦陽江也麻谿以下別名西小江明孝宗時塞麻谿而古道湮廢江自諸暨南來至臨浦折而西由磧堰以合富陽江富陽江者古漸江也浙江之潮逆上會之遇盛漲不可渫則横流汎濫而石堡阪當其衝盞屢有潰決之患故君家世能治塘乾隆中君父遇東公修麻谿閘有勞記於石君習聞緒言慷慨果毅有利於鄉無勿興舉也而治塘之績尤偉嘉慶十三年大浸水由塘裏陳決口入西小江歲以不登署蕭山縣事者從政新諉堵築於胥若僕不愼寘薪而涂附之人行其上若履巨縆蝡蝡而掉民大惴恐今兩廣總督阮公方爲巡撫聞其事捐金唱修蕭山士民視力出泉計丈賦役臨浦至麻谿則以君任之君於塘裏陳庋所寘薪去涂之浮者掘得堅壤下木爲楗而甃以石中實以土其高丈有三尺於廟後塘以木衞石以石闌土凡塘一千三百餘丈築之平之墉如砥如阮公嘉之以力衞鄉閭旌其門阮公去今協辦大學士蔣公爲巡撫檄山陰會稽兩縣捐輸協助以續未竟之工而君任修石堡坂塘捐不訾集出己資以濟工需爲緡一千六百期歲而後庚當是時君晝夜立塘上指畫董視風雨寒暑未倦劵輟役者咸勸工以堅完十年之閒水洊至而塘不壞君之力也君卒時年七十六子三柱廷例授武略騎尉封君如其階度候選儒學訓導出爲君弟後涵山陰縣學生〔晚聞居士遺集〕

諸湘芸山陰人所居鄉距五六里許官道有玉帶橋左右有洞甚多農田資以灌溉歲久失修嘉慶某年湘芸出資修葺所費至鉅乂本邑育嬰堂亦有捐欵〔省志稿據采訪〕

陸檍字香嶼號存拙山陰人嘉慶七年進士十四年任山西平陸縣知縣爲人端嚴純靜撫衆以慈興水利課諸生教養兼盡二十年乙亥九月地震水沸山崩牆屋傾頽壓斃人民三萬餘口災黎露處無室可歸呼號悽楚之聲哀鳴遍野檍挨村撫䘏目擊慘狀慟悼不已詳請上臺奏發賑發欵親赴四鄉量災散放又值隆冬風雪殘黎飢寒交迫而地震累日不息死者相續檍晝夜奔馳自傷無德格天致民罹此慘毒自縊死百姓悲哭如喪考妣數十年後父老語及猶有泣下者貢生金玉年等於道光二十一年禀懇建祠知縣吳逢甲詳請大吏於傅巖書院之西建立專祠春秋致祭焉有碑記〔據平陸縣志〕

陶兆譽　〔錄李兆洛譔墓表〕〔上略〕按狀贈君諱兆譽字拱之春溪其自號也世爲會稽人著清望贈君至性肫篤父華峰公病嚙指血書疏以禱刲肱肉和藥進之病以霍然尚氣節重然諾讀書不事章句而制舉業下筆輒屈其儕偶遊句山太僕之門稱高足弟子既屢困場屋謀祿養援例得直隸深澤縣尉繼以改近得安徽宣城歷尉歙盱眙丁內艱起復補直隸大城尉所至有聲績其在深澤也濱水溢壞民田廬爲疏其壅洩其漲築堤捍之日搰搰泥淖中不恤也其在歙也邑有名宦號半升太守乃贈君六世從祖比贈君莅邑亦以清惠著民因並頌之在大城尤一意釐剔奸宄邑無賴子相聚博戲監生王倬爲之囊橐悉捕治坐褫革者十餘人生員季某與太監劉某倚勢暴鄉里發其奸杖而徙之以此不中上司意遂棄官歸其強直剛毅類如此家居二十餘年誘掖後進如恐不及家無中人產而喜賑恤乏困里中有忿爭輒就取正得片言無不立解者伯兄早卒嚴事孀嫂撫其子女迄成立弟某尉良鄉既罷官迎之同居晨夕怡怡有兒無常

父衣無常主之風〔中略〕子三人際華桐城縣尉際唐鴻臚寺序班際堯其季也嘉慶丁丑進士內閣中書〔下略〕〔養一齋文集〕

何裕均　〔錄龔自珍撰墓表〕〔上略〕公諱裕均浙江山陰人祖經文官知府贈榮祿大夫河南巡撫父炌官知府妣呂恭人公之仕始通判湖南寶慶府同知江南徽州府遂知山東萊州府黜復起知江西臨江府又知江南池州府卒于江南安慶府任年六十七歷六郡完密平和善筦守屬縣無虧蝕其處家也以友兄弟聞凡兄弟之子若孫皆育之其女善嫁之遠兄弟皆贍之猶子諸生侍左右肅然立見者知爲禮法故家也卒之日無寸椽一瓦配陳恭人側室韋子二韋出自珍以昏因之故習其門內習其鄉徵于余婦狀皆信乃銘〔銘略〕定盦文集補編

何熊光　〔錄李兆洛撰墓表〕〔上略〕公諱熊光字孔照祖贈奉直大夫師吉父贈奉直大夫其棟母徐宜人娠十五月而生公少負異禀八歲能誦陸宣公奏議長益勵學綜究古今治亂所由於政治典章刑禁禮俗之沿革利害瞭然於胸確然可運諸掌而尤諳悉當代掌故因時勢俯仰者乃佐幕以試于用藉其稍爲仰事資十九歲游浙江歷佐金華永康江山東陽諸縣所至委心膂二十八歲游汴梁祥符令魏翀劇吏也有獄不能決聞公名質之公援筆論意察情傅律輕重比不失銖黍譽日起按察使陳公奉茲延之幕中嗣是陳臬豫中者相競致公四十歲始以議叙縣丞投効東河會河決曹州以勞績敍知縣尋入豫撫馬公慧裕幕奏請留豫補用河再決衡家樓以堵築功加知州銜題補濬縣知縣未歲調署杞縣閱四年調祥符縣年

餘升光州直隸州知州閱二年署開封府知府時滑縣人李文成據城反大兵圍之統兵諸大帥知公練事調赴軍既平滑隨大帥追勦餘賊於南山又調赴盩厔大營以軍功奉旨以知府升用既還豫又檄辦軍需善後事宜將奏補懷慶府以酬公勞是歲光州旱公曰民方仰官以活不可力辭還光州請碾倉穀以賑大府格以成例公曰飢民如病兒斷乳立死可坐視乎即發倉設廠食餓者而以擅動常平自劾大府謝焉其秋徐宜人卒於光州署會睢工興築方殷大府檄委公總河局責以金革無避之義墨經視者二年始回籍治葬喪畢赴豫即隨大府歷禹州汝州光州固始滑縣察餘匪讞部獄明年補許州直隸知州未兩月復調辦沁工管理總局渡黃河駐滎澤又赴衛輝勘武陟勘虞城諸工晝即據鞍宵即據几口擿翰晝無晷漏淹八月還許州以勞積疾劇十月六日卒於署嘉慶二十三年也年六十公綜貫吏事又工章奏大府倚之故所莅未久即調惟在杞四年在光三年而其間以商略奏事會鞫重案輒調之歲輒十數往來而民事無片牘倚閣者又在豫久周知民隱地治能宛轉以應呼籲故所至謳頌去而見思當佐幕時楚匪蠢動且竄豫臬使陳公文緯集兵南陽新野間息縣解叛人之從坐者多道亡羣請剔其脛公曰殘肢體非法也且其中安保無善良力沮之而請分別其脅從及誣枉者予省釋賊中聞之爭自拔歸豫以不擾平居喜讀書聚書數萬卷暇輒丹黃之幾遍子一士祁道光辛巳恩科舉人壬午進士補江蘇常熟縣知縣今調元和縣所莅有治聲能肖公〔下略〕

趙汝霖字沛斯號雨亭山陰華舍人郡庠生世業釀待工寬厚家日起租祖之斗斛較他家爲特小佃人頌之

設質庫於村遇持敝衣赴典輒減其息有無賴以敗絮裹其先人栗主求質司典者拒之汝霖呼其人至家溫語撫循喻以大義給錢數緡使治生計其人愧感卒爲善士〔華舍趙氏譜〕乾嘉時人

沈學瀚字曙鐘號曉巘山陰庠生居父喪手寫孝經百本茹素三年與弟學瀾友愛終身無閒言族人有爲五十金幾至搆訟又有扶櫬至閩歸中途向人告貸貧無以償者學瀚典質衣物代償之平居無嗜好惟集錄古人嘉言懿行揭諸座右終日課子弟讀書囊空如洗晏如也子其雲號五橋道光二年進士歷官山東定陶齊河等縣知縣〔省志稿〕

朱予德山陰人占籍豐寧嘉慶十五年歲大饑會有鬻女者予德解囊贈之撫其女歲稔令還家全婚配豐寧地瀕東河每盛漲多水患予德出家貲築捍壩以衞民廛至今賴之復創豐寧義學一區文昌祠一所〔畿輔通志〕

胡文忠字漢佐山陰人父大元以販布寓省城文忠年十四五擔負以從晚歸寓所父子共一被被幅窄而短大元每至冬令雙足冷如鐵文忠就睡卽捧父足服膺及溫始釋如是者十年餘會族兄季輝游幕四川文忠從之行貲稍裕後大元疾多方療治不瘳刲股和藥以進漸愈嘉慶十六年捐銀百元增修宗祠至本房之匱乏者親戚之無依者皆待而舉火別置田若干畝以供子弟修脯二十年太守趙秉初舉文忠鄉飲賓例授八品頂戴爲人直諒不能容人過故時見忤於人然久之知其心而不怨也卒年七十六子泳及鴻亦捐田十畝以助宗祠義倉〔省志稿據采訪〕

李宏信〔錄樊鎮撰傳〕先生諱宏信字柯溪山陰柯山裏村人博覽强記爲部供事出任雲南吏目在鄧州與永平縣知縣曲阜桂未谷馥爲石交詩酒唱酬無虛日未谷深於小學所箸札樸十卷於名物訓詁研析極精亦多資先生商榷之益後以全稿相授冀在江浙鋟木未谷去官物化後十年先生卒以嘉慶癸酉歲刻之於吳門校勘精良卽世所傳小李山房本札樸是也生前一諾終有以慰故人於泉壤先生之風誼卽此一端可知矣生平精鑑賞嗜藏書與錢唐吳氏烏鎮鮑氏通有無遇善本輒不惜重價購之纂有小李山房書目四卷說者謂不讓祁氏淡生堂書目云歿後遺書星散得者珍之今浙江及南京圖書館善本目中尙各有小李山房舊藏本如干種也〔文瀾學報〕

陳淦山陰人嘉慶間知寧陽縣悃愊無華務爲安靜不輕受訟牒受則必爲速結在任數載民樂誦之十八年教匪倡亂鄰境戒嚴淦亦率紳耆集兵勇完堞繕備一夕喧傳寇至羣情洶洶乃登陴勵衆誓以死守既而訛言頓息寇亦尋殄居恒自奉極薄曰儉以養廉不濫取自不敢濫用也因公左遷脫然無累而歸〔山東通志〕

陳祖望字冀子號拜鄉會稽諸生自年少時卽以高才鴻文爲東南賢諸侯上客書題章奏絡繹旁午下筆數千言如刺蜚綉纍纍快人意時或劇飲大醉詠調酣嬉以自適其樂顧其詩清曠哀怨超然於酬對之外其筆力控縱往復自天得之而殺縛事實詞與事稱非博覽精擇一資以爲詩者不能也兼工書法直逼香光著有思退堂詩鈔十二卷青琅玕吟館詞鈔一卷〔據兩浙輶軒續錄〕

章炳然〔節錄賈楨撰傳〕公姓章初名鳳翔字冠英號鏡蓉後以太和名登賢書服官時又改名炳然字愼齋會稽人生而穎悟過目成誦鄉黨中有神童之譽性至孝每見母氏劬勞輒涕泣自奮十一歲應童子試嘉慶丙辰爲竇東皋學使所識拔補博士弟子員與馬海山輩受業於同邑王本滋孝廉學日益進詩文與王笠舫諸名士齊名年逾冠以屢躓棘闈家貧親老不得已爲負米計赴保陽探親不遇適有陶君爲清苑李椒坪明府記室係公夫人之舅氏因往投之然初未嘗謀面也一見相傾揄揚於李李愛公之才卽委司筆札公於是遂爲入幕之賓陶之力也嗣遇校士之年擬寄籍清苑以就試會有所阻遂納監入北闈丙寅科挑取謄錄充會典館謄錄敍績例得縣丞丁卯科復入秋闈中式舉人議敍以知縣候銓壬申奉父諱旋里掌敎上虞書院甲戌服闋入都謁選值己卯設科又進禮闈報罷後赴汴京覲沈松坪外戚於曹家寨時河決馬營壩口曹寨適當其衝居者大恐公具疏於金龍四大王祠得免水厄事詳公所著靈顯記及紀事詩中庚辰選授甘肅秦州禮縣知縣親老告近改選山東武定府蒲台縣知縣蒲台地連燕趙境多萑苻公下車之始卽立保甲之法諭以守望之義自捐廉俸千金以募兵壯立擒盜魁霍宗謙等十餘人置之法境內於是肅然以素性伉直不肯阿事大吏以致有意督過事相牽制遂鬱鬱不自得滋官未及三年竟齎志以沒公篤於天性平居與諸弟共財而尤孝於事親母有危疾私割股療之而人莫之知也所著有汴游吟子三洵澍瀛均爲山左名幕

姜梅〔錄勞崇光譔傳〕先生諱梅字子和蕚園其號先世居會稽以科目世其家父詩安邑諸生僑居氾水

遂入氾籍焉先生少聰穎家貧力學兼習法家言嘉慶甲戌成進士授庶常散館改戸部選員外郎擢諫垣以敢言稱適稽查庫務吏有所進峻拒之仍嚴核無稍瞻徇西城藥肆與人訟累歲不能決甚苦之先生至召兩造立判遣之皆感悅頌神明出守順德以高第調保定下車以清靜爲治時直省獲盜百餘人制府某將盡誅之先生極言其不可制府愠曰殺人越貨不待教而誅者也盡誅之以警奸宄不亦可乎君欲活之君將以是沽忠厚名耶先生曰非敢然也於律凡爲盜者不分首從皆斬誅之固當然衆至百人其中保無冤濫乎冤而誅之誰職其咎制府意解委先生讞其獄先生退窮數晝夜之力盡得其實遂誅首惡數人制府謝曰微君言吾幾陷於瀆刑矣於是知先生才倚之如左右手有大政事必咨詢焉擢粤東糧儲道未抵任調直隸霸昌道又調大順廣道循例迴避復調山西冀寧道先是晉之汾河泛溢民病之公涖任躬親畚鍤列堰壩修隄防通溝洫指畫甚備水乃復故道旱潦不爲灾歲以屢稔公餘輒集諸生於講堂校其所業有拔萃者出俸所餘以佽助其膏火於是士勸於學以文行相砥礪風俗爲之潛移其在順德之課士也講院甄奬數十人至是登賢書人文遂甲於一省人以是服先生精鑒焉兩接臬篆斷獄詳慎引經據律必得其情罪人自稱無枉而先生之哀矜弗釋矣卒於官年六十有三士民思之請建祠於三立閣樹碑頌德焉先生内行修潔幼失恃事贈公稱純孝無間性嚴重無惰容雖與家人相接必肅衣冠如對賓客然捐館後族人之家氾水者皆欲歸豫嗣君德輿以先人廬墓在越決計奉喪歸葬以妥先靈承遺命新其家廟聞姚族葺譜亟出已貲助之曰此吾父素志也先生之令德所以貽於後昆者豈有艾哉〔下略〕〔姜氏家譜〕

趙懷鍔山陰人嘉慶二十二年知雲南呈貢縣事建礪鋒書院立義學均水利息爭訟士民戴德〔呈貢縣志〕

蕭瑾〔錄李兆洛撰墓志〕道光九年十二月湖北東湖縣知縣蕭君卒於其子以霖任所明年秋其仲子以霈匍匐乞余爲銘幽之文夫君之歷官所在或三四年或五六年皆有績可紀而於江陰則十年其可紀者修復書院爲最力焉蓋書院自乾隆三十年增拓以來又六十年室宇隤敗生徒零替幾不可問矣君鳩合士人作而新之易其朽蠹塈其汚漫齋舍廬湢均有次第而縣有新漲大陰草陰沙田三千餘畝洲民相奪爭訟無已君卽履畝丈量簿錄以爲生徒膏火之資而訟亦以息於是課有所贍居有所處延名師爲之講授至於今而文學彬彬寖盛矣其事親至孝母吳太宜人一話一言中心奉之無違太宜人九十七而終君年亦七十矣猶若孺子慕者余生平所僅見也君諱瑾字芝三號梧軒浙江山陰人祖再興父芳雅芳雅府君卽世君方在齠齔家徒壁立吳太宜人拮据教養至於成人太宜人行動皆有法度子弟嬉戲不得輒出中門鄙倍之語不以聞於耳非僅不得出諸口也稍長屢試不售太宜人命給事吏部久之得議敘正八品揀發江南河工補寶應縣管河縣丞升宿遷縣知縣緣事落職留防要工逾年捐復原官署高郵知州補荊溪知縣調江陰大計卓異丁吳太宜人憂服除選東湖縣蒞官三年以霖迎君就養抵山東而沒計君入官三十餘年以霖迎養前未嘗一日休息性和平愷易處事詳審凡河防水利災旱刑獄賦稅關民生利弊諸大政所治必舉要尤好急人之急士論稱之卒年七十八〔下略〕〔養一齋文集〕

朱潒字淸如號意園山陰人乾隆五十三年舉人嘉慶四年進士入翰林六年散館二等改工部主事十四年

升員外郎。十五年，隨工部侍郎馬慧裕督辦南河馬港口大工，百日合龍。十六年，江蘇巡撫章煦調至蘇辦理各縣清查。十八年，兩江總督百齡以教匪之擾，率兵防禦徐州，派管理軍需，且赴碭豐等邑放賑，兵民均悅服。十九年，爲臨江府知府，首尾凡八年，建章山書院，築蕭家湖隄防，去之日，士民懷之。以道光元年秋返里，卜居於松林村，時年五十有五，遂不復仕，旋設館於城北法林寺，從游者甚衆。七年，嵊縣知縣李式圃延修嵊志。十二年，式圃調慈谿，又延主慈湖講席。凡七年，至十八年秋疾作，而始歸，不旬日而卒，年七十有二。淥長於文學，尤善吏事。其查河工也，原估銀三百八十萬，精心綜核，節省五十六萬有奇，三旬而工竣。自道府以下，官弁二百餘員，開單保奏，馬侍郎獨囑爲定稿，杜門不通私謁，分別勞績奏上，衆論翕然。其在徐州也，時方飢，總督百齡令其買米放賑，淥以徐民皆麪食，解米至徐不合于用，且驟糴三萬石，淮陽米價必騰踊，運轉費又不貲，請逕發銀九萬易錢散給，從之。遂派委員九人分村查民之無食者，限三日覆，已則單騎抽查，見委巷窟室中有餓者，詢之，皆云並無官長來，又垂訪父老，則曰委員飭差所查皆非貧戶，聚衆一飽，彼此分肥，眞貧民反不得與。淥恚甚，即傳各委員嚴斥，飭更查，仍限三日覆，如有不核，候參。既又單騎巡察，無遺者，乃坐縣堂，皇散給，事畢，無一人索補者，碭人以爲從來所未有也。性喜讀書，垂老不倦，治事延賓外，手不釋卷，鉤玄提要，掌錄者累尺。精於制藝，所授生徒先後掇科第去者，指不勝屈。箸有滋山堂詩文集各若干卷、松江府志若干卷、嵊縣志十四卷，校訂《剡錄》十卷，并剡游草、郵婢說行于世。〔采訪〕

陶士遴，字彙征，號吉菴。父師延，客維揚，以鹺業起家。士遴有幹局，嘉慶時經鹽政委充江西總巡，緝私除弊，多

所建明增置義田義學義塚屬其弟士蓮經畫寄籍南昌捐千金入東湖書院修貢院號舍子福恒道光三年進士官編修福泰諸生〔陶堰陶氏譜〕

陶際唐字次公號菊隱會稽諸生考取鴻臚寺序班箸菊隱詩草〔楊鉅源撰墓誌云〕君少負高才家貧客遊豫章北達燕趙再試京兆不第遂專力於詩古文其爲詩恢奇沈邁務皂胸肊所欲吐尤喜論刺時事以此見忌於人酒後談當世事娓娓不倦兩目如炬或獨坐誦離騷至撫膺太息悲咤失聲與王仲瞿交契有所作必以相質非其人不輕與也客太原最久主講龍標武陵各書院皆以不合辭去浪迹襄鄖間轉客大梁鬱鬱以卒念半生濩落悔以文字戾世病中作自咎詩痛自責勵取平日凡涉論刺之作悉懺而焚之所存者十不得一二其志可悲矣〔兩浙輶軒續錄〕

陶際堯字義人號槎仙晚號壞翁會稽人嘉慶二十二年進士與同邑潘諮宗稷辰以道義相切勵官湖南常德同知署永州知府性嚴肅人不敢干以私與上官常落落難合未久即引退杜門課孫引翼後進唯恐不及黎旦即起家門整肅孝友媚睦有古人風著有安雅堂集〔采訪參兩浙輶軒續錄〕

章承詔道墟人嘉慶二十四年由闔郡紳士公舉爲鄉飲賓紹興府知府趙秉初給有禮尙引年匾額〔采訪〕

羅耆勳字韶伊山陰人嘉慶十二年舉人榜名舜如十六年會試禮部改名耆勳二十四年成進士知河南延津縣值馬營決口黃水漫溢之後連年積歉民不聊生力請停緩催徵捐廉設賑收養四鄉窮民全活甚衆並招集生童按月考課勗以孝弟忠信禮義廉恥黜華崇實士風丕振遇詞訟則剴切開導務使兩造各知

感悟惟於積歎之後不期時疫大作死亡枕藉施藥捐棺日不暇給焦勞無策遂具牒於城隍神前請以身代文內有有爲民請命之心無拯死祛邪之術速將疹氣歸於一身以全闔邑生命等語未幾果疾作病歿民間厲疫頓止合邑感德爲之罷市因建祠於延津北關里人郭湘作記泐石歲時致祭道光十六年國史館纂修循吏傳以耆勳在地方著有善政吏部因咨河南浙江巡撫造送存歷政績付國史館循吏列傳歿後閱三十年民間仍頌德不衰而延津縣舉貢生監郭湘等復申請入祀名宦大吏以耆勳子孫並無現任九卿核與定例相符由河南巡撫潘鐸會同河南學政俞長贊具疏上聞報可祀延津名宦從姪嘉會字硯香山東高唐州吏目以遊幕山東因調任順天涿州吏目旋升主簿署涿州州判持躬廉讓秉性慈祥佐治涿鹿十有三載士庶愛戴有遺榎焉（采訪　按耆勳著有二思堂詩稿見兩浙輶軒續錄補遺）

胡潮原名繁湘字涵三號海門會稽人世居張瀆八世祖號古峰明萬歷時官都指揮僉事蠲十萬金助賑以尙義見褒遂世以名其堂潮中嘉慶九年舉人揀選知縣方十九二十年間歲大饑創捐施賑於近村復以大府檄往閩購粟汎舟千里以濟民食在宗族則創爲義田義塾而猶殫力以營義冢更欲廣義穀法於柯鎭之間爲四鄉水旱備未及成而病事遂不果他如修學舍築江塘與上虞梁質夫蕭山韓秋塍捐設曹娥江義渡船又置田爲常年費又捐田十畝爲紹城育嬰堂費義舉甚多道光七年卒年五十八子六泰階道光壬午科舉人湖南瀏陽縣知縣瑎泰交樹榕廣東羅定州吏目英德洸口司巡檢光堯秉炎張川胡氏世有令德潮之先世有號鏡湖老人者名元仁字心吾於康熙十八年越中饑獨力施粥歷兩月之久知府劉

涵之表其里曰懋義三十三年卒年七十八子士樾以孝友聞年八十賜粟帛旌門〔張溇胡氏譜〕

趙本燧原名光燧字佐佩號玉山山陰人候選直隸州知州爲母割股療疾邑侯劉公旌孝萃一門額子清堯原名堯卿字縵雲號幼山歷任江西武寧贛縣廣東文昌縣典史東莞縣典史爲父母割股療疾血書告天繼妻婁氏亦旌孝女孝婦　清堯子源彥原名桂榮又名邦彥字月樓號馥亭邑庠生祖母疾篤割股以療繼母病血書告天願以身代〔華舍趙氏譜〕

張渭字春江山陰庠生習法家言歷就刑席辦理積案平反寃獄有聲於時館穀所入除事畜并撫養弟家外悉以貲助族黨間之無力婚嫁及喪葬者館安徽臬幕時見有多數無力遷回之寄櫬因傾數年所蓄以資給歸葬歷計數十年所行善事多類此卒於道光七年〔據其曾孫禮翰所述〕

施祚字子壯山陰仁瀆人郡庠生性至孝自幼能承順親心年二十一父臥病久祚延醫治之不效禱於神願以身代又不效計無所出遂刲股和藥以進疾少瘥於是疊進十餘次兩股幾如削蔗厥後由恩貢入太學試輒冠軍期滿銓授桐城少尹聞生母陳氏歿於家亟請於吏部求治喪吏部以嫡母在不當爲生母治喪不允所請祚擗踊旅次昕夕哀號聞者皆泣下桐城尹專治漕漕爲利藪司事者多擁厚貲而祚蒞任十年蕭然若寒素十年中攝桐城令者三抑豪强扶孱弱催科不急撫字有方時人比之朱桐鄉已復攝宿松篆治如桐城頌聲達於遠邇中丞張世珍以祚爲江南第一循吏將特荐於朝而祚以治漕久積勞成疾疾三月將愈忽占易不吉顧謂侍者曰今何日對曰二月二日也祚曰是爲文昌誕辰吾當死遂作遺命娓娓千

餘言文采斐然字勢飛動若素無疾者書畢趺坐而逝〔仁瀆施氏譜〕

周岱齡字介堂山陰人祥符籍乾隆甲寅舉人知高郵州時南河適遭河患河督李飭令開隄決水州民大驚環求岱齡蓋高邑地勢隄與民田相去二丈餘若一開決必至盡被淹沒岱齡亦以河尚不致潰河督先憂太過因謂州民曰此上憲事余何能爲然余父母官又豈忍坐視爾輩沈溺遂直前請緩李決意欲開岱齡執不可李大怒自督所部兵夫役卒五六千人尅日開決岱齡竟率百姓萬餘在隄左陳求仍不許岱齡遂橫臥隄上謂若開決願以身殉李意稍解竟得中止河亦未潰〔據梁溪余蓮村韓公侯鑒〕岱齡後仕至直隸保定知府洊任清河道子八人長沐潤字文之道光丙申進士官江蘇常州府知府次如甫次源緒字復之道光丙申進士官安徽安慶府知府次祖福次星譽另有傳次星誥次星譽另有傳次星詒官福建建寧府知府〔據采訪〕

莫焜〔錄平步青撰家傳〕宣廟初吾越宦中朝者以儒學重望名海内莫如莫侍郎寶齋先生而盛德長者不自表襮鄉人則咸稱侍郎從弟禮部公公諱焜字敘五豫堂其號也劬身淬學顧屢躓於解試樸被之京師籍大興縣學弟子員中式嘉慶戊辰〔十三年〕恩科舉人年四十有二矣辛未〔十六年〕成進士改翰林院庶吉士以母喪歸服除散館授禮部主事補主客司遷祠祭司員外郎公先世以賈起家至公已中落郎官俸薄所入不足給朝夕芻賃仍可授徒自贍館大庾戴可亭相國邸最久寓家虎坊橋浙紹鄉祠敗屋數椽不蔽風雨而公處之怡然時侍郎總督倉場位望都顯公惟以道義德行相劘切如諸生時性尤儉轂冠

服敝古徒步過從講罷侍郎呼車送之公輒卻不乘歲時賀慶亦步詣門袖出素珠品服著之侍郎門下食客僮奴多匿笑者公不之顧也儀曹政事清簡公循資平進懷抱溫溫無所試倦游將歸矣故事曹郎於省中長官相見白事直揖而已滿州諸郎迺有以鞠跽爲敬者會侍郎宗室者英蒞部勢赫然出尚書上曹署淺靡公獨長揖如故未幾竟移疾歸道光辛卯（十一年）七月也公子高唐君（名元遴字枚昉）方宰郯城絜除館舍使人逆諸境而公已挈家取道滕嶧南行高唐君聞之大驚亟追使西馳固以請公弟還書勗以治行曰若善居官勝吾就養多矣遂歸自傷祿不逮養筆飛坊故居隘不能容讓諸同氣僦屋蓮花橋下棲戶不出而追遠糾族之事則悉推先志行之惠嫺育孤煢卹肉骼戚黨無籍者咸歸焉公故通靈素書鄰閈疾病憙造治之其尤貧不能得藥者躬市諸肆予之飲瘉乃已手所全活無算有力者知而延之笑謝不往蓋不欲使業者失利也其它質行類如此時侍郎已前薨公偕從兄階芝庭楊棨吉園汪諴誠齋王海觀月槎馮春潮珠航周師濂竹生杜煦尺莊及詩僧與宏卍香九人爲尚齒會月一集銜觴賦詠如是者十年而卒年七十有三（下略）（莫氏家譜）

莫廷魁字柄南山陰人乾隆癸酉順天舉人官江蘇泰興知縣嘉慶癸酉重赴鹿鳴（輶軒續錄）

高崇元字伯揚號愚亭山陰人錢塘諸生（沈赤然撰傳略云）君先世山陰後梅里考梅溪始還杭州性孤峭好酒多所忤年四十夢父痛戒之寤而斷酒嘗客蘇州歲丁未江南饑君上書藩使請援山東河南例截漕備振議雖不果吳人胥德之患杭州無普濟堂倡捐地十餘畝於武林門桐井巷請撫部諭勸鹺商建屋宇

以棲貧乏事不行憤而削髮走京師乞其友吳祭酒錫麒爲募疏偏謁達官朱文正公笑謂曰此固儒者事也曷反初服既歸會儀徵阮公來撫浙高其義允爲籌所出手書孝義可風額以旌并捐銀四千兩助經費君乃棄前地復買地十畝於中正橋大街以次營建明年歲大祲即堂施粥活餓者不數月阮公去浙至嘉慶中葉道傳朱嘉猷金泰吳懿善顧澐共輸銀益以鹽引捐而堂成君之殫心力於是十年餘矣君既竭所有以營普濟堂先是又承父志任建宗祠故沒之日無遺財焉（據輶軒續錄） 按此傳應編在十二頁高崇文傳之前此係補入

平翰字樾峯山陰人曾知江蘇常州府貴州遵義府事其守遵義時收赤貧無歸之幼孩創爲養幼堂自捐俸并募欵爲經費旋因事左遷未蒇厥功（見黃樂之撰養幼堂記）著有黔輶吟書法學褚河南刻有來青閣帖行世（采訪）

金[illegible]字文波會稽人祖功發遊幕山東因家歷城洙生有異稟讀書識大義乾隆五十七年舉優貢歷任文登福山黃縣青城訓導嘉慶十四年成進士選庶吉士散館改知縣銓直隸深澤令調清苑值開州滑縣之變大府督師過境軍中所需不待期而具寇馮克善率千餘人來襲聞有備逃匿獻縣洙設密計擒之遷易州直隸州陵差所需先事均輸民忘其勞調署保定府瀕行士民攀送有泣下者既蒞保陽清釐積案五百餘件平反者十之三旋補廣平府丁母憂去職道光五年服闋仍留原省補正定府捕獲晉州巨盜置重典藁城瀕滹沱河築壩捍水民獲乂安七年春擢河間兵備道兼署長蘆鹽運使請免積欠數百萬兩商人感戴

以親老告歸旋丁父憂起復發直隸補大順廣兵備道以失察教匪伊老須案降調捐復會浙江海塘工起揀發浙江自海寧烏龍廟至尖山長一萬九千三百八十丈親歷周視悉心體察凡用帑銀一百五十七萬二千餘兩並陳善後事宜十五年颶風大作潮水漫溢附近田廬一無所損十六年補授浙江督粮道次年因勸孝豐大案積勞被疾卒於任子二長鳳藻道光壬辰副貢次壽萱丁未進士（另有傳）（據民國續歷城縣志）

黃其漢山陰人由武舉充兵部差官期滿選江南河標右營守備嘉慶十三年軍政卓異十四年遷江西廣昌營都司十九年升福建汀州鎮標中軍遊擊二十五年署延平城守營副將道光三年升山東青州營參將閩浙總督趙慎畛以其漢熟習海疆奏閩浙補用五年補泉州城守營參將六年十一月彰化匪徒李通等與粵民黃文潤挾嫌械鬬乘機煽亂餘匪竄入三灣勾串番割脅同生番出山焚掠肆行滋擾官兵入山搜捕賊衆負嵎抗拒其漢率兵攀援而上槍斃凶番七名擒賊目鄒何壬林阿成拆毀內山番割寮舍奪獲番刀鏢槍無算並拿獲竄匪武二等二十餘名三灣平捷聞賞戴花翎十二月赴彰化之許廣埔等處搜捕賊匪先後拏獲要犯黃源鍾贊等多名所在屢建功績八年升提標中軍副將十二年正月閩浙總督孫爾準保奏其漢堪勝總兵之任送部引見十二月丁母憂十四年服闋十五年五月補湖南長協副將十二月擢福建漳州鎮總兵十七年九月卒（黃氏宗譜）

裘安邦字古愚會稽人由武甲科道光初兩授徐州鎮慈祥廉儉練兵修栅詰奸宄護行旅歲出俸金六百施

棉衣復籌費二千緡建義學五所月朔親爲讀法講畫嘗行市中遇一婦虐其姑立捕撻之幾斃闔郡稱快愛民若子弟懇欵無已徐人頌德弗衰卒立祠祀之〔徐州府志〕

〔附錄涇縣包世臣書裘古愚事〕道光九年六月十三日由劉家口十二里至開河閘予息陰樹側聞繂夫與土人述徐州總兵裘古愚安邦之潔己愛民勤公戢士拉雜無倫次略謂裘公於嘉慶十八年署夏鎮守備時本境旱荒而鄰邑竊發裘公條約富民不得閉糶擡價窮民不得聚衆强取棍靜於市賊靜於鄉及其去任也江南山東兩省居民扳馬脫靴號泣路餞今年巡閱至沛縣沛令公出典史出迎公於馬上拱手曰我入沛境一日聞百姓無不罵知縣典史者做官爲父母榮顧以求錢財故拚父母與人辱罵耶少頃沛令送供給至公曰速爲我將去幸告若主說裘姓人從不吃萬人咒罵之物予曰聞人毁裘公者甚多又聞其用刑太嚴酷衆譁曰裘大人再說不出他不好處只有做賊人恨他我曾經偸過雞鴨被獲毒打一次便改過到於今但是有良心賊也不恨他古愚與予交善久每晤言必以居上不寬相勸勉至其果敢勇往不爭閒氣洵爲近日難得者乙酉夏嘉興白糧幫在水次殺人數百反割截首級懸挂頭桅自嘉興至淮安莫敢過問古愚時爲河標副將購線人知其端末乃白督河漕三院捕之三院不許如是者三古愚拂衣起曰安邦武人無大人等局度白晝殺人反揭竿號令過城入市國法何存安邦惟俟參而已遂挈兵二十人至河干單身上船呼名而檢其艙一一就縛三日所偵得的名三百人逸者不及四十悉縛送浙江歸案而浙江被議之道府廳縣悉冒古愚功以得開復古愚絕不與校然予見文武職官無不切齒詆毁古愚者是故民

之所譽官之所毁官之所毁民之所譽也官民之毁譽相反如此司進退人才之柄者良不易矣〔安吴四種内中衢一勺卷六聞河日記　按本傳已載道光會稽志稿録此以備參考〕

吴傑字梅梁會稽人少能文爲阮元所知以拔貢生應天津召試二等充文穎館謄録書成授昌化教諭嘉慶十九年成進士選庶吉士授編修遷御史道光二年督四川學政疏請以唐陸贄從祀文廟下部議行遷給事中出爲湖南岳常澧道歷貴州按察使順天府丞十三年川南叛夷犯邊師久無功傑疏言川夷作亂提督桂涵連戰克捷生擒首逆清溪近邊遂無夷蹤楊芳繼任用兵之區僅峨邊一處夷寇不過數部落當易獲勝惟夷巢跬步皆山夏令河水盛漲徒涉尤難楊芳自抵峨邊頓兵三月臣思其故必逆夷退伏老巢水潦既降不易深入楊芳不敢以軍情入告但稱督兵進勦實皆游移觀望之辭曠日持久邊事所關非細請敕總督鄂山體察確奏毋得徇隱又疏言馭夷長策當先勦後撫未勦遽撫良莠不分兵至相率歸誠兵退復出焚掠層巒疊嶂我師轉運爲艱夷族因利伺隙條起條伏使我猝不及防國家既厚集兵力自當掃穴犂庭除惡務盡使諸夷望風震懾一勞永逸自古馭夷之法討伐易而安撫難善後之舉至要者二一曰除内奸游手無業之徒潛居夷地爲之謀主教以掠人勒贖聚衆焚殺及避火器敵官軍之策夷悍而愚得之乃如虎傅翼必應名捕盡法懲治良民亦驅使回籍毋任逗留異域宣諭土司不得容留漢民營伍邏詰絶其潛入之路則奸人無繇搆扇矣一曰分疆界夷族愚惰不諳農事漢民租地耕作有年既漸闢磽鹵爲膏腴羣夷涎其收穫復思奪歸搆衅之原不外於此今當勘丈清釐凡漢民屯種夷地强占者勒令退還佃種

者悉令贖歸無主之田墾荒已久聚成村落未便遷移畫爲漢界禁其再行侵占庶爭端永息又奏越嶲廳設撫民通判止治漢民而熟夷皆受治土司通判無專責且營伍非其所轄呼應不靈每以細故釀爲大衅請改爲撫夷通判千把總以下皆受節制疏上下鄂山議行遷内閣學士十五年擢工部侍郎連典順天鄉試及會試十六年卒〔清史稿列傳　道光會稽志稿有傳〕

陶思曾字在一會稽諸生篤守鄭氏之學見知於阮文達元所著書曰論語鄭注證義孝經鄭注證義左傳賈服注參考詩攷攷書疑疑說文引經異同攷玉篇引經攷太平御覽引經攷神農本草經正義城門制度五千卷書室文稿四卷詩一卷以無子稿多散佚年三十四卒〔兩浙輶軒續錄〕

王賢儀字麓樵山陰人因隨先人寄居山東歷城遂居焉少孤棄儒習幕以養母謂刑名足以活人也生平奉蕭山汪輝祖爲準繩重人命愼名節歷三十餘年諸牧令咸倚重之曾修注大清律例凡三易稿自云心血所在纂修者可采也又著有家言隨記其子鍾霖注刊行世鍾霖字雨生道光二十四年舉人仕至長蘆運判輯有歷下詩鈔又著有黃雪香齋古文詩鈔天津梅寶璐爲之編訂待刊鍾霖弟寶霖河南息縣典史〔民國續歷城縣志〕

鮑曾尙後更恩字尙志會稽人曾祖應宣業鹽筴由安徽歙縣遷後中落至曾尙貧甚與弟惠遠賴祖母江母程兩世苦節縫紉存活恒并日一舉火外大父程季和憫之嘗令程攜惠遠寄食於家留曾尙侍祖母江且時給薪水一日江命曾尙詣程告貸途拾遺金一緘坐俟其人還之分酬固辭程江益賢之年十二以謀食

故輟讀就蘭溪質庫爲徒同輩有小過恒代受不辨肆主亦賢之肆中興寐有時讀書苦無暇嘗貯膏置破甑中候人靜穴光從事久之遂通醫書肆規朔望給肉曾尙所得嘗以醃虀和之封貯缶器寄遺於江孩時得果餌亦必懷以奉親親有小疾輒跬步不離左右故里中自幼有孝子之目既長爲同邑江靜瀾司鹺務嘗攜重貲來往天寒甚弗衣裘江益重之從舅程明遠貸以二百金任自營弗較息由是業竈署竈曰明泰蓋寓賚之出自明遠也遂以業鹽起家娶於程甫一月售簪珥葬先世五柩爲祖母及母請旌建坊並請頒給彤管雙輝額懸於祠以醫術濟人並施藥道光廿九年無疾而逝年九十有五以商捐佐軍需敘鹽提舉銜〔省志稿據采訪〕

杜金鑑山陰人道光初知湖南新田縣絕苞苴勤聽斷公餘與邑人士講學不輟擢知茶陵州〔湖南通志〕

傅士奎字瘦石會稽人道光初知山東德州聽斷明決人不敢干以私在官七年百姓安堵有傅青天之稱〔山東通志〕〔子以綏以禮另有傳〕

汪雲字縵卿會稽人道光二年舉人官遂昌縣訓導性孝友踈財喜周人急父歿以貲產歸弟有逋負數千金躬任償之緣是困甚卒無悔有告急者不足或稱貸以與病革時猶懸念戚友貧苦者瑣瑣問詢不置伏枕吟一詩云平生慷慨爲人意每遇悲懷不自持牀席支離無一事傷心朋舊苦吟詩平日之篤故舊急患難可知矣著有曼亭詩鈔〔據兩浙輶軒續錄〕

陳鴻逵〔錄平步青撰傳〕先生名鴻逵字用儀號九巖晚號迎曦山陰人無波徵君曾孫也少嗜學與弟鴻

磐夜讀母命之睡輒息鐙焚香竢母寢酣起篝燈嘿誦通注疏尤精選理孫淵如段懋堂邵瑶圃陳古華莫寶齋諸先生主講蕺山得先生兄弟卷激賞不置嘉慶己未受知吴稷堂學使補博士弟子員庚申辛酉丁卯鄉試薦而不售戊辰恩科中式甲戌己卯庚辰會試纍薦被落揀選知縣援例鹽大使選廣東大洲場總督阮文達公重之轉饋四川乞病歸教授家衖從子樾模得先生之學爲多竺於天性侍母病絜視湯藥邃於醫中年後尤精形家言人有以事謀者必平章曲折使得其所嘗曰有力可爲而不盡其力是自隘也終身勤儉耄年神明步履不殊少壯未明而起視細字書不需目鏡課孫口講指畫無微不至同治癸亥九月二十四日卒年八十有四故事凡恩科得舉者閲六十年重赴鹿鳴宴皆先於正科奏請豫行先生於丁卯正科可預宴迺不及待而逝人皆惜之然於先生無加損焉娶魏孺人先卒子槐能文早殁堉庚議叙五品銜孫惺績學不遇以上舍生終英同知銜曾孫元濬亦能文無禄慶基慶均諸生慶培皆惺出慶均嗣英後

論曰咸豐初元予館先生家授惺英經見先生貌莊而氣溫謂予頗知讀書時纔弱冠不知何以得此於先生也甲子使江南請急過家上冢先生已歸道山未獲摻手今春再過青藤書屋坐天池畔俯仰興懷慶基出先生囊翠樓集蓋兵火後佚存之作讀之宛然昔年長夏絺衣蕉箑縱談乾嘉諸老時也

馬志燮 （録宗稷辰撰傳）吾邑馬氏世居吴瀜邨近數十年科目蔚起稱仕族而其貴而賢者首推吾先執春庵先生先生初名維麒字漢標篤内行讀書勤苦精三禮之學嘉慶戊午（三年）舉於鄉年尚少後十年己巳（十四年）與先子同成進士則改名志燮選庶常以母憂歸甲戌（十九年）散館試帖誤成七韻仁廟

覽卷稱其佳而惜其誤改屬刑部斂訶賦手而治法家言坐辦江蘇司事派主稿後補四川司主事歷廣西司員外郎陝西司郎中兼總辦秋審處積資四考俸滿保可繁郡揀發安徽父憂服除權寧國府補潁州府四年潁大治陶文毅稱江南賢守第一薦之朝特旨擢雲南迤西道以疾歸值海上用兵傾俸囊萬緡助軍食上嘉之予加五級封例得視二品病目喘畏風不能出家居五六年以道光二十六年十一月卒年六十有八當先生入秋曹時曹衛始平仁廟欽恤庶獄頒慎刑二論於天下漸除法官倚法之習先生感奮當治案牘終夜竭目力目爲之眵大司寇以其慮囚明允不矜武健而悉要於平多重之礪堂金溪兩公尤相知深其守潁也以民富方能轂心平自不鳴二語揭廳柱遂濬湖修城以教以養鋤治一二奸猾而民帖然有譌言朱毛里亡入潁者白其誣乃弗擾明年夏雨雹幾損稼祈之頓晴謳頌大起比備兵迤西平民回爭毆之獄謂疾回祖民非公道陳兵不用諭撫之衅遂息創修蒙自棧道八百里以便行旅又築天申塘築普長河梁以惠居民可謂能得民心者矣先生性廉退入官卽嚴絕暮夜金抵滇三年目擊邊務之艱無日不求去上官慰留再三答曰薄才任一路已逾涯分敢奢望乎歸裝蕭然助公之餘尙置田贍族寂居病榻晏如也丙午〔道光二十六年〕夏秋間鄉苦旱秦望有譌火民間有譌眚先生與稷辰書深憂之十月始寄答書而先生不及見矣先生爲善不近名服官中外未嘗自記政蹟一言子敬勝亦早亡孫家豹輩幼弱無人能詳述言行者沈編修元泰爲狀亦簡略欲訪先友之存者與潁上滇中人士遠在數千里外末由益其咫聞姑以所知者著之家傳〔宗稷辰躬恥齋文鈔　道光會稽志稿有傳〕

馬光瀾字鏡涵號厚莽會稽人嘉慶六年舉人二十二年進士覆試冠軍咸以鼎元相推許殿試以對策豐滿謄寫未竣抑置三甲朝考入選以主事籤掣刑部其自壽詩有全豹難窺悵此遭頭銜空望冠山鰲之句蓋紀實也西曹爲人命重地光瀾按獄明慎多所平反全活無算道光初入直軍機尤爲曹文正振鏞所倚重八年典試西蜀十二年分校禮闈會元馬學易狀元吳鍾駿皆出門下餘亦知名士是年八月簡放山東兗州府未兩月擢湖南岳常澧道澧當洞庭衝水患尤劇光瀾隨時疏瀹因勢利導居民得以安息復捐廉爲諸生膏火資教養兼施科名蔚起皆其力也十四年署臬篆尤盡心推鞫更慎於秋曹時甫卸篆升任山東鹽運使懲治奸商搜剔諸弊鹽課日裕居官廉介視國如家卒以積勞成疾十八年秋乞假旋里以忠孝節廉爲子孫勗居官時以廉俸不敷設帳授徒高弟中如桑百齋大司寇夏幼蘭張仙洲觀察其尤著者著有構餘軒詩文集未梓板遭亂遺失卒年六十有六（據吳融馬氏譜）子寶琛另有傳

馬寶琛（節錄徐郙撰傳）公諱寶琛字獻甫號玉航少莽其別號也公父厚莽公嘉慶丁丑進士官至山東轉運使公生而穎異讀書目數行下髫齔時厚莽公通籍留京侍母高夫人家居迭承名師教誨稍長博通羣籍尤精於儀禮繪圖貼說瞭如指掌道光乙酉歲公奉母北上舟次濟寧母夫人觸暑遽逝公倉卒無措商諸糧艘棺殮如禮寄柩通州僧寺比抵京厚莽公以比部直樞廷政務紛繁無暇晷公誦讀之餘兼理家政詩從賢士大夫游翰林中如吳崧甫羅鳴菴桑百齋諸先生多所指引造詣日進壬辰厚莽公出守兗州公奉母櫬南旋殯厝畢仍理舊業乙未補博士弟子員郡試冠其曹時厚莽公官湘南得書慰甚戊戌假旋

督公課尤力既而棄養公傷先志之不克承躃踊哀毁服闋尤銳志功名甲辰食廩餼丙午優貢成均試藝刻校士錄中同人奉爲圭臬楷法韻語尤精妙惜數奇疊應鄉闈房薦者三堂備者二卒不遇辛亥秋試司衡以必也射乎三句命題公文原本儀禮裁對工整衡文者擊節稱賞而仍以額溢見遺公連不得志於有司絕意進取專治家務暇則訓迪子孫每於枌榆里社與諸老杯酌流連豪飲屈儕輩樸鞋桐帽怡如也間或爲人排難解紛鄉里折服其無所矜飾急人之急有如此者公秉性剛毅而用心仁恕秋收徵租置一秤銖兩輕減有逋欠者次年不復索時或竈下餘粒沾溉孤兒藉以存活如某某數家娶妻生子後嗣克延皆公德也所尤異者庚戌越郡大水饑民嗷嗷公捐資爲族人倡按口給發大若干小若干歡歲以爲常歡聲雷動其功德有難以數計也公慕明湖山水之勝以子主講往游雖耆齡興復不淺年七十卒（下略）（吳融馬氏譜）子傳煦另有傳

沈鳳喈原名鳳詔字履和號謙齋會稽人父號晚園官天津兵備道積古書千卷分遺諸子鳳喈學識淹貫兼習法家言善承先志閔羣從日衆其孤嫠無以爲生以己分田益公產之半得四十畝月給粟以贍羣從中之無告者又買山爲義塚又教諸孤以學不能守儒業則改習法家言處家庭以禮事父兄嚴肅教子弟以洒掃應對進退之節恒言人以存心爲尚心之存亡卽其家之存亡常情善欲人見惡恐人知爲存心之大戒生平出納不少欺取與不少苟見疾苦必拯卹手錄古先格言爲家塾楷則咸豐辛亥卒年八十子元祁道光十一年舉人嘉澍庠生元泰道光二十年進士翰林院編修嘉穀元燮嘉禾皆廩生（宗稷辰躬恥齋

文鈔〕

王惠〔錄鄭珍撰傳〕蘭上先生惠姓王氏會稽人居近古蘭上里故以爲號君於晉右軍將軍逸少爲四十六世孫自少習聞父兄讀書作詩文之法其姊夫何琴山起瀛方以儷體文雄浙中君久從之遊日與一時俊流相切劘問會講鄉先生王劉宗旨華實相副詣日益深而以餘力爲詩羣目之爲詩人非其意也阮芸臺相國之撫浙開詁經精舍西湖上遴有學者充經生君與焉家故貧以舉業授遠近經指導者多騰躍去易如操券取物及君自試必務爲高深不肯俯首巧言以悅人以故老諸生中而亦終無憤怨之色道光丁酉〔十七年〕年六十五矣其子介臣上舍持名法家言食貴州君因策杖觀黔山而就子於遵義余數過從香雨堂聆其言樸而文挹其容靜而虛藹藹然君子儒也後戊申客死貴陽其子即葬之郭北洪邊里董蓬山之下馬路河之上具田廬焉君所箸經學臆言偶舉一二於古訓皆有合稿未攜出惜不見又緝成東皋家乘東皋者會稽之郙其十八世祖宋德祐中丞相熻之子少徵始自新昌遷居地也所採精博使逸少後人世世詳實可傳信其爲詩沖澹雅如其人全稿具存家其子集遊黔諸什合篋存早作者屬余點定僅得若干首云〔竹里詩存〕

余樹疇號謙之會稽冢斜人爲陝西鳳翔府幕賓値回人猖獗圍鳳翔與知府張兆棟力守城得不陷奏保奉旨以同知銜分發廣東候補知縣歷署茂名興化等縣著有秦隴回武記略並俄士記略等書〔采訪〕

魯元方字清陽會稽人道光元年蒿塘坍百丈塘以內禾將淹沒元方不分晝夜設法防堵田卒有秋子毓麟

另有傳〔據西甫魯氏譜〕

孫選字保衡號可盧祖父兩世善舉甚多選承先志於道光二年捐金修宗祠增設義塾捐田以充學費又有賙族義田其姻戚貧不能婚葬者另捐金助之捐田十餘畝助上虞百官江義渡又於郡之近郊麟趾鄉育嬰堂蕭邑西門外養育堂各捐千金狭猔湖天濟橋向有天燈閣舟行黑夜賴以指迷歲久圮選重修之復欲修狭猔湖塘疾革時猶屬其子道光六年卒年五十八子慶州同〔陽川孫氏譜〕

孫遴原名虞傑字禹臣號補堂母病目失明遴性至孝扶持調護母無所苦纂修宗譜建社廟文星閣諸善事甚夥〔同上〕

樊勷字則曩號竹溪其先山陰人父賈於蘭谿遂占籍焉勷少嗜學長服賈猶手不釋卷務施與就義若渴凡利於人者無不爲邑育嬰堂資用闕將弛倡捐錢三百緡復歲出百緡以相濟堂得中振嘗曰任事不可有計較心人不患不才智患不能愚耳聞者以爲名言尤篤信聖賢主敬慎獨之旨居常無惰容無苟言笑待子弟嚴兢兢然以力學植品爲勗與人交敬而直有過必面規之咸推爲畏友處宗族以厚蓋誠篤之君子云〔蘭谿縣志〕

金鰲字戴山山陰天樂鄉人道光六年修茅山閘鰲董其事八年四月告成事詳麻溪改壩爲橋始末記所載行述〔采訪〕

胡澐字水雲號蔣溪會稽人少穎悟遊同里潘藴香先生門下於書無不窺每作文凝思少頃筆不停揮嘗手

鈔十三經註疏昭明文選一通清嘉慶乙丑年二十四補博士弟子員丁卯登賢書道光癸未成進士選授貴州綏陽縣知縣精堪輿術受宣宗命相度固倫公主園寢工成懇請奏免恩典宣宗褒爲高雅特調四川榮縣知縣甫下車革胥吏陋規嚴禁舞弊積案千餘件按日坐堂訊斷明決邑人服其神一年後囹圄空虛邑有訟棍陳某交通吏役前令不能捕公出巡夜先令次子心亭密至其家踰牆入陳某適草訟詞手擒之大呼以出而公已排闥入矣置之法一邑肅然邑人聚賭捕之則遁公知胥吏賄也一日僞坐夜堂吏役畢集潛出登肩輿輿人請所之曰隨頂馬蓋心亭已率民壯數十躍馬先往至則匪無一遁者蓋公多力善騎射而次子亦驍勇有父風焉榮邑多山獨匪時出剽掠公捐廉練民壯若干以靖地方邑苦旱禱不應公闔署齋戒仰空祈龍神忽大雨如注邑人德之建龍王祠以公像附焉庚子引疾退卜居紹興東郭門外下灶村古歐冶子鑄劍處也以城中舊宅讓族人居公事親孝辛未春闈後聞父疾甚趨裝歸禱于神刊文昌孝經而父疾愈公之在都也主曹文正公家教其孫名公卿多禮重之而公謙退如不勝衣比歸設帳里中門下甚盛公性嚴介而心仁慈重然諾慎取與有貧而好學者輒周濟之而教誨之賴是掇巍科者不一其人娶沈孺人甚賢已卯孺人卒公年僅三十有八至老不納妾不狎妓其操守有如此者（節錄黄炳垕撰傳）

胡兆松榜名炳文字蒼巖山陰人道光元年順天舉人官山西夏縣知縣免官主講西河書院工詩古文詞遊其門者多所成就愛汾州山水家於贊化里小相村（采訪參汾陽府志）

李士高紹興人（縣籍未詳）道光三年署湖北咸豐縣蒞任痛革陋規豪猾吏悉斥去之惟一僕應門苞苴不

通移署宣恩訟庭淸寂如無人〔湖北通志〕

何蘭汀字雨堂山陰人嘉慶七年進士道光五年權雲南姚州事訊鞫平允獄無寃民暇則與諸生講論經史考究文藝士人多所陶成〔姚州志〕

汪能肅字雨人山陰人廣西籍嘉慶十三年鄉試第一道光六年大挑二等改歸原籍九年任嘉善縣敎諭敦尙樸學以淸介自勵訓士月課文選諄諄不倦學宮傾圮商於縣令李會紳修葺煥然一新好古書畫善鑒金石著作等身在任時著有魏塘人物記魏塘集休休詩古文三集卒於官貧不能歸其孫遂占籍焉〔嘉善縣志〕

潘汝翼字勵齋山陰人父炌有孝行汝翼好陽明蕺山之學謂聖學本於經凡經中孔子之言爲聖學所見端悉條貫之擴以子史逸文名曰大成會要又上溯之帝王謨訓亦萃而錄焉名曰傳心原本由孔子而下推之凡從祀廟廡者次其言行撮其要旨詳者括之略者仍之名爲二希正鵠道光十一年刻其書游京師見重於湯尙書金釗又破家以成義學卒年四十七〔躬恥齋文鈔〕

楊瑨會稽人道光十一年爲桂陽典史明年峒猺趙金龍亂衡永郴屬大震桂陽故設參將營兵四百精銳盡赴永餘老弱棊散守烽汛駐城兵弁數十人率恇怯無固志奸民瞰虛潛結嶺南江右諸不逞覬爲變氛甚惡瑨偵知之請於邑令曰賊謂我不敢出也疾撲之彼不虞吾猝至必就縛就縛民志定賊黨攜矣乃選健役八十人疾馳五十里至其地而鄉豪亦糾壯勇三四百人與瑨合夜半擣其巢賊果倉黃狐鼠竄盡縶以

歸寘之法當是時賊首李觀章者方安居興寧老巢聯絡諸山賊悉索大舉得漏網䂓復密諭鄉豪壯勇待於隘闔合火起賊驚潰突烟出縱横滿山谷至隘觀章與其親屬盡爲壯勇所獲無得脫者觀章死興桂額手相慶先是北鄉告警南鄉亦閧平倉平倉者劫倉也蜂蝺聚搯鎖擴門者數家矣尚未死遲瓜分䂓聞之曰亂可謐已也北歸之明日帥其健役八十人者與紳民大會於井坡墟墟中南鄉民麕至䂓從容曉譬利害咸俯首受約束富民量產捐米贍丁壯守隘者而村舉一二人爲之長條畫井井俄頃而定趙逆平邑令以軍功晉級䂓典史如故又明年丁內艱貧無以爲道途資紳民賻白金累數百始克歸葬畢旋湖南桂陽科舉寓省者往來存問密於親故己亥卒安化典史官廨貧不能反其柩其子成謙訃於桂桂人念其出死力捍大患而秩抑遇邅竟跎蹉以死潸然涕出助之并爲文以祭〔據耆獻類徵〕

何炳勳山陰人進士道光間任陝西定遠廳〔今改鎮巴縣〕後官陝安兵備道治才敏捷政尙嚴肅民深賴之〔定遠縣志〕

黄同勳山陰人道光間任山西陵川縣丞工書儉以養廉不滋詞訟爲少尉清廉之最〔陵川縣志〕

陳慶怡會稽人道光十二年任陝西定遠黎壩巡檢工吟咏著有晴日新館詩草編輯定遠廳志稿道光以前事實多賴以傳〔定遠縣志〕

陳孝鈺順天大興監生祖籍浙江山陰道光十二年任山西汾西典史十五年趙城教匪曹順謀亂協同拿獲樊陞太谷縣范村鎮主簿〔汾西縣志〕

曾文炯會稽人嘉慶二十三年舉人道光十六年知山西芮城縣治尙嚴明衡文尤稱得士一經首選卽脫穎而出有掄元者後調任文水加知州銜〔芮城縣志〕

黄培杰會稽人道光十五年任永寧州創修州志善政多端後升思南思州都匀石阡等府卓著戰功上官稱爲不可多得之員臬使李元度爲之立傳〔貴州通志稿〕

馮楷字則山山陰人道光間再任江蘇阜寧馬邏司巡檢和平恪慎不尙繁苛民有爭訟者婉言判決未嘗妄刑一人其雀角細故則使書吏鄉耆調之寢息乃已時河防工役繁興楷勤以涖事廉以律躬嘗曰隄防關億萬人生命敢不愼乎〔阜寧縣志〕

趙庭椿山陰人道光十三年知直隸涿州學宮歲久傾圮庭椿倡捐修復費省事舉〔畿輔通志〕

孟瀾清字諧甫號和卿原籍紹興父廷彩始遷甌城瀾清性至孝侍父疾嘗刲股以進祖母以苦節著而先世家貧多渴葬瀾清請於父偕返會稽省墳墓加崇封焉人稱其不忘先德生平樂善好施檢父遺篋得質券數紙悉付諸火家人誚讓之愀然曰此貧戶吾父以老佛名不索償久矣留此何爲鄉閭咸德之道光十四年大疫捐置義塚瘞暴露千餘具嘗作七箴以自勗一孝親二睦弟三愼言四克念五守謙六忍辱七存心各爲之説以示子孫卒年六十子錦城號劍秋增貢生候選州同好善有父風工吟咏著松風閣詩草手輯修福編東甌軼事隨筆行於世孫培祖福建補用縣丞〔永嘉縣志〕

王樹棨字簷生會稽人道光五年拔貢十四年舉人二十九年二月任永嘉教諭精書翰善文詞接士和平居

官坦易久於其任人樂親之尸祝於中山書院〔永嘉縣志〕

鈕大紳山陰舉人道光十五年選授甘肅固原知州旋以卓異加級二十五年復任計先後在任十載籌建義學整頓書院生徒濟濟大振文風且聽訟如神民到於今稱之〔甘肅新通志〕

徐業鈞會稽舉人道光十五年由議敘知山東臨淄縣勤於聽斷案無留牘修孔廟自捐俸錢不以累民南城地方差役無所資業鈞置地數畝以資工食十六年秋大饑民多逃亡出示止之開倉振濟不責償次年春請發帑以振更爲文勸富民輸財爲助不足復自捐千金益之一縣賴以全活十七年蝗不入境民咸異之立碑於淄河店以誦德政焉〔青州府志〕

鄔宗梅〔錄杜煦撰傳〕味堂諱宗梅父先娶於駱生宗梁續娶於傅生味堂幼端謹不苟言笑處庭闈間藹如也總丱能文課藝暇工鐵筆作印篆竹刻即能獲資易薪米佐其親年十五侍父之泰和江右多佳山水晨夕倚篷窗吭㽘善吟詠歸而得古近體百餘篇與同城周文學原沈孝廉傳薪晨夕相往還前輩中紀椴翁周竹生咸賞愛之一日竹翁造其廬父出迎竹翁曰余爲味堂來不暇與君談也同人援阮嗣宗王濬沖事輒相嘲笑父友范吾山觀察器其才招之西湖別業讀書以父方遠遊不果往授徒東郭陳氏東人陳筠軒在豫幕家染疫連斃數人親交憚匿味堂得家書亦呼令歸慨然曰吾去更誰相料理者隻身爲治棺斂日邀醫視臥牀者俱得瘥筠軒高其義知其家況丙申歲〔道光十六年〕招至豫習法家言甫三載學成兼通金穀有新任汝陽令萬君者素相識聘之往及抵館而上游先薦人在署遂舍味堂東園園荒寒久無人

居居數日卽病病中猶自力以治幕事事或不如意輒憂灪念去住俱不可旬餘病益劇神志恍忽中夜僕困睡而味堂以發狂死矣庚子〔二十年〕九月二十八日也年僅二十有七其行篋先柩歸猶存叢殘詩藁及印譜數卷又洞簫一枝自銘自鐫文曰幽巖羽士石洞仙翁徵吟臨水凊嘯在空窈窕秋磵微和春風誰其歌者有蘇長公此其寄託幽遐厭棄塵滓豈長在人間者乎味堂娶王氏結褵未幾卽遠行無所出兄僅一子立嗣尙有待也〔味堂詩鈔首葉〕

張杓　〔錄陳澧撰傳〕先生諱杓字磬泉浙江山陰人遷廣東入番禺學爲生員性至孝父病刲股和藥以進父得瘳先生母某氏嘗刲股療親至是姻黨稱之曰孝女復生孝子也嘉慶十三年中舉人掌教香山欖山書院南雄道南書院每日坐講堂講經史來學者衆書院不能容多於書院外賃屋居焉販夫牧豎過院門咸駐足而聽稱爲講書老師總督阮文達公延之敎子督責嚴厲阮公愈敬之命爲學海堂學長先生三赴會試不中大挑二等選授揭陽學敎諭得青盲疾遂請京職得國子監學正職銜道光二十年英吉利犯廣州靖逆將軍率師討之楊公芳爲參贊大臣先生上書楊公言香山淇澳新安大澳其人能潛伏海中請召募使夷船又言番禺慕德里司鴉湖村民聚衆數千人將爲亂宜乘其未發招爲鄉勇珠江羣盜快蟹船亦宜招撫使擊夷人此以賊殺賊之法也夷事稍定又上書陳善後事宜請團練沿海鄉勇乾隆間臺灣林爽文之亂福郡王檄調淇澳人從征而臺灣平嘉慶間海賊張保將犯省城總督百公命十八鄉團練與賊戰屢敗之而張保降皆其明效請於沿海村落照甘肅貴州例各堡設鄉學訓導以堡中舉貢生員充之爲鄉

人說君國大義其武舉武生令赴督撫轅門效力不願投效者爲鄉中保正偕訓導團練丁壯教以火攻之法水戰之方有事則令在轅效力者持一紙書至其鄉呼集壯勇可立至豈不勝於調兵異地哉又上書總督祁公塡薦石子頭村民陳樹貴東莞生員王安瀾職員朱聲武皆可任擊賊又言官軍失利之後反多蒙賞之人白頂藍翎相望於路近者紛紛呈報團練輒言數百人實皆烏有復有無賴鄉紳聲稱奉憲團練恐嚇愚民訛詐商旅皆由軍令太寬有賞無罰正氣不伸羣邪用事又言近日團練之法與鄙見大相剌謬凡省城東西各要津守禦寥寥用兵之策不外攻守兩端不能攻徒議守非策也守不於遠而於近亦非策也今有賊欲犯吾廬不於里門外禦之亦必於家門外禦之豈有但聚數百十人於室中守其臥榻者乎用人之法以敦品爲先有事之秋又以才幹爲要王安瀾朱聲武與杓素不相識其品行不知何如然皆一鄉之望安瀾管靖康社學事社學爲東莞缺口司六十鄉公所安瀾以文弱書生能使六十鄉之人咸聽其决斷則亦非常人矣六十鄉約有五六萬人多習水善戰所用鳥槍能及數里之遠鄉中人每有械門投石如飛門者袒臂而前誓不反顧其猛鷙如此聞有盧大任者團練竹甲軍一千聽候徵調又聞有鄉人願先收復香港功成後補給口糧者特無人號召之匿不肯出耳杓雖病廢苟有所知不敢不極力陳之是時先生目已盲凡五上楊公書六上祁公書皆口授滔滔不絕繕寫者筆爲之倦二公雖不盡用其言然皆敬其人焉先生初習詞章其後精研小學考證金石文字善爲八分書由小學而研究注疏窮日夜不休其得目疾以此道光某年卒年若干歲所爲文刻於學海堂集及皇清經解編末經義叢鈔其讀書手記於簡端者甚多

子愷將鈔而集之爲一書先生門人最賞識者南雄曾君猷沛官江西縣令歿後祀名宦同縣後進梁君國珍得先生之教亦通經學云〔碑傳集補〕

諸星杓字昧青原名林會稽人嘉慶己卯舉人官慈谿教諭潛心理學著有孔孟紀年程子年譜仁壽名壽逸壽錄恕齋詩文集孫筠字介如一字青孫光緒丙午歲貢幼喪父家貧孜孜爲學尙氣節講學授徒垂四十年一時名宿莫不推重陳晝卿纂越中觀感錄預參訂工詩詞著有蠟鳳集詩鈔並雜箸待刊〔采訪〕

葛雲飛字鵬起一字凌臺號雨田山陰人父承陛乾隆五十四年武舉官長淮衞千總雲飛少遭祖母喪力請於父用朱子家禮中嘉慶二十四年武舉道光三年武進士七年署黃巖鎭水師中營守備巡洋遇盜艇令所部滅燈藏刃作呼櫂聲盜以爲估也遽薄舟與力鬭獲陳兆龍等九人屢獲劇盜凡五擢至定海鎭總兵父憂歸時廣東禁雅片急雲飛恐開兵釁波及浙洋瀕行上籌海策八十七條於大府二十年英兵攻陷定海浙撫烏爾恭額服其先見馳書邀計軍事雲飛白母遂行抵鎭海三日而守具備人心始定密上十二策多見施行督撫提交章請以墨絰權定海鎭得旨允行是時節相伊里布奉命使浙雲飛請召集潰兵大閱海上軍勢大振英將安突得最狡黠善謀密遣壯士包祖才擒之英人大震雲飛請遂出兵復定海伊相不能用於是浙中屯兵惟事防戍雲飛持令巡察犯律者雖節相材官不少假借天寒請給戍卒棉褲家人寄裘至以士卒冒氷霜屏弗御衣敝袍如故二十一年正月因廣東使臣已給香港與英貿易釋俘歸地各如約伊相令雲飛至定海交涉雲飛議先歸地後釋俘英人不允雲飛堅持初議整軍以待英人卒就範而去

收復後擒斬應寇奸民楊阿三等民恨稍紓四月服闋補授定海鎮總兵會和局中變江督裕謙來代伊相統兵雲飛以定海城三面臨海無屏蔽議城其三面列巨礮塞竹山門深港使不通舟增築南路土城與五奎山相犄角裕督以費鉅不允七月英兵集廈門雲飛聞之立牒大府以土城守兵單曉峰背負海有間道宜增築礮臺及以營船備水戰皆不省又請借廉俸三年興築城堡反觸裕督怒八月英將樸鼎查果再犯定海雲飛約壽春鎮王錫朋處州鎮鄭國鴻分守曉峰嶺竹山門而自以主將宜臨衝當賊晝夜居土城十二月英船二十九隻闖入竹山門雲飛在土城手燃大礮擊斷其頭桅英兵遁出吉羊門闖入大渠門窺東港浦雲飛已令游擊張紹廷迎頭截擊走之奏入得旨嘉獎賞提督銜迨夜英兵復來逼土城雲飛力戰却之英兵死者甚衆時諜知敵軍仍盛我軍三鎮僅四千飛書大營請濟師弗許戒死守毋望援雲飛秘之加意撫慰士卒天雨浹旬青布帕手厤袍著鐵齒韡往來霪潦中屢戰挫敵相持六晝夜僅啖餅數枚戰士亦苦粮臺靳給不能飽者老有煎葠以進者投諸水與衆共飲之士皆感泣會大霧敵全隊逼土城雲飛礮沉其舟敵分道攻曉峰竹山曉峰無礮臺敵衆奪間道下攻破竹山門薄土城雲飛手掇四千觔礮迴擊之敵殊死戰雲飛率部卒二百餘人持刀步戰轉鬬二里格殺無算忽見安突得執大綠旗麾兵進雲飛駡曰逆賊終汚吾刀斬之刀折復援所佩刀二衝賊隊中至竹山門方仰登賊刀劈雲飛面去其半血淋漓徑登城賊駴愕忽有礮中雲飛背洞胸穴如盌力戰而殞方敵之逼土城也雲飛行營有藥桶二雲飛密納火線其中而硃書其上曰軍餉賊踏雲飛營爭取之焚數百人義勇徐保夜跡雲飛尸走竹山門雨霽月微明見雲

飛𠇗面宛然立崖石下兩手握刀不釋左一目猶睒睒如生欲負之行不能動拜之曰盍歸見太夫人乎乃動且輕甚走五十里蓆槀裹之浮小舟內渡抵鎭海將斂一目未瞑裕督哭撫之曰以賊未滅耶大兵不日出關矣乃瞑大吏護喪還葬事聞以提督例加郵遣官致祭予謚壯節雲飛孝友任郵聞於鄉黨在官不受一錢之餽朝京師攜一老僕乘蹇車未嘗役使軍士布衣蔬食淡泊出於天性所著書有名將錄製械要言製藥要言水師緝捕管見全浙沿海險要圖說及詩詞若干卷〔子以簡以敦另有傳〕〔淸史稿忠義傳〕

宗稷辰躬恥齋文鈔李元度先正事略〕

〔附錄一張世慶譔傳〕葛公諱雲飛字鵬起一字凌臺世居浙江山陰天樂鄉之山頭步五世祖諱秉明隱居讀書明莊烈帝手詔徵之不至高祖諱儒慧太學生樂善好施邑大尹山陽李公梅手書無雙義士旌之曾祖諱志紹太學生祖諱仁齡太學生父諱承陞乾隆己酉科武舉人官江西長淮衛領運千總公幼而威重讀書頴悟過人受業于同邑陳南翰先生見文公小學讀之不釋手同學者謂曰習舉業耳此奚爲者公曰此爲人之方也卽舉業之本先生聞之以爲名言父都尉公偶獵近原公騎而從授六鈞重弓六發六中都尉公喜動顏色讀宋史岳飛傳至文官不愛錢武官不惜死二語謂人曰此舉其大者而言耳非謂武將可以愛錢也讀明史周遇吉傳曰諒爲烈士當如此矣年三十六由武進士以營守備寧波提標右營試用赴洋巡緝往往自爲一哨窮極邊際或謂海上非兒戲何視之易也答曰賊豈到關前送死正須海外擒之耳且置身海天寥遠處益以鍊吾膽也嘗謁月湖張忠烈公祠留詩云尺土已非明社稷孤臣猶擁漢旌旗

回天赤手功難濟貫日精誠志不移署黃巖守備率所部巡海至北澤外洋突遇盜船令盡滅船上燈軍士各持短刀作商船呼棹聲以誘之持佩刀立船頭俟其盡登手縛之凡在洋巡緝或時坐小船扮商誘賊嘗云坐樓船而作聲樂張旗幟是何異呼盜使避也後賊中膽落見眞商船亦不敢近矣有閩友遺鮮荔支一器命家人馳騎晝夜行四百里抵家色味依然張太夫人曰寄語而主受皇上重恩所以慰老母者不在此也署瑞安副將瑞安外洋有山曰南麂周十五里遊民託名種地實則通盜公悉擒治之出示內地禁勿再往時大吏謂公識膽俱優且不避嫌怨可大任署定海總鎭時都尉公已里居謂公曰兒受皇上重恩數年之間由偏裨擢至專閫當益矢勤愼毋負委任時閩省盜船百餘闌入浙海檄調總巡不半月全浙洋面肅清道光十九年都尉公卒時大吏方倚重而以憂去羣以海上事相詢因上巡洋八十七條末又云其尤要者上之誠信必孚賞罰必明下之情僞必察甘苦必均某身歷浙洋十五年頗悉梗概果能依此而行心思力量着着俱到不涉自欺則肅清海洋似亦無難大吏遂通行各屬遵照辦理又手書告大吏其略曰前歲十月紅毛夷船至浙洋旋卽駛去必妄思滋擾近粵省果有夷船滋事之信萬一屬實閩浙洋面一水相通轉瞬南風當令順颿北上沿海一帶在在堪慮倘在我無制勝之實終啓彼夷輕侮之漸尙祈先事籌備不至臨時失措咸以爲過計未能用也未幾卽回里葬父二十年六月初一日英夷兵船十餘隻突至定海外洋初八日辰初率四百餘人徑由道頭上岸攻城逾刻城遂失守巡撫烏爾恭額聞警騾至鎭海會同提督祝公廷彪辦守禦事函勸駕時關上兵不滿千器械全無守禦不備人心搖動公至曰爲今日計先言守後

言戰因盡出內地兵以勁卒扼招寶金鷄兩山間對列大礮爲守具其餘各隘口小船可以攏岸處亦列營置礮以防逸入關內沿江兩岸築土城長二里許高可隱身間三人穴一孔以施槍礮並於關口江心以及各處小港密打大杉木樁幷周置木排竹筏等遏衝突凡三日而守禦備上滅夷十二策時烏撫軍倚公爲心腹多所采行閩浙總督鄧公廷楨謂東南有事可以獨當一面者惟公奏請起復先是定海旣陷潰兵四散畏罪不敢出時欽差大臣伊公里布來浙勦辦逆夷公曰定海舊兵熟悉水陸道路不如貰其罪令殺賊自贖于是豎旗招集不數日原額足公訪知英夷安突得狡黠善謀賊中恃爲心腹到處輒圖其山川形險公謂獲是人則逆夷不足滅矣授計壯士包祖才遂擒之偵者謂此人成擒賊中大擾願退出定海請安突得遣還逆夷僞帥安實得投書求見當事聲言祈和文武大吏十餘人以次坐令夷目入謁大吏欲公出見公曰某介冑士也知戰而已不及其他夷目議事未決卽辭去營中方議鑄銅鐵礮以公理其事公請買各寺觀鐘磬之屬鑄造蓋以舊時銅鐵質勝今數倍且鎔鍊更純有言於當時者曰此得罪於佛事遂寢後逆夷聞是議將寺觀鐘磬搜括一空笑謂人曰聽葛某語倘留至今日耶公治軍嚴整大吏令以各省兵勇將領咸受節制軍中相謂葛公不特怒時難犯卽笑時亦凜然可畏天寒海風裂面公請於伊制軍人給棉衣袴一身允行家中寄裘衣至公却之曰士卒被冷我何忍獨暖每夜二鼓獨巡營四更歸帳少睡將曉遂視事日以爲常英夷在天津投詞後直隸總督琦侯善辦理各海口防剿公嚴操防以待朝命二十一年正月伊制軍令定海鎭總兵前去交割夷俘安突得等三十餘名該夷亦將定海縣地繳還並命壽春鎭總兵王

公錫朋處州鎮總兵鄭公國鴻各帶本部兵前往以爲聲援二月初四日卯刻公至定海令守備陸昌言傳諭該逆令速退然後交還賊目該夷懼卽退出當將所獲夷俘交割卽於辰刻收復定海奸民楊阿三導逆爲惡擒斬之又逆夷盤踞定海時疫大作其死者黑夷輒棄之海白夷則發人巳瘞之棺拋其骨而納之至千餘家至是盡發其冢投骨外洋未朽者僇其尸投之人心大快定海城堞臺砦都爲賊毁時兩江總督裕公謙代伊制軍爲欽差大臣公牒請發甎石修造并火藥大礮等項以資守禦均允行定海縣治三面皆山後爲曉峯嶺其山後卽海外面陡絕無路內卽縣城枕其麓左則竹山門右則摘箬山三山皆相連唯前面道路一帶地方築土城塞之自竹山門至摘箬山凡五里城上徧列大礮使逆不得上岸又以曉峯嶺雖險然爲入城間道請於山頂築臺列礮防其偸上其竹山門外之小竹山係懸海與竹山門對峙兩山間水最深爲逆船進定必由之路然江面狹隘不過數十里請塞之使逆不得近岸又請於徑對土城相距五里懸海之五奎山築臺列礮并吉祥門大渠門毛項虎頭頸等海島各置礮臺防守互爲犄角使逆船不得近內洋以爲如此則定海固如磐石無用客兵戍守議不果行時海上積匪以夷務急無暇緝捕潛出爲害公聞之出洋巡緝長塗洋面獲大盜陳螺等八名半塘獲曾奪等七名花鳥擒獲邱親等十一名斬取首級十二顆公之始出巡海也有某語人曰彼風雅士也託名殺賊實往普陀看山索句耳至是疊報擒馘其人慙服公在洋次得信知福建廈門於七月初十日被逆夷襲據知逆必再至定海遂星夜回營守禦以土城大礮不敷用請添撥四十門又以曉峯嶺間道爲逆窺伺請八千觔大礮二門俱弗得又吏議祇須登岸擊殺不

許水戰將定海營船盡行押過鎭海或謂公曰寇深矣豈欲公徒手殺賊耶事不可爲矣盍去之公慨然曰丈夫以身許國事已至此可使庸人笑我爲不智不可使賢者責我以不忠竭力殺賊一死以報皇上耳時晝夜在土城防禦至八月十二日巳刻汛卒報逆船二十九隻在横水洋距定海三十里矣公面諭各弁兵云下之於上盡忠分也況素受皇上厚恩者乎今日便當圖報公等勉之至未刻逆船全幫結陣闖入小竹山公親自照準開放大礮擊斷首先駛進之大船頭桅直從後桅打出擊殺十餘人賊竄出吉祥門全幫逸去公謂該逆窺我東港浦兵少卽令駐劄之左營遊擊張紹廷賊至便擊須臾賊果繞入大渠門窺東港浦張遊擊督率弁兵迎擊該逆卽時退出遂傳諭各弁兵加緊防禦切勿以勝故稍弛奏入得旨嘉獎賞加提督銜先換頂戴十三日丑刻逆船乘夜連幫入小竹山直逼土城開礮公親開大礮令各營亦扼要開礮逆夷冒死迎敵與我互相轟擊至午刻逆夷死者已四百餘人卒不得近岸遂全幫退出公之甫至定海也有議憑城而守者公曰不扼口賊一上岸斗大地尙可固乎顧兩鎭客將也某守土之官當獨任之由是鄭王二公駐城內公駐城外至是事急二公亦出城協守公以曉峯嶺間道無礮台必須重兵扼守遂請王公領壽春兵協守又以竹山門無礮台兵力薄請鄭公帶處州兵與本營合守公則駐半塘土城之中獨當衝要地公以逆夷幷幫入犯其醜類幷內地漢奸每船多至五百餘人賊數且二萬我兵合三鎭僅四千若上岸截殺衆寡不敵飛書大營請濟師弗得公恐軍士知無助有畏心詭言上憲謂在鎭海者都係庸懦定海軍連得勝仗能以寡擊衆忠勇無敵汝等當益自勵勿再望援十四日辰刻巡視竹山門獲詐爲鄉民報信者

命斬之遂吐實曰賊不得近土城將由竹山門登岸至巳刻逆船果至時竹山門無礮賊幾登岸督弁兵開放抬礮擊殺三百餘人碎其三版兩隻全幫竄去賊以五奎山距道頭近且徑對土城十五日逆船至山下徑上山支搭帳房對面列礮欲擊土城公乘其未集即親開大礮擊燬所搭帳房並斃十餘人又碎其火輪船一隻斃四十餘人該逆猶互相轟擊公遥見山頂立一賊紅衣者以旗東西指似揮賊令進狀公親自將礮苗墊高照準開放紅衣者立倒賊全幫逸去後獲漢奸王思風知即逆中代義律爲新領事之大頭目所稱樸鼎查者十六日該逆在五奎山背後將礮苗向天隔山擊我我兵亦隔山相擊自巳至戌擊斃逆賊無數十七日子刻大霧該逆以我軍無從瞭望進逼土城公聞海水有聲知逆至親自開礮轟擊時賊中以兩大船載火藥鐵索聯之並行中礮入藥倉火起焚燒片版無存船中五六百人殲焉全幫竄出初逆夷在定海久悉其地利至是攻打六晝夜卒不得登岸且死傷無數議從曉峯嶺則縣城即在山麓可直入并分兵攻打土城竹門山使各不相顧當是時大雨連旬泥水沒足者且尺公以青布裹頭著雨韡自十二日至是冒雨往來泥淖中晝夜戰守無片刻獲安糧臺給發軍糧甚嗇各兵不得飽勉以忠義感公誠無他意公晝夜戰無暇食凡六晝夜僅啖餅八枚是日辰刻定城紳者以公戰苦煎蔘一盌請飲固辭不獲受而投之江謂將士與某楞腹戰有日矣某忍獨飲乎請公等均飲此以表吾同甘苦意各軍感泣至巳刻該逆分作三路一攻曉峯嶺一攻竹山門一攻土城勢甚張時曉峯嶺無礮祇抬槍不能及遠賊由後山槍礮火箭雨集我兵力不支賊畢登曉峯嶺遂失賊既登嶺分一路直落攻縣城計一千人又一路沿山脊下計三千人遂

攻竹山門我兵少無礮軍士死傷大半竹山門亦失賊遂沿山而下徑攻土城逆之攻縣城也城中守兵僅三百人以南門臨道頭該逆由土城上岸入城南門適當其衝遂并力守禦其餘三門共數十人後逆從曉峯嶺來窺北門軍少車礮擊北門門壞夷一擁而入我兵之守南門者卽落城巷戰互相擊殺衆寡不敵城亦失時逆夷分三路攻打其攻土城者勢尤張公督弁兵所用槍礮至紅透猶舍命轟擊至午刻在半塘聽各處礮聲緊且近曰逆已上岸矣我兵少截殺則衆寡不敵事已去語未畢報者迭至遙見竹門山頂逆夷彌漫蜂湧而來巡下山攻土城公知事不可爲遂北向再拜曰臣力竭矣當殺賊以死上報高厚於萬一不能爲國滅賊徒以區區孤忠崎嶇海外七閱月毫無報稱卽死不足塞責從懷中取敕印交外委某謂之曰此朝廷物也毋辱賊手可爲我繳大營又謂所親某曰此我盡忠時也家有老母年八十矣當爲我百計慰之語甫畢逆已相距僅里許猶親舉大礮擊賊賊繼至相距不半里猶呼後軍以短兵擊賊時土城兵皆調守各處在麾下者僅二百人賊首安實得麾綠旗進戰公直前斬之人與旗並仆刀亦折拔腰間雙佩刀大呼殺賊陷賊陣且拒且進由土城歷久安門長治門直至竹山門山脚殺賊無數方欲上山賊猛然劈傷右首僅存半面猶殺賊中抬礮子從背後穴出胸前並中鳥槍四十餘傷遂立竹山門崖石而卒麾下二百人死亡殆盡是夜二鼓定海義勇徐保求公尸遍土城至竹山門山脚見一人兩手擎雙佩刀立崖石上微月照見半面宛然衣服皋肖負以行疾走五十里抵其家已四更矣十八日辰刻該勇奉公尸抵鎭海大營裕制軍賞六品頂戴並銀五百兩遂出城祭枕尸大哭不能起殯殮回里張太夫人見之一慟而止曰我今日

有子矣二十七日奏定海失守一摺至於苦戰六晝夜句奉硃批揮淚覽之九月初二日奏公屍身已得一摺至本日奉上諭覽奏爲之墮淚并有旨褒葛某所練親兵最爲得力奮勇殺賊効命疆埸深堪憫惻卽於是日疊奉恩施於例外又加賞銀五百兩十九日奏靈柩回籍一摺至奉硃批覽奏憫惻等因欽此照提督例從優加邺誥授振威將軍諭賜葬祭予謚壯節入祀昭忠祠勅建專祠典至渥也給與騎都尉兼一雲騎尉世職襲次完時給與恩騎尉世襲罔替長子葛以簡賞給文舉人次子以敦賞給武舉人均准其一體會試嗣以簡以直隸州知州儘先補用以敦以營守備儘先補用其所以表忠延賞者又如此生於乾隆五十四年己酉卒於道光二十一年辛丑年五十有三著有製械要言凡四卷製藥要言凡二卷水師緝捕管見凡十六卷全浙沿海險要圖說凡八卷

〔附錄二邵懿辰譔墓表〕公姓葛氏諱雲飛生時大雲如纛立庭中故名自英吉利豨突東南海上數破陷城邑濱海文武將吏覩巨船利礮輒恇縮所至潰靡坐失律逮治者難悉數獨公以饑卒二百人當窮寇數萬且苦戰六晝夜之久終以援窮力竭奮身殉難而視前後死事諸公爲尤烈焉先是公嘗爲定海總兵矣以憂歸歸不逾年而定海陷大府嵇公材以書招公方督僮奴治田山陰令持書見公隴上公慨然白母立馳之鎭海晝守禦具甚悉而朝廷遂有起復之旨焉受事鎭海樹旗集散亡旬月敎練一軍復振遂以計禽夷首數人會節相伊里布視浙師議以所獲夷俘易定海旣成說命公率所部渡海收復其地而以壽春總兵王錫朋處州總兵鄭國鴻帥師協守焉時道光二十一年二月四日也旣而夷事中變江督裕謙代伊里

布吏議戰守其秋賊酋樸鼎查以兵船二十九再犯定海定海故海嶼四懸城三面倚山其陰曰曉峯嶺陡絕臨海有開道俯瞰縣城其左曰摘箬山右曰竹山門皆濱海爲障其南曰道頭則曠無蔽爲海步往來所由公曰二鎮客將也俾壽春守曉峰嶺處州守竹山門而已駐所築道頭土城閒當敵衝八月癸巳賊艘蔽入窺土城公自發大礮擊賊頭桅斷之賊懼而退翼日自丑至午擊之退又翼日自巳至戌復擊之退道頭南小島曰五奎山距岸五里丙申賊營其巔將舉礮擊我公以礮仰擊殪其紅衣酋一人翼日賊匿五奎山後以礮仰天隔山擊我我兵亦隔山擊之當是時天大雨連旬將士奮呼泥淖中衣甲沾溼一絞戾常出水數斗我兵合三鎮僅四千賊每艘五六百可二萬人分番迭進我兵乘厓拒守晝夜不得息主客勞逸竟相反餉給不時則又益饑疲而曉峯嶺竹山門皆無礮所恃火槍檯礮不利遠擊戊戌晨大霧賊闇薄登曉峯嶺遂失繼攻竹山門竹山門亦失乃下萃道頭公顧視賊衆瀰漫南下命移礮內向礮陷淤泥不動公力拔四千觔向賊纔一發而羣賊蠭至公出懷中勅印付小校手刀大呼跳盪入賊中轉戰二里許所殺無算浸及竹山麓一酋乘高以長刀力砍去公首之半公半面血淋漓躍追之酋愕避去賊計公不可近乃以火槍攢擊被四十餘創一酋以擡礮自後擊鉛丸洞公背自胸出穴巨如盌公遂立竹山門崖石而卒尸植不仆手擎刀作殺賊狀左目炯如生久之賊乃敢諦視歎詫時公衣上下黑色青巾鐵齒鞾召土人辨之哭且拜曰乃我定海總兵葛大人也大白板者定海民徐保慣市竊蹻捷如飛是夜獨跡求公尸四鼓至竹山見厓有立人卻不敢前忽雲破月光穿漏彷彿公半面良是大白板泣且拜負之堅不動拜祝之如故最後祝曰

不念太夫人乎乃輕可負疾趨納小舟内渡焉公先以自然礮擊夷奏入賞加提督銜邮典視提督世廕騎都尉又一雲騎尉又賜長子以簡舉人次子以敦武舉既又授以簡直隸州知州以敦營守備並即用而予公謚壯節祔昭忠祠且立專祠祀焉公字鵬起世浙江山陰人父諱承陞武舉官衛千總母張太夫人公嘉慶二十四年武舉道光三年成進士授營守備改就水師四轉而至總兵皆在浙海先後捕海盜甚衆賊中語曰莫逢葛必不活所撰名將録製械製藥要言水師緝捕管見浙海險要圖說及詩文凡數十卷授命時年五十三娶金氏子二人以道光二十二年十月　日卜葬公於縣西王彎上寺基之左始公爲副將時命工製佩刀二爲寶刀歌以見志且銘其鐏一曰昭勇一曰成忠即臨陣所佩歿猶握不釋者也

葛以簡字小淩山陰人道光二十八年以忠廕授甘肅同知改建書院重修城垣士民感之以不肯媚上官被劾宣宗念其父壯節忠烈寢其奏不行〔采訪參甘肅通志〕

葛以敦字小臺山陰人忠廕授湖北安陸營守備咸豐二年冬太平軍破武昌安陸震恐以敦誓死守日夜勵士卒以待尋由署總督張亮基檄令赴省擢都司以擊滅河南太平軍功賞花翎田家鎮破敵衆麕集以敦每戰輒陷陣敵畏之呼爲銀鎗小葛後以孤軍被圍死黄州御史宗稷辰奏聞賜祀父忠子孝祠人以爲不愧其先云以敦同郡陸蔭墀爲湖廣總督巡捕官保知縣咸豐四年正月蔭墀及前廣濟知縣嘉善蔡潤琛從總督吴文鎔死陡城其友謝以鎮同罵賊死〔采訪〕

袁樂忠山陰人道光辛壬間英人内犯將軍全軍赴鎮海時四川副將朱貴獨領兵後將軍令一日期抵紹興

府城乃併日夜疾而前驅樂忠以本郡卒充嚮導貴行甚迫樂忠私謂其伍曰吾將軍卽飛行度不得前大將軍獨鎭海金鷄招寶兩山前有間道長碕嶺殊扼要大軍專金寶若吾軍自長碕或轉出大將軍前且宜先見敵貴聞之喜用其言比至長碕果先大軍而夷大至血戰甚力軍孤失援貴父子皆歿於陣樂忠從死之〔王拯撰傳　清史稿忠義傳〕

楊慶恩字蒓菴山陰人官江蘇上海縣典史廉隅自飭祗攜一老僕於獄囚則厚其衣食衞其疾病朝夕親與之談忠孝或絮絮詢家事囚倚之如慈母道光二十二年英兵犯上海陷吳淞提督陳壯愍公化成死之慶恩聞信趨謁邑宰邑宰出走更謁道員及城守參將則皆走乃歸署縱囚囚不肯去慶恩曰若輩卽當死法亦不應死敵手况有輕罪者乎力揮之出乃自投於黄浦江越日尸浮面如生事聞優䘏邑人附祀於戰死之陳壯愍公祠〔瀛壖雜識　墨餘錄　楊氏家乘〕

張澄齋山陰人僑寓金陵道光時夷船入江金陵戒嚴兵民乏食澄齋發藏粟三千石傾家財七萬有奇以供軍糈振民饑事平叙知府〔陳康祺紀聞〕

潘忠燮字理君更名賡颺道光十四年副貢幼隨父尙楫之山左任嗜讀書肆力於詩古文辭工書法性至孝是年春將由粵返里瀕行割股愈母疾尤勇於爲義嘗爲從兄償劵錢千緡又爲某代償鬻妻子者二十一年秋英人擾寧波郡紳創議籌備忠燮捐助二千金大吏入告叙光祿寺署正旋改中書未幾卒人皆惜之〔道光會稽志稿孝行傳抄本此次未印入故補之〕

趙士介字濟和山陰馬鞍村人道光中葉黌宫聖殿圮濟和助二千金修之〔馬鞍趙氏譜〕

趙元能山陰馬鞍村人村後一帶海沙遇秋潮泛濫廬舍多漂沒元能倡築土邱半年竣事綿長三十餘里〔馬鞍趙氏譜〕

王澐〔錄宗稷辰撰墓版文〕王劉之學歇絕既久至莫先生時又爲一振其入室弟子蕭山吳鍾愔稱最其亞曰山陰王澐湘浦湘浦居與稷辰甚近然當其伯仲負文譽時余齒稍弱猶未與之偕逮同歲入庠於郡黌相見後可以共學矣而余又侍親湘上忽忽相失十三年至道光紀元辛巳而君中式順天余亦得附浙榜末復爲同年生明年壬午季秋始偕余兄仁圃候榜信於西郭外會龍堰遇君坐石上縱談知君已先考取謄錄適與脩仁廟實錄議叙可爲縣令矣未幾再至京而君已宰江陰其時莫先生已以直言引退凡江陰之利病聞於函丈者深矣一出已有政聲與同年何竹香皆以勤幹稱吳下而長於治獄則君尤勝之後歷任寶應山陽地多偏嵡朱文定公士彥白尙書鎔使還曾以其振恤之績上聞尋迭膺疆吏保薦稱其惻怛慈愛足以感民遂累遷高郵州通州宣廟召見君言本呐呐奏對所治民事秩然朗暢深荷嘉許未幾特擢曹州守甫蒞郡即以率觀城令陳光緒盤獲山西逆首曹愼等予優叙又偵獲范縣巨憝王和尙及鄆城教匪多名爲撫部鍾公所重亡何坐范縣民仇殺七命兇犯未獲部議鐫級引謁恩予降留嗣選萊州守靖濰縣聚衆阻粮之變遂署登萊青道時防堵海口民尤頌之會封翁月峯先生無疾終於里第星奔治喪盡禮服除即簡發甘肅初署平慶涇道復調寧夏道跋涉險遠極其勞瘁猝中寒過蘭州遽卒年已六十有六

當時中外謂其有實政旦夕當大用而止於此多惋惜者君之爲治不設鉤距而罕以刑求所至囚無滯獄庭無留訟其培植庠校如江陰之捐膏火八千金爲士林所傾向而辦漕之淸振萏之確尤殫厥心然君與余談及尙謂其多未慊心也昔在京邸與君邸隔一巷常過從相對靜坐令密審星緯旋轉之有聲深夜所談多明儒精粹蓋其得力於性學者措而施之皆成治術惜相聚未久不能盡吐所蘊蓄以益余也君階止中憲大夫配淑人沈氏先君卒生子五人長德寶次忠寶三惠寶四懋寶五懿寶多以仕學世其家有孫七人已有鄉舉者其蓄德養福之厚洵里閈所不多覯者矣至其先世及子孫官秩科目詳家狀不備著君之葬在咸豐某年其地所自定在漓渚荆鈫弄山原旣余歸里數至其家與其諸子話舊余講學蕺山其子若孫多從余游遂徵文狀多不詳今證之其甥陳承慶而叙次之深惜不能記生平面告所訊疑獄纍纍如干事余衰矣若不於此時一抒其聚散離合之素其何以對故人乃書此以寄吾門懿寶於吳下〔下略〕〔躬恥齋文鈔新河王氏譜〕

李師泌字繼芳山陰人嘉慶戊辰舉人官靑田訓導〔靑田縣志云〕師泌以道光九年任開館課士待諸生如家人嚴而有恩才而貧者則分俸賙之二十五年卒於官〔杜煦曰〕芋畦未司鐸時門下之盛甲於越中者二十餘年教人以行誼爲先敎文藝以經術爲本早失怙侍孝於祖母歿廬墓次哭而咯血友商拜亭嘉言卒後遺七齡幼女取養之王自超墓在瓜衍村圮毁修整之餘高義率類此〔輶軒續錄　道光會稽志稿有傳〕

陳光緒 〔錄宗稷辰撰墓誌〕越中在古昔海濤涌流有山出潮汐中峯岫聳峙如橐駝背故俗稱駝峯方志謂爲小蓬萊今距海漸遠混茫杳渺猶可於山中望見之同門友人陳石生少時讀書此山中一夕夜半起登峯頂望日出蹞而墜於崖僅傷額喜石之生之也遂號石生云石生早歲爲詩賦頗有聲吾鄉何半餘一坤商拜亭嘉言紀椴翁勤麗三先生爲詩壇宿老君皆師之周蓮塘學使試古學取郡屬第一道光壬午〔一二年〕舉於鄉越十年癸巳乃成二甲進士出宰山左明年補觀城知縣又明年以公事詣鄉見一逋人投店操山西音神色悍遽察有異詰之曹姓時趙城曹順倡亂逸去捕方急召至館密審果即其人遂獲以解大府大府論如法未奏上會直隸鄰境伲報協捕其督遽以上聞索囚爭功大府銜其不密重抑之僅保升同知直隸州尋調冠縣又三年然後升武定丞歷十年兩署知曹州府事一署濱樂運同一爲丁酉同考官三爲鄉闈內監試官兩次總運漕糧一薦卓異乙卯以趣漕事至利津五月十七日卒於其縣廨其生在乾隆戊申享年六十有八君爲政不尙操切其聽訟平易近人未嘗以聲色震厲聳人耳目事過無所憾輒忘之與友朋談罕及政事老友王湘浦澐以健吏爲之長官好議論得失以君簡默紆緩不相中後繼湘浦治漕雖劇亦少滯牘人以此雅重之其久爲閒曹絕無怏怏之色若深以稱其性情得嘯咏自適爲樂者君旣不自表著嗣子孤孫更不能追記其所設施所傳惟拜石山房詩卷而已君在鄉入泊鷗吟社客津門與梅樹君成棟李采仙雲楣輩結梅花社在山左士能詩者多與之交人幾忘其爲官沒後蕭然逾年始歸其喪乃弟述君內行但言嘉慶十九年割股療母周太宜人疾一事他未有狀其孤將葬以墓文請余知君深乃

以所知者志之君原名詩後改名光緒字子修祖父皆耆德隱居朱儲村元配同邑許氏繼室仁和許氏前出之子敦禮早卒以君弟東生之子敦福爲君後生二孫長者孝詵嗣長子承其重次曰孝通女適施燕辰墓在某山某原〔下略〕〔躬耻齋文鈔〕

沈如淵　〔節錄朱蘭撰傳〕雨懷沈公諱如淵原名承仁字心穀先人業鹺於粤東時季父東美公居連州公經理省務敏達强記暇輒讀書作楷爲詩歌鹽務日起當道重公幹才舉爲全綱總辦期滿咨留計先後二十餘年官商稱便公不欲以鹽筴終遂改名如淵捐知縣入都謁選得直隸武邑時道光九年也甫下車有誣告人罪詞不實一訊而服詞訟不輕准准卽立剖命案必檢驗詳慎而後斷決地方利弊諮訪無遺民畏而懷之十四年調永年會滏洺兩河溢城不沒者三版公撫災黎捐廉爲倡分鄉賑濟戽積水修隄埝民慶更生旋改補臨城調臨榆榆邑爲陪都往來孔道旂民交錯時遇玉牒大差恭辦綵棚龍殿駐蹕行臺并修輦路七十餘里籌費孔艱而公從容措置事無不治遂舉卓異引見加一級回任候陞復調長垣長垣爲蘧大夫故里邑有書院顏曰寡過公爲講求實學延名師按期校課加給膏火時手一編與諸生辨析疑義士林知有夙學不以科第少之年五十三卒於任〔會稽沈氏譜〕

王錫九　〔錄家傳〕公諱錫九字蘭史浙江山陰人寄籍山西汾陽嘉慶丁巳〔二年〕八月生於山邑萬安坊之心印堂原名恩植己未母周太夫人卒癸亥祖母金太夫人卒爲曾祖母鄭太夫人所撫育九歲始入家塾公父茗園公治法家言壬申館洪洞公往省覲隨侍誦讀先後從田梅溪先生鍾秀周玉亭先生琪游所

學日進丁丑茗園公館永寧爲公授室戊寅桐城姚函青先生維藩宰石樓文名甚盛公往受業道光乙酉〔五年〕舉於鄉闈中已定元十日嗣得五臺王丕顯卷改置第二丁亥主講霍山書院生童肄業者日衆公手訂規程導以正軌士皆嚮學厲行風氣一變暇時與文西亭楊菊泉屠虛堂相唱和有詠古詩采入趙城縣志癸巳成進士以知縣分發江蘇從事讞局多所平反巡撫林文忠公極重之甲午充同考官閱薦務覘根柢公在讞局積案一空凡牽連被累者悉予删除臬使裕靖節公欲以陳獎公謂清理者有功恐積壓者獲咎堅辭乃止乙未八月署嘉定時鄰邑寶山海塘爲颶風所圮公捐俸籌貲得銀四萬有奇濟工修築堤防鞏固嘉邑亦獲安焉公以嘉邑歲頻不登病在河道淤塞集衆開濬練祁北雙塘南雙塘黄姑塘等河農田被澤民困大蘇事詳江南水利全書創建義倉以備凶歲迄今賴之戊戌署昭文己亥補丹陽公以廉俸修理昭邑文武廟籌欵萬金爲賓興費以惠寒畯梅里鎮舊有同善堂爲掩骼埋胔之舉公倡捐俸錢三十萬富人聞而樂助者爭先恐後爲置田定章垂諸久遠八月移元和昭民聞之皇皇然如嬰兒之失慈母相與焚香乞留於節使格於例不果行去日扶老携幼走送者數萬人多流涕陳辭惜好官之去士紳繪琴川送别圖作詩紀事於同善堂隙地建崇報祠公力阻未能止也既涖元和次年值定海有警裕靖節以吳淞洋面毗連浙省命公籌防公上條陳十二事均見施行辛丑裕靖節公以循吏疏薦是年七月署青浦壬寅調補華亭時英人犯吳寶山上海相繼失守潰兵難民麕集青浦公彈壓撫綏人心乃定有匪首名陳阿應者公擒治之癸卯署長洲咨訪利病如治家事甲辰五月入都宣廟召見勤政殿垂問家世及歷任事實獎

勉有加謁吳縣潘文恭公稱好官者不去口六月出京行抵清江聞茗園公訃星奔至蘇乙巳旋里爲茗園公謀安厝穸丙午卜葬於邑之中竈服除起復署奉賢地瘠民貧壹意撫字大吏以催科責不之顧也戊申調補吳縣前任因縱盜去官公下車後訪知太湖盜蹤巡防嚴密鄉民得以安枕是秋江北被水災民轉徙至蘇公建議設廠留養按日給粮凡綿衣醫藥纖悉必備全活者一萬六千餘人己酉四月後蘇州大雨浹旬河水驟漲田里盡成澤國公捐廉集欵周歷各鄉以振之又分設粥廠活民無算次年春振濟如初公因積勞猝嬰類中之症乞代養痾八月病小愈署柘林通判咸豐辛亥〔元年〕春奉檄監修華亭海塘公不以病體稍疏督察八月工竣松郡賴之事載江南水利全書旋省病劇壬子十二月卒年五十六配陳氏山陰候選布政司經歷明湖公湘之長女事繼姑李太夫人以孝聞子宗濂江蘇在任補候道長洲縣知縣宗哲殤女長早殤次適山陰滕氏皆陳太夫人出三適山陰滕氏爲繼配妾耿氏出孫璠浙江杜瀆場鹽大使瑋兩淮草堰場鹽大使璋江蘇候補知縣曾孫敬銘江蘇候補知縣式通光緒戊戌科進士大理院少卿亦曾安徽候補從九仰曾維曾葬邑之謝墅光緒丁丑祀吳縣名宦祠蘇州府志有傳詩文稿經亂散失存自訂年譜一卷贊曰馮林一先生稱道光中吾吳守倅牧令以治行顯者必首數公公清癯鶴立退然如不勝衣顧當盤錯糾紛視止行遲礫然立解南榮牒讞開誠布公不輕笞辱人人自不欺桐鄉之祀可無愧焉〔新河王氏譜〕

胡應泰字懷莊山陰人道光十五年進士翰林院編修旋任福建延平府時適歲歉各縣盜賊蜂起爲邑宰者

均欲從嚴懲治以息盜風應泰曰若輩皆爲饑寒所迫此豈甘心爲盜耶出官書不假幕友手悉親裁之凡爲首者按律科罪如訊係脅從多釋放放必逐名問曰爾輩有無父母妻子向來作何生理問家中尚有生業者仍令回歸如係遊蕩者流常慨然曰士農商賈各有恒業爾輩家無生產現又犯事釋回勢必鄉黨所不容親族所畏懼則爾寒無衣饑無食其將何以生爲遂出廉資酌給若輩令在署前經紀半年後百貨雜舖郡署前後幾爲壅塞改過自新者有之聞風向善者有之而一郡之盜風遂息嗣小刀會匪起逼迫延郡倉卒調兵不集勢危甚而若輩在郡已有身家性命願死守城得保全凡前後守城三月有餘計危急者八晝夜日食麥餅數枚而已寇退後進省謁見各憲禮遇有加時爲制軍者王公懿德也因别郡匪急檄令救之公行至中途猝受煤毒而歿制軍以其死于王事奏聞得䘏典應泰歿後巷哭者旰宵不絶所最奇者其柩由署移厝忽見壯勇多人蜂擁哭泣而來忽將柩肩移而去見者鼓譟移者號悼家人跟蹤之見每至一村設酒漿焚香燭男女婦子匍匐而祭祭畢必恭必敬將柩仍還寓所因問故各指心曰公我父母也喪公如喪父母闔村人必親祭之以盡區區云〔采訪〕

趙璧山陰人道光中知湖南永順縣縣多浮費璧力爲裁省民德之〔湖南通志〕

周煒字葆初號午莊𢍰山人道光十四年副貢割股療父病〔采訪〕

馬正綬字佩章號樸園會稽人居吳融村同姓數十家捕魚爲業值嚴冬大雪無所得食正綬張蓋着屐令傭者負米按戶賙給其同族艱食者歲終各贍以米戚友中宿逋甚夥晚年盡焚其券〔吳融馬氏譜〕

鄔鶴徵字雪舫山陰人爲泊鷗吟社中之最耆者嘗游江淮與吳中詩人角旗鼓久之歸越教邑弟子爲詩著唫秋樓詩鈔初二三集凡十二卷其詩境清華微宛自然入妙自題其集云萬籟不生秋在樹纖雲無翳月當天試將此境閒相擬只恐清虛或未然深造之境非他人所能道也卒年六十九〔據輶軒續錄〕

平浩字養中號元卿一號悔遲山陰人著金粟書屋詩稿〔家傳略云〕先生爲訥齋刺史孫荷莊刺史子家世工詩娶茹古香尚書女孫亦嫻書史與從兄鶴舫種瑤從子侶舫倡和又與泊鷗吟社茹韻香紀百穀鄔雪舫諸老游詩日益進家富圖籍若金石圭璧硯印陶甆象犀竹木諸珍祕充牣四壁摩挲稽考不復知有塵俗也兩游新安山水所助體格益變〔輶軒續錄〕

周調梅字半樵山陰人嘗著越詠兩卷凡三百首因明王埜曾著越詠其書久佚調梅蓋續爲之也仿南宋雜事詩式於詩後別作一行爲題以趙宋前爲限凡府縣志所載習見事屏不錄博采遐稽頗多舊聞足補志乘今其稿已佚兩浙輶軒續錄中僅錄存八首〔采訪〕

杜煦原名元鼎字春暉號尺莊山陰人家世行義率弟輩廣宗祠義田至千畝設義塾二親疾封臂兄弟析居復合至老友愛無間與弟春生同中嘉慶丁卯舉人聞報閉戶對泣悲不逮親也戚長親友通窮乏以及字棄嬰振災區事不勝紀傳極經史於陽明蕺山之學融會洞澈而務躬行實踐以合於程朱念會講久弛與同志春秋會祭祠墓爲贖田清界除荒穢而振興之刻王子詩帖劉子全書改建王門沈忠愍祠刊劉門祁忠惠集訪甲申殉國周文忠墓石於萬山中爲之封樹釐正臥龍山詩巢祔位獲前賢遺蹟多摹勒以公世

以名教自任言動皆可經法丹黃萬卷疾病弗休道光三十年越人將以應孝廉方正之徵手書力辭旋卒年七十一曾選縣令貤封典皆不樂以士服終遺命與弟杰同兆域子寶辰進士道銜山西知府孫灤中書暹榕庠生國子監典籍廷燮餘西場大使衡拔貢〔宗稷辰所撰墓誌〕

〔附錄張景嶽撰行狀〕道光庚戌之夏吾越尺莊先生卒於家其孫衡暨猶子寶霑等因先生知交多歸道山謂景嶽粗識梗概屬述行狀以備傳志採擇景嶽謭陋不能深知先生事再三辭不獲命謹就所稔習者撮其大略著於篇先生姓杜諱煦字春暉號尺莊晚年自署爲蘇甘居士其先世自剡遷會邑之前郈復徙居郡城東光里遂爲山陰人祖承節州同知父陶布政司理問俱累贈通奉大夫祖母袁氏謝氏母俞氏妻氏俱累贈夫人世以義行稱於鄉先生性孝友事親先意承志曲盡其歡心嘗刲臂和藥以療父疾及父母歿哀毀骨立蔬食百日終喪不入內室營窆地足蹟徧歷越中諸山居則懸小影於室中朝夕瞻拜歲時祭祀必誠慤哀思數十年如一日秋闈與季弟春生同捷賀客至覓不得乃在內室相對嗷泣不止悲父之不及見也先生年二十四失怙又二十年失恃常戚戚焉抱鮮民之痛或一夕數夢或兩三夕一夢蓋未有旬日間者悽愴怛悼屢見諸文幾於終身之慕焉先生兄弟四人伯兄沅芝父在時已析產異居其後產業較增仍均分以益之兩弟則分而復合至老同爨無間言叔弟丙杰早卒遺孤寶霑甫七歲教養成立不啻所生迨寶霑以選拔中書洊級二品覃恩封贈克遂顯揚而先生之志亦稍慰矣先是祖父兩世捐置宗祠義田以惠族人先生率兩弟加捐至千畝有奇手定規條分爲十則曰葺祠曰修祭曰郈塋曰優老曰鰥貧曰

助婚曰勸學曰賻喪曰崇行曰備歉每條又各分子目至纖至悉其自七世祖以下咸得沾被無失所之人然族指日繁經費日擴間遇災歲薄收而需用更鉅猶不敷給則多方設措以補之而近支之待以舉火者不與焉城中設經蒙義塾各一所鄉間設蒙塾一所俾族中子弟得就近肄業絃誦彬彬爲兩邑冠歷科登鄉會榜及歲科兩試入泮者指不勝屈近如庚戌科翰林聯亦其一也先生處師友姻黨間恩誼肫摯推解極多無從覼述師如王本滋孝廉樹實張問樵明經元灝身後寥落贍邺備至友沈春展元燔商莽亭嘉言樊莫齋廷緒王東江岳紀百穀勤麗葦或捐立祭產或校梓遺集或賻其喪邺其嫠及孤姻親如姑表鄭氏母黨婁氏皆爲之營葬立祀置田以供祭每歲則瞻遺像掃遺塋必躬必親久而彌篤至郡中近年善舉如嬰堂藥局義倉城工文廟書院以及義賑無不首先捐輸爲鄉里倡而先生猶歉然其不自足也先生天資穎異髫齔時端重如成人爲文卽中肯綮有神童之目年十四補邑弟子員自是每試輒高等學使者儀徵阮文達公諸城劉文恭公皆深加賞識嘉慶丙辰補增己未食餼壬戌援例捐訓導旋丁憂服闋後丁卯中本省鄉試當是時文譽藉甚都中賢士大夫僉願締交人海茫茫士趨若騖而先生秉性恬雅處之澹如也己巳下第歸里遘危疾遂息影家園不赴京者二十年其後兩入都仍無所遇嗣君寶辰弱冠中鄉魁勉以讀書養氣不令就禮部試越十年成進士官刑部先生愍然謂秋曹關係民命綦重稍不持愼必致貽誤連發數書促之歸曰居家讀律數年後再出未爲晚也道光庚子辛丑間英夷兩入定海幷陷寧郡震及越州太平日久猝遇兵變人心惶懼當事者不知所爲先生首捐重貲命寶辰董率諸紳士設籌備局練勇修城

以資捍禦並於三江滙海各海口廣募防堵經理三年始終不懈夷船游弋三江測量水勢水勇嗚鉦逐之棄椗斬纜而逸其後復勾明越弁兵假託官差來測水者兩次皆被獲送營雖大帥護兵不肯根究而夷知有備不復來窺越賴以安先生爲作量水行紀其事竇辰旋奉將軍檄赴大營撤兵後復襄辦省局報銷甲辰事竣以山西知府入京乙巳春未及引見而卒先生不以豐約易其慮不以忻戚擾其心以故人愈欽重之先生潛心理學而尤服膺鄉哲王陽明劉蕺山兩先生道光初先生致書馬侍御步蟾請以劉忠介從祀文廟得旨允行因復列黃石齋孫夏峯湯潛庵諸公浼其續請未果不數年而相繼登兩廡實自先生發之齋中供王劉兩先生像日申瓣香之敬嘗爲景儒言紫陽窮理之說得陽明以良知佐之而益通陽明良知之說得蕺山以慎獨佐之而益粹又言半生沈疴藉兩先生書治疾讀陽明書心爲之超氣爲之曠讀蕺山書由陽明返之程朱心爲之凝氣爲之肅其自道得力如此兩先生祠墓皆在越中蕪廢已久王墓兼有侵佔盜砍等事先生邀同志爲王劉會修葺祠墓煥然一新春秋誕日糾集祭掃並爲贖其墓田清理其界址嘗於重九日冒大風雨獨至摩旗尖查點王墓蔭木不辭勞瘁因得稟請存案立碑示禁以垂久遠又募勸陽明詩墨梓劉子全書而兩先生之學益燦著於越中矣先生尤愛表章忠節山陰周文忠公墓相傳在洋中山久失祭遍訪無知者乃入平水數十里覓之披榛越棘足屢蹈竟於叢莽中獲半碣摩挲審視尚存文忠字跡大喜謂得神助遂修其塋又輯刋祁忠惠公集移建沈忠愍公祠家舊刻徐青藤陳老蓮墨蹟因復輯倪文貞公與漳浦黃忠端公遺書合而刻之爲知聖教齋法帖裒然巨帙亦藝林之盛事也先生家藏書

數萬卷幼即篤志嗜學老而不倦故博極羣書而尤邃於經史坐一室則取唐宋以及國朝諸名人集徧置坐隅晨夕考訂丹黃甲乙糅雜其間雖祁寒暑雨不少輟其所爲文醇雅緜密皆有關世道之言即題跋數行亦不苟作詩宗浣花玉局兩家詞曲直造宋元人之室都中有葢社消夏集越中有泊鷗吟社皆倡和甚夥臥龍山詩集向奉越中詩人栗主屢葺而新之並釐正其祀事書法不名一體而自出心裁別饒風格晚年更入妙境四方求文字者踵相接必刻期以應往往積勞成疾稍間即揮毫濡墨無暇晷焉先生著作等身雅不自喜有請梓者輒不許曰吾學古文已晚未能入其閫奧也然裒輯近作尙存文集若干卷詩集若干卷詞曲集若干卷先生平居無一日不讀書作字乙未春闈放榜之晨溫習蘇詩至數十首辛丑秋夷入姚江人情鼎沸口占四詩矢致命之志仍日取友人所寄圖册一一題詠手書以付即易簀前數日猶危坐繙漢書此皆景燾所親見者亦足以概先生之好學矣先生性和而介律己甚嚴不苟言笑待子弟則溫言婉容訓諭諄切鄉里間尤謙讓終身無疾聲厲色遇後輩有一長一技必多方獎進不憚揄揚惟一生足蹟不入公門當道折節下交必遜詞以謝之歷任郡守如湖口周雪樵仲墀京都舊好中州吳嵩少俊民夙敦世誼清江楊濬川鉅源亦有齊年之雅每遇修舉公事屢垂咨詢並有以文相質者先生因事盡規終不輕於一見徐鐵孫太守榮知先生不肯入署嘗出游郭外强邀一語論者比諸王宏之於淵明焉次年天子詔舉孝廉方正太守採郡人公牘以先生應詔先生手稟堅辭不就乃未幾而先生亦病矣先生體素羸中年多疾然善於自攝安形性節嗜慾故垂老兩耳皆聵而神明不衰至是以脾胃微疾數日而逝郡人無知不

知皆歎息泣下曰越中文獻盡矣惜哉先生生於乾隆四十五年六月二十五日卒於道光三十年六月十八日年七十一娶沈氏河南衛輝府通判諱龍光女先先生二十餘年卒誥贈宜人晉淑人著有綠窗吟藁藏於家子一寶辰道光壬午舉人癸巳進士刑部江蘇司主事議敘道銜山西候補知府女二側室章氏出長適候選從九品沈錫庚次適候選通判孫澤孫四長瀠中書科中書次暹榕郡庠生國子監典籍次廷燮海州中正場大使前兩淮鹽運司經歷通州餘西場大使次衡己酉拔貢候補教諭曾孫五長似穀瀠出次方穀廷燮出次虁鐙傳洙寅森俱暹榕出皆幼先生爲越中鉅族少負盛名老而齒德兼尊蔚爲人望生平行誼皆歷歷在人耳目且其惠澤族黨能道之其文章學士大夫能道之其和氣謙德閭巷之傭田野之甿及臧獲下人能道之乃以景壽兩世交情三世姻誼衡宇相依親炙日久又夙蒙先生摯愛爲所許可而纂述嘉言懿行僅得其大略如此亦何足以傳先生之萬一者然競競焉不敢作一矯飾之語溢量之詞則固私心所可自信者爾

杜丙杰原名灝又名杰字薦卿號菊生山陰人杜氏自祁國正獻公居山陰至丙杰二十八世兩氏祖妣以節烈旌考妣皆以義行膺褒錄丙杰紹先志與兄若弟擴前村宗人千畝義田條章多出丙杰手仲兄煦病幾不起濳爲疏籲神減己年益兄且刲臂和藥進而愈人無知者丙杰歿後煦啓遺篋見疏詞稿爲大慟謂昔者弟能活兄而兄不能活弟也以嘉慶二十二年卒年僅三十五所著有會稽掇英集拾遺二十卷劄記一卷知聖教齋書目一卷先是丙杰在時與兄煦同學同居相約歿必同窆至是煦塋葬於蘭渚蔡塢虛其壙

左以自待後三十四年煦卒遺令葬必如前約焉子賓霨道光十七年拔貢署新城教諭捐升內閣中書孫恩通恩廉恩瑞恩康〔宗稷辰躬恥齋文鈔〕

杜春生字子湘號二薌晚更字曰禾子別號曰蕺陽嘉慶十二年舉人與兄煦杰擴宗祠義田千畝有奇性好置書尤耽金石爲其先人相地至跳山覩崖石有建初年隸定爲東漢時書遂著越中金石記爲海內談金石者所共許焉又以餘暇成剡中古磚錄候星纂要復輯訂祁忠惠公遺集劉子全書續編〔節杜氏譜〕

〔附錄杜煦撰家傳〕弟名春生字子湘號二薌其行第則同堂兄弟居七云晚更字曰禾子以於同父爲季也更號曰蕺陽人問之曰吾居在蕺之陽耳其心香則隱奉王劉兩前哲也自幼器宇凝秀不苟笑言甫就傳卽手不釋卷風雨寒暑疾病痾癢惟書册是親先子常曰是兒抱病一回學力進一步丙寅偕叔子遊庠次年偕余領鄉薦踰冠僅二齡耳余自戊辰己巳後以貞疾謝計車弟則辛未甲戌丁丑皆與試堂備卷一次薦卷四次書藝外經策闈中尤激賞決爲博雅士然終不遇都中人海驚名者如市弟性落落語及溫卷輒掩耳卽受知房考僅戊辰一謁謝太史學崇餘俱不面也叔子夭逝弟決意承歡北堂庚辰母恭人强之行歸而自笑曰吾問卜於神籤語一舉成名神亦善謔哉循例得官部主事不肯就分發曰吾博封典榮親耳豈以貲郎自苦乎弟先後侍親疾至性過人嘗藥刲股猶其淺者遭叔子喪夢中恒摽哭而寤余奉母婁恭人命續增父祖兩世義田與弟協力成之規條多弟所手定然遇施邺必請命於余若忘身之共成其事者至使受者亦惟德余而若不知有弟余嘗語兒姪輩曰吾遜汝季父甚多此一端尤超然難及也近年越

中多義舉嬰堂閘務藥局義倉弟從無吝色庚辛之交夷氛突熾三江瀝海爲郡北門衆患鎖鑰易疏弟與魯君鄭松立談卽器重之曰海濱防堵須賴此人厥後募漁船招士勇窒瑕杜隙三破其測水之奸者果魯君力居多性無他嗜惟酷好置書足迹所至書賈麕集尤躭金石爲先人相地至跳山觀摩崖有建初年隸定爲東漢時喜出望外遂著越中金石記一書按圖經諮野老山寒谷幽披榛踐瓲挾善濡搨人張姓窮年搜剔在家則壁上一繩終日懸碑審視參稽博攷各碑俱辨證詳明歷十載始成編分輯存闕訪兩目爲海內談金石者所共許焉山陰有妄傳秦碑尚在鵝鼻山巔者余謂焚書虐報野火已燔放翁詩足證弟曰峋嶁碑道人獨見晦翁謂昌黎傳聞之誤嘉定中蜀士果得而刻於夔安知無神物護持耶急令搨碑者持乾糧冒岨險求之遍索無蹤而後已其癖可想也又以餘暇成剡中古磚錄候星纂要等書復輯訂祁忠惠公遺集劉子全書續編今惟金石記忠惠集行世餘未竣事弟體素充腴五旬外得肝疾頓羸瘦癸卯八月下旬午榻執卷觀帽墜俯拾之忽暈仆家人急扶起踰刻醒猶以余方痢劇囑勿告知自後醫治雖瘥胃氣大減養痾靜室聲息日低余又年來患瘇往視弟疾問答兩不能多悲夫弟兄緣易盡未及永訣而語笑已寥寥矣豈不痛哉弟生於乾隆丙午二月二十七日歿於道光乙巳四月九日僅得周甲子弟歿而同祖八人存者獨余耳余行弟三諸弟少於余而皆先余逝余獨何心久居人世耶弟元配陳氏河南陳州知府陳公於禮女無子未三旬卽爲弟置籧長子寶薙庠生側張氏出次子暐國子監典簿〔按輶軒續錄春生子寶鼎字竺孫官國子監籍著有小林蘭館詩鈔〕一女未字俱側雷氏出〔蘇甘廊文集〕

杜寶辰字穀孫號稼軒山陰人中道光二年舉人十三年進士以主事分刑部父以刑官不可爲馳書促歸改知府分山西以父老告歸凡鄉邦義舉如捯建義倉修濬城池皆井井有法道光庚子英人入明州越中大震以父命出三千緡爲防堵計揚威將軍弈經至越就里第問方略寶辰言越與明接境東路可通者二三條宜防者數十里北路可通者二十餘條宜防者可數十里去城則東遠而北近設險則東易而北難夷情狡獪聲言東來意實在北今兵力不足分駐將軍第東指某以募勇謹北門管鑰進可取明退亦不至失越將軍大喜以越事屬寶辰英人果在三江瀝海間測水深淺凡三次皆被逐捕不得逞事後叙功晉道銜工詩著有學稼軒詩鈔子衡拔貢另有傳女字張未行夫歿截指矢志歸張以節終〔杜氏家譜〕

杜寶壽〔節錄張景燾撰家傳〕杜君寶壽字甘孫號晴佳山陰人贈通奉大夫菊生公子也中拔萃科兩署教職改内閣中書累敍至四品銜加四級幼失怙事母以孝聞伯父尺莊先生教養成立君事如嚴父歿身不衰家有義田千餘畝捐給族中之煢困者君躬理其事數十年如一日遇水旱歉收及兵燹蹂躪畝率不得一鍾輒分己田粟以濟其不足族無失所之人待姻黨師友匡乏振滯體恤備至悉秉承先人遺教以經紀之越中歲舉節孝數爲他郡冠而窮簷蔀屋之嫠猶有湮沒不得上聞者君仿省垣例設法採訪遴八邑紳士報册核實彙案請旌由學詳縣遞詳各憲具題達部其費皆獨任之初舉時他邑有尼之者多方阻撓君上請郡伯下勸學官奔走再三心力俱竭不以爲瘁事卒辦三年一舉編刻甲乙丙錄以紀實後有繼者可仿行焉君和而有節與人處極謙謹無競心而志意嶷然不苟言笑有謡諑者排解周濟無所吝而不可

干以私雖密姻至好或受屈抑浼其告官申理必力拒曰此非士大夫事也道光咸豐間越郡多事創義倉置醫局督塘工完城濬河修建祠宇一切公舉君家率捐金爲創且悉心精畫事無不成嘗獨出貲修會邑駐蹕嶺道數百丈以便採樵及行人之往來者急公好義其天性也郡設籌餉局勸助軍餉自有司暨奉命巨紳外諸紳董冠蓋雲集頂踵相望君爲之首領者幾十餘年每公議不立異不苟同虛衷下氣要於得當間有掣肘事必委曲周旋以期其濟終不忤人而尤不肯經手錢穀有所入卽飭交公局未嘗更一宿曰此非敢謂潔己自愛亦遠嫌避謗之一道也故歷任長吏與同事諸君皆深相契重下至鄉閭亦輿論翕然無異言（中略）同治癸亥五月十七日卒於桑盆村寓舍年五十三子五人皆英英露爽能嗣其家學云（下略）

沈復粲字霞西山陰人幼貧不能事科舉勤力以養親母疾則刲肱父疾則嘗糞躬行初不令人知與兩兄隱於書業肆力於經史百家收藏至數萬卷於大儒大忠孝尤愛重殘文隻字護惜如異珍與同里杜尺莊三昆仲輯成蕺山劉子全書四十卷復自輯劉子書補遺二十四卷書皆刊行念劉子之門祁忠敏完節最先更與諸杜校刊忠敏文集劉子之學實本姚江又輯王門弟子淵源錄先劉子而殉於甲申者施忠愍獨無後爲輯其緒言爲忠愍集王門私淑之徒徐文長最奇爲輯其遺事四卷皆將付刊因病不果他如越中金石廣記詩巢香火證因錄朱太守事實於越事繫娥江詩輯沈氏古今人表及瓜瓞譜等書大都皆徵國故揚先懿述祖德多可傳其餘雜著碑帖之目姓名之紀凡數十種不勝錄又以族遠祖明忠愍公鍊不祀爲

尋得其墓且與杜尺莊爲復建新祠於蕺山歲與忠介並祭之晚年列龍山九老會稱霞西翁道光三十年二月以哭兄致疾卒年七十三子昉〔宗稷辰躬恥齋文鈔〕

倪宗海山陰亭後人道光廿四年由府學教授唐廷綸訓導吳榮森舉爲鄉飲賓並給引年尙德匾額〔采訪〕

胡封原名宗城號建霞山陰人祖思齊父禹鐘皆以義行聞於鄉里父受友人萬金之寄而見蝕於市儈擬償以己資未逮而疾遺命以屬封是時家中落乃棄儒而賈兼以養母凡再期卒完父債益千緡以爲子金受者力卻卒畀之曰父命也弟鈔弱不事事封厚撫愛終身不析產女兄適吳貧寡爲立後經紀其家立義倉以贍族創設家塾以訓子弟先是父有贍族之義田封增置常稔田若干畝由族而推之鄉嘉道間越洊饑與族兄轉粟施粥全活無算環張漊數十里民居稠密多火患道光廿七年封創水龍社出家財購水器告長吏置梯衝旗幟懸金募閭左子弟習乘屋激水之法由是火患漸息三江星宿閘圮封以中產首輸金倡修復捐千金擴充郡城之育嬰堂自奉極嗇而公益無吝少坐家累廢讀習賈非本志故雅重文士同里譚端恪廷襄少貧且樸訥人多輕之封獨深器重館於家時周濟之咸豐二年卒年六十六〔張川胡氏譜〕

魯經芳會稽人道光二十八年署貴州印江縣事到任後禮耆下士並捐資創修宮牆〔貴州通志稿〕

孫道豫字虛舟感鳳鄉人〔父步康道光會稽志稿有傳〕道光二十九年越大水官按戶引振而民間訛言徵兵減丁𢿙籍振不徧道豫巡行附近所居十鄉補編名籍集鄉富助振自出千緡爲之倡並白於守令以私資及捐集者振所居之鄉以應得於官者振十村時圜法弊姦錢類鵝眼與法錢並行姦錢十當法錢七或

入或以之充振道豫慮之乃以倡緡首振悉法錢署閭左曰某月日孫氏然後俾醵緡者以次自賫振並先署月日姓氏於是竟振無出姦錢者次年秋又大水官復行振道豫上其所補之籍於官理爭情乞展轉卒補之十郝以是免殍餒云弟道乾子德祖另有傳〔采訪據馬賡良鷗堂遺稿〕

孫道乾字瘦梅號葆園晚號梅叟幼善讀工詞賦喜攷訂精醫理曾襄本郡善後局事叙勞由直隸候補知府加道銜先是嘗與郡人杜寶雲創立越郡采訪節孝局訂成闡幽甲乙錄梓行之所著有梅花畫人傳續刀劍錄九山漚舫隨筆貽研山房詩文集〔參看兩浙輶軒續錄〕

朱兆奎〔錄宗稷辰譔權葬旅歸園碣〕山陰朱文懿公之裔孫梅字雪坨後就官名兆奎生負儁才白晳長身亭亭如玉立乃南北試屢不第棄而遊海南尹蕉園將軍〔慶保〕雅重之草檄賦詩深相契洽將軍內調從之北還復客瀋陽馳輕騎出塞門顧盼自得其時四方無事振奇之士無由立功樹名將軍亡君益落落罕所遇賣文爲活久之道光中東河帥請簡水吏君俛應之與選命往以筆札之長重於河濟間文帥一蜚〔沖〕愛其才禮遇在諸參佐上文帥叱咤嚴厲而好聞善言君常有所輔贊一日偶陳濟州多旅櫬而少歸土帥慨然令擇地牽屬購之而垣其外宇其內名之曰旅歸園園之成君力爲多文帥去官後君由牐官巡檢而進主簿河事甚熟各帥稍稍相倚而君不喜奔競有士人風故歷十餘年無美遷咸豐初文帥從軍至河北相約隨勝都統保追寇訪求壯士廣平楊六教師等與談兵法將與共征戰以訥相北走先招文帥去致失事機遂怏怏棄弓劍復浮沉濟上隱於書畫小藝迨權鉅嘉汛簿佐州長捕蝗焚撲幾盡尋升汶上汛

丞時皖捻數寇東境與南旺士民力籌團練皆奮起欲以爲令格於例不果其蓄湖水灌運河每齋心祈禱乞雨雨至乞潮潮長人傳誦之大吏聞之嘉歎未得薦舉以展所施勞身鬱中致嬰肝脾傷竭之疾今年二月遽卒於官年六十有一卽權瘞之於旅歸園君長子宗保元配王孺人所生孺人余姑之姪也母子俱前卒繼室鄭氏生一子九齡己入塾矣侍疾勤臨喪哀以爲可克家不意距兩月又以疫癘殤可謂至慘矣（中略）斂君者舊戚會稽宗稷辰葬之者故人四明姚葆恬與峽山何晉錫永錫伯仲也（躬恥齋文鈔）

陳慶偕 （節錄阮福昌撰家傳）公諱慶偕字季同會稽人（中略）父諱大文乾隆壬辰進士任兩江總督兵部尚書生七子公其季也公以典史公（曾祖鶴年）僑居春秋鄭原圃地自字曰慈圃生而沉正十歲能文及長言笑不苟郤然寡慾道光戊子舉浙江鄉試乙未成進士授主事分習刑部斠注律書條讞數萬言爲小册每以自攜治牘推情盡法無纖釐出入不尙緩急而吏鮮詆讕同曹推服爲提牢廳諸囚食宿衣藥恤之如所親有童子暴死黍嗃中而無傷唯黑布襟褌隱若有汚乃捕同耕人脊鞫之公於燭下忽指褌叱囚曰褌內藏何物乃振動耶囚失色矍踪地上褌果窣窣如有抽搐之者乃引服則以拒姦致死者時隸卒同見之詫以爲神公復叱之曰烏有是吾以嚇囚耳戶部司庫吏侵虧鉅萬被發事連歷年堂司諸官牽引不得具上意不欲興大獄復慮弛法則養奸命部臣簡能員治之以屬公旬日獄具誅遣巨蠹數人案乃定上遂知公旋補貴州司主事題山西司員外郞轉山東司郞中擢內閣侍讀學士道光二十三年簡山東按察使自主事授缺至是凡十餘月前臬使不得於撫臣去撫臣頗驕倨公於路偵知其將出閱軍遽發弁沮之

曰上有旨亟當面諭勿出疆也撫臣待公至跽請曰旨云何公曰上訓公宜束身率屬藩臬司臣有過宜速劾毋徇情也撫臣愕然起而曰吾待君來久矣公曰某按驛行一日不敢遲亦一日不能早也撫臣知公彊直由是敬憚之在位二年東人稱公爲閻羅而分目當時溺職者爲五鬼或以誤公公怫然曰毀譽亂政如可根者當以妖言坐之二十六年遷福建布政使郤陋規萬金以修治驛道重建洪山橋勸民興蠶桑會大水公曰災未甚不敢效汲黯然請旨而後賑餓者烏能待乃倡捐米石委有司量給貧戶官紳聞之爭輸米米貴商販騈至民食足而國帑不費二十九年陞山東巡撫兼提督軍門署東河河道總督故事每年終學政以下應由巡撫核其政績入奏公以初到不能知其賢否特不具考先是公任臬司時舊屬有素受公知者或曰相知若某某亦未可具考耶公正色曰吾去任已三載人固有始勤終怠者烏能以既往信其方來耶特奏請緩陳上褒答之時江浙皖楚各省災歉不等京漕大減公籌買粟稻二十萬石抵補倉儲南漕東省風雹成災州縣前後奏恤賑銀至三十萬兩實惠在民官吏無侵漁者嘗挑運河及濬揠四女寺支河以通水利奏請富民捐賑者改舊例議奬從優後遂著令諸城王錫棨者故侍郎瑋慶子也有貧人依其傭奴以居而猝死於王之碾房或控錫棨逼令死知縣何堂立拘錫棨索賄而被臺官劾以他事免堂疑爲瑋慶門人陰主之遂自縊身挾寃書猶思傾錫棨同官憫堂慘死多爲之左袒者公親鞫得實發堂贓欵累萬而釋錫棨不問幷以不及早發屬吏貪汚奏請自貶上以公任事未久不以罪而同時日照知縣黄虎臣者爲怨家所訐與何堂幷被參貪暴公廉其誣又力奏白之武城奸民呂某以罪受知縣杖責呂素事天主教乃

慫外國領事官詣粤督咨查將罪武城令起釁公嚴詞覆之且執國約不准洋人來東傳教上聞有辦理深得機宜之褒民有羣毆致死者獄定以持放鳥鎗者爲首犯公閱供詞疑之曰火鎗實以菉豆非鉛丸菉豆以擊飛鳥猶能生致何至立殞人乃飭覆檢死者則顱骨先被鐵器擊碎因互易其首從罪者始服知縣某以大計去官訐告本管知州謂己罪止應革職不當列計典致廢棄終身公曰參劾劣吏能預爲其捐復計耶奏請從重發往新疆公之持大體察纖微守正而不偏斷類如此一時吏治肅然時登州海盜方熾御史趙東昕宗稷辰先後疏請山東添設水師提督專戢洋面上令公議公以全省形勢登州僅居東徼一隅而兖曹沂泰陸路濱黄運兩河南北衝要非可受偏方控制而添營廣額費餉亦繁因酌改文登協副將爲水師副將裁陸路兵弁添配舟師别募水勇朝夕訓練添造劈山子母大炮雇造堅船總兵德成畏葸劾罷之明年復親抵登萊青各海島距省千餘里出洋復千餘里周晰履勘乃覆奏略曰從來撫臣未曾親歷洋面使驕兵惰弁虚報巡哨避險偷安而風濤沙線非所素悉一登師船立已昏暈狡猾者轉得危詞挾制已後請分新舊水師三營分轄前營以南汎鷹遊門起至東汎馬頭觜止文登協以馬頭觜起至北汎之罘島止後營以之罘島起至直隸之大沽河北至奉天界之隍城島止各營派分巡專巡統巡各員按洋界分造咨册并於石島俚島劉公島煙台口乳山等設立砲台以壯聲援又擬於商船盛行之時遴委文員駐島稽查舟師遊巡經過時日登報考核且令登萊青道移駐登州相機調遣上悉允行之公之未蒞東也以東省抬槍未精在閩購新式郵使改造而撫東之命下閩之同安人陳雙禧者海盜魁也嘯聚劉公島衆數千自稱

奉天遊海强人公在閩已購得其形貌甫抵東卽出一紙袖中示將佐懸格急捕之雙禧遁至浙旋受撫得免戮其黨巴搭者寧波人布興有者粵東人皆師其故智遊弋海上於浙洋犯順捕急則往江南於南洋犯順捕急則往北洋官軍互相諉卸不復兜勦甚或傾貲賂疆臣左右外託受撫以撓兵勢而反覆靡定當事者羈縻牽制商賈被刼殺無數首告或反坐誣良公切憤之力主剿洗咸豐元年七月文登副將鄭連登與賊戰於榮城縣之石島不利總兵陳世忠自請出海追勦亦未有功而守備黃富興熟於海戰石島敗後賊旋南竄富興駕九艇追之及於浙之鎭海口公亟奏請飭浙撫調集師船會勦而布興有復通水勇方紉謀投誠富興猶豫未敢戰而賊猝於十月十四日礮擊富興舟沉之牽其餘舟往重洋不知所終浙水師觀望不救與有旋授官公聞大悼入奏云臣不敢以該守備一人誤招撫事宜浙撫臣自當查辦回奏也富興爲賊畏其黨嘗揚言曰吾於官軍唯欲與黃某戰耳富興亦持勇輕敵以至於敗公以數年籌畫隳於一旦奮患心疾大作上詔許調養且令隨時奏聞病狀以慰軫念二年二月疾增劇堅疏乞休上不得已以河南撫臣李僡代之許公就醫京師時公子元序方以任子官刑部也越二年遂奉公歸籍七年二月卒於里第春秋五十有七〔下略〕

王汝成字蓉山潞莊人山陰庠生棄書讀律在山東佐陳慶偕巡撫幕歷次平反大獄最著名者啞吧作證伸婦冤一案因有架鷹棍徒婦人於荒野使鷹撲婦下體婦人彎身驅鷹該棍乘勢攫取首飾其夫家疑婦與人野合故撕衣袴以掩飾訟於官其母家辯訴不得直該婦則供有路旁啞吧見證其夫家因此更疑訟久

不解當將案中人證提省訊得啞吧以手勢比仿當日放鷹攫飾婦人抵抗狀歷歷如繪兩造允服完案而婦冤大白此宗案卷用布裱存爲後學之圭臬〔采訪〕

胡學醇原名天錫字秋潮山陰人道光間知山東博平縣博平在聊城茌平等縣下游夏秋水溢多爲害學醇首濬護城河以受四鄉之水濬復古渹河導茌平聊城諸水於護城河復濬北渹河更於白家道口及金家滙各開支河一滙護城及諸莊之水使入徒駭並建閘以時宣洩其平隰窪下易受水者多開溝道皆令曲折達護城河而水患以除語詳所著博平水道事宜記咸豐三年引疾歸祀山東名宦祠配陶以封臂療姑旌表祀節孝祠子慶騮另有傳〔張川胡氏譜〕

汪鼎〔節錄陳澧撰墓表〕〔上略〕山陰汪君鼎字禹九沒十餘年矣子瑔與澧交好以君所著筆記與王君藴璘所爲行狀請書其事於墓石澧詳觀之曰是可謂賢也矣君之客順德縣幕也知縣陳君遇隆雅重君君得伸其志賑飢民清積案定緝捕條格以治盜移獄地於爽塏以恤囚當是時順德政聲蔚然縣有舉人羅某爲仇人誣告藏盜於家前任官已定案矣君閱案卷而疑之告知縣覆訊羅泣曰彼所告盜行劫時我方客廣西賓州安得而藏之君告知縣訊羅所寓賓州旅舍及其年月日移文賓州察問皆如羅所言其獄遂解羅詣君謝君辭不見縣人有縛送劫盜者以盜有母請以自首貸其死君閱案卷盜乘人病危而劫之且拒殺二人例不得自首告知縣批定死罪時天大旱君曰此批出必得雨明日果大雨其客清遠縣幕縣民兩家爭田皆有印契數十年官不能斷其一契末書順治亓年君哂之曰順治元年王師未至粵安得有

印契告知縣以御批通鑑輯覽示之乃服其客南澳廳幕廳在海中總兵官鎭其地與同知同城有以鎭兵謀反聚飲告總督者總督札同知察其事君謂同知曰札言聚飲五月十三日其地則關帝廟也是日俗傳關帝生辰軍民多設祀醵飲何謂反耶同知以白總督總兵聞之以千金爲君壽君卻之同知任滿君亦返省城總兵復䝯千金君又卻之總兵固請君正色曰吾所治者公事豈爲受金耶必强我者當投金海中總兵歎息而去其客信宜縣幕縣民淩十八自廣西受洪秀全僞劄歸謀聚衆從之君告知縣搜捕獲其弟淩廿四知府謂賊往廣西幸不擾吾境勿攖其怒遂縱淩廿四而以知縣妄捕良民白巡撫解其任知縣至省巡撫訶之知縣對曰幕友誤我君自是不復佐幕矣淩廿四既得脫聚衆轉掠州縣而屯於羅定總督率重兵討之踰年乃平兵民死者數千人費帑金百餘萬凡君所治事不可勝紀觀此可知其槪矣蓋明足以雪冤義足以執法有學足以辨詐僞有守足以激貪濁有識足以杜禍亂使其出仕當爲循吏乃終身不出且受誣於俗吏宜其晚年杜門而謝客也所箸謝客文有云我思往哲茹素守眞可泯沒以終世勿夸耀以干人其意趣高矣雖然宜表出之勿使泯沒以勸幕友之賢者知立名之可以傳於世也〔碑傳集補〕

董梗字南亭會稽董家搭人道光五年舉人二十四年大挑以教職用咸豐元年除台州太平縣訓導初設帳於紹城能仁寺及密修庵先後授徒八百餘人晚主講毓秀宗文赤城慈湖書院歷聘所至學者競宗事之鄉里以孝友稱居父喪七十餘猶哀毁盡禮卒於辛酉之亂子謙亦舉於鄉孫駿曾孫錫恩錫功玄孫汝棠皆進學以讀書世其家〔采訪〕

高驤雲字逸颿山陰人道光元年舉人知直隸大城縣有善政咸豐元年歷署密雲薊州三年署良鄉六年署房山知縣重士愛民房山西北山民僻居不知誦讀驤雲下車單騎往集父老從容諭之人樂其教咸豐七年蝗驤雲晝夜督捕露宿風餐憂形於色出千金爲費宦囊爲之罄不惜也及去邑人思之不置又歷知保定懷柔諸縣事治如房山後居房山疾卒貧至不能葬賴親故邑人貲之始成喪葬之南上洛村驤雲性耽書雖鞅掌風塵偶暇則覽不停手〔據順天府志〕

〔附錄宗稷辰撰墓記〕〔上略〕君籍山陰舉道光辛己鄉試榜名鈺字式如屢躓春試更名驤雲始號逸凡考充景山官學教習教胄有則期滿用知縣於庚戌分發直隸咸豐初檄署密雲尋署薊州明年署良鄉所至誓不苛累徭賦以利己民皆稱其廉三年移署保定捐修千里長隄隄成本境及鄰邑新城文安皆免水災遠近感戴然不受民譽頌亦不求上官奬剡第自記工段補爲志料而已洎六年至七年署房山稍久值蝻孽爲患君乘款段馬徧赴各村落捕掘蝻子殆盡是年麥禾乃大有收後又歷署大城懷柔凡十載中權理七州縣敝衣糲食以共厥職不遑顧鄉里眷屬之養惟携猶子仁爵以清白相勵公事餘晷惟著書讀經史緝圖經他更無所嗜好也其學之大要以說性爲心得而仰止編證明先聖誕降歲時與刻孟子外書尤見殫心於本源至世所不講莫如喪服君爲考訂禮經與奉行通禮律令確切詳審大有裨於倫紀若雜著詩古文辭無不根心立言多可傳者〔下略〕〔躬恥齋文鈔〕

茅念劬字馭之山陰人八齡失怙恃與弟輩依祖母吳氏居稍長祖母爲之析爨家貧僅分得薄田四畝餘不

足供饘粥乃棄儒業賈至甬江與閩廣人及英商貿易貲稍裕遂迎養繼母并兄弟同居距分炊時已十六載矣道光間英商以禁鴉片烟事尋釁揚威將軍督師過浙訪求熟悉夷務之人知定海廳事舒恭壽以念劬薦隨營効力得奬敘以藩經歷分發安徽咸豐元年借署六安州州同時太平軍入皖奉委督辦民團念劬以皖北民風强勁教練可用遂帶團克復六安州城暨英山霍山等縣曾有旨奬勵尋擢太平府知府未履任卒子立仁字孟淵光緒十一年舉人以躬行實踐爲教鄉黨遠近多心服之稱之爲茅先生有齋名强恕謂强恕而行也家傍柯巖門蔽大樹合數人抱蔭濃數畝俞曲園樾有詩紀之徐侍郎致祥游此仰樹指門以喻曰是亦一大樹也其蔭庇四周多矣年七十餘尙館於寶疆鮑氏卒年八十三〔采訪〕

張繼昌字愚亭山陰人道光間歷任甘肅渭源典史遷循化主簿陞皋蘭縣丞以知軍稱論功陞知縣權會寧旋補武威風裁巖峻豪右歛迹咸豐十年以俸入佐餉加同知銜是年冬卒於甘肅省寓〔采訪〕

〔附錄王詒壽撰墓誌〕〔上略〕公諱繼昌字愚亭山陰人也西都鼎胄世著簪纓東浙名門業傳湘素曾祖某祖某皆潛德勿耀葆貞里閭父贈公某冀北逸材駿足未騁征南幕府美望早騰生公兄弟四人公其季也蘷奇所鍾已徵於籥集明慧之質咸許爲龍超幼値多故長而屢空執贄無贋或解鳳衣責字不糴安謀雞饌袁虎詠史乃上運租之船伯龍苦貧亦逐什一之利儒業勿終非其志焉旣而贈公在陝西得足疾倦游思返脂轄有羈公以潘岳感秋之年動仁傑望雲之慨行李一肩徒步萬里虎落蛇鄉之地芒屩屢穿饕風虐雪之天短衣誰件間關彌歲始抵所居卒致安輿迎歸故里擊鮮數會豈必陸賈之裝間肉得餘有逾

曾元之養融融二老宗黨稱焉及連丁大艱哀毁盡禮撫安豐之榻瘦僅支雞行富春之山誠可感鶴服既闋援例入貲以少尉需次甘肅蓋道光戊子歲也回疆未靖奉檄襄辦軍械劍氣吐耀郭震爲鎧胄參軍盾頭揮毫元康亦幕中快吏旋補渭源典史仍留軍中踰年遷循化主簿邊俸報滿升皋蘭縣丞既得棲鸞之所又開射鴨之堂陸扶溝眞清著稱江丹陽風流不墜時則翦長鯨於青海方成龍額之功結醜類於花門復煽狠頭之燄班旂星指戰士雲屯大府以公諳於軍務又調理餉事公許國有心從戎奚謝轉運疏勒之外結屯白阜之陰雖霜鏑縞目雷桴殷聞開道踵進源源無失千夫給膳嗤赤羽之晨飛萬竈當關謝沙籌之夜唱事平論功升知縣初權會寧會邑有新墾沙田行省議加賦公以爲反裘負薪虞人之失計貨穗償稅韋緼所深悲旣爭不能得則躬勸右門悉貸貧戶畫爲良矩民賴以安乙巳補合水次年調武威武威者西涼之首劇也紫魚上客鶴蓋成陰靑題贅徒虎冠爭逞公蟬潔守已鷹决鉏奸投書百函同官服其風骨拔薤一本豪族震其霜威加以勤民驅春雨之車聽訟縣虛堂之鏡昔者兒寬課最匪因催科度尙爲政精于發擿以公方之曾無多讓咸豐庚申粤寇扇氛軍書旁午公以俸入佐餉加同知銜是秋以疾告退旣謝事矣刀環有日幸獲鶴之可親巫咸遽來紛旌雁其入夢以是年十二月二十六日疾終於甘肅會城邸舍年六十有六歲嗚乎荆玉忽折孔松楊之云亡社樹虛栽宋汝陰之不再其時長公子適自家鄉來省遂扶公匶回籍公基宇高邃德稟仁明旣精理譜亦善家法畫虎有戒屢寄伏波之書佩囊可焚用警謝郎之好又況寒谷噓春夏暍蔭樾濟人有鄭僑之惠分金敦鮑叔之風故當丹旐歸來之日感動里閭素車號哭而

來悲深故舊（下略）

許杲字東昇山陰黨山人道光間爲邑富室某記室居半年某服其明敏邀之游滬瀆時洋務初起滬瀆衝繁爲通商口岸第一華洋互市以湖絲茶葉爲大宗第和約方新定條款未密歐羅巴人入中國又不諳中國律令居處服食既自爲風氣與吾人交亦恣睢行其意商人率唯諾莫敢怫之杲獨不畏强禦每延接必開誠布悃一以信義相感動有所不可輒正色爭之得當而後已嘗見其總領事官手條陳西法之有妨於中國商務者數萬言領事閱之動容告以不吝改正俄而滬瀆有匪警杲於城北買曠地結寓廬人或嫌其僻杲笑曰不出三年必繁富過五都之市矣吾嘗泝黄浦徧察全境形勢惟此左環右抱爲水陸適中之地他日商局大興闤闠林立人皆居爲奇貨矣已而匪靖西人果遷其貿易於此萬方百貨鱗萃麕集屹然成大市焉杲流寓三十年四方紳商造門請敎無虛日雖終日在會計酬酢中而未嘗廢書其學自天文地理歷算音樂水利兵制刑律農政以逮紫陽涑水之綱鑑三唐兩宋之說部莫不詳考貫通旁及金石書畫星平相法堪輿醫藥奇門壬遁以至滿蒙西域外洋之文字莫不究極原委故海内名流之過滬瀆者無論識與不識皆交口稱許之咸豐十年辛子在衡字笈雲光緒十五年進士孫克丞（采訪參黨山許氏譜）

相繼魁會稽泥牆裏人家頗豐饒聞有創善舉者不吝出鉅貲以助其功之最大者若雙溪之天成橋王壇之天寶橋饅頭石之萬緣橋以及淸壇塚斜等處不下數千百金其餘修道路濟貧苦有益於鄉里鄉黨者不可枚舉生於嘉慶壬戌歿於光緒乙未享年九十有四臻上壽（蔣村相氏譜）

陶辰字會嘉號補雲會稽人諸生道光季年郡患蛟停棺漂沒辰督工撈獲一棺犒錢五百得數百棺其無主者葬之歲時祭掃二十九年災尤重奉郡守命散粟日走林薄中按戶查驗民得實惠公欵不足濟以私資自奉則啜粥而已事竣郡守獨禮見辰欵爲諸鄉所弗及辰疏陳鄉邑利弊十餘事皆允行族中義塾款久爲經理者侵蝕辰與從兄漢雲整理二十年積田七十餘畝歲入記簿三年一受代於是宿弊清而成材衆爲子納婦有日入城途遇貧極逼婦嫁牽袂泣別者（按此與下所記稍異）罄所有而贈之空囊而返告女家弛期改吉居鄉施棺藥拯無告力竭出衣襦貸子錢以濟之咸豐丙辰歲遘疾預知卒日先期洮𩓐危坐告誡子孫而逝年八十六子澐孫棠（均另有傳）彬吉林延吉道曾孫聯琇光緒甲午進士官江蘇崇明縣知縣玄孫大均（另有傳）（陶堰陶氏譜）

（附錄）陶堰村邑庠生陶補雲先生生平濟困扶危好行其德在本村設立義塾培植寒微其善行難更僕數最足異者道光己丑暮春爲幼子納采攜百金夜舟入城道出皋埠已二更矣遙聞村婦哭聲遂命榜人泊岸登陸獨行勿令僕隨至村尾茅舍數椽乃哭泣之處卽耳聽之莫解其故遂推門入見貧婦攜一穉子相對而泣且有尸横陳大駭異急詢之婦曰良人某素習君平業旣鮮親族又無弟昆僅遺四齡弱息前日忽病逝無以爲棺衾計鄰家婦遽爲作媒力勸鬻其身以殮夫明日將往矣陶聞之不勝歎息因傾囊金儘數與之曰此款爲爾夫殮葬外餘款尚可養贍勿再嫁也婦率子跪謝問姓名不以告其舟中僕久待滋疑往覓之潛至戶外聞其事爰登舟命返棹僕以其主舍己從人心竊異之次日卽春明禮闈揭曉時也越數

日得泥金報其次子澐成進士一時里巷傳聞咸信果報不爽云〔見補過老人鄉隅紀聞〕

陶澐字廉生會稽人道光九年進士由編修轉福建道監察御史外任歷權廣東佛岡惠州碣石同知潮州粮捕通判及韶惠二州知府佛岡强悍號難治民抗不輸賦習爲常催科廹即持兵械仇長官然苟得廉善吏以撫之恭順又勝於他處澐前後凡三至佛岡三去佛岡至積逋一清去如故至則民大喜走相告陶公來能活我我儕愼無復生事境內肅然去如故其去佛岡時民建生祠奉之其守惠城也城被寇圍寇踞山之巔府署則依山麓仰而望漫山皆紅巾也人盡觳觫澐奬礪士氣練兵固守夜不就枕者六閱月一夕巡城寇偵知礮斃一武員澐屹不爲動督兵守益固賊計窮解去城獲完以同治三年卒〔采訪〕

陶慶怡字子龢號雅軒會稽諸生官廣東雙恩場鹽課大使箸雅軒遺藁〔王先謙撰墓志云〕君幼不好嬉戲入家塾終日端坐未嘗離几席贈君自中歲久客不歸太夫人依母家爲活貧不能延師兄弟三人自相師友未幾贈君客死大梁兄慶颺游學京邸相繼逝君哀毀不能勝病幾殆勉起橐筆爲養以母老不能遠出前後館蕭山最久月必一歸省以經紀兄喪入都遂應京兆試道光乙未〔十五年〕取謄錄由國史館議叙注官鹽課大使分省廣東條上鹽務利弊數十事大吏深器異之檄攝雙恩場未三月卒於任君素有大志善議史不爲章句之學凡朝家掌故郡縣沿革河道遷徙海防關塞扼塞險阻與夫民物戶口兵營之數隨得而默識之喜論時事下筆常數千言性和易與人無所忤然戚友有失則侃侃爭之不少假人亦服其誠每論事必折服人申其誠而後已道光己酉〔二十九年〕越大水君貸粟以振餓人爲諸富人倡夫人手製

綿衣衣戚族寒苦者明年水益甚振之益備鄉里帖然至今猶感之〔以上據兩浙輶軒續録〕子濬宣字心雲光緒丙子舉人書宗北魏一時海内靡然向風嘗以箬簣山東湖爲越中名勝荒蕪已久遂殫竭匠心大加修治亭臺泉石位置一新今湖中石刻多其手書又建講舍於其中名曰通藝學堂造就頗衆云〔采訪〕

萬家學〔節録其子方煦所述行狀〕府君姓萬氏諱家學字過庭號墨傭晚號七癸老人蓋再閱癸丑以紀年也世爲山陰人生有異稟自髫齔卽博覽强記屢試不得志於有司去讀律初入刑部貴州司爲吏有囚楊當抵法其仇不知也以金啗府君置之死府君以爲法縱無枉心不可欺却之既乃以律例館供事充收掌官再纂修滿漢條例書成議敘從九品道光十四年簡發貴州十六年署永寧州募役司巡檢至則捕送挾吏毒民之蕭發源等數輩䑓州按治地方肅然無何檄權按察使司照磨尋權大塘理苗州判撫苗有恩十八年冬十月仁懷亂民謝法貞等降神惑衆邑令王鼎元四川綦江營弁往捕之營弁被戕亂聞以兵往則賊已踞方家溝負嵎以抗兵又失律潰於是貴西道周公廷授募勇趨溫水場藩司慶公祿及提督先後馳至大徵各路兵府君隨糧儲道任公赴札佐彈壓卽檄赴大營王士舉者驅出就斬矣府君至慶方伯下令挈回以屬府君則以説賊被羈間逸者質之同出人良信得從減論是時大兵屯溫水場置攻具賊輒預爲備度有爲賊間者府君夜出巡以編戸法稽場民初皆啓戸俟久則倦往往與官相失獨郭啓觀者無悞詢之勇也府君疑之十一月二十七日天大雨雪跡其室後人蹤往來錯詰得其通賊狀且約夜焚糧臺乘亂刦營矣斬以徇賊既斷内應不知所措大兵遂於十二月初八日乘夜往攻火其巢禽謝法貞穆繼賢等

餘黨悉伏法會捕送三十五人至府君言於貴西道周公曰賊未破用軍法今賊平請用常法凡非甘心從賊者罪合遣法如是也於是詰得被脅狀此三十五人得保首領又逸出犯屬婦女幼稚府君竭竟日力爲分別辨白所全活一百八十三人事定委攝捧鮓巡檢未幾咨補鎮遠司巡檢〔中略〕癸卯夏六月荔波典史撻兵於市一軍皆譁執典史羣毆戕殺外委亂且成長沙賀耦耕中丞大徵兵將躬督以往時府君再權按察使司照磨謂嘗與溫水之役檄以從府君亟見曰公毋出也兵變有二營弁朘削積怨致亂者亂難解若逞忿一朝倉卒附和事後則利害之見明自全之念起孰肯舍身家從亂者若以兵臨之則人人自危渠魁煽且脅亂必果矣曷俟都勻府往勘亂果成師出未晚也不過五日當得其狀如期而都勻府馳報首亂者爲衆兵縛獻矣旋以捕獲鄰盜議敘遷卭水縣丞道光丙午咸豐壬子之間代理婺川綏陽貴定凡三縣婺民健訟綏陽尤甚故事三八日民抱牒訴往往二三百人府君坐堂皇訴者以次伏呼吏收牒且閱且詰譸張者立豁露擲牒還其曲直未易驟剖者則據案判紙尾累歲不決之訟往往以數語折之在婺川時民有爭山場者獄久不決索契券則傳之前明字漶滅殆不可辨府君反覆諦視曰汝券有山前字則後非汝地也案立定綏有布商李夜失金二百以鄰霜擎柝邏守無警察謂比於賊也控之官榜掠誣服詞引其舅李爲窖金府君甫至閱囚曰此非賊也立脫之後果獲眞賊雷德一訊伏府君之攝綏陽貴定也承譁署之後鮮不以民頑爲慮者而府君一以蕩佚簡易治之民樂其生往往相與泣曰得官如萬公何忍負之至解任謳歌久而不衰府君讀書不屑屑於章句手一卷至老不衰於古今治亂興衰與夫吏治兵政刑章沿革

之故靡不探討考核而尤熟於本朝掌故口誦手畫原原本本沛然如決江河於經遂於三禮判獄比附動引古義咸稱爲讀書有根柢人嘗在京師與材官角射不勝退而思其故旣又與之角張弓引矢的量重墮於是著攻射法集說又以宦游蠱鄉病古今治無專書於是著攻蠱吉利草與同官講讀律令則有讀律管窺爲團民尋求備禦則有火攻輯要而以骨骼之與檢驗書多齟齬也則以從戎及歷驗所得者著爲洗冤錄審是集及隨筆行於世餘皆存於家〔下略〕〔豫齋集〕

萬家霖字春孚山陰人咸豐間以知縣分陝署興平縣知縣一時名士如顧壽楨輩多從之遊調任華州知州慈惠愛民兵燹後招集流亡勸墾田畝俾民復業深念刼後瘡痍未復多方撫字不忍以追呼累民雖屢奉嚴札繼以呵斥而家霖弗顧也時衙署傾圮滿目蓬蒿家霖疊土爲階結蘆爲舍藉作辦公舍自署楹聯曰能辦事方稱循吏不愛錢便是好官公餘嚴課生徒捐資以給膏火建署中大堂一切不取於民工甫竣復燬於火其時回捻未靖家霖日夜焦灼辛苦備嘗後竟因催科不力獲譴以去然其嘉惠士林子愛黎庶至今州人謳思不忘云罷官後卜宅青門優游以卒有從子三長方煦次同倫又次叔瓞方煦長於古文同倫亦有著述久寓秦中均別有傳〔續修陝西通志稿〕

濮堯字載堂山陰人監生咸豐十年任華州知州質直果毅有古循吏風州俗鄉試多不舉賓興禮堯於辛酉科特舉而行之謂人曰賓興古禮烏可廢諸生赴舉得以禮遣者僅於堯一見之越明年口逆逼境回人亦乘隙煽動堯率鄉團北堵回西堵口守赤水驛使敵不得東進一時里民饋送壺漿不絕於道如是五六日

及敵隊大至猶力抗其鋒吏民共擁之以行城陷遂罷去論者謂堯之悉力遏敵衆所共知其志其事皆不可沒云〔續修陜西通志稿〕

朱光旭字石柳山陰人幼讀律於山左師某吝其術遂與兄互研苦思力索得咯血疾術既通出應郡縣名譽大起太守某爲納職府經稟到中丞延入撫幕未幾中丞擢川督卽委光旭代理濮州數月後復聘至川督署爲文案是時道光初葉川中律學廢弛州縣折獄多任意出入或以吏爲師致滋賕賄光旭入署通飭整頓獄上情節舛戾者不遽與駁但簽出明示以例使可循省一時欽服遇枉必平反出入重輕與比部相持必得當乃已在署十一年部准通行數十條六部纂入百餘紙有以法律相質者必指示親切明律者深爲延譽而劣幕則肆爲忿詬光旭遂謝歸川督留之不可浙撫敦請亦不出天性孝友歸家出橐中金與兄雲巢弟葉均分之道光二十九年浙大水窮民入城刦掠富家典業不得頃刻寧息司牧者商之光旭光旭以山會民樸愿偏災從未嘯聚今必有莠民煽惑可分不可聚爲擬示諭紳富城保坊鄉保村募無賴爲守護災民得食富室得保一時人心大安咸豐某年卒子慶榮麟泰咸豐戊午科舉人署四川三台縣江西九江府同知之淇麟壽秉成〔薛炳撰傳〕

馮光裕字元豐山陰柯橋人母早亡冀博父歡以償無母之憾平時侍養出入必扶持飲食必鮮腆一日父遘疾光裕衣不解帶者數月久之疾漸篤藥餌罔靈計無所出有言人肉可以療病遂信以爲然於一室中默禱神明引左臂持刀刲肉寸許血涔涔下袍袖幾殷以救父心堅絕不爲痛卽和藥以進疾果漸起時戚族

來問疾者見疾愈甚速咸驚疑莫解其故既而微覺及驗其臂上創痕方知爲孝感所成踰年父卒光裕念古有刻木事親者爰倣行之摹兩親遺像手自刻雕形容宛肖虔奉於室中座右晨昏定省甘旨進獻無異生存迄於終身〔柯橋馮氏譜〕

邵萬楓〔錄湯壽潛撰傳〕公諱萬楓字紫林延年公幼子也生平爲人慷慨好施與然性樸厚以節儉力行重于鄉方公幼入塾時師每嘉之曰此奇男子也洎長有勇力好學騎射嘗曰大丈夫不自立名譽豈不虛生天地間耶應武童試果弁冕羣英逢鄉試輒操弓矢親赴人皆許爲命中技然竟數奇不偶此所謂限以天定不可以人力爭也兵燹後家產零落不復講武迺廢然改圖往武林營紙業取與廉明故商賈家無不盛稱其德而公益兢兢焉出則交友誠懇入則治家嚴正遇鄉鄰有困乏者公輒周旋其美覆前後兩營室宇置田滿頃里中稱小康云道光廿八年造西徐溢公倡捐建竪咸豐九年造王家溢公率徒役按程度所築水法頗密迄今鄰村咸賴其利同治十三年憐岳家無後遷德峻張公之墓於村旁且爲之立祭田令享祀世世勿絕光緒八年族建宗祠公襄理其事規畫盡善祠成經費尚缺公出己貲以蕆其事種種陰功不可枚舉其素所樹立者然也晚年來益篤施濟創修廟宇完葺道途且爲人排難解紛遇有事則曰請某處某先生也故四鄰無不樂道其名者此其德之及人可知也公又喜文詞間亦與其子姪輩講誦詩書述仁義道德之言以示家範雖古修德君子無以過也公卒于丁亥〔光緒十三年〕八月當時戚友聞之咸爲之欷歔流涕春秋七十有一德配張太孺人同邑杜家街德峻公之女也確循婦職黽勉同心洵內助之賢也

生子三長敬君次敬止幼敬常咸克承公之志非所謂積善之家必有餘慶者耶今歲冬族中修譜哲嗣敬君囑予一言予思公之名節後世自有稱述之者詎必藉文辭以爲榮哉然禮云先祖有美而無稱爲子者之不仁也則敬君囑傳於予豈真好名云乎哉因謹記其大略如此〔天樂邵氏譜〕此傳係光緒壬辰年作

張啓榮山陰人業負販母年邁病癱瘓臥床者二十年矣朝夕侍奉惟謹梳盥衣食悉如母意其荷擔而出以鬻物也路不過二三里不再遠日不過二三時不再久恐母有所需無代之者耳年五十一尚未娶以母望孫切則爲其弟納婦焉山陰令林怡如聞其孝而貧資助之不受曰小民食力自給今得月廩無以報不敢虚糜公帑也〔采訪　按啓榮道咸閒人〕

陳鍾祥字息帆山陰人貴州籍道光十一年舉人以教習知縣官於蜀奉使察木多山川風物盡寫入詩姚石甫爲之序尋還浙咸豐三年移家北上大吏以有草檄才屬以軍事署滄州牧尋官趙州精心吏治撫郵殘民餘暇則喜賦詩著有依隱齋詩鈔〔兩浙輶軒續錄〕

陳彥泳字玉田山陰下方橋人道光十五年進士知河南長葛縣事爲治務實踐吏民愛戴之十年如一日以治行受上官知調河内地當大河之衝時河決懷慶數百里成澤國河内灾尤巨彥泳周歷鄉聚相機拯救又以便宜發倉粟賑之全活者無算當彥泳初至時即被檄襄河務規畫悉中窾要及是請發帑堵缺口大吏稔其才即屬專役事彥泳力懲積弊綜核名實歷辦祥符中牟大工總局銀庫事宜承領帑金累億萬朱出墨入無銖黍冗濫吏從輩知其廉明且感其誠咸爲盡力以故費節工固歷久利賴大計以卓異薦陞汝

州知州旋署南陽知府擢知陳州府事所至俱有政聲咸豐三年太平軍窺汴所在震動彥泳集團堵禦露處草宿者旬餘日郡賴以安遂感痺症乞辭不許復力疾從公者三載竟以積勞卒於任年六十二〔據下方橋陳氏譜〕

謝榮埭字履初號方齋山陰人道光丙申進士幼劬學常擁被披誦達旦帳煙如墨由編修轉御史庚子充會試同攷官得士十四人江蘇馮宮允桂芬爲首癸夘充順天鄉試同考官得士二十四人廣東何督部璟爲首一時推巨眼咸豐初坐事鐫秩歷主山東東魯啓文紹興蕺山上海蕊珠書院晚乃改就寧波教授善導養年餘八十視聽不衰著有定靜安室詩稿六卷〔兩浙輶軒續錄〕

王錫振改名拯字定甫山陰人入籍廣西馬平道光十七年舉人官至通政工詩古文辭嘗返越城有掃墓記著有龍壁山房詩文集茂陵秋雨詞四卷〔龍壁山房集〕

謝申烈榜名鑾號琴山山陰人道光十七年舉人江蘇候補知縣咸豐十年蘇垣戒嚴巡撫徐莊愍檄赴浙乞師浙撫王壯愍留辦文案積勞成疾因以不起未仕時主講東臺之西溪書院垂二十年勤于講授士以科目起家入祠垣者及門居多嘗集朋儕開西溪吟社流連觴詠論者高之著有壽花室詩存四卷〔兩浙輶軒續錄〕

沈玎字挺之山陰人道光十九年冬大雪五日夜凍餒者衆招玎田傭負米沿村給之雪霽始止捐米四十餘石三十年大水各鄉人羣聚將肆掠玎部勒全村人堵禦來者按口給錢時各鄉皆有刼殺獨玎鄉無事水

稍退圩駕舟徧歷蓬山壽勝兩村稽戸口總沈氏各房及村中大戸米聚廣福寺凡兩村人按口十日一給是役也行水淖中暴烈日者兩月餘及秋遂患痢頻年咸豐二年八月卒年五十一子寶森舉人浦江訓導〔另有傳〕寶琛庠生寶源廣東揭陽縣典史〔子寶森所撰事略〕

包仁堃〔錄宗稷辰撰家傳〕會稽有善士包厚山諱仁堃余初不之識後與里中諸好善者月會於臥龍西岡之最樂堂偶遇余聞所談皆善行悚然心重之君亦樂親余令其子衡來四賢堂受業遂訂爲道義交焉君本儒家以家貧輟學服賈然勤修内行事二親極誠聞衡也述道光二十五年九月父患肝氣痛不可忍匍匐嘑號幾無生理君乃率子走深山採藥遇異人授方以橘葉爇焦熨腹上再爇再熨凡數次而痛平肝病如失人皆謂其孝思所感云有姊適張氏孀守禮敬之甚嚴兩妹皆窮困量爲扶持之導諸甥皆盡力養親其友于同氣又如此由是推之族黨友朋見有急難力所能至必爲殫竭以助若濟衆之準大之修梁治塗小之施纊給櫬已力不足則𢪛首集貲爲之其訓子嘗曰爲人當行春氣勿爲秋令肅殺轉瞬閉塞而成冬蓋其得天者厚有動於心一以好生爲願但見其沖夷忻藹之容與人物接在在均屈已以相周旋故由親親仁民至於蟲魚之微無不加愛者是非猶卜子所言雖曰未學必謂之已學者與君生於嘉慶二年十一月終於咸豐九年十一月得年六十有三後三年遂遭越州失陷之難〔躬恥齋文鈔〕

吳沅字春臺山陰人道光二十九年越大水捐米五百餘石以給貧戸同治初年軍事平後協辦善後事宜以勞瘁致疾卒〔省志稿據采訪〕

王慶恩〔錄宗稷辰撰家傳〕君名慶恩字墨林一號牧鄰會稽人祖愛山翁幕游山西後官其地多隱德父秋槎贈君砥行力學爲名諸生齎志以沒遺二子尙幼學君其長也君嫡母周太淑人高明善教實兼父師君與其弟庚華學皆成就曾聞父執莫寶齋先生授以講求天理之道始知勉立根柢舉業則從倪耕岩丈指授其文藝受知於李芝齡朱永齋兩學使卓然爲高才生乃久困鄉闈十餘試不遇僅以饟庠久由貢授教職歷署臨海武康等學教諭家居課子授徒嘗錄顏氏勉學篇王文成公客坐語以自勵且勵子弟蓋窮不失義老不廢學日輯前言往行孜孜矻矻於火珠山居者凡數十年未嘗一登有司之庭其事嫡母與生母啓太君皆竭盡孝養與弟合志共業友愛無間迨弟官滇中獨任子職至治喪葬無少怠焉咸豐十一年遭亂陷避跡深山時諸子請浮海居閩誓守墳墓不遠涉抑鬱憔悴巢窟屢遷將一歲竟以瘀疾於同治元年八月十日考終村舍年六十有七四子皆克樹立長贊元舉人次鏡元廩生軍功五品銜郎選通判三吉元江蘇縣令四履元廩生孫五人君與稷辰曩爲中表昆弟又誨余子於四賢堂其子多從余游誼極親其在陷中心憂之聞其不爲賊害而守死善道全歸其身更心義之既哀之以詩諸子徵余文因爲傳以示其後嗣〔躬恥齋文鈔〕

王庚華〔錄宗稷辰撰墓表〕君舊名鎔字冶堂後更名庚華自號珠樵蓋自明恭簡尙書以後世籍會稽祖諱揆官湖南州吏目考諱萬嵩縣學生皆以君之子加敏官追贈至二品進一品妣皆贈夫人君由道光二年舉人官於滇歷權知元江直隸州新平富民宜良平彝太和保山南寧諸縣事補祿豐知縣復權賓川雲

龍諸州軍功擢知府未補而退亦以子官累贈如祖考也君爲吾姑母之子初生時卽與吾妹締姻後生加敏以吾長女妻之連戚誼凡三世焉君幼孤奉母教與兄牧鄰師耕岩倪翁將冠游湘南讀書零陵甥館先君授之學先友楊海樵更教成之比歸補縣學生越十年舉於鄉尋充宗學教習以大挑知縣分發雲南雲南巖阻深邈瘴氣充塞元江州爲尤甚往往日中瘴母出觸之昏絶官多以勘驗委吏役事遂不治地雜苗蠻所在競鬥滋衅遇吏易土目墨吏恣取厚賂而種人遂蔑視官長君急民事不畏瘴平民訟不憚暑遇疑難之獄輒廢食與寢必求得情凊二十年之積牘斷數十案之委讞而於土司絶無所索莠民絶無所容持廉守正屏斥餽謁終日坐聽事以公門修行錄置几上判決片言洞澈幽隱甚得民和林文忠公則徐督滇時嘗亟稱之後治宜良懲儂酋攘刼用重典俗少變永昌漢回屢鬨民多流亡君振其災歸者漸衆其治永平周歷溪洞勸諭漢回令解紛息鬥邊氓以安及在太和襄糈局時至羸縮竭力籌濟士卒感歎無譁者論功擢知府時滇氛甚惡君拮据戎馬間無所避會奉檄赴浙至湖南疾作就養加劇所殗殜三載遽於同治元年六月三十日卒於湘寓其生在嘉慶三年五月十四日壽六十有五事嫡母周生母詹孝行肫篤因在滇遇憂未親含殮以爲大戚迨歸營葬菅履走山中負土親畚築揹揹不少休事兄愛敬如稚年待諸從與子姪情文靡弗盡余向以弟視君自京師至鄉郡一切皆受誥誡乃赴滇以後出入相左不獲繼見以迄於亡能不慟哉君之學行爲莊毅裕泰公文忠林公所重君之廉潔惟桑侍郞春榮知之深君之政績惟前睞令蔡以勛言之詳而親舊至交知君深且久固莫如余者其可以不文辭余自悼吾妹又銘君之兄而遲久

復表君於葬後其於人世何如也五年三月加敏合窆兩親於石旗峯下之九牛墩旋從征關隴叙勞以勛階贈其親有子如此君亦可無憾矣夫〔按躬恥齋集未載此文此據石刻拓本〕

潘諮字少白會稽人少卓犖好獨遊天下奇山水足迹踰數萬里日求寡過以無玷古人與長民者言言愛人與里老言言耕鑿樹畜與士人言言孝弟忠信遇名下士則告以實行爲首務尤兢兢於義利之辨居惟一襆被日兩蔬食食有餘則以給人之困者有數人賫金爲其母壽不可返乃各取少許其母知之怒曰汝見僧以如來像丐市者乎吾其爲像也乃謝而盡散之著有古文六卷詩五卷常語二卷〔據清史稿儒林傳〕

〔附錄宗稷辰撰傳〕潘先生者浙東會稽人也爲學弟子時名梓後更名諮號少白其爲人少壯豪俠縱遊秦晉巴蜀踰嶺外作萬里遊詩數千言兵機劍術無所不習後入藐姑射山豁然有悟斂其雄心鷙氣反求諸道晉士多從之遊及至京師交盡一時賢者中心屈服惟歸安姚先生一人其辭受取與皆力效姚先生之所爲姚先生沒皇皇無所依古寮陋巷中悠然獨處彈琴詠歌喜操伐檀之章問學者來與尚論先王之道能於樂律占氣數往往奇中吳鴻生陶查仙與交最親姚伯昂陳蓮史兩刻其林臯間集後歸鑑湖無以爲家好居僧寺稷辰在山中猶屢見之鬱居無聊遊思復動一二道義交留之將爲築館而不樂受焉重游江介寄迹四松庵時目已盲尙有踵門請業者口講指畫默授大義而已九江師潰憂金陵不能守避居句曲聞省城陷悒悒以卒先生高潔無似續同姚先生然姚沒時天下無事歸葬故山而先生死于憂患瘞骨荒谷之中豈非其性奇而遇亦奇耶儻令不死而汚於羈鎖安能保其志士之節如先生者可以稱明哲而

無憾矣（躬恥齋文鈔）（江寧府志云）寓金凌四松菴咸豐三年年七十八目己聾聞城陷憤極不食死

許正綬（錄譚獻撰傳）許君正綬字齋生會稽人初名正陽成進士後有所避改焉祖國英父元相以學行重於鄉君生而恂慧厚重力學童子時村人儺賽簫鼓過門攤書不輟業望若成人焉出應有司試以文驚其曹偶喜治經有家法道光二年鄉試中式會試再下第歸而講授里中多成材浙東號大師九年成進士歸知縣班候補歸請於父母承親意改教職選湖州府教授數月而母喪去官服除選嚴州府教授生徒問業束帶蒸蒸官嚴州四年父喪歸恒往來建德壽昌主書院講席來學益親二十四年年五十復授湖州教授君希古經義治事之教日進秀良修明樸學成就益衆當是時事例日開學官稍雜進矣君以爲高語學術人或迂之文字吾職也輯國初以來校官詩錄網羅放失表章前修將以垂則儒官上備太史學者稱之已而歲不登兵事又起君於振災助饟之政恒竭心力大府重君吏才以知縣薦君追懷二人守先志謝焉巡撫使者黃宗漢奏加國子監監丞銜咸豐十年君年六十六歲患腰脚疾乃謝病棄官歸歸未幾而湖州陷君憂念深所苦遂劇明年卒所箸有胡安定言行錄四卷校官詩錄十八卷重桂堂集若干卷校輯之書有爾雅疏連氏周官精義翁氏困學紀聞注淩忠介公奏疏唐一庵木鐘臺集皇祐新樂圖記遇亂多佚子章燕傳霈能世其學

（附錄上虞縣志）許正綬字齋生一字少白世居會稽父元相齒德並尊遷虞北正綬豁達多奇試冠儕登道光壬午鄉薦己丑成進士當得高第以原名正陽有所避歸部銓選承親志請改教職歷任湖州嚴州教

授居毋喪會邑令楊溯泩建經正書院落成首聘主講衡鑒不虛時陳景祺劉焯皆肄業焉值夷警潰兵譁擾爲請統帥示禁鄉邑稍安甲辰復教授湖州修葺學宮興復安定書院仿杭州詁經精舍例以經解古學課士士皆蒸蒸日上創設義塾勸建程安節孝祠忠孝諸祠發潛闡幽孳孳不倦復勸施粥賑飢會僚友欲壽六十令饋以米石悉濟粥廠屢登上考大吏保以知縣力辭以勸捐助餉賞加國子監監丞銜清譽文望老而益劭卒年六十有七私謚安孝彌留時猶以立身誠意勗子孫書法雄健晚年用雞豪書得者寶之著有重桂堂詩文集十一卷校輯書籍甚多今有國朝兩浙校官詩錄十八卷行世祀湖州府名宦

倪植字曉芸號脩伯會稽人世以詩禮傳家讀書不輟寒暑躬行孝友貫通經史以詩賦文章名於時受業者不遠千里多所成就道光二十三年科試邑庠生連捷副榜歷授寧波奉化溫州樂清等縣教諭清儉自持輕財好施親族有急傾囊濟之崇道德負器識喜購古碑名蹟頗得先世雲林遺風曾自題齋額曰守迂學懶其跋以迂懶之名自吾家雲林先生始或謂迂與懶非美名顧與其佻達也孰若迂與其奔競也孰若懶今吾之名是齋也將以誦先芬而守吾迂學吾懶不猶愈於不迂不懶者耶其風流儒雅倜儻不羣自幼至老手不釋卷詩文充積搢紳士大夫及門請益者無虛日〔採訪〕

余炳燾字吟香會稽人道光元年舉人充景山官學教習期滿以知縣用分發陝西補清澗調盩厔又調渭南回人馬得全等謀不軌親入其巢捕之寘諸法擢河南懷慶知府咸豐三年太平軍北窺開封遂渡河圍懷慶時郡城兵僅三百炳燾選團勇三千人登陴固守募敢死士縋城下砍敵營又潛毒城外汲道使自斃敵

以地雷隳城者三，皆擊退。一日，雷雨中礮火蝟集，危甚，天忽反風，敵燔死者衆，勢頓沮，敵於近城樹木柵以斷内外，爲久困計。山東巡撫李僡先赴援，既而援軍四集，詔大學士訥爾經額督師。圍久，城中糧漸不支，炳壽素得民心，激以忠義，括糧節食，人心不渙。屢詔促戰，都統勝保、將軍托明阿等迭敗敵，敵始入山西竄。凡被圍五十八日乃解，特詔褒獎，賜花翎，以道員用，擢陝西鳳邠道，尋改授河南南汝光道，未幾就遷按察使。大河南北以防寇倡聯莊會，遇警相救，及敵去，聚而不散，莠民恃衆抗官。四年，禹州、鄭州、密縣疊肇變亂，焚署縱囚，掠紳民，巡撫英桂命出防信陽，咸請兩司奏聞待命，炳壽曰：「賊雖衆，皆烏合，志在剽掠，無紀律，速臨以兵，必驚潰解散，其黨不久魁渠可縛也。若請朝命，遲將蔓延。」遂親率兵七百、勇五百馳往，勦撫兼施，事即定，尋署布政使，捻首張落刑擾歸德，命炳壽往勦，攻雉河集，解亳州圍，又潛入永城，擊走之，既而歸德又有警，炳壽馳救，而他軍遽退，敵遂東逸。炳壽染病，特旨予假治理，不開缺。七年卒。懷慶請祀名宦祠。（據清史稿列傳　陝西渭南縣志）

〔附錄宗稷辰撰墓誌〕咸豐七年四月二日，河南提刑按察使司按察使仙圃余君卒於官，年六十七。其孤扶匶歸會稽之山，卜葬未定，其季弟觀瑞馳書來請銘。君故自幼與先兄仁圃同學，後與余同入庠，又同舉道光辛巳鄉榜，又嘗約爲婚姻，其爲童子以至試禮部，雅相親厚，今忽奄逝，深惜感故中失此良友也，非余銘之而誰哉？爰爲序曰：君諱炳壽，學名棠，鄉舉名廷珍，久之改今名，字吟香，仙圃其號也。居會稽，入山陰籍。先世潛德力田，考幼常，贈公，嘗服賈，途遇寠人以負債鬻其妻，心憫之，傾所得貲爲代償，家乃復完，歸而告元配贈夫人徐欣然韙其義是夕夢仙神送以佳子遂震而生君君早失恃後母贈夫人董育之極慈君留試都下教習景山官學連聞兩親訃又遭兄喪居憂大哀教養二弟及兄之子終身無間若恐愛之不如父兄焉君既以教習勞用縣令壬辰癸巳薦不得進乃奉檄入陝西初計補次需三十年乃三數年間署中部令定遠丞卽補清澗邑在北山北寒甚治之簡易更以暇日教文學士士多向學尋攝盩厔移渭南曲體民隱善治骨肉之訟俗爲變政聲翕然以卓異薦於朝先是大吏倚君治盜擒挾刀黨復令攝武定遠捕誅其匪醜未幾以渭南災荒回任辦賑民困爲蘇訪有凶回全得瀛者謀作亂偵其蹤躬往擒之論如法林文忠公疏聞宣廟嘉獎命引見旣升定遠丞且加秩矣君又捐軍餉命以知府先用迨銓懷慶守今上召對詢回莊辦賊事謂汝親入賊巢乎備陳率衆入捕始末又問能騎乎對曰入捕期速固以騎率也上笑而壯之元年武陟以催科鬨君往諭以大義卽解散明年聞粵匚犯楚悉索兩助軍需賜道銜復加優敍河北素壯佼君日集士民而訓練之以防北竄及寇據金陵橫出上下江侵潁亳蹂歸德圍汴梁城不克破溫縣將偪懷郡郡城兵僅三百君與河內令裘寶墉選團勇得千人率子弟執戈登陴與民固守時縋下死士斫賊營殺其驍悍渠目潛毒城外井使自斃賊屢以地雷隳城君發巨礮拒之陷者亟築勢少却一日雷雨中礮火熸集危急甚天爲反風賊自燔轉戰大敗氣頓沮然城中糧盡人日一粥幾不支援兵至賊遂遁去蓋死守者已五十七日云君久困圍中事已上徹天聽記名用道員賞花翎圍解進按察使銜擢陝西鳳邠鹽法道奏留軍營特改南汝光道防楚邊數月命爲河南按察使勦治禹密等縣聯莊會莠民慴服尋署布政司事捻

首張樂行擾歸德復帶兵剿辦身領一軍破雉河集即解亳州圍而賊首潛入永城歸德再警君猶整軍援之乃領軍者遽退致賊東去會撫軍率師調回居守君行間積瘁病肝風日加劇矣力疾從政者歲餘七年春請撫軍代乞病假上允予兩月調理迄三月下旬痰湧不能語數日而革河南北之人皆痛惜之君娶王氏封淑人生一子桂生軍功賜六品秩孫四人福清福渭福潮福淳葬以某年月日在某山之原余與君交好數十年未嘗見其習韜鈐知戎事自官關中勤捕盜稍稍事拳勇馳馬澗谷始爲林文忠所賞識於是嬰城禦寇出死力以摧凶熖使其人不亡當與勝袁並駕驅除而勛勞竟止於此豈非天之命之但以河朔顯哉〔躬恥齋文鈔〕

王官亮原名人龍榜名恩寶字臥山山陰人道光二十九年順天舉人咸豐三年以知縣揀發廣西由河南奏留補用時其姑壻余炳燾方守懷慶官亮往省之太平軍適至乃助余防守一日大雷雨敵以地雷轟城城隳余陷瓦礫中官亮馳救礮火蝟集身前後兩卒皆失其首官亮大呼於衆曰死生有命諸君但視此可知退避無益也衆感奮會天反風敵自燔驚竄去余得不死城亦以完蓋死守者凡五十七日旋援兵至圍解官亮以功進同知即權河内縣事燹後撫循民得生聚歷署懷慶府事補淅川撫民同知署歸德府督糧通判子家襄另有傳〔據新河王氏譜〕

吳芳蘭〔節錄湯壽潛譔傳〕君諱瑞蘭更名芳蘭字薌谷會稽人性穎悟嘗從董南亭先生遊讀書有別解爲文則鑿險縋深游心冥漠每一藝出老宿咸咋舌然六試童子一試鄉不中有司繩尺而君年亦三十矣

乃棄丹鉛遊河南北方伯公〔其外舅余炳燾傳見前〕時勦江皖豫三省捻賊君入參機務走檄飛符倚馬可待所謀多中竅要一日領二百人駐永城賊潛夜薄城下衆驚駭懼燔劊爭謀出城遁君止之曰若去何之徒爲賊血肉孰若助城守得自保衆皆諾於是與縣令劉鴻勛登陴守是時賊張甚謂永城一日下顧不能拔欲留困之火其野時時燭城中君令劉守城自率衆夜潛出卒立幟舉火曠野間疑賊賊果猜惑不敢逼會救至乃解目不交睫者三日夜既而柘城又警君偕都司巴哈布往援都司戰死衆欲潰君回戈返鬭斬賊數十級乃獲奇勝由是以能軍名明年朝廷命前尚書勝保公督師方伯公解兵柄君亦還然歷戎行已五閱月大吏論永城功保縣令格部議予六品銜君既不得進尋亦年衰乃復歸而紹興變起副都御史王公履謙知其才欲畀以鄉團事君固辭人疑君矯及難作始服遠智君素孱弱且多病寇平年四十乃不復出三黨有疑岴事悉取直君據理剖晰渙然冰解終君世無質公庭者君一游關輔再游宛洛渡大河踰潼關登太華少華絕頂游歷一見之於詩然不留稿不喜唱和故世無知君能詩者〔湯浦吳氏譜〕

王藩字蓉坡原名榮業會稽人嘉慶戊寅舉人道光丙戌進士歷官吏部考工司主事稽勳司員外郎江南道京畿道御史江西吉南贛寧道曾修會稽縣志〔采訪〕〔按卽民二一五所印之道光會稽志稿下同〕

沈元泰字墨莊會稽人道光甲午舉人庚子進士官江西鹽法道曾修會稽縣志〔采訪〕

馬百慶字伯卿會稽人道光二十四年進士以知縣分發福建權知南安縣事爲政寬猛並濟歲餘解任委辦南臺平糶旋權知邵武縣事時方行保甲遂定條約出俸錢置簿結領之民令自投報且與講明刑律使知

自愛毋犯法有刁民許陽肯居人結會聚衆營員貪功遽行上稟府檄會勘百慶僅拘數人杖而釋之有恐不滿上官意者百慶曰我爲縣官祇知執法以臨民不知枉法以媚上也邑有節孝祠歲久傾圮葺而新之復出廉俸葺嚴滄浪詩話樓黄元鎭秋聲樓署中賓從多知名士公餘相與賞花賦詩以爲樂尋補莆田縣知縣其爲治一如在南安邵武時附郭有鄉五卬釐相依横行武斷人名之曰五虎鄉前令不敢詰百慶選幹吏數輩授以意解散其脅從而治其怙惡不悛者闔邑稱快復調侯官署閩縣又署龍巖州知州咸豐三年州大飢白慶按籍分賑饑而不害時太平軍分兵連陷江南江西逼近閩省大府命其督辦軍務節制營兵部署甫定而警報迭至上下游十六廳縣次第陷沒衆洶懼謀棄城遁百慶宣言曰大丈夫寧爲玉碎毋爲瓦全況遁未必生不遁未必死乎諸少年有能赴敵者吾給器械吾備糗糧吾厚爾生吾恤爾死衆大奮願從者數千人勢遂振擒敵軍師頭目數十人敵死者千餘遂遁走復會勦大田之桃花山寇即時解散大府奏聞賞戴花翎同知直隸州補缺後以應升之缺升用七年卒子傳朱另有傳〔采訪〕

陳顯彝字秉初山陰人祖凱爲山東武城縣典史父奏習申韓顯彝幼慧十九通經史以父母春秋高家貧乃棄書習金穀以養親稍積貲援例爲州吏目補濟寧直隸州吏目咸豐間天下多事兵甲雲擾慨然有濟世之志改知縣補館陶令拒賊完城保升同知直隸州補兗州府同知署濟寧直隸州知州擢曹州府知府勦撫捻黨功多保升道員署登萊青道以父憂去官服闋改官江南未行會侍郎勝保督師直東檄顯彝襄軍事時降匪宋景詩軍冠縣卒饑甚謀叛去聞顯彝且至曰是將哺我顯彝爲勝保勞軍至景詩營秋暮矣朔

風寒冽見景詩旗幟彫敝其衆單衣鶉結露脛見踵皆下騎伏地大哭爭訴忍死延頸以待狀顯彛問饟缺幾月曰三月矣立具五千金予之或短其專勝保問狀顯彛曰景詩罪萬死然不受其降誅之可也降則豢之豺狠寧甘凍餓死耶設脫巾而呼公能以五千金定之乎勝保稱善時勝保駐師威縣以事來館陶返軍次晨食夏堡寺賊猝至僅親軍四百人背林而陣賊呼聲動天礮火烈烈著林木西安騎軍來援賊蹴之立潰四百人軍火且盡林燔忽賊衆辟易黑旗軍穿賊圍而出則景詩與其弟景禮也躍馬大呼陷陣賊卻再接乃遁督師立擒西安騎將珊瑚頂賞景詩顧謂顯彛曰孰謂降衆不可用也未幾勝保進討亳壽留顯彛鎭撫直東餘寇顯彛招降王鳳來劉占考等十餘股平濮范羣盜繼乃接統撫標兵東征劉德培於淄川淄城小而堅標兵老弱怯戰寇孤軍死守久不下顯彛募煤工掘地道火發而城不圮乃更鑿於城東不及城者尋丈矣會言者劾其師久無功顯彛乃求代單騎還歷下自是口不言兵徜徉湖山間濁醪清談有謝傅東山之致顯彛性慷慨慈祥喜周濟寒素識與不識隨所晉接以爲贈遺棺藥衣粥有常施尤敬禮忠節之士採訪鄉人殉難於東省者三十三人立祠樂善堂左楹歲祀之有合家殉難者婦女祠於右楹並採集節孝婦女若干合祀之爲節孝祠每曰吾倥傯戎馬十餘年所以能屢降巨寇者亦惟激於忠義使明順逆而已子恩壽（浙紹鄉祠徵信錄　民國十三年續歷城縣志）

顧淳慶字古生一字鶴巢會稽人父廷綸官訓導著有玉笥山房詩文集肄業詁經精舍久客浙撫阮元幕中世所稱鄭鄉先生者也（會稽志稿有傳）淳慶中道光壬辰舉人甲辰大挑一等以知縣分陝西爲巡撫林

則徐所特識招入幕府是年卽充甲辰恩科陝甘鄉試同考官歷任韓城岐山延長長武咸寧知縣擢潼關廳同知因病乞假十年復任尋卒其任韓城也聽訟不假鞭朴常爲勸諭排解兩造帖然尤好振興文教課諸生如嚴師以故鄉試獲捷者不一去任時攀轅遮道者不絕其攝延長也會西師徵調長武當孔道民病供億大府徙淳慶理之至則嚴章矩戒侵蠹懲剽悍事舉而民不擾旋調咸寧日接上官籌通省兵食及外鄰協餉其所表建悉中機宜時豫寇已迫上游乃移淳慶潼關使司防守淳慶建議謂當重守函關聯靈寶盧氏爲外屏移書陝州牧約共守助請於監司簡精卒屯雒南之箭桿嶺以塞大峪關其舊募勇丁汰其冗弱親督練之謹詗察植屯候踸踔饕風烈日中不少息頃之疾作以去及南陽賊西竄果薄雒南以守禦堅不得入人始服其先識巡撫上其事得旨優敘疾稍閒仍蒞潼廳東南寇益亟關守煩悴倍蓰時淳慶任事益銳有述職於朝者文宗言及淳慶對曰潼關防守重要非此人不可上頷之而淳慶病已深不可爲矣方臥病時士民日候堂皇問起居相戒毋以瑣事擾去岐之日耆民羅綉隱處三十年匍匐踰百里冀一見去尹長武民有譁署者曰必復顧青天乃已其感人多類此卒年五十有六著有鶴巢詩一卷行世子三壽楨舉人別有傳家樹蚕卒家相進士官至河南彰德府知府〔謝維藩潼關廳同知顧公墓表參同州府續志韓城縣長武縣志及胡文忠公遺集道光丙午同考官錄續陝西通志稿〕

王汝鼎字竹亭別號適安山陰𨍏家莊後王村人生於道光丙戌幼聰穎過目成誦博學多文尤工詩賦性瀟灑不求聞達喜遊山水足跡幾徧大江南北所過皆有吟詠惟多不留稿而親友得者恒什襲以藏卒年五

十七子師楨師楷師樸皆庠生偁於親友處搜集遺稿編爲適安廬詩詞鈔行世弟汝庚另有傳〔采訪〕

金壽萱字慈華洙次子〔洙傳見前〕少負雋才工書能詩喜屬文弱冠補博士弟子員與同里李慶翺李洪疇爲同硯友以文字道義相切劘道光二十年舉於鄉二十七年捷進士廷試時肅順監試以盛氣凌士子壽萱與之忤遽誣以懷挾交刑部治罪褫革出身時論冤之放歸後母猶在堂遂奉親課子不復作進取想遇地方有大事當道延以相助未嘗不出任其勞當咸豐辛酉同治壬戌捻黨兩次竄擾山東省城戒嚴壽萱贊助團防事宜多所規畫及建修石圩朝夕督工務期堅固寇至無恐壽萱博涉羣書常手執一卷閉戶不聞外事誘掖後進勤懇無倦容有延主講席者皆謝弗應優游林下者數十年人無不景其行而悲其遇焉子六人紹先字芰香出嗣胞兄鳳藻官直隸曲周縣知縣有政聲紹庭字叔奇幼聰穎有志氣因父不以功名終嘗謂諸兄弟曰吾兄弟讀書當力求上進方足爲嚴親吐氣光緒三年紹庭果成進士人以爲有志竟成其中亦有天道云任河南延津縣知縣以明敏稱紹言廩貢生紹蛙增貢生紹林附貢生紹僖監生並能世其學〔民國十三年續歷城縣志〕

董士熊〔節錄杜聯撰傳〕　公諱士熊字翼周一字漁溪號省菴修職郎亦晦翁嗣也少長折節讀書爲文不喜郊寒島瘦之辭思溢而味腴非外彊中乾者比小試屢列前茅然數奇卒不售亦晦翁祇公一子令撤業輔理家政性端重不謔浪不笑傲行諸途目不旁瞬與人接必莊語端言里中詭者暴者澆且佻者望見鬚麋多敬服亦晦翁善堪輿岐黄一以利濟爲懷嘗述朱子之言曰凡爲人子者昧於醫理何以事親懵於

地理何以窆親公由是家政之暇於曾楊廖賴諸書無不畢探其蘊其於醫也洞澈内經素問徧覽仲景叔和東垣著作而尤得力於景岳延診者决死生多奇中然概不取資嘗曰吾不能以錢濟人而以術濟人仰承先志而已人多以是重公而余所重於公者不以是初公之失恃也亦晦翁甫逾强仕義不續娶公問視安膳冬夏溫凊疾痛疴養扶持而抑搔之四十年如一日不使翁有鰥居之苦者非公就養多方不至此已而翁謝人間世喪盡其哀比葬廬於墓側墓隔村二里許夜分襆被號泣而往大風雪勿間焉風木之悲迄於没齒余於是有以徵公之孝也〔漁渡董氏譜〕

陶慶麒字瑞昭會稽人嘉慶五年舉人選授黄巖教諭道光二十三年例陞衢州府教授幷主正誼書院士習大化咸豐五六年間太平軍將至衢衢民逼城甚危慶麒相度形勢以爲衢居浙上游東南有事所必爭而與衢輔車相依者江常也若敵由江常夾攻衢衢必失時饒廷選軍門之兵守江山大南橋慶麒乞當道馳請援調其退守衢饒至布置甫定而敵果自江常來以有備不爲所乘然且相持者三閱月圍始解慶麒曰敵雖去憂未艾也遂與衢人訓練民團不數月而軍隊成十年敵果又至賴有民團分防要隘與敵又連歲相持敵遂不得逞事平衢人德之附祀左文襄祠著有守城記一卷〔采訪〕

陶慶章〔錄宗稷辰撰傳〕故交陶子查仙有兄子曰慶章字定軒者少日慷慨有俠客之氣其學不務深邃而於古偉人志士提本心踐大節之行事心恒慕之其爲諸生當海上不靖歷遊戎幕草奏記爲大吏所重既不遇於試場由副貢教習就縣令銓閩之清流治最調閩縣咸豐初剿會匪克復廈門有功優奬賞花翎

升臺灣北路理番同知累署福防廈門雲霄鹿港等處進權泉州守皆彊幹能任劇多聲績後捐敘以知府候選遭母憂歸時浙事正棘團練大臣邵公燦奏令幫辦尋以故撫王公有齡與邵齟齬彈邵並佐之者章君嗣衡王君嘉謨多被詆斥而君之筆舌剛銳更爲王所深忌至誣以貪劣君憤甚徧致知舊欲與伸辨而王撫已殉於杭州既已無辜奪官姑還其鄉陶堰謀禦賊迨紹郡又陷君不事遷避賊至率族里丁壯與捍拒陣亡八十餘人身受刀矛十餘入臂幾斷不死乃投於湖逾兩時流至遠村救活往四明養傷隨史兵備致謂守禦既解計復紹以乏餉不能遂會曾使相檄調於是前臬司段光清攜之浮海至滬大呼旅申僑人捐助畫攻復策力疾經營以創發遽卒其弟慶仍與其僕泣愬於江南江西大吏籲郵典江西沈撫部葆楨據以上聞章下左帥宗棠議雖因誣案先未昭雪而拒賊受傷身尙得全卽人推其忠廉而未能信故遲遲未有以表章之然君在閩無愧於官在紹無愧於鄉今左帥征閩平寇之餘必訪問其士民官吏得與論而孤忠自明它日當不靳於一郵也會稽獨陶氏能守經拒賊心幸賢裔爲無忝而尤素敬余謂願於講堂爲執梃衞道之人其在滬猶手書數千言凜凜見肝膽不意其竟成絕筆余既爲詩哀之而此中尙耿耿不容己也爰走筆書其事俾修方志時有所徵信焉至於訟言之枉直私隟之短長彼此既同以身殉又何足深較哉〔躬耻齋文鈔〕

〔附錄家傳〕公諱慶章號定軒生而岐嶷慷慨好施廓然有大志性至孝髫年會族中祭祀長者賜以火腿臠公置坐隅問故對曰母患瘡聞食此可愈家貧不可得歸欲奉母耳合坐感歎每引此以訓子弟祖母朱

太夫人治家嚴肅怒則家人皆震恐失措公怡色婉容引以自責太夫人卽爲色霽鄉黨皆稱孝也道光季年煙禁綦嚴林文忠總督兩廣令行禁止英領事義律懾於文忠威德計無所逞迺聯法美擾東南〔英國當時明理者皆以因此開兵端爲可恥吾乃今知九州之外五經之表復自有人也〕揚威將軍奉詔督師南下在途卽與浙撫劉公韻珂格格不入公以諸生佐戎幕力言師克在和又云吉凶悔吝生乎動凡事當以林制軍爲法否則功不可必將軍皆不用公退知必敗後皆如所料嗚呼當時疆吏等能聽公言以文忠爲法何致城下之盟乃竟自壞長城噬臍之痛可勝慨哉道光己亥科公赴順天鄉試中式副榜出房師李薌園先生門下〔枝青安福人〕以教習分發福建大中丞劉公韻珂爲公祖餞從容問誰可繼公者以弟對卽安軒公及先大夫也後皆稱職劉公歎曰內舉不避親吾於陶公見之矣之閩歷任清流閩縣鹿港雲霄廈門等廳泉州府知府己酉十月十日榜十六字於大門要人一錢不昌子孫聽人一情不保身家跋曰信爲上盟斯下矣余不敏乃出於下然以爲沽名則非本心云云公善折獄尤善捕盜咸豐初勦會匪克復廈門有功賞戴花翎閩中耆碩如林文忠郭侍郎尙先皆以國士目之然公之所以見稱於世者亦所以取嫉於人也咸豐七年十月十一日丁母憂歸服除浙事正棘紹興團練大臣邵文靖公燦奏請帮辦尋以故撫王有齡與邵公齟齬彈邵佐之者爲山東候補道章嗣衡等多被詆斥無敢辯者公獨上書勸有齡以收拾人心爲第一義筆舌剛鋭尤爲有齡所深恨誣以貪劣入告凡屬紹紳團練者皆株連之語人曰今紹紳被吾一網打盡矣上諭革職永不敘用聞者扼腕辛酉九月紹興陷吏民鼠竄公獨挺身禦賊誠所不死乃投

諸河游魚呷血有聲逾兩時許流至遠村寇退救免是年冬大雪鑑湖皆冰道殣相望公獨發倉廩以食餓者不足傾產繼之同治元年之寧波爲故人史兵備致諤畫守禦圍解計復紹興爲饟所掣會曾文正稱公清剛檄赴大營隨前臬司段光清浮海之滬大呼浙中僑人捐助獨籌攻復策力疾經營金瘡復發春秋五十有九棄堂帳於上海時壬戌十月廿二日半夜也嗚呼公以孤忠勁節沒於王事奇冤莫白天下事尚可問耶忠義之士臨文嗟悼况在寬誼屬猶子又受公生死肉骨之恩此所以仰天飲泣如骨鯁在喉一吐乃快也同治二年癸亥正月江西巡撫沈公葆楨白其冤於朝是年三月十二日奉上諭著浙江巡撫左宗棠查復軍書塡委不遑他及左公去浙事乃中止噫有齡好惡拂性以欺君父揆諸以人事君之義爲何如耶林文忠郭侍郎沈文肅皆閩中端人也有齡獨非閩人乎豈不能薰其德而善良乎嗚呼忠孝之稱公眞無愧薏苡之謗人所共知縱寃成三字未寒暮年烈士之心而名已千秋足窮今古城狐之技姑陳節略以俟志乘謹錄奏章布告中外光緒十四年戊子八月十八日姪在寬然脂謹撰於武昌舟次

陶良翰榜名洪庚字海琴會稽人道光二十三年順天舉人官福建平潭同知旋調廈門時巡道陳某以捐輸推按殷戶民爲罷市官長馳諭皆不應曰必得陶公一言良翰至乃大感服地多盜前令畏其難置不理良翰懸賞捕之未半月獲李帕等十餘人戮之盜風以息未幾保陞知府同治元年冬奉辦泉漳叛產全活者百餘家尋署興化府俗故獷詭多械鬥良翰戮首惡數十人終任無敢逞後以乞養歸工書法少得力於率更晚出入吳興華亭間手校晉史五代史凡七過年五十六卒著有求放心齋文二卷怡雲精舍詩稿二卷

試帖二卷藏於家〔陶堰陶氏譜〕

陶慶仍字安軒會稽人道光二十六年順天舉人由教習用知縣咸豐四年署江西萬年時太平軍已入贛鄰封嚮應縣東鄉有起事者慶仍擒其魁而撫定之浮梁安仁多誅夷萬年獨安堵歲饑勸富人無遏糴已乃刱社倉手書條教五事士民用勒石家搨置一通慶仍故工書民間兼重其墨蹟也理民事竟日坐堂皇詞至立判春夏必行野課農作路有爭者輒假農家矮几爲便坐就決焉代去民扶攜送之或踰境不忍別旋署餘干與萬年接應萬年民不直其長猶有越境赴訴者六年饒州失守合邑震驚是秋敵大至慶仍率民團扼之於河敵不得逞羅忠節沈文肅並歎異之丹憂歸曾文正沈文肅交章調赴行營歷保至知府最後掣驗宜昌行鹽興利除弊積十餘年清慎勤如一日其卒也舊治兩縣民皆巷哭並請祀名宦童年嘗刲股療父疾家居於兄弟食息必共叔弟殉難安徽爾足戎馬間親反其孤撫如己出俸入徧賚羣從婚嫁飲食服御不改儒素也著有强恕堂文集十二卷鄂粤游草四卷〔據陶堰陶氏譜〕

陶良駿字筠笙會稽人慶仍弟道光己酉順天舉人官山西太原知府〔家傳略云〕良駿由揀選知縣歷任榆次沁水臨晉諸縣勤政愛民料事屢中軍功擢知府以轉餉勞保升道員按察使銜生平酷好韻學著有晉紐中西晉韻異同通義〔據輶軒續錄〕

陶慶禾 〔節錄周星譽撰傳〕君諱慶禾字靜軒兄定軒劉玉坡中丞巡撫浙江時聘請參贊戎幕兼司章奏以教習分發福建委署閩縣交章奏稱治行第一閩中耆碩林制軍則徐郭侍郎尚先沈文肅葆禎亦稱道

之定軒將之閫中丞置酒高會舉觴問誰可繼公以仲弟安軒對聘請如前禮未幾亦以考取教習留京待選座師祁相國寯藻語人曰安軒眞循吏也皖撫蔣公聞君名奏調辦理密摺積功保知縣咸豐三年癸丑安慶戒嚴君襄理軍務激發忠義防守周密賊攻不下藩司某性與人殊開城降敵稽首馬前蔣公及君聞變皆朝服至大堂敵至憤罵亂刃交揮蔣公頃刻斃於位君死復蘇投井自盡年三十三是年正月十七日事也賊酋至坐大堂乾笑曰一城文武殉難只有二人各忠其主下令收殮山陰婁君小巖游幕皖省起君於井中親爲棺殮人以義士稱之賜祭葬特旨在籍准立專祠子一在寬（采訪）

嚴嘉榮字菊泉山陰人道光十五年舉人同治二年任平湖縣教諭其時値洪楊初平文教衰息迺舉行月課優給膏火丹鉛筆削士皆爭自濯磨又以文廟禮樂缺如籌置祭器選取樂舞豆籩籥翟講肄時勤朔望率諸生灑埽廟庭先師誕日行釋奠禮春秋丁祭盡敬盡誠聲容之盛觀者歎明備焉復捐贊田三十餘畝爲禮樂公產及祭胙之需通詳立案以垂永久十一年銓升嘉興府教授興廢舉墜亦有政聲年七十三卒（據平湖縣志）按宗能徵觀化齋隨錄云字懷慶號菊泉著有見聞錄鐸鑒越中忠義錄逸香齋詩文集等書

袁夔（錄宗禝辰譔傳）袁夔孱卿者其先吳江人後籍浙之山陰爲仕族其曾祖祖考皆仕閩父名政爲湖北令牧有强幹聲佐軍進郡丞孱卿方讀書侍曾大母不習戎馬文藝多殫心後遭曾大母喪而胡文忠契其才謂可任軍諮投效以府經歷用文忠卒李希庵中丞重其膽略令襄新仁依仁二營戎務尋調赴信陽

堵勦捻逆曾節相又檄調安徽隨剿出入休寧祁門南陵涇縣開所至輒能克捷遂委帶依仁部將士能以忠信結衆心皆用命同治三年春獲勝於休邑積勞致疾卒於祁門營次當事以其在行五六年請於朝予卹典其柩返楚權葬武昌其友吳以城狀其事請余爲傳（下略）躬恥齋文鈔

宗稷辰字滌甫會稽人道光元年舉人授內閣中書充軍機章京遷起居注主事再遷戶部員外郎咸豐元年遷御史疏請飭各省實行保甲略言州縣宜久任時日宜寬假壇寫門牌當詳細核對董事胥役毋派費累民酌用丞簿以爲襄助先編巨族以爲聯屬並可申明讀法之典兼收團練社倉之益詔下直省督撫各就地體察參酌行之又疏言通籌出入宜崇實去僞舉清查報效生息三端又疏請酌改經徵處分令州縣戴罪嚴催並下戶部覈議五年聞上將謁陵未有旨戒行稷辰疏言畿南州縣被水連歲用兵民氣甫行休息籲請展緩一年上諭曰每歲謁陵事同典禮如果畿輔民力未逮亦必權衡時勢暫緩舉行今茲並未降旨何日謁陵宗稷辰揣度陳奏徒博敢諫之名而無其實此風不可長下部議處尋又奏言自粵匪竄據長江數年以來文臣武將能戰者希如烏蘭泰塔齊布江忠源皆難得之將而多不盡其用以死且殉如勝保張亮基袁甲三皆勇於任事而亦未盡其用以罪罷去近日支持兩湖賴有一二書生如胡林翼羅澤南能以練膽爲士卒先此二人者實曾國藩有以開之此時若開文武兼資一科誠足濟當時之急而臣工多不敢薦舉者一恐其才疏而得過一恐其遇蹇而罔功處愁肩焚頂之時守蹈常習故之轍見有敗衂動以饟匱爲辭饟固不可不籌試思用兵乏人雖歛金百萬棄如土苴終歸無用臣聞見隘陋非能盡識天下之才所

知湖南有左宗棠通權達變爲疆吏所倚重若使獨當一面必不下於林翼澤南其屢經論薦難進易退肝膽經術實可取材者有若湖州之姚承輿其策議深沉才識過人者有若常州之周騰虎管晏桂林之唐啓華皆關心時務今尚鬱鬱伏處田間誠能破格招賢連茹並進則得一人可以平數州得數人可以淸一路長江雖阻當不難分道建功尅日平定伏乞皇上命内外臣工各舉所知無論已仕未仕果能文武兼資皆許徵起必可網羅而盡得之疏入下各督撫命以宗棠等加考送部引見宗棠自此膺簡拔論者謂其知人遷給事中時京師行大錢商民苦之稷辰上疏請復用制錢號日祖錢而大錢改純用鐵鑄兼行並用下部議格不行又以畿輔水患疏請急振從之尋授山東運河道捻匪入境於濟寧牛頭河濱築戰牆北岸六千三百丈南岸八千六百丈賴以守禦以功加鹽運使銜同治六年引疾歸尋卒稷辰父霈官湖南零陵知縣廉無餘資稷辰事母孝爲學宗王守仁劉宗周罷官後主餘姚龍山書院山陰蕺山書院官京朝請祀總兵葛雲飛本籍官山東請修方孝孺祠並刻正學集其振勵風敎多類此著有躬耻齋詩文集五十二卷四書體味錄二十卷〔據淸史稿列傳　山東濟寧州志〕

〔附錄同治九年浙江巡撫楊昌濬等奏請入祀鄉賢祠摺内所開事實册〕一故員宗稷辰字滌甫係會稽縣人由附生中式道光辛巳年恩科舉人歷官内閣中書考取軍機章京升起居注主事戶部陝西司員外郎考取御史補山東道監察御史轉掌山西道監察御史署兵科給事中咸豐七年正月二十日奏陳聚糧平市召見一次奉硃筆派赴東河學習九年八月奏留以河工道員補用十一年十月奏署山東運河道同

治元年秋汛安瀾奉旨賞加鹽運使銜三年七月引見補授山東運河道四年因辦理大清河籌捐築堰事務積勞成疾呈請開缺於六年十一月在籍病故一故員事親至孝父霈嘉慶己巳進士官湖南零陵知縣母王氏故員幼歷困苦成童後父常出遊母教之讀書及父歿於官公逋纍纍故員一身任之力圖彌補貧不能歸授徒以奉母至服官京師卽乞假迎養母歿哀毀逾恒喪祭盡禮遵遺命置贍田捐置宗氏四賢義學於咸豐初年呈明達部題請建坊奉旨允准尤篤親親之誼凡高曾以下伯叔兄弟柩之在殯者先後卜地族葬凡十數從兄鴻逵老而無嗣敬事之終身婣戚有婚喪未舉困苦待濟者必力爲周恤推之故交子弟無不皆然在京師時經理山會邑館興復擴義園以瘞旅櫬所住九曲里向有仁厚宗家之稱故員恪守先型事必加厚歿後隣里感歎多泣下者一故員潛心理學講明性道於宋元明及國朝理學名儒之書無不通覽嘗取朱子語類答鄭仲履語云致知乃本心之知又徵之通志堂經解中述朱子舊說謂致知乃致不慮而知之知以證明王文成致良知之知爲與朱子本同譔朱王致知本同考一平理學家門戶之爭時講求心性精益求精訂正錢氏近思錄發明條辨涵泳四書時有心得爲四書體味錄身體力行至老不倦前順天府尹蔣琦齡疏陳時事摺內崇正學一條特舉近日理學之儒以現任大學士倭公仁及故員二人稱爲碩果僅存推重甚至一故員任御史時指陳時政遇事敢言如請實行保甲章程十條奉旨通飭各督撫詳察酌行又請酌改經徵處分懲治逋兵變通錢法振救災黎諸疏多切時用又於咸豐五年上平寇需才保舉備用一摺奉旨嘉許其中臚列各省人才今陝甘總督恪靖伯左公宗棠與焉尤服其知人之鑑一

故員束髮讀書留心經世之務自奉旨赴河工學習講求治河良法時值捻逆肆擾防河防寇事在兼營故員方奉檄勸辦築堰因與屬官紳民通籌全局於濟寧西南之牛頭河用險劃險成北岸戰牆六千三百丈有奇南岸戰牆八千六百丈有奇以北岸適中之唐家口設營防禦賊不敢犯又於濟寧四關引渠築城與廢舉墜功鉅而利溥故員始終經理克覩厥成記文叙事歸美牧守其勤於民事而無伐善無施勞如此一故員居憂在籍當道光二十九年閒夏秋水災田禾淹沒故員愍然心憂與地方官吏商辦賑務捐己資爲倡災民不致流離次年復有水災以成法可遵地方無事後經前巡撫保舉議叙復上疏力辭癸丑金陵告陷故員在籍佐大吏籌防籌餉備歷辛勤又嘗爲鄉郡輯捕著議六條實心實政皆有成效至今尙稱頌之一故員闡明性理以教學自任年甫三十歷主講湘南羣玉濂溪虎溪書院皆立講規確守朱子白鹿洞遺法學者宗之晚歲回籍主講龍山書院旋主蕺山書院以蕺山爲明儒劉忠介講學地發明愼獨宗旨救王學流弊遠紹程朱心傳又攷宋儒尹和靖朱子皆先後至越講學實開越學大宗特於家塾題爲四賢義學躬親講授遠近從遊多受教益其歿也抱梁木之感者衆矣一故員一生以表揚忠孝敦崇儒術爲心在本籍修葺會稽忠孝祠補蕺山劉忠介祠配享神位爲之考攷於任城修復方正學祠捐刋遜志齋集於京師建正氣閣以祀越中忠義之士請建葛壯節專祀以其子葛以敦附祀奉旨允准又曾訪求明臣沈忠愍墓爲之封樹幷修蕺山沈忠愍新祠其他闡節烈表孝友紀事之文碑碣之刻不勝枚舉一故員夙擅文辭兼工翰墨又以平素講明理學都人士舉重其言朝鮮使臣亦有以性理之學及文詩相質而得其奬許以爲

光寵者凡所撰著有文集二十卷後編四卷詩集二十八卷皆已刊行

張景蕖字魯封號䳄塘山陰人嘉慶二十三年舉人家有後彫晚翠樓藏書萬卷其下爲景蕖註經之室凡經史外河渠律歷兵政醫方術數無不通曉著書十三種經咸豐辛酉之亂盡燬然性嗜學耄耋不倦寇退後又成四書補註韵字綜釋續釋十三經分類字略妙香館古文駢文聽天民雜體詩各若干卷同治甲子乙丑間寓袍瀆課其孫鎬文成寓廬雜記十卷壬申春重遊泮水光緒元年卒年七十九〔薛炳所撰傳〕

桑春榮字柏儕宛平人祖籍浙江山陰道光二年舉人十二年進士改翰林院庶吉士十三年散館授編修二十二年補河南道監察御史掌四川道監察御史簡放雲南臨安府知府丙午丁未間值漢回互斗時林文忠則徐方總督雲貴所在慮衷諮度鎭撫得宜事平調補雲南府尋以卓異擢迤南道咸豐元年兼署鹽法道督辦官錢局釐廢不舉商民便之三年授貴州按察使四年遷雲南布政使綜稽吏事黜陟以公次年升巡撫兼署雲貴總督督辦雲南軍務時滇匪猖獗羽檄交馳寖以援絶餉窮賊氛近逼省垣十閲月春榮從容坐鎭以忠義激士卒誓勿去人心益固卒全其城自以曠日隳功貽誤全局陳刻奉復來京候簡九年補內閣學士兼禮部侍郎銜十月督辦順天直隸團練所至撫慰百姓令兵弁不得居城邑民以安堵畿輔軍聲益振事定還朝同治元年署兵部右侍郎五年授刑部右侍郎十年兼署戶部左侍郎十一年升都察院左都御史旋擢刑部尚書十二年充經筵講官先是辛丑會試充同考官至同治四年曁光緒二年兩充會試副考官得人稱盛光緒五年以老病乞休許之春榮長刑部十餘年案牘繁重手自勘定日昃不遑雖大

寒暑必單車入署無少間平反大獄務持情法之平不動聲色綱紀秩然老吏毋敢欺年踰耆耋强識靡遺援引律例言之鑿鑿同官皆翕服凡所矜恤獄囚施冬衣夏藥悉捐俸倡之嘗誦歐陽求其生不得之語以誡僚屬謂獄者天下之大命不得其平中已負疚何以董理庶獄故遇事持大體不爲赫赫名亦不說衆同異每奉派查辦磨勘事務力求實際徵歛法如於雲南謝煥章覆試復其舉人亦一事也八年壬午重赴鹿鳴宴賞加太子少保銜是科孫翻亦中式藝林榮之其年十一月卒遺疏入上震悼賜祭葬謚曰文恪生平公廉自矢常推己以利物任雲南府時倉庾久虛歲捐廉萬金實之或曰何不積帑弗顧它日總制雲貴會運道絕發倉食士卒穀將盡而餉至矣人服其先見權鹽法道時本任道督兵赴黔計一年之久凡道署所入悉歸其家上官諭止之則云彼出以公例不得取耳督辦團防暨諸差務輿馬所資皆自備不取諸有司奉身澹泊迄老無一嗜欲公暇惟覽書史自娛而已身後無長物門庭肅然子孫恂恂若寒素京師言家法者必歸之（順天府志引家傳）

譚廷襄字竹庄山陰人道光十三年進士選庶吉士散舘授刑部主事再遷郎中出爲直隸永平知府調保定遷順天府尹擢刑部侍郎咸豐六年出爲陝西巡撫直省採米運京倉廷襄疏言陝西產米少轉輸不便請改折解欵由部召糴費節而事集七年署直隸總督是時英法俄美四國合軍陷廣東省城廷襄疏請封貨閉關恩威並用上以海運在途激之生變虛聲無實益不允八年四月英兵北犯占大沽礮臺窺內河大沽口外積沙海舟不能直入敵舟數至以小汽船探測時方議欵不爲備不虞其驟發欽差大臣僧格林沁劾

廷襄奪官戍軍臺九年以三品頂戴署陝西巡撫上命直省禁習天主教廷襄疏言天主教流行中國二百餘年到處窮搜轉滋駭愕惟有密飭官吏稽查保甲列册密記乘機啓導時欵議未定或請西巡偕總督樂斌疏陳三便三難議乃寢十一年授山東巡撫頻歲軍興山東諸郡縣羣盜蠭起皖捻入境勾結土匪滋擾幾徧僧格林沁大軍駐山東督勦廷襄率兵出省協助並督各郡縣團練防勦兼施同治元年兼署河東河道總督三年入爲刑部侍郎調工部又調戶部五年湖北巡撫曾國荃疏劾總督官文貪庸驕蹇並以公使錢餽四川考官胡家玉張晉裕等上命尙書綿森及廷襄往按並詰家玉言自四川還京道湖北官文等餽贐以道梗改水程無州縣支應乃受以充費廷襄等至湖北疏言丁漕鹽釐關稅捐輸實用實支並無浮濫惟漢陽竹木捐零星不請獎叙者凡因公動用例不報銷之項由此動支官文餽家玉等事實上爲罷官文卽令廷襄署總督家玉等並下吏議御史佛爾國春劾國荃言國荃亦以竹木稅治公廨嚴責廷襄蒙蔽廷襄等復疏陳國荃上官未久無以竹木稅治公廨事因言湖北三次陷賊百端草創不循例案諸廢具舉隨事設施令以動用官欵加以處分亦足示警若更罪及所受之人路遠給貲親喪承賻皆罣吏議王道本人情瑣屑煩苛似非政體於是諸受餽者皆置不問六年上前用事奪官文總督是冬國荃亦以病乞罷廷襄還京署吏部侍郎遷左都御史再遷刑部尙書兼署吏部九年卒贈太子少保謚端恪（清史稿列傳）

李燮鼎字梅生號調夫譜名燦然一字衡輝會稽東陶坊人道光辛巳舉人乙未大挑知縣歷任福建海澄安溪興化等縣實授邵武縣知縣丁酉癸卯甲辰福建鄉試同考官同治壬申重游泮水

〔附錄宗譜行述〕公幼失怙事母至孝家貧勤讀以舉人大挑一等出宰閩中迎養節母於署人民愛戴有文譽累調福建鄉試同考官著有擬作出其房者皆名下士縣試所拔士如林壽圖高福康多顯達節母周八十誕辰在署開筵弟子皆稱觴上壽一時稱盛以母氏苦節聞於朝欽旌節孝建碑立額封贈三代嗣以胞弟衡耀訃至老母還鄉公卽告終養上憲紳民堅留之公上稟乞休有天恩之重終不能奪天性之親愛我之誠終不能敵生我之德等語卒棄官歸回籍後時有閩中弟子遠道來候晚年精神矍鑠同治壬申重游泮水鄉里老幼爭望丰采卜壽八十有二無疾而終〔采訪〕

沈懷祖〔錄王繼香撰傳〕先生氏沈諱懷祖更名玉書字素庭號芋蓀越之山陰人明故錦衣諱鍊之族裔也曾祖陶東祖運熠父霖字右樓生四字長卽先生也先生資稟奇穎甫離襁褓卽寢饋書林中年方舞勺便通九經工制舉藝王大使燕賓一見稱賞以女妻之旋補諸生嘗與羣從繩祖同祖輩懷筆硯就蕺山院課相戒不携隻字日午投卷歸互相甲乙以爲常比長爲詩古文詞兼及考證之學皆卓然有大方家數老師宿儒率推服無異詞受知於郡守徐公榮暨學使者萬公青藜累試第一給廩餼名益起從游者亦益衆顧困於鄉闈屢薦不升而門下士經其指授者率芥拾科第以去陳比部壽祺壽大令祝堯周教授來賓其尤著者也先生爲文速藻而不耐斲削意有未愜則棄而改爲之故闈中一題每成數藝枚卜而書之某科以廢稿畀甬人竟獲中式而先生則仍落解其命矣夫沈氏世以書爲業自其祖行拖殘拾遺傳搜精鑒家漸以饒每得善本兄弟二人各藏其一餘則始售諸人其叔祖霞西老人復粲耄學富著述而石樓太翁更

世其業藏書數萬卷於是沈氏味經堂之名藉甚浙東西博雅之求書者道相屬也郡中耆碩如杜尺莊禾子兄弟宗滌甫張魯封諸先生咸相從賞析無虛日先生既天賦絕人又銳意博覽窮日繼夕孜孜以校勘撰著爲事承其家學而益大之至如傳刻之源流板本之精粗卷弟之足闕皆靡不瞭胸瞭目其叔弟子厚布衣寶書季弟雲帆廣文鶴書亦稍稍得其傳而其仲弟笛漁逸客丹書獨得從父寄凡之學好金石篆刻更擅寫眞及梅竹怡怡一堂率以博古游藝爲娛養之助伯歌季舞奉觴壽親致足樂也先生性極和易接物以誠行己以儉生平無他嗜所嗜惟書修脯所入悉易精槧凡積數篋丹黃爛然嘗欲徵刻霞西老人遺書及外家童氏兩世詩鈔侵尋不果少喜杯勺旋以目疾止飲日本短視而雙瞳爛電以鼻磨楮十行並下須臾終卷一過不忘文機警捷思如湧泉汩汩其來繕寫不及爲生徒刪削課文片刻可盡十餘藝其點竄塗乙處多漫漶不可辨識學者恒苦之貌豐體胖頗畏熱暑月輒袒背赤足高踞隱几運筆如飛雖蠅蚋嘬膚不覺客之前亦不見也或戲匿其履呼而與語倉猝覓履不得則跣而肅客乃相與大笑其天眞爛漫多類此咸豐戊午夏病暍四月五日遽卒距生於道光丙戌年十一月十六日年止三十又三無子以弟丹書之子延祚爲後遺著同書附補廣同書八卷常自耕齋詩稿四卷其餘味經書屋文稿散花宧隨筆宋四六話補皆未竟粵山之變全稿盡失事平有暨陽士人以廣同書及詩草兩稿完璧石漊太翁以米數石酬之以授延祚至今寶守之猶無力梓行也先生始葬畢港後二十有七年而配王孺人卒延祚乃遷葬合窆於木柵某原先生母太夫人爲繼香祖妣童太恭人女弟故先生於先大夫爲從母昆弟先生常病怔忡又病

目先大夫棄之而瘉及咸豐丁巳繼香年十二先生來主我蕺塾繼香兄弟及竹泉先從叔英淇同受業焉繼香私課桃花源賦匿青氈下先生猝搜得之轉怒而喜信手評點以示座客曰此子他日當以詞賦名詎意歲未再朞哲人其萎而繼香行年五十一業無成玄草未刋慚負無已又恨從游日淺行事未詳謹就少時所知者敘次以爲家傳並妄論於後曰咸豐初宗滌甫先生倡四賢義塾於里中一時賢士多出其門先大夫及趙撝叔陶定軒陳晝卿諸世丈曁先生皆著錄稱弟子及先生館我蕺塾撝叔丈輒相就劇談每縱論古今商榷文字至於移晷其後宗門同學或以氣節傳或以事功著或以文學科第顯而先生獨姓名不列於賢書足跡不越乎里閈學豐命嗇才長算促即此燹餘殘稿什一僅存猶不獲遽壽棗梨與躬恥悲奮補勤諸集同傳於世悲夫

李瑛字蓀三山陰柯橋人秉性聰穎過人總角時每日讀書二百行四遍成誦師教三過學生讀一過即能背誦其父業商竭力栽植之既喜其敏又慮其頑由是每日讀書加至四百行而背誦如故十齡以外即習舉子業文如宿構純任自然年十四應院試其時學使爲汪瑟菴太史負盛名瑛身材矮而胖納卷時汪適坐堂皇見其短小異之即呼之案前閱其卷詢之云此文是否自作答曰然汪不禁拍案曰又是一汪瑟菴矣即飭役取點兩盞給之並護送出頭門俾免擁擠是年游泮十六歲赴鄉試中式次年應吏部試繳卷時平視收卷官中有旗員甚不悅問何省舉子放肆如此即將試卷扣住不發謄瑛亦不以爲意從此不再赴京報捐知縣分發湖南不數年又以忤上官罷歸年纔弱冠有餘耳及太平軍入越其住宅燬於火僑居東浦

不與人通往來終於東浦之木杓漊（采訪　按選舉志瑛原名攀翰嘉慶二十四年順天鄉試中式崇陽縣知縣）

王澤字章聯山陰人父文心於道光初赴京兆試久無音耗澤時甫六齡至年十九已習爲賈奉慈命尋父遍數行省未得號哭而歸未逾年母棄養澤哀毁幾以身殉其時孝子於商事經驗頗富既設典肆於甎望橋又設衣業於古軒亭口商界中稱巨擘復遵母遺命往齊秦燕楚間冀得父轍跡徧萬里每至一處恒流連久之遇蟒於山竟不爲害乃變其家產什之三然終未得蹤跡即骸骨亦未獲歸正首邱深引爲憾未幾太平軍起不得已返里閈而以衣冠招魂與母合葬於山陰柏樹山之麓子七人誠猶錫康詢詮廷訓俱於宦幕中卓有聲譽云（王柏庚撰傳）

魯淦譜名訓敬字方坡會稽人性豪爽幼習舉業詩學東坡字摹玄宰稍長遊幕閩嶠所得脩脯輒以濟急扶危隨手散去在光澤區覺生幕中漳屬會匪不靖鄰縣相繼淪陷光邑籌餉辦團竭力防堵軍書旁午一日數驚賴淦指示機宜得以安堵如常四民樂業迨孔雲鶴太史出守臺郡慕名聘請親友以重洋之險土著不服王化多所勸阻淦弗聽毅然膺聘相處日久相得益彰區過追班奉飭辦理地分亦至赤嵌機要事宜求淦擘畫一日數起不厭勞瘁嗣後孔由府擢道兼攝學政地方弊利准予專摺奏聞淦贊襄其間聲聞卓著無何彰化土匪竄擾孔單騎出巡被困自盡郡中聞變後官僚束手無策淦爲之慘澹經營料理後事諸凡迭靈輀請撫邺清官欵送眷屬不辭辛苦以一身任之靡不周至在閩粤藩幕時及門十餘人逢年逢節

各給津貼友朋親族亦必分別補助遇有不敷乃典皮袍以濟之其好仁慕義類如此著有拜石山房詩稿一卷（采訪）

湯聘尹字仰山山陰增生性卑牧接人撝挹逾常度與孺子語亦煦煦然恐或傷之至義所不可輒頸面發赤斥人不稍假借人多敬而憚之館鄰村華氏縣役以督賦至叫囂隳突勢不可已聘尹出爲緩頰役語侵之遂大怒將縶役而撻焉華氏懼不測多方求解於役洶洶大肆要挾聘尹銳身赴縣自陳曰役無狀某懲之某無狀唯宰命宰廉得其情置弗問直聲聞於鄉善堪輿之學有邀請者不論貧富遠近應之自謂癖嗜登覽游山之屐苦未易辦借以遣吾游興耳所作詩格近元人間雜諧語著有芝山小築詩鈔四卷（據兩浙輶軒續錄）

錢德承字慎菴山陰人由監生捐從九品道光五年分發湖北試用歷任漢川廳城巡檢以捕盜功陞縣丞十九年補石首縣丞二十三年改發江蘇二十四年攝吳縣丞二十六年補上元縣丞葺先賢祠墓修義塚有暴棺不葬者出俸錢掩埋之復捐修屋三楹歲收租以資善舉禁胥役毋得苛索一切陋規悉罷之二十八年權知高淳縣事縣境地分七鄉附城者四其三鄉遠且阻湖德承下車先淸附城四鄉宿案即詣三鄉假廟宇判決兩月盡結邑患蝗德承令寅午二時捕之旬餘蝗盡二十九年以整理鹽政功陞知縣咸豐二年補金匱縣知縣三年調署靑浦靑浦當周立春亂後民輒目所惡爲餘黨德承下令捕黨惡十三人誣告者以其罪罪之時上海猶爲太平軍所據距浦不百里邑民被脅者多德承以鄉團法箝束之令自歸免罪並

敎以聯絡應接之術於是民情固而匪勢日衰大吏以軍儲孔亟議開徵浦民環署泣訴德承善言遣之已而檄下令錢漕十之四乃具牘力爭謂官可去事不可辦卒得請四年復金匱任有鹽梟械鬥久未成讞德承一訊而結金匱紳士完漕恒減民戶數倍德承令紳民晝一諸不便者百計撼之不爲動上海克復敘防堵績賞戴藍翎加同知銜六年丁母憂去官旋以常州府屬團練得力保以同知直隸州用並留辦常州軍務十年奉文回籍補行守制同治元年攝元和縣事尋調崇明崇明濱海民鮮由禮德承採節義可風者旌獎之遇貧乏無告者撫卹之復廣置義阡掩骼埋胔行不數月風氣丕變邑故爲海賊逋逃藪黄六郎者劇盜也黨羽實繁德承以計捕誅之餘黨乃散邑素健訟德承定傳審之法禁胥役需索道里遠近給以資久之民以見官爲恥故事邑田環海恒有漲沙三年一均有餘則以償賦之不足官斯土者多取以自給德承舉所得五千緡悉以濟軍巡撫李鴻章上其治狀得旨以知府用二年署松江府知府時蘇省兵民交鬨德承與統兵官力解之免民軍中樵蘇之供兵民以安松江漕賦最重亂平方議規復德承徧勘屬邑酌定科則陳請均漕減賦者數四松蘇漕額視前得減十之三乃刋勒成書俾爲定法府屬蘆洲久未定賦民糾結爭訟德承冒烈日履度之感熱咯血不少休息嘗飲水味鹹意海塘必有傾壞者察之海寧塘果圮即日補葺沿海田畝得以無患又修黌宮建試院續纂府志若干卷皆精心規畫力爲其難三年調常州時府城初復窮民無所歸德承於城南設粥廠二日再食之其去城遠而艱於就食者計口授以錢冬則製棉衣衣之城鄉安然無凍餒者於是禁遊勇招商賈勸耕織濬水道百廢並舉手扎下屬吏累千百言雖疾弗少懈其

奉行不力者聞於上官黜之撫臬兩署燬於賊修復工資當七萬金德承任其事費減半五年兼督海運事六年權蘇州府吳中風尙奢靡肆市往往男女雜坐德承錄大淸會典並節鈔律例揭於市嚴加禁止風氣頓改江北州縣訟獄積滯德承定發審新章並令各屬增設月報弊遂除七年海運事竣保以道員用旋署鎭江府事郡治華洋雜居勇匪混迹六七濠等處會鹽梟約期爲變德承出不意掩之獲犯數人事卽定先是府城設有留養所普仁堂育嬰堂恤嫠會各有廬舍田畝兵燹後漸多侵沒德承詳加淸釐得田一萬一千餘畝房舍數十楹手訂章程槪復舊觀鎭俗多溺女懸爲嚴禁幷增育嬰堂以收養之距城遠者由近鄉寄以資郡濱大江多風濤患德承令救生船時出拯濟並開江口淤河以資停泊行旅賴之八年以前督海運出力加三品銜旋署江寧府事初德承之宰高淳也以地處江之下游民圩易決乃預令典肆儲絮並市蒲包藏之庫秋大雨湖漲德承巡視各圩或以蒲包實土塡之或塞以絮圩皆得全時永豐圩將潰馳往救之至則水與隄平風雨狂急德承令健者五百人負絮背水坐於隄隄內下木樁實以土自巳迄申風雨不已負絮者戰慄無人色德承溫語撫循戒毋動而自往來雨中水流面如注督迫工作蕆事乃歸及守江寧又值大雨爲災山水下注江流暴漲沖上元江寧沿江各圩房舍半沒德承冒雨周視力爲捍禦擇高阜棲止流民又於近省之虎賁倉設廠收養上元七里洲圩民貧不能自修德承籌資三千餘緡興築之江寧每屆隆冬有散棉衣之舉水災而後德承假欵豫爲購製並勸集五千餘緡以羨餘爲掩埋棺木之用又設當牛局官爲收牧來春聽其贖歸九年西捻肅淸錄功換花翎是年冬再莅鎭江尤加意水利郡城河北水關

至甘露港出江南水關至便宜橋達運河計長一千四百丈有奇自乾隆中開濬歷百數十年日就淤塞德承集資修之河流乃暢十年二月以病去官卒於籍祀松江青浦名宦祠〔采訪〕

杜聯字蓮衢號耀川會稽東關鎮人道光二十四年舉人三十年進士由編修屢遷至禮部右侍郎視學廣東代辦文闈監臨旋以病乞歸生平爲學篤守朱子類鈔薛文清讀書錄以授後進督學廣東時刻手注白鹿洞學規於發落時授諸生旋里後値曹娥江每歲五月競渡時於江中貪緣爲賭藪失足溺斃與博負自盡者無歲無之聯函告大吏檄郡役先期密捕首要此風遂戢議開新直港築清水壩使水無北漏又築汊港等壩以東支流俾三江閘無沙堵患而山會蕭三邑數萬頃田胥蒙其利晚居西湖與俞曲園彭雪琴相唱和於光緒六年卒年七十七〔史館本傳　杜氏宗譜行狀〕

朱潮字亞韓號海門會稽人道光二十六年順天舉人咸豐二年進士翰林院編修功臣館協修國史館纂脩掌貴州山西陝西道監察御史已未科順天鄉試同考官京察一等簡放四川叙州府知府特授成都府知府清廉愛民著有政聲著有實善堂遺稿奏摺〔采訪〕

〔附錄一李慈銘日記〕吾邑士大夫惟海門有風節近聞守叙州日坐堂皇治屬邑獄事案無留牘屬令畏法犴獄爲清政聲流聞移守蜀郡叙人言循吏者自道光間貴州張布政日晸嘗守是邦澮名第一今推朱君也

〔附錄二兩浙輶軒續錄〕先生幼於史記文選致力最深全書背諷不誤一字著有史記集評散文韻語規

櫟選體寫多歸道山後檢拾遺篋得摺稿數十通編次二卷刋入蕺闐叢書集評手定本凡數十萬言可單行惟詩歌雜文無存稿

（附錄三平步青安越堂外集）悔廬居士爲先師朱海門先生別字先生諱潮會稽人道光丙午順天舉人咸豐壬子翰林出編修於咸豐庚申轉御史丙寅出知叙州移成都吳勤惠公棠稱爲四川二百年來未有之清官以道員補用乞病歸己卯（光緒五年）冬歿於偷塘里第生平事親最孝少喪太夫人太翁立山先生老於章逢性方嚴先生色養無稍忤（下略）

胡慶騮字珊寶一字安甫山陰人咸豐元年選授河南泌陽縣知縣泌陽角子山爲捻黨藪慶騮廉得狀立募勇勦平之太平軍入長江據金陵連取江南諸郡勢張甚豫大震大府調其隨營襄助旋檄赴歸德克復雉河等處城堡功在諸將右後歷署南陽商丘襄城息縣固始等縣勤於緝捕所至盜賊匿迹其治固始時如規復常平倉修城垣興水利嚴保甲捐葺書院諸政靡不舉光緒元年卒於任民爲建私祠祀之（張川胡氏譜）

余承普字筱雲山陰人咸豐元年舉人官德清教諭主前溪書院講席幾及十年士心服焉（據兩浙輶軒續錄）

茅湘字晥生山陰人廩貢咸豐二年署景寧教諭性和藹學問淵粹不立崖岸啓迪諸生亹亹無倦容工詩尤精畫蘭爲時所珍（景寧縣志）

余恩熙字蘭台會稽人咸豐二年以獨貲修昌安門外桶盤湖之避風塘每日自赴工次自春涉夏工竣積勞病卒（會稽余氏譜）

全淇字子襄山陰東浦人少習法家言道光時游幕雲南以佐戎幕功保至府經歷咸豐三年入知開化府李燦榮幕六年回人圍開化肆焚掠七年榮燦與文山令潘小石均因城守積勞病故紳民宿仰淇有應變才環請權代開化府安平同知文山縣三篆閒道請命大府入奏淇受任於危難之際輯民練團戰守兼營卒以挫敵鋒解城圍又念滇省漢回交鬨由妄殺回民不分良莠乃查有城居良善回民力爲保全由是反側自安楊儂二將弁爭權構釁儂弁煽惑東安里鄉李二團首糾合團丁至附郭南橋街楊弁迎戰死全軍覆沒闔城震慴淇單騎入其營曉以大義衆釋甲受撫經大府奏奬擢至同知直隸知州同治己巳引疾歸淇在開化十八年未受地方一錢入欵悉以佐軍紳民見其貧時以斗米隻雞相餉量而後入未嘗敢濫眷屬居省垣妻黃氏恃針黹以奉姑淇罷官後貧如布衣開化人至今思其遺愛光緒戊寅年六十五卒弟治另有傳子𪲔霖雲南大理府知府𪲔楫保舉知縣𪲔績貴州按察使另有傳𪲔德江西縣丞（采訪）

馮紹俊山陰人咸豐三年任山東灌縣邑考棚初祇建大堂極力勸募逐一修葺完工七年任江津縣令（灌縣志）

杜保恩山陰人監生咸豐間任江蘇阜寧廟灣場鹽課司大使力辦官收修復亭竈（阜寧縣志）

姚立三山陰人監生咸豐間任江蘇阜寧廟灣場鹽課司大使政尚簡要治事寬和以讀禮去官黎哀毀而卒

墓在阜城東門外卽其母墓側大使唐如峒築壙樹碑拓地禁樵〔阜寧縣志〕

楊紹文字子撥山陰人監生官鎭洋縣縣丞師事張惠言受古文法肆力爲之文行甚高撰雲在文稿一卷復編刋受經堂彙稿六種十六卷〔采訪〕

馮文燦山陰人咸豐中署湖南澧州有惠政尋調署桂陽州自太平軍起州已再陷文燦至乃具言桂陽州宜免積欠及本年兩稅書再上竟得奏免本州錢糧銀二萬五千餘兩州人感之時粤鹽通行藩司設宜臨局榷鹽稅議於南新塘立邏貧民負擔爲活皆愁苦文燦具以聞藩司怒責其沽石文燦條列其不可再上聞事得寢文燦卒家甚貧桂陽人邺其子女云〔湖南通志〕

周玉衡山陰人咸豐中署知湖南衡陽縣以慈惠爲治無滯獄無牽引民吏大和調邵陽時寶慶知府武健多殺游民玉衡得則縱之令遠避或流涕以請以循政遷知郴州署辰州知府皆得民譽〔湖南通志〕

王贊元〔錄家傳〕先生名贊元私淑濂溪故字蓮伯會稽人而世居於山陰之火珠山畔父慶恩宗濂甫侍御稷辰爲作傳所謂守死善道者也先生兄弟四人先生居長以廩膳生中式咸豐二年壬子科舉人五年主講稽山書院以唐荆川言秀才作文要眞精神透露蔡維立言作文須將心地打疊乾凈時與聖賢相對以二家之言爲訓月爲一課半講八年刋稽山書院課藝若干卷太平軍入越先生奉二親隱山中頗以吟詠自娛清軍攻復紹城設局籌餉甚苛先生以詩譏之有多少去官懷舊德却無遺澤說甘棠句郡守楊叔懌以撫邺災黎事委先生與姚鐸主其事濤著共乘一舟遍歷四鄉無一日休至秋而兩人俱病矣同治六

年郡守委先生經理蕺山書院經費先生悉心鉤稽並清丈沙地詳繪圖册刊蕺山書院經費册至今賴之清理以後歲有餘貲乃請於郡守增諸生膏火其時馬太史傳煦爲山長先生勸其刊印人譜一再言之書乃成七年選德清縣學教諭設爲月課先散課繼擇尤聚課使諸生或談道藝或講倫常或賦詩言志勸善規過參校得失又以德清好攻冒籍諄諄戒之以張子胞與之義相勗刊清溪課士錄八年以主修文廟工程事卸職歸里專力其事組樂生會又組恤嫠會後遂擴爲清節堂生平懇懇爲善敦品勵志選刊蒙養百詠舉業上乘古文近道集時文近道集學子翕然從之同治十二年卒年五十有九好吟詠有窮而未工草二卷事賢集一卷未梓〔據兩浙輶軒續錄〕尚著有行吟集輟耕集〕光緒十年都中鄉人以先生及嚴菊泉先生嘉榮杜蓮衢先生聯朱海門先生潮同祔祀於山會邑館之晞賢閣中〔采訪〕

余偉山陰舉人咸豐間任縉雲教諭教授生徒誘掖備至善岐黄病者求治無貴賤悉診之多所救濟樂善不倦撫下有恩卒於官爨夫下役語及流涕〔據縉雲縣志〕

沈光㷆字輝宇會稽貢生候選訓導著竹隱山房詩文鈔〔家傳略〕公少工舉業以家貧去而讀律爲務爲經世有用之學咸豐間閩中會匪蔓延郡邑以書生參帷幄繕守備撫瘡痍不遺餘力詩文俱佳著有孫吳兵法直解脈理闡微游藝雜錄子兆圻字叔琪善古文著有夢花山館詩文鈔〔兩浙輶軒續錄〕

酈文杰〔錄王詒壽撰墓誌〕君諱文杰字仙舲山陰人也黄扉舊裔青箱世門曾祖某祖某皆邑諸生父某以法家言游大江南北生君於宿遷故君又字遷林石麟之譽摩頂於導師家禽之對流慧於丱歲年十六

始歸里門僕以苹末之誼遂辱壠畔之隨君閎胸有珠落唾成玉張郎詩骨天遣栽花昌谷鬼才句多積錦跌宕自喜流連多情當夫原上草長隴首雲飛往往紅衫賭唱青尊索飲騎羊入市人皆詫以爲仙門雞聯句我當避之三舍不樂爲制舉之文學使者將案臨僕數以爲言始稍稍留意一篇跳出便成才子之文千人軍中遂樹漢家之幟補博士弟子員一應秋試復屏棄鉛槧一肆力於詩又工詞曲曉風楊柳之吟秋雨梧桐之唱播譽於箏館踞席於邃家至於橅寫丹青刻畫金石靈稟所赴神手自工才者人所難年少不廉是之謂矣君目無等輩氣凌滄洲既不善治生家日益落所適又多阻黃金易盡青眼莫逢跳蕩之氣漸摧身世之感彌軫步兵縱酒磊塊難澆三閭問天草木皆死積此孤憤遂成幽憂未幾丁父艱君舉聲一哭嘔血數升鶴弔空來雞骨可把明年配鄒孺人又以暴疾亡傷此嘉耦思其淑儀明月虛室難消騎省之悲秋雨茂陵益甚文園之病以咸豐某年月日卒於里舍年僅二十有七嗚呼哀哉君所著有浣蓮室詩詞及樂府雜曲數種殘稿畸零多未寫正而金鋩已掩玉樹長埋楓林之夢不來廣陵之散將佚僕也腹痛三步未忘生平之言淚滴重泉空抱人琴之感蓋滋愧矣（下略） 縵雅堂駢體文

韓彤文山陰人咸豐八年春知江西崇仁縣時縣甫收復瘡痍徧野同官皆不往獨彤文至整飭庶務日治民團不少休其年八月太平軍自吉安棄城遁旁竄崇仁彤文督團軍禦之郭外衆寡不敵死之事聞贈卹如例（采訪）

陳烈字耀夫山陰人咸豐十一年曹州府會匪作亂鄆城數月無官縣城淪爲賊藪僧親王以烈前宰是邑頗

得民心因面命以勸撫機宜俾權邑篆烈至開誠布公諭以威德賊不敢加害於是復整民團勸撫並用賊皆改而自新鄆境由是得安〔山東鄆城縣志〕

孫繼祖字紹堂孫端人咸豐間署湖北黃陂縣尋調鳳山縣修水道灌田萬餘頃農民賴之〔據孫端孫氏譜〕

王振榮字翼垣山陰人幼孤賴母氏朱紡績教讀比長以屢困場屋乃援例納粟得知縣分發粵東歷任靈山英德等縣咸豐季年太平軍之役振榮身列戎行克復廣西潯州以軍功升直隸州知州署欽州知州立身清介所至多惠政民皆德之〔采訪〕

馬炳章山陰人咸豐間任福建建寧知縣時太平軍離縣不遠先時城垣被水沖壞久未修建炳章同紳士何懋龍徐淳勳等捐貲成焉又捐廉創立義塾聘名師掌教月之朔望躬詣塾稽考勸導造就人才甚多邑人頌之〔據建寧縣志〕

徐辰告字葆田山陰人進士咸豐九年知甘肅肅州留心民瘼時營兵多老羸且缺餉建議抽釐助之以贍兵衛民卒得請行〔甘肅新通志〕

凌漢〔節錄家傳〕公諱庶康仕名漢字月槎浙之山陰人世居越以敦厚傳家父雲書生七子公其三子也幼失怙恃溺苦於學文譽頓起而不得志於有司飢寒又迫遂棄書讀律當是時越人之以申韓名家者首推皇甫莊沈氏而公實繼其傳當道爭致之與王中丞有齡麟方伯趾薛明府時雨相依最久佐治浙中者蓋三十年咸豐四年入貲得同知銓發山西浙撫復以海運功保奏以直隸州用七年入晉明年題補太原同

知大吏知公之精於吏治也因以籌防籌餉發審各局胥委於公未幾欽差管理戶部寶泉分局監督撤鑪遣匠一役尤爲裕國便民之舉十年秋京師聞警山西巡撫英桂率師入援公參其軍料事多中次年復解礦天津以報最膺卓薦擢升知府同治二年冬檄署潞安知府之任日坐堂皇清理數十年積案布上悳達民隱正士風吏奸不行三年春特恩簡放汾州府知府公由是益奮勉星出星入盡瘁鞠躬亡何積勞致病猶力疾從公閱五月乃轉劇未至汾州卒於潞州官舍傷哉公內行誠樸事寡嫂如姊戚族咸蒙其澤在官猶崇節儉權不下移力拒干請不以一言一動徇於人故時論多不洽焉聞公彌留時謂家人曰傳語故鄉親知從茲逝矣雖未能顯吾親報吾主而清勤二字則有可自信者（下略）（鹿池山淩氏譜　按會稽志名宦傳有淩漢與此同名）

范壽枏字蔭堂會稽人道光時遷居江夏後徙江陵治刑名家言咸豐初入湖北巡撫幕從軍於蘄黃英霍間後又襄辦襄陽團練積功保知縣不就佐治府州縣者數十年最久而止石首洲地升科事爲益最鉅故洲地五年丈量一次新淤者准蘆課升科崩頹者除之咸豐九年縣令某丈出新淤洲地十二萬餘畝不名蘆課指爲膏腴可耕之地議年徵四千七百餘兩以同治元年爲始壽枏力言於知縣胡復初請大府覆勘悉除其租石首人至今感之年八十一卒子迪襄進士主事迪綱優附生有學行早卒鵬江蘇知府（湖北通志）按省通志稿作名鶴壽

姚仰雲字秋野會稽人由江蘇縣丞歷在宿遷徐州揚州各路軍營糧台當差咸豐五年保免補本班仍留原

省以知縣用先後共十七年以辦理糧台異常出力並辦皖省善後捐務及皖營捐輸分局事宜叠經上峯奏保至江蘇候補道布政使銜同治八年以積勞成疾在揚州府揚通分局差次病故綜計在皖營九年勸辦兵米一萬三千餘石又倡捐兵米三百石又勸辦善後捐輸及棉衣各欵銀二萬四千餘兩勸辦揚州揚通分局捐輸共報解銀二十三萬三千餘兩又轉運兩淮運使銜門協餉淮北鹽課及鹽城新洋港沙溝等處鳌捐江南北各分局捐項共銀四十一萬三千餘兩經巡撫英奏請從優議邺經部議奏奉旨加贈內閣學士銜並照實職道員廕一子入監讀書期滿以知縣注册候銓並賜葬銀二百兩內閣撰文遣官致祭子振宗另有傳（采訪）

王宗濂（錄沈同芳撰傳）公諱宗濂字蓮塘浙江山陰人寄籍山西汾陽生於道光壬午（二年）正月少負異秉體質魁梧通申韓之學下筆如老吏乙巳以知縣試宦江蘇肫懇樸誠不辭繁劇丙午三月署靖江治獄稱平戊申以迴避改官安徽次年四月署蕪湖咸豐辛亥（元年）六月署望江摘姦發伏所至有聲壬子八月以父憂去官甲寅十月復丁繼祖母承重憂哀毀致疾丁巳正月服除仍分江蘇庚申十一月署元和整理驛政清理庶獄輿論美之辛酉十二月署上海同治癸亥（二年）春李文忠公統兵至縣公苦心肆應軍民相安文忠以爲能再三疏請俾久於其任丙寅七月補上海治績章著中外翕然先後以克復敍功保升同知直隸州在任候補府道賞戴孔雀翎丁卯五月移丹徒甫視事下蠹吏石姓於獄漕政一清庚午閏十月署武進豪强歛迹辛未江督馬端敏公被刺罪人張汶祥無供辭大吏以公精於鞫問檄調至省公以

夜闌密訊汶祥廉得其情示以讞牘汶祥跪泣惟乞保全子女公許之嗣欽使蒞寧遂據以定獄無所出入調補長洲仍署武進壬申十二月查倉中寒卒於任所年五十一祖諱性和精法家言父諱錫九爲吳循吏娶山陰葛氏事姑以孝稱繼娶葛氏通文翰皆勤恪公寶華姊子璠浙江杜瀆場鹽大使瑋兩淮草堰場鹽大使璋江蘇候補知縣女長適山陰朱氏次適山陰葛氏三適山陰滕氏四適吳縣程氏孫敬銘江蘇候補知縣式通光緒戊戌科進士大理院少卿皆璋生亦曾安徽候補從九璋生仰曾維曾皆璠生葬邑之謝墅

贊曰折獄之才聖門所重公家傳律學稽古亭疑手定讞辭不藉幕客聞皖人言公任蕪湖有巨室新冢被發公以溫語訊守冢者之幼子盡得其實一無株累令武進時奉檄捕治某紳子公知其枉陰縱之歷宰劇邑平反冤滯不可勝紀公性愛才壬布政慶平以冒上海籍應試被攻排衆護之吾邑陳知縣重威宏文無範爲所奇賞此皆人所罕知者書以表徽備史乘之采焉〔新河王氏譜　父錫九傳見前〕

王尙焜榜名福琛字鹿亭新河街人少有至性父逸帆疾篤刲股以進疾立瘳創潰病臂人始知之父歿哀毀骨立杖而後起服闋補諸生中咸豐五年順天鄉試舉人喜讀善飲每夕以書一帙酒一瓶自隨終夜琅琅然不覺漏之俱盡也既累上春官不第考試取咸安宮教習留京供職遘疾卒於旅邸卒之日母姚在里中夜醒恍惚見其立牀前呼之不應蓋精魂猶戀戀也〔據新河王氏譜〕

陶棠字春甫道光二十年順天舉人咸豐六年以大挑知縣需次粵西首攝羅城篆羅城衝要屢爲太平軍所陷棠與柳州守張凱嵩平之有知兵之目尋以父憂去同治間知廣西柳城縣縣有劉八者本盜魁後受撫

然猶聚萬人距山谷有司良則伏否即肆剽奪棠至使人謂之曰若汝馴謹自守吾貸汝不然國法具在吾必汝懲也劉八即至署跪請曰謹如命後邑中遇盜棠以一紙書告之若彼黨則身送至署非其黨亦代勦捕柳邑爲之大治棠性仁慈愛民如子每決一死囚輒竟日不食者數日不樂愍然曰是吾敎化不能及人也敝衣疏食自奉尤儉既無纖毫苟得所至又皆瘠苦地故竭廉俸以供事畜且不足而復措資創建義塾陶成族子弟之貧無力者此尤爲能見其大者矣〔采訪〕

秦金鑑〔錄馮桂芬撰神道碑〕同治四年七月庚寅福建興泉永兵備道會稽秦公卒先是公由閩入覲道里門會越霪雨東西兩江塘決千餘丈山會蕭田廬漂沒公爲開棟樹堰注之海築聞家堰等柴隄以障江經營月餘水乃既退僉謂兩塘之決二百年因循憚興作所致失今不治越則終沼公乃冒暑渡江力叩疆吏既請奏減新賦並借帑十萬不日興築暑暍中規畫相度心力交瘁遂病不起踰年塘成事聞贈太常寺卿予祭葬廕秩公子曾熙以六年三月葬公平水鄉之游龍坂朱夫人祔禮也越六年癸酉以行狀來請刻銘於神道余與公同年曾熙復從余游不敢辭公諱金鑑字厚齋號友芝世爲會稽人曾祖惟仁候選都司祖文奎候選州同知父溥山西太原縣典史三世皆以公官加三級贈榮祿大夫曾祖母高祖母王母俞皆贈一品夫人兄弟三人公其仲也以道光甲午舉京兆戊戌考取覺羅官學教習庚子成進士以知縣分山東補高密癸卯甲辰兩充鄉試同考官修城叙勞加知州銜丁內外艱服闋例得知府咸豐二年選福建建寧府七年護琉球貢使入朝賜蟒衣七月調福州八年夏署鹽道粤匪陷閩郡縣公司省會巡防籌調軍食

敘功加鹽運司銜賞孔雀翎九年十月授興泉永道仍留署鹽道十年四月調署糧道明年六月署按察使詔舉賢才公首被選記名軍機會制府督師援浙以廈門賦稅綜滙檄公督理浙餉遂赴本任旋因任鹽道失察商虧鐫級無何閩省肅清論功復職未及覲而卒年五十有九授中議大夫加三級晉榮祿大夫公居官清勤自矢開誠布公而機牙肆應遇事立斷高密車綱紡鱗二村素頑梗公威德並施獘俗以革膠州豪管大成繫獄自裁家以杖斃上訴撫州牧職有鍛鍊之者檄公覆訊公廉其實爲申復之時貴有族女適濰縣劉氏少寡無子家鉅富爭嗣久不決大府檄公鞫之兩造皆輦金相覬覦將訊有董弁請謁公令少坐自出定讞以判詞入示甦而退在密五年挑五龍河脩東安書院士民德之再與分校能得士知建寧時粵口猶在楚官吏泄泄公下車即籌團練親赴崇浦沿隘口未幾土寇四集公督延平各軍平之終公之任建無賊警公去賊始長驅入岑陽關兩攻建城衆數十萬猶賴公所練勇擊退之松溪吳葉奴糾衆謀變尅期攻縣城公勒兵馳入其穴諭以禍福脅從皆散渠魁就縛事遂定建寧崇安諸路皆產茶公請開出洋之禁益課數十萬建鎭平關於大武嶺爲延建障閩省局票病民公知福州首請罷之廈門俗悍地沿海無屛蔽公之任首禁械鬥毀寶場獲海盜楊岸等誅之執土豪三十六人置諸法籍嘉禾勇士二千人訓練成勁軍民心大安永春州牧縱役殃民民鬨於州求殺役不許遂被戕州佐以竊發告公曰是驅之叛矣手示令獻罪魁餘不問首惡遂得州以無事歲旱禱雨西婦過壇左與民爭道民以瓦石擊之西人大恚將搆釁公導以衆怒難犯慰遣之乃解其弭禍於無形者如此性孝友敦睦嘗以家祠宗譜引爲己任廉俸所餘悉周親串

歷官三十年起居如寒素自號强恕居士具經世才晚際時艱慷慨許國壯心未已中道徂謝不竟厥施海內惜之原配朱先公十七年卒贈一品夫人繼配陳封一品夫人子一曾熙江蘇高淳縣知縣女二長適郎中王文謙次未字孫三基庠生候選知縣德擬舉人堉幼孫女一銘曰揚州鎮山岩嶤會稽元氣坱圠與五嶽齊顯允秦公孕靈毓秀澤躬詩書儒門冠胄起家試令鄭公之鄉惟民折獄民悅而康八閩天南負山阻海方俗異宜弛張道左公歷兩郡政秉詰戎徹桑徙薪隱然折衝回翔監司左右都府亨衢御駿六轡如組書屏特擢持節廈門藜藿不采威格鯨鯤許國心長邁征未已冥勤其官以禦災死江波怒揚金堤若城綏我士女述公吞聲國僑惠人晏嬰儉德在邦在家其儀不忒增秩蔭孫恩綸賁幽宰樹蒼蒼公安斯邱萬古千春風烈不墜刻此銘辭用告有位（顯志堂稿　會稽秦氏譜）

王稷字少緯號稻村會稽人高祖綸翰官山東遂占籍歷城稷早歲補諸生旋食餼咸豐十一年捻黨東竄曾城戒嚴稷襄辦團練統帶團勇防守東圩時石圩尚未修築僅大垣數尺勢甚危急稷乃與城北楊家莊八鎮團聯爲聲援捻乘夜來犯屢擊走之事平保授蘭山縣訓導捻犯沂郡委守北門捻不得逞湖廣總督李鴻章大兵駐沂委辦淮軍前敵軍糧局敘功保知縣以親老改教授丁外艱去服闋授登州府教授在任訓迪士子振興文教嚴懲書役舞弊時登州美國教堂因府試士子往遊釁隙應試者麕集將生事端郡守知稷素得士心委令往撫慰之稷至數言立解大府欲以卓異薦力辭光緒十四年以母憂去任服闋授東昌府教授將至任以先人遺產讓與弟蘇曰吾以官爲家安用產爲抵任後訓諸生剔積弊一如在登時素精

岐黄求診者趾錯於門活人無算在東六年戊戌卒於任所〔據王氏家傳〕〔民國十三年續歷城縣志〕

汪瑔字芙生一字越人山陰人幼隨父宦粤遂寄籍番禺佐郡縣幕始客曲江羣寇圍縣城逾歲卒用瑔策盡燔寇舟城賴不陷藩使俊達奇其才略聘入幕先是潮州災振庫銀二千事久未報盧格部例不知所出瑔曰稅契奇羨異正賦所以備緩急與非常也以是聞司農其可果置不問後列縣水旱率得領振司庫便利至今瑔之本謀也光緒初劉坤一督粤延主夷務理中外交涉廣州通商最早利弊倚伏尤鉅瑔居幕府十歲洞折機牙劑和柔剛莫不辦治旋幹危難而不尸其名久處脂膏而不潤其身蓋未有先之者也著有隨山館集十八卷無聞子一卷松煙小錄六卷旅譚五卷尺牘二卷〔據陳寶琛撰墓誌〕

汪瑔字玉叔號竺生少與從弟瑔同學在粤遊幕四十年治事和而當其德足以漸厚而勵佻咸豐十年居四會縣令張作彥幕中適賊陳金剛黨數萬自廣西懷集竄至堅守百餘日糧盡以樹皮草根爲食卒保孤城贊助之功尤偉著有省齋詩存子四兆鏞兆鋐兆鈞兆銘〔江陰金武祥粟香四筆云〕汪竺生先生老於幕府多陰德嘗以公牘與其多一事不如省一事而一意求省恐省事適成多事又必以隨時隨事省察爲主因自牓其室曰省齋芙生銘之曰事有萬殊道惟一靜囂塵外辟靈臺內警目能徹視心不累境如鏡鑑形若裘挈領持衡在中舉燭斯炳曾子有言吾日三省

平元杰字德泉山陰人少奇慧年十一應童試爲知府舒慶雲所激賞幕游青齊邗江詩集甚富著有插架三萬卷室詩集〔采訪據家傳略〕

羅嘉福 （節錄顧家相撰傳）公諱嘉福，其初名嘉謨，故字曰訏廷。曾祖宗嶷，妣莫；祖其恕，妣周；父震，妣傅。先世居紹興府會稽縣長塘，有明中葉始徙山陰之徐山。公幼失怙，生計中落，賴祖妣周暨妣傅主持家政，僅得自給。少有四方之志，弱冠游學京師，隸籍大興，補博士弟子員。道光甲午初應秋試，已入彀矣，以坐主分填名次，計數重複，遂抑公卷入副榜。公雖爲諸生，而文名噪甚，公卿爭羅致之，封疆大吏折節下交，迭有投贈。座主穆鶴舫相國尤重公，館之於家，顧每試輒報罷。越十年甲辰恩科，始舉於京兆。明年乙巳聯捷南宮，覆試膺首選，朝士竊竊私議，謂必得大魁，而穆公素識公字體，轉以避嫌置之二甲。比朝考，仍以一等入選，改庶吉士。丁未散館一等第二名，授職編修。丁祖母承重憂，回籍服闋，入都，充咸豐乙卯陝甘鄉試副考官，得士七十人。前四川布政使程公豫、前順天府尹高公萬鵬、前護理安徽巡撫員公鳳林與焉。己未科、庚申恩科兩充會試同考官，今壽州相國孫公暨前河南巡撫于公蔭霖、前兵部侍郎沈公源深先後出公門下。文宗駕幸灤陽，周文勤公留京辦事，公佐文勤經畫城守，恭忠親王由是深器公。同治紀元，歲在壬戌，充江西鄉試正考官。時東南軍務漸有轉機，而驛路猶梗，公與副考官薛公春藜迂道河南行。次而他省考官之先期出京者猶淹滯在途，或謂取道某處可達，某境又慮偵探失實，進不能，退累日莫決。公至毅然曰：考官無以身殉亂之義，可進則進，請先奏聞，脫不能達，自可折回，無俟躊躇也。諸考官遒推公領銜入告，問道前進，同達武昌。是時九江、黃州賊氛猶偪，公復偕薛公由武昌星夜潛行，肩輿所過，骼胔狼籍，公了無畏怖。如期抵南昌，而薛公病矣。入闈旬日，薛公遽歿，公獨力校閱，得士二百餘人，解首盧丙炎，時稱名元。公先於咸豐末晉秩贊善至是復擢侍講旋丁傅太恭人憂服闋補官循例轉侍讀方公在成均時嘗充武英殿校錄洎登館職歷充國史館纂修咸安宮總裁武英殿提調暨文宗實錄提調官大考二等前列疊蒙賞賚公既樂居京師不覬外任以故在翰林二十餘年保送御史記名道府皆不預同治庚午京察蕭山朱文端公掌院謂公有幹才且資深年長以一等薦公力辭不許辛未三月奉旨授山西太原遺缺知府補汾州府是時猶未定公費之制所轄一州七縣積習相沿遇節序壽辰率各獻百金又量缺分肥瘠每歲自二千金至數百金名曰季規綜計所納歲可萬二千金號稱優缺顧循行既久餽獻動致愆期時煩催索屬吏偶有失職加以督責輒反脣挾制由是吏治日窳公深鑒其失悉屏節壽季規弗受稟整飭以率屬而舊吏習於貪墨難期自新公劾去其屬民之尤甚者遇士民控訴立提鞫問訟獄者不之縣而之府公悉革幕友門丁名目僅留一僕供役與民相親無殊骨肉平遙令馬兆科闒冗無能任用劣紳梁夢灝擅作威福魚肉鄉里民呼爲土知縣其弟梁焯同惡相濟公逮捕夢灝兄弟械繫獄中申詳懲辦而大吏重其事僅以罷休一案奏請革審平遙素多富商梁氏藉以交通朝貴函牘致託公初不爲動案既解省竟得遷延數載遇赦援免蓋在公去晉之後云公守汾州凡四年屬吏屢易新至者皆被公化導氣類相孚政平訟理士民歌舞盛德如登袵席獨以不受餽遺故於上臺亦無所餽遺又自恃翰林前輩不屑將順取容遂遭忌嫉中丞鮑公源深達心而懦大權旁落方伯李公慶翶專政謂公不近人情詆爲王安石學使者謝公維藩爲公乙卯典試所得士力勸公見幾引退遂循例捐升道員離任候銓時光緒乙亥六月也會丙子丁丑晉豫大無赤地千里李

公擢任豫撫以請災免官曾忠襄代鮑公爲晉撫閻文介爲賑務大臣迺奏調公辦理賑務晉民聞公復來皆曰羅公必能活我也忠襄欲留公治晉文介尤欲薦之於朝公已無意仕進力持不可賑務粗定遄返京師曾閻二公以狀聞得旨從優議叙而公亦自此嬰疾矣公少本寒素壯歲劬學刻苦下帷不遑游息又以書法受貴人知競倩捉刀自言生平所寫楹聯不啻數萬幅肢體過勞晚年遂患痿痺之證自戊寅還京輾轉牀蓐者六七載光緒甲申正月二十日歿於京邸其生以嘉慶壬申六月二十九日享春秋七十有三公之去晉也汾人樹碑以志去思及襄賑事晉民建閻文介生祠以公配享（下略）

馬文華字煥卿會稽籍仁和人咸豐己未進士官吏部主事廉介自勵在郎署幾三十年境遇蕭然泊如也著有補蹉跎室遺稿二卷雜著二卷（輶軒續錄據杭州府志）

俞明厚（節錄談震臨撰傳）君諱明厚字悠遠號越樵會稽人性沈毅寬厚少讀書不屑屑章句年十八棄舉業北游齊魯習法家言爲州府上客所至倒屣以迎其治獄雖笞杖薄罪恒殫憂竭慮曲劬心力或亢已遂非必引誼力諍至三四反衷於是而後已當道光之季年君方佐治濟南屬山左旱兗沂曹連郡所謂幅匪捻匪蜂起鉅野有王讓者盜魁也聚衆數千横行剽掠守令始則蘊火自安繼則懼干吏譴役張㛹其詞乞兵勦捕所在殘略株連甚衆先後解行省者幾三千人大吏檄讞局鞫治獄具無一生者君覩狀愀然曰半饑民耳忍燕置重典乎原情比附懸四等定罪首惡誅次戍次流徒凡省釋千餘人讞上巡撫崇恩韙之以入告著爲令是役也君以一念之仁多所全活咸豐初年君以縣令官山東權邱縣丁贈公憂服闋改官

江蘇同治丙寅補金匱歷署鎮洋吳江所至有聲績積功加秩運同以同知直隸州用其在鎮洋也縣屬有劉河爲淞滬交通要道歲久淤塞若濬之則商便貿易之航農獲灌溉之利父老僉以爲善政而某巨室惑於祖塋風水有妨獨梗其議君不爲動上其事於蘇松太道某而某入巨室之言案竟駁君志在必辦乃通牒大府報可捐俸興工半載而竣勒碑紀其事頌聲大作某道由是銜之庚午移吳江是邑素號難治田賦積弊尤深强有力者冬漕僅完四五成或二三成甚至有寸粒弗納者歷前令憚於發端莫敢究詰謂之包漕舊例丁額四萬九千餘兩而所徵僅三萬九千餘兩漕額三萬九千餘石而所徵僅三萬二千有奇蓋豪强蠹吏朋比爲奸皆有所恃以與官抗君至詳稽戶籍嚴責吏胥思有以除積習而重國課乃邑之朝貴陰諷當軸別易他令致功敗垂成輒爲太息其剛正不阿類如此辛未復任金匱興利除弊民用大和某鄉有淫祀尼姍据之斂財惑衆鄉民洶洶幾釀巨案君聞之立馳往扃其廟毁其像逐其尼散其徒侶不拘一人而亂萌以遏先是君以廉幹著稱大計膺卓薦迨癸酉之冬適某道攝蘇藩挾夙憾竟以蜚語被議去官輿論惜之君既退休樂吳中之風土遂卜居焉闢地十笏雜蒔花木日徜徉其中或危坐高齋手一卷吟詠自娱無幾微得失之心見於詞色則又徵其晚年學養深也君以嘉慶十年九月廿一日生以光緒十二年十二月十二日卒春秋八十有二〔下略〕

章嗣衡原名汝衡字梓梁會稽人道光甲辰進士官河南道監察御史〔家傳略云〕嗣衡博覽經史過目成誦幼有神童之目九齡入邑庠未冠登賢書淡於榮利中年優游里閈吟嘯自娱〔兩浙輶軒續錄〕

陶際會字立峰號舊庵會稽人性孝友兄弟三人同寢饋無或離中年入蜀爲記室以母病歸侍疾躬親湯藥滌廁腧二十年如一日工詩子四皆貴顯〔同上〕

胡詩巢山陰人創捐延齡惜字會又捐修柯鎮鄰近之方泉萬安兩橋〔省志稿據采訪〕

馬傳和〔節錄胡延撰傳〕君諱傳和字寬夫會稽人以候補從九品從事東河茭楗悉舉大吏以爲能學事起調赴江南爲文文達公所倚重於時江淮魚爛饑饉不給君左右其間師徒以戢論功擢知縣復擢知州特旨發往河南補用異數也瓜州之復賜孔雀翎又以轉餉勞叙運同銜咸豐庚申補信陽州壬戌調禹州甲子五月以疾卒於任君之在信陽也捻擾確山粵匸馬融禾者又自隨州來犯危城岌岌君方出勦捻聞報冒雨回州誓死登陴瀕於殆者數矣卒以防守嚴固敵怵而引去方城守時有李都司忠奎者率敢死士五百人自南來州民大譁以爲賊至君縋城獨出察之審偕以入城資其糧械由是軍威益壯兩敵不敢再窺信境而鄰近州縣敵蹤所至蹂躪無完土鄉民避難入城者三萬餘人君悉爲之所貧者拯之病者藥之全活無算鄉砦民懦多爲脅從冀免焚掠時李續燾自楚率師入豫被脅之民願獻捻目圖反正又慮李軍不察猶豫莫決君聞之單騎往撫不戮一人於是遠近村砦相繼反正驛路乃通信民至今感泣光緒二十年紳民臚陳政績達於巡撫聞於朝請祀名宦詔從之疏稱志勵清勤治兼教養非虛譽也妻章氏子二長家鼎官山西絳州直隸州知州次家彥河南鹿邑縣知縣孫五人家鼎字梅卿別有傳

馬傳業字慧軒會稽監生由四川天全州吏目報捐知縣咸豐九年任羅江縣十年冬太平軍藍某分股窺孝

泉傳業與紳耆籌軍餉掘城濠建礮臺繕器械親率團練至略坪敵知有備不敢入境十一年又圍攻綿州傳業督團與戰屢獲勝仗制府駱奏保有案軍事平後興養立教政績卓然另有碑記〔同治羅江縣志〕

陸枚 〔錄蕭穆撰神道表〕〔上略〕公諱枚字建中一字立甫浙江山陰人陸氏故爲吳會世族周漢以來代有傳人唐之忠宣公宋之渭南伯皆公之遠祖也公少有經世志嘗侍父閬風公遊學京師援例以吏員議敘補安徽廣德州杭村巡檢以距原籍在五百里內調補桐城馬踏石巡檢道光十四年莅任廨駐樅陽鎮樅陽故爲晉陶桓公所治地也公蒞任卽慨然以陶公之事業爲己任所治雖僅桐城南鄉一隅地公輒統觀全境形勢不分畛域按本地與他鄉隣縣接壤之區度其險要察其利病經營之樅陽鎮右有河爲桐廬潛懷各縣山水出口入江要道內有菜子湖爲諸水所瀦各縣有久雨則山水勃發先瀦於湖烟波浩渺一望無際俗號稱爲菜子海樅陽正踞下游滔滔之聲日夕不絕於耳夏秋江潮陡漲水復內灌澎湃之聲亦日夕時有所聞各縣田廬之窪下者時有浸沒年穀不登有縣令某與彼地紳士鋭欲籌資於江河之交築隄以障之公知此隄一築民勞財傷萬難永固若內河諸水驟發其勢洶湧隄不能支淤泥一時不及順流而下愈積愈多水無所洩河以內窪下田廬仍不免爲澤國力爲縣令及紳士痛切而申明之其事乃寢識者以爲微公此議不第將來多有紛更難行之端且於各縣之風水有礙焉樅陽舊有漕糧未了全折縣令必於冬初親臨兑運時鄉人輸輓糧艘雲集羣氓雜遝宵小潛蹤因事生風公察其弊預爲編立保甲詰姦弭暴軍民奉法比戶安謐其他建巷柵修橋梁施藥餌以濟窮黎製水龍以防火災年饑歲晏輒捐廉散賑

時形匱乏不惜也鎮東沿江有㳟家磯石筍林立急溜中時爲往來舟楫之患公籌貲創立救生局造船數艘每疾風雷雨則揚帆鼓舵巡拯洪濤巨浪中每歲全活往來之檣摧櫓折者無算又嘗籌買義地收掩旅櫬及浮棺數十百具並與好義紳商籌設同仁局施棺櫝以斂旅殍縣東南兩鄉時遭水災公念沿江一帶非堅築堤壩不爲功適有江都史公丙榮來爲縣令公察其有任事才乃佐史公偕在籍紳士張太守寅等躬詣大府陳民間疾苦請帑措貲督工興築高黄瓜墩及新生樂生諸圩隄又助史公創築東鄉沿江之天定隄及永鎮壩自南至東凡六七十里爲外江之障大水之年恒賴安堵鄉民有爭訟者就質於公必反覆勸諭有感激泣下與親友約永不再造公庭者咸豐間粤西盗起蔓延大江南北樅陽爲水陸要道公督鄉勇辦團練大軍之往來不時盗賊之出没靡定公隨時應接捍禦有法軍民又安六安有曹綬卿者率練勇助官兵勦賊至樅陽潰没公倡紳士立忠義壕兼籌貲春秋致祭逾年湘鄉李忠武公克復桐城大府知公能實心任事即檄公攝行縣篆公於善後諸務籌辦如法紳民感戴以爲前此令君所未有也後還本任時邑紳方大令傳理將設育嬰堂於城中以東南沿江左右六七十里多有貧瘠棄兒溺女時有所聞力勸方君分設一堂於樅陽公親鳩工擇地費極心力堂工完固每歲收養羣嬰往往逾於城中數倍樅陽舊有白鶴書院年久經費不足幾就廢頹公捐俸生息以濟之生童乃勤於立學文教大興舊有城隍廟燬於兵燹復捐俸籌貲重修以光祀典凡諸善舉知無不爲爲無不就多類此自奉甚約而待人極厚嚴家法重祭祀內外有閑手足倍篤嘗著家訓一編所以垂誡子孫立身爲人之道尤備讀者擬諸顔黄門張文端兩家之

書焉公先後官巡檢三十六年署縣丞三年同治八年致仕又十六年以光緒十年五月初三日沐浴具衣冠端坐終於樅陽寓舍臨終神色清明猶訓子孫做好人行好事毋越職毋越思乃瞑距生於乾隆六十年乙卯八月十九日享年九十公子顯勳等即以是年十一月二十七日葬公於山陰天樂鄉新橋頭之原（中略）子八人長炘江蘇候補巡檢以治團練陣亡（下略）（敬字類藁） 按陸炳字景陽號六峰亦枚子歷官安徽後部河口牛屯樅陽小姑各巡檢改授江西大姑巡檢萍鄉典史有吏才見歐陽柄榮所撰墓表

陸顯勳字樹臣一號書城山陰人同治九年授壽州知州涖任後嚴保甲除豪惡籌育嬰孩尤勤結案案無留牘講求水利時大府銳意鑿硤石山以暢淮流懷遠鳳台盱眙五河居下游地勢平衍水無停蓄春漲泛濫必成巨浸力陳利害罷斯役民免其魚恤狴犴捐廉施棉與籧罪人不苦寒暑有在監數十年者理出之頹然老翁自謂如再世喜讀書行篋必載十三經注疏尤重倫紀壽民節孝壅于上聞者以千百計揭以例而禁妄費逾年盡得旌表調署六安占午時交壽春篆辰巳間訪聞一忤逆子拘至坐堂皇訊寔杖斃其心以爲一刻在官一刻有修明政刑責也旋回本任留養汴省流民無失所禽捻首李坤濼以安閭閻壽居淮下游地極窪每值淮水漲時城輒陷水中央不沒僅三版且年久牆垣凸裂岌岌有危勢亟稟大府修築完固後鄭州決口黃水趨淮壽城無虞捕蝗不辭勞瘁皖省官惟公稱最嘗伏內捕蝗蝻匝月歲竟轉歉爲豐光緒初年授宿州知州十八年復由宿州調署壽州舊治重來士庶歡迎戀之如慈父母然明年回宿任力襄

海防捐事奉旨依議以道員在任候選兩以卓異報最其任他州縣時稱治皆如壽州如權六安時前官塵牘數尺許盡結之官吏紳民咸訝其神速攝定遠時訪有逆倫案馳飭開棺驗僚屬大駭卒鞫實正其罪署銅陵時書吏循故習以千金賄災坐堂皇責之廉潔自持如前數任夏五月大水水不溢隄者僅五寸或一尺八十七圩盡保全於櫛風沐雨之中又六月不雨虔禱得之歸語所親曰我可告無罪矣銅陵境大半濱江力勸賈人李徽庭出巨貲修壩極意措置督其成復設各處義渡行人賴之刻有江壩錄義渡錄行於世任宿州時州屬廟宇闢柵多傾圮力爲修設凡書院義學及因利牛痘各局並善堂保赤堂諸善舉悉籌畫俾垂永久殫心民事每不避寒暑以光緒二十年卒於任（采訪）

陸獻山陰人附貢生父枚官桐城馬踏石巡檢遂居桐城獻幼失恃念昆季均遊宦各省遂獨留奉父飲饌便溺無不躬親父疾衣不解帶者或數月或年餘兩次刲股與臂入藥以進父卒哀祭悉遵古禮父在日多義舉極力經營得不廢墜至其力葬戚友保全節孝諸善行皆體庭訓爲之著有太極綜正一卷爲人後正義一卷性理粹二卷經濟洗萃一卷宗法辨正一卷廟制通釋三卷考論萃一卷古君子館詩一卷都十餘萬言光緒二十一年經桐城紳士稟報孝子由皖撫福潤題旌（采訪）

孟烜字保山山陰人祖明章父封以縣令起家官至順天府東路同知畿輔治行最著烜嘉慶二十四年舉人道光十六年以大挑知縣分安徽封戒以耐繁忍欲不得分外取一錢烜至權旌德縣有汪四者以殺人繫獄刑有日矣烜察其辭色疑有冤請重讞之不可至於再三大吏怒褫其職仍留訊是獄烜研鞫竟得實殺

人者出汪四大吏大驚亟復其官旋丁父艱服闋還徽適太湖有積案命往受事甫半載案牘爲空十七年補全椒縣東南多圩田每霪雨卽成巨浸烜在任兩遇水災冒雨乘小舠督民修築晝夜立泥淖中無倦容民咸感泣百其力有撤屋材助成之者又相視圩岸之不如法者命改築自是圩田皆獲全被災之衆皆就食於城活無算邑之中民衛田户參半而衛籍困苛派甚者破家烜籌巨貲佽運費刻文於石永禁苛派衛民以蘇其催科不遣吏役親歷村聚勸諭終其任賦畢輸無逋修復書院豐其膏火士爭向學矣西北鄉俗悍爲盜數擒治盜魁陳孫之境遂安鄰邑有巨猾湯氏子武斷罔市捕置法一邑肅然調鳳臺與壽州同城民素悍乃履行四鄉立保伍鉤攝之法奸無所容未及一祺盜息獄空令全椒八載翕然稱循吏性廉直一介不苟取不畏上官故二十餘年不得轉一階以勞成疾時母老乃乞養去官俄太平軍東下金陵戒嚴已而由浦口北犯滁人聳大吏以全椒烜舊治命協理團練事全椒四面受敵烜倡設民團隨地設守與敵相持數年咸豐六年大旱斗米錢二千烜出舊治時所積穀平糶於市兵民賴之是時官軍營於和全接壤之河村步至八年三月敵大至軍潰敵遂乘勝犯全椒城或語烜公非守土官何俱死爲烜怒叱之率團勇至北關迎擊遂遇害事聞詔贈知府銜廕一子州判賜祭葬如例全椒建立專祠子沅咸豐二年舉人仁和縣學教諭（據俞樾撰墓誌）

陶恩培字益之山陰人道光十五年進士選庶吉士授編修遷御史出爲湖南衡州知府咸豐元年廣西軍事起衡州奸民左家發謀響應捕誅之晉秩道員二年春太平軍犯衡陽總督程矞采方駐郡聞警遽欲退保

省城恩培曰衡州楚之門戶棄則全楚震矣勿聽乃與約毋撤糧臺得便宜行事恩培誅勦內奸撫循兵士敵知有備由他道竄陷道州犯長沙所至皆破惟衡州獨完御史黎吉雲以狀聞文宗嘉之三年超擢湖南按察使勦平衡山安仁瀏陽醴陵土匪遷山西布政使巡撫駱秉章以恩培在湖南久疏留襄辦防務允之尋調任江蘇四年擢湖北巡撫時武漢再復城郭殘破旁近皆敵蹤總督楊霈擁兵廣濟按察使胡林翼出省防勦或說恩培曰省城不可守宜遷治他郡恩培斥其非秉程進歲將盡蒞任文武員弁不足三十兵不盈千餉不逾萬恩培馳書曾國藩乞移檄胡林翼回保省城會楊霈敗走蘄州次於德安五年正月漢陽漢口並失興國通山嘉魚土匪應之武昌益孤恩培盡焚沿江木植盡驅諸船故敵未得渡而道員李孟羣知府彭玉麟以水師至胡林翼以陸師至聲勢稍壯敵城沙坡堆恩培欲先發制之令林翼統諸軍冒雪出不意三路進攻士卒畏寒不欲戰渡江營沌口師期頗洩敵得爲備林翼慮兵力分併爲一路舟師先薄小龜山陸師繼進敵出馬步數千從漢口抄我軍復敗退大軍山敵舟大集晝夜攻城楊霈約三路來援以火爲號林翼孟羣整軍以待屢見火起爲所紿而霈軍不至二月敵由興國通山來助攻林翼兵隔江爲所綴不能渡城中出兵連戰於青山望江樓皆挫直逼大小東門恩培自當之令武昌知府多山守西北城方戰忽報漢陽門破多山戰死至墓敵麕集士卒死傷略盡恩培投蛇山紫陽塘殉焉詔優卹予騎都尉兼雲騎尉世職謚文節祀昭忠祠〔據清史稿列傳〕在湖北與吳文鎔合建一祠

馮兀吉字景梅山陰人由供事議叙從九品分廣西歷署貴縣五山汎凌雲平樂司巡檢道光二十八年授宜

山龍門巡檢咸豐元年太平軍由武宣東鄉逃竄都統烏蘭泰提督向榮總兵秦定三等節追節剿敵竄象州兵勇不能禦直至大樂墟轉掠龍門元吉率鄉兵禦之戰敗馳回署衣冠坐堂皇二子澍溥侍立家人請暫避元吉厲聲曰身爲命官不能殺賊安民走避偷生吾不爲也麾二子出皆痛哭不去敵至父子抗罵同遇害家丁嚴祿夏玉俱死詔以元吉微員從容盡節澍溥從父殉難忠孝堪嘉贈鹽運司知事銜賞世職建專祠澍溥附祀〔據清史稿忠義傳〕

蔣嘉穀山陰人順天大興籍以府經歷發貴州旋保知縣咸豐三年署荔波縣縣毗連粤西粤氛近偪土匪乘之嘉穀內守外禦境內安堵始之任獄多繫囚半逆黨脅從復有挾私誣告入從匪者嘉穀訊得實俱決釋之時芻糧告匱或以勸捐進嘉穀曰民被蹂躪久矣忍朘其生而激變乎事遂寢五年六月狄匪復叛與太平軍合約五六千人薄城下嘉穀募勇五百人擊退之時土匪徧地餉需匱乏嘉穀毁家募勇妻陸氏亦出釵釧佐軍衆感奮守愈堅以故附近州縣皆不保獨荔波得存十月敵復至嘉穀部署城防誓師出營於水堡與敵遇戰捷敵小却後見師乏援始無忌麾衆並進嘉穀鏖戰終日傷亡略盡猶裹創力戰俄被執敵乘勝攻城城以有備卒不破嘉穀既被俘怒罵不屈敵束薪漬油徧體灼之死而復甦甦則罵罵則復灼如是數次乃絕貴州巡撫蔣霨遠以嘉穀善政得民力捍疆圉被害尤慘奏入䘏世職紳士請捐建專祠允之〔清史稿忠義傳〕

平源字沛霖山陰人大興籍由吏員叙典史發安徽咸豐二年署懷寧縣典史恤獄囚嘗曰囚死於法可也死

於非法不可也眠食皆躬祭之太平軍至安慶事急囚譁欲脫械去源至囚曰此何時也公胡弗自便源曰此若輩所以犯刑也死可苟免耶囚曰公不去囚何忍去俄而城陷巡撫蔣文慶遇害餘官皆走源獨冠服坐獄門外敵至脅之曰若降官若不然飲吾刃源曰刃則刃耳吾豈受汝脅者敵曳至懷寧縣署外殺之逮死罵不絶口安慶人思之爲立石於殉節處〔據清史稿忠義傳〕

王汝庚字亦山山陰谿家莊後王村人曾幕遊山左咸豐四年佐魯省冠縣傅公幕賓主甚相得太平軍至孤城莫守傅謂之曰余有守土之責當與城同亡君其速行汝庚慨然曰居停爲國盡忠我豈不能爲居停盡義乎且既佐幕斯邦亦當與城共存亡未幾城陷與傅同被害事聞奉旨議卹附祀傅公專祠及濟南忠義祠同鄉之在魯者并爲附祀樂善堂内〔采訪〕

陳均字可山會稽人道光十二年舉人精於醫留京師時行其術爲都下所稱著有尚書文詮餐霞室駢文咸同間兵燹散佚子鏞字侶笙爲皖撫江忠源記室殉廬州之難鏞自有傳〔采訪〕

全治字平甫山陰東浦人咸豐間以知州官雲南在雲南楚雄軍營殉難卹雲騎尉世職〔采訪〕

陳春暉官名春元字梅舫山陰下方橋人咸豐四年十月在皖奉委與太平軍戰陣亡贈雲騎尉〔采訪〕

沈培源號立堂紹興人〔縣籍未詳〕咸豐初任貴州亦資巡檢調署照磨仍回任八年回變亦資失守培源至城協辦防堵事務十年何占標攻大坡堡培源隨營辦理粮臺事同治元年廳城陷杜門不出二年三月因密函錢某告賊中情事以圖恢復謀洩五月二日與妻彭氏及二子同時遇害棄屍城下事平紳民收葬於

城南瓦窯田有碑〔貴州通志稿〕

周錫桐字初白山陰人清苑籍官雲南寧洱知縣殉難邮贈如例著有鹽竹軒詩集〔兩浙輶軒續錄〕

王洽書字蓉圃原名錫惠山陰梅市人咸豐七年任廣西蒼梧縣典史時太平別軍由西江來者當時稱爲艇匪漸入蒼梧境邑令彭某下鄉辦粮檄洽書代行縣事洽書先本迎母在署至是白母曰兒蒙國恩權縣篆而敵漸逼辦理防禦當竭力爲之倘獲解嚴則國之福也家之慶也奉母有日如其不濟則城亡與亡誼不苟生此身不復爲母有矣惟不可以累母一子止九歲爲祖宗嗣續所系請母携之並帶婦妾還言詞决截旁不忍聞而婦鮑氏妾徐氏曰萬一敵至城破則臣以殉國婦以殉夫天經地義請母携孫回妾等願相死守洽書悲其意而嘉其志聽之於是母携孫行而敵猝至遂合圍洽書率民團登陴守禦相持日久而兵單援絶是年八月城遂陷衣冠坐法堂上案書逆賊不得害吾民挺身不屈爲敵支解僕徐榮隨殉而婦與妾先一日見勢危急度不能支已仰藥自盡後督撫以殉難情形入奏奉旨優邮妻鮑妾徐建坊旌表載志入祠〔據蒼梧縣志及族兄壬芝楣所撰殉難事略〕

吳嗣昌字衍慶山陰州山人拔貢咸豐間官廣西奉議州掌印州判粵亂時賫銀撫苗爲太平軍所執不屈死〔采訪〕

高延祉字受民號鎢坡山陰安昌人寄籍蕭山道光二十年順天舉人咸豐元年權廣西隆安縣有平匪功旌有寇擾思恩之感墟延祉奉檄與右江四邑會勦中途遇伏麾勇殺敵三百餘敵浸衆或勸退叱曰是何以

對天下士乎挺刃督戰腹中敵矛而死後其子彥冲尋獲其尸於貫村有詔優卹給祭葬予世職（采訪參看蝸軒續錄趙福雲隆安行詩序蕭山縣志亦有傳）

謝紹璜原名澤字笙颺山陰人道光十六年順天舉人江蘇揀選知縣洪楊之役督辦閶胥門外團練城陷巷戰死之奉旨照四品官陣亡例議卹賜祭葬銀給雲騎尉世職崇祀浙江省城江蘇省城昭忠祠（虹橋謝氏譜）

婁慕曾官名浩字景賢號嘯巖由太學生官福建邵武府知府兼署邵武同知咸豐七年太平軍攻陷邵武巷戰力竭捐軀奉旨邵武及原籍建立專祠（安昌婁氏譜）

葉國霖字雨生山陰人咸豐癸丑秋署山東金鄉縣典史甲寅太平軍自單縣撲金鄉城陷國霖赴監獄更栅自經死（見觀化齋隨錄）

沈昌世字聞衣善化人原籍浙江會稽隨其父某遊幕湖南因家焉少補弟子員既而棄舉業遊幕芷江黔陽及粵西桂林潯柳諸郡所至有聲在粵幕時勸當事修築太平府近南越邊牆爲夏夷之防嗣客黔陽値猺藍正樽反武岡繼以鎭筸兵噪黔邑盜蜂起昌世佐縣令以計殲其魁闔境帖然道光三十年粵西盜起時昌世入右江道林某幕爲作平賊議曲中竅要林用其言獲巨盜曾亞昌等咸豐二年春返湖南道出興安興安令留之幕中四月敵竄興安民空城避或勸之出昌世曰古人見危授命豈必盡有官守哉今聞警而逃是棄城資賊也吾恥之已而敵大至僕張陞欲負之出昌世叱之還城陷大罵不屈遇害年七十有一奉

旨從優議卹予世職從祀昭忠祠昌世常勸州縣捕蝗著有蝗蝻說勸築邊牆著有辨疑八則廣東不靖著平洋十策崇陽鍾人杰滋事著征逆十二籌皆爲當道所採孫光烈亦殉難武昌城中　光烈字仲衡監生咸豐二年四月昌世殉難興安光烈扶喪歸八月賊犯長沙光烈集團丁防勦有功賞六品軍功四年廣西知府李孟羣率廣勇援鄂光烈襄理營務五年正月入鄂城防守武昌被陷迎戰於漢陽門死之後二年光烈弟其秀陣亡江西弋陽城外（湖南褒忠錄）

劉鴻庚字西垣山陰人道光元年舉人十五年以大挑知縣分發湖北歷任沔陽州遠安天門黃岡縣蘄州其任蘄州時值雅片煙禁令下英吉利人犯中國東南征調羽檄分馳因驛傳遲誤部議鐫級題補巴東未及視事即擬懸車歸隱鑑山已戒舟待發有日矣會崇陽奸民鍾人杰等爲亂戕官制軍裕泰督師往勦堅留同行鴻庚抵防次常按行營壘賊伏施槍丸擊中冠頂凹鴻庚屹不爲動踰年亂民就誅凱旋錄功復官再任黃岡下車之日童叟郊迎親若家人嗣署京山縣丁父憂歸服闋署歸州補松滋縣獎勵學校勸課農桑勤勤規畫咸豐元年太平軍犯湖南破岳州勢張甚鴻庚調署江陵甫數月武昌漢陽失陷全楚震動鴻庚度事急屯糧練團並請旗營移駐要隘杜敵窺伺人心乃安未幾敵趨江皖克復武漢以防堵功晉同知三年移署漢陽縣事灰燼之餘僅存焦土蒞任後修葺城垣招集流亡辦理善後粗具端緒九月敵由豫章回竄田鎮營勇不戰而潰鴻庚誓與城存亡遣眷出走持前明忠介公（宗周）所遺海天旭日硯付之並寄諭其子略曰頃聞賊氛已急雖未得確信而吾意甚決必不肯負天地祖宗汝以後其體吾志盡其人之當爲

可耳無何敵大至鴻庚嬰城固守力竭身殉大僚具死事狀聞於朝詔贈知府銜諭賜祭葬入祀昭忠祠世襲雲騎尉遺著有青藜閣詩鈔二卷子憲字星六監生道光丙午己酉連舉鄉試不遇咸豐辛亥隨任江陵時征調騷驛度支諸務一任諸憲故鴻庚得專意籌防荊南以固及署漢陽憲以事赴襄陽聞警馳歸而漢陽已陷鴻庚殉職同治壬戌憲以軍功任枝江縣事乙丑長樂縣有寇刦監爲亂大府乃以憲署長樂派兵往勦憲涖任即先解散脅從募鄉勇爲前導不旬日而平尋以疾作請假得替而去丁卯八月間卒於宜都厲所年四十八著有經史精義若干卷藏於家（據水澄劉氏譜）

（附錄宗稷辰撰劉樨園祔越中劉氏五忠祠記）咸豐三年秋□寇自田家鎮再犯漢陽時山陰劉鴻庚樨園方以升擢同知署漢陽令城無一兵奉檄收召潰卒拒守江上是夕恍惚見古衣冠數公言從五忠祠來授以一紙乃二百餘年又一人七字又見黃岡城隍神來迎代任寤後知必死聞川餉到城亟捩舵還將圖一戰而餉已移別邑礮聲大震寇入躍井不得下出復手劍戰於巷中矛者三血被面賊迫尋餉所給之騎而至江干一躍赴江流中以死九月十七日事也次子憲潛往求尸不可得事聞有旨優邮得崇祀昭忠忠義而劉氏祔祀之於五忠祠慨自忠端全節首陽爲勝國完人山川正氣閟二百餘年而又出於劉氏先賢靈爽默爲佑啓於倉皇急難之時竟得以大節光乃祖之遺烈大可哀亦大可榮也余自辛巳與樨園同舉始訂交在京邸同居仰戢堂誼最親見其慷慨坌傾行篋以佽友朋而己恒無衣不能出其翁嫗無恙時嬉樂如孩童後母夫人以鬱疾卒樨園痛徹肝脾面有漏孔言及喪母事輒烏邑不止至其愛弟嗜厚常體母

氏之遺意待子不若也其長子建勳出後於兄聞漢陽凶問窮乏至無以成喪少者久滯荆土尚未能奔歸請邺銀以葬衣冠夫其孝於親友於兄弟廉於官大略如此雖不能企及世學之緒而於證人之教庶幾無愧焉況以臨難致身馨香百世旣祀之鄉國更侑之祖祠後之懷五忠者自此爲六嗚呼豈偶然哉豈偶然哉七年正月詢事迹於其戚裘君象坤未能多憶念君之亡已逾三年不可以無記遂流涕爲記其略云

黄培嶸會稽人道光辛巳恩科順天鄉試舉人題補廣東英德縣知縣陞知府分發陝西咸豐元年分發湖北署武昌同知二年十一月初八日太平軍圍湖北守城拒敵陣亡追贈道銜並給雲騎尉世職子三人均被擄惟長子啓勛得脫歸援例爲鹽巡檢兼襲雲騎尉委派駐津監兑漕米光緒四年五月暴雨陡作督率人役苫蓋失足墮水溺斃奏請旌邺附祀愍忠祠（采訪）

史勳字小筠山陰人歷署廣西臨桂陽朔懷遠懷集等縣知縣柳州府通判桂林同知咸豐三年懷集土匪作亂城陷被執不屈罵賊被戕追贈太常寺卿懷集建立專祠（采訪）

許道卿會稽人咸豐二年任都昌縣周溪司巡檢四年十月太平軍自鄱陽入號稱數萬道卿率團勇分途禦之衆寡不敵被執不屈死之予雲騎尉世職給全葬銀如例（采訪）

陳惟和山陰監生寄籍江夏縣丁未捐江蘇按司獄至蘇而兄惟本亦以通判仕直隸咸豐元年因事回楚適太平軍圍城惟和督勇登陴助守禦及城危積薪於室焚之偕母妻眷屬同死者二十五人惟本長子投井水淺得不死乘間出城聞於官因鄂垣復陷未奏請四年惟本署邯鄲知縣痛弟母等未邀議邺遣僕赴都

察院呈訴經鄂撫查覆六年胡中丞據武昌知府嚴澎森言惟和合家殉難事皆屬實乃疏請卹贈建專祠〔采訪并據蘇浙表忠續錄〕

祝永文〔節錄王拯撰傳〕君名永文又名環其先本浙江山陰縣人父繁宣以典史官粵君實生焉幼孤母夫人撫之僑居粵之柳州與余同塾相聚處甚懽讀書奇穎而性黠宕尤好爲詩詞習繪畫雕蟲篆刻皆精好嘗欲就童子試而郡人以宦籍阻之比年踰冠各以衣食仕宦奔走不相聞歲之丙午余自京師假歸訪君之家柳北郭下君母老携君婦及一子以居君時已棄儒客遊粵之慶遠河池諸州邑幕粵口既猖州邑剽躪君在東蘭與平賊有功州境被賊州牧曹君燮培者必挺身親捕治君亦從韡刀帕首出入鋒鏑中云賊之至全〔全州〕曹君方自東蘭移署州事君復與偕州民素強健識大義曹君與君分城率民誓死守適新調湖南兵四百在州境都司武昌顯領之曹君挽武留令城中守兵得五百卒耳城守堅悍賊梯城蟻而升城上以松瀝和竹木屑擲燒之焦爛死者無算賊益忿攻時桂林所發追賊兵不滿萬偏帥殊懦距城猶十餘里曹君血書請援數不進城中守踰旬兵民登陴者人不得替又食且盡桂林追兵踰萬纔至賊已突城崩而陷焉咸豐二年五月十六日也當賊乘城時城上卒飢疲至目眵不能視然官民猶挺出巷戰賊憤甚盡屠之先一日曹君知事亟啓北門使民俱出而誓弗去者猶四五千人曹君亦促君出而君笑應之又長沙人黃子文爲曹君書記久賊將及城以曹妻子出置他所身復入城及是與君同殉全城屠賊不守去將及旬矣君之戚范始自桂林往跡君尸得之身被數創猶手一竹矛弗釋君配裘生子錫恩奉君母今

猶居柳州北郭下云〔下略〕

鍾普塘字霖墅會稽人任祁門大洪嶺巡檢凡十八載太平軍之役佐理團練巡防勞瘁咸豐四年隨知縣唐治守禦城陷被害沈屍於河奉旨祔祀唐治專祠〔祁門縣志　清史稿附唐治傳〕

張學海山陰人順天大興籍同知銜籤掣坐補江蘇青浦縣知縣調赴常州軍營差遣帶勇出城堵禦城陷絕食死〔采訪〕

洪漳字裕堂山陰項里人咸豐四年任江西德化縣〔今九江〕典史太平軍入城官吏多走匿漳挺身往禦力詘被擒斷二指罵敵而死後得其屍於江中〔采訪漳一作樟〕

胡良魁山陰人幼嫻騎射由行伍積功歷官處州鎮守備升補都司咸豐十年太平軍入浙調往省垣防守續調嵊縣馬前嶺接仗十一年遇敵力戰歿於陣同治四年得旨加等優卹〔張濃胡氏譜〕

孫椿號蘭圃山陰副貢生以州判分發安徽咸豐三年三月代理亳州得民心亳百姓稟留改署任知金陵太平軍有北上之勢乃馳稟請兵守城一面集團練守陴備子藥糗糧五月初三日太平軍至圍城山西大同兵潰於河北椿知城不可守麾民避之並將印信託交幕友沈次衡埋於後園中識之曰吾當以死殉惟國家名器不可汚賊手卽朝服坐於大堂待之初四日太平軍破城入署見椿危坐罵不絕口遂戕之於頭門外遍體鱗傷其幕友族人孫平山亦同日殉節後經沈次衡邀地方紳士殯殮靈柩送回浙中〔采訪〕

劉然號乙齋山陰人部選亳州吏目緝捕勤能藏書甚富好學不倦課兩子讀書其長子於七八歲時卽喜讀

孝經聽人談忠孝節烈事則靜聽如欲默識者太平軍破安慶北上亳州戒嚴雖有山西大同兵至駐城外見敵旂即潰都千州同皆避去然誓同印官以死殉之迨咸豐三年五月初四日城破然乃朝服冠帶自刎於公堂敵見其袍服血染通紅亦未加害其妾高氏自縊於上房長子芬次子芳同被戕於三堂使女春蘭亦縊於床迨初六日敵去有州幕沈次衡名鈞者來看視收殮殯然及妾並二子使女於州之東門外自在閣半里許浙江義地內有州幕石他山作墓誌刻於石（采訪）

章惠字子元山陰人咸豐三年署南滙令性廉勤清畢積案自便民倉燬人多觀望惠許以布菽代稅民樂其便會匪作亂合邑大恐惠出衣物質錢畀守備樊定邦修置軍裝以守禦樊得資佯諾而置不聞賊遺黨假作恭順語備益弛八月十日寇入城乃公服升堂曉以利害寇曰此好官願推戴惠怒叱之入內自縊死未久義勇復城斬賊首以祭及喪歸士民均泣送越數年與惠同籍同姓而殉滬者章朝棟也字載軒咸豐初署青浦奉賢兩邑令政尚安寧庚申五月帶勇禦太平軍於陸家浜陣亡（采訪并據松江太倉兩屬殉難

官紳事略）

金萬清字穀生會稽人道光十五年舉人二十四年進士歷任福建羅源福安侯官永安等縣及邵武府同知咸豐三年會匪滋事適署侯官縣以防護省垣出力擢同知署永安縣以勦辦魚潭岩洞匪功叙知府五年權延平府時南順沙三邑賊匪竄擾萬清督兵親馳往勦歷半載肅清獎花翎六年四月復有汀廣匪徒聚集順昌縣境四出劫掠大吏撥兵派員管帶交萬清統率兵到時匪勢已張甚竄擾建邵各府萬清發蹤指

示擒斬甚多至十月初四日匪大集黨羽四五千人圍攻順昌之安富鄉帶兵守備王三韜等鏖戰一晝夜力竭陣亡萬清聞信飛赴援勦匪四散十八日復嘯聚於順昌縣屬之萬全坑屠毒鄉民萬清疾趨至身先士卒兵氣倍奮斬獲無算而匪愈聚愈衆鎗礮齊發兵勇多不支死傷山積萬清猶短衣步戰刀矛相接身受重傷力竭被執罵賊不屈慘遭戕害年四十二督撫會奏以萬清素嫻韜略軍興以來無不躬臨前敵戰功卓著平日勤求吏治清操自勵所治各處循聲載道此次捐軀尤爲忠勇兼全足以振起頑懦得旨追贈巡道加光祿寺卿銜照三品陣亡例從優賜䘏予祭葬世職准入祀京師昭忠祠仍以延平及原籍會稽建立專祠子玑印改名翊垣（省志稿據金伯簡撰殉難事略）（昌安金氏譜）

趙啓玉字璞山會稽人原籍上虞捐職縣丞官湖南咸豐二年太平軍破新寧啓玉在軍中辦糈糧以勞得升階補巴陵縣丞三年署新寧縣有政聲四年從軍湖北克復崇陽通城二縣湖南巡撫駱秉章以年少疑之湖北按察使胡林翼白其功乃保升知縣署平江縣桂陽陷啓玉赴援克之秉章大奇之保升同知直隸州郴州之宜章縣與廣東接壤秉章虞敵之闌入也檄啓玉往防時廣東樂昌縣已陷啓玉率二千人越境趨樂昌營青草嶺進戰斬馘甚多敵再撲營堅壘不動敵乃潛結援衆數萬合圍三晝夜力戰不能支孤軍無援糧匱陣亡年二十九秉章痛之曰以儒吏越嚴疆以小隊扞大敵趙令眞人豪哉事聞以知府例賜䘏（采訪據浙江忠義錄）

沈晳史與善均山陰人晳字竹亭善中韓術時寇氛熾臨清當孔道人共危之晳毅然携眷行到臨未匝月父

元吉伯父貢材弟鶴亭妻汪長幼五人皆死門人董錫桂亦死與善字同甫館臨清有年熟悉形勢商守禦多資之城破死妻稽妾劉皆死子致豐被掠去後由邑人訪得之（山東通志附臨清州知州張積功傳）按積功儀徵人知臨清州咸豐四年三月太平軍陷臨清積功巷戰力竭死之城中文武僚屬暨紳耆士庶甘心死守伏尸塞街衢無一苟免者事聞優䘏准建專祠同時幕友死者皆附祀

蔡中和山陰人由江西從九升知縣補信豐令署上饒縣事咸豐五年太平軍破弋陽廣信知府袁某及參將某皆先期走營兵亦潛遁城中所存兵勇不滿五百人君聞羅忠節澤南駐弋陽堅守待援太平軍犯西門望見城中兵少撤橋欄爲梯入城城陷蔡君殉焉事聞詔建專祠贈震會稽人從九銜客同城袁郡守之幕詧至勸袁固守毋輕遁袁不允城陷震死之附祀中和祠（采訪）

孫錫珙山陰人候補從九品咸豐五年署吳江縣典史九年調署陽湖十年閏三月晦太平軍圍城時岳昌權知常州府事檄錫珙權縣事督闔城士民固守錫珙待獄囚有恩至時皆感泣願效死殺敵遂縱囚薙髮得百數十人部爲親兵城守四晝夜太平軍攻益急以印付其子曰汝懷此速逃我當與城俱亡也及六日火藥盡太平軍入脅之降遂大駡遇害於武廟前（采訪并據昭忠錄）

胡錦堂會稽人任緬寧巡檢咸豐七年太平軍圍城力戰固守三年糧絕城陷巷戰死（采訪）

羅楨 （錄余熏耀撰傳）有清咸豐八年福建流賊陷順昌五虎巡檢羅公楨死之初公以微秩需次閩省才識傑出曹偶中大吏深器之五虎濱大海島嶼聳峭明湯和海道取福州處也雖巡司宜知兵遂命公巡檢

五虎會流賊滋蔓勢張甚岌岌逼順昌順昌屬延平郡扼七閩要會一隅關全局邑令姚公諱蠟書乞援大吏檄公馳勦之公率輕騎兼程行遂守城以少兵禦悍衆力竭城且破陷入賊圍中罵益烈遂遇害事聞大吏上其狀於朝給世職雲騎尉如卹典恩頒祭葬金祀昭忠祠順昌人至今哀之公諱楨字克生生而瑰偉英英異常兒先世自上虞樊遷至山陰遂爲縣人世業商公特以忠勇顯生平行誼不具詳詳其大者公生於嘉慶十八年五月二十一日卒於咸豐八年某月某日年五十妻沈氏早卒繼配任氏子三長紹祖次樑三德厚皆賢而有立〔下略〕

錢元善字寶初山陰人道光十二年順天舉人咸豐八年二月署貴州黎平府古州同知三月二十七日大坪山教匪余老科滋擾帶勇迎擊力竭陣亡子恭字肅菴咸豐十一年在貴州清鎮縣辦理鎮西衛釐局因團變被戕亦照陣亡例賜邺〔昌安錢氏譜〕

張學襄字雨岑山陰人官安徽青陽知縣咸豐間太平軍入縣境學襄帶隊出勦歿於陣其僕于慶瀾有勇力負屍藏山中坐守多日及寇退覓棺殮之扶柩回浙主忠僕義兩可嘉也踰數載慶瀾歷積戰功官至花翎參將〔采訪〕

鄭沅字養泉會稽人寄籍順天咸豐元年舉人任安徽知縣修泗州城濠旋署靈壁令半年署泗州牧有捻黨突至督練勇駐虞姬墓以三百人當萬餘衆令設疑兵以懾敵敵退後因功擢直隸知州十一年二月太平軍大股撲城力守半月餘敵焚掠城外沅開城擊敵戰於朱家池始則殪敵數人既而敵益衆團勇潰沅督

陣力竭猶大聲曰但殺我勿戕百姓受重傷十四處而殞三月三日也年四十歲事聞詔贈知府建專祠子寶貴襲世職〔采訪〕

張垛字顯廷山陰人少有文行弱冠游江南見重當道授江蘇金山縣尉尋以原職補溧陽地當蘇浙皖孔道金陵之衝邑也時太平軍正熾江南大營初潰皖浙警報迭聞咸豐十年張玉良克復杭州太平軍之在浙西者回守金陵皖衆附之號數十萬常鎮各屬以次淪陷三月二十二日薄溧陽垛方臥病力疾督士卒登陴死守次子文鑑與其從兄月波率勇衝敵冀弛城圍衆寡不敵被困手刃十數人而死次日敵來益衆圍愈急而援兵不至城將陷垛回署仰藥朝服坐署正堂以殉長子文銳性至孝侍遺骸旁不忍去敵至執之不屈亦被戕後父子均入溧陽專祠〔采訪〕

孫詹午山陰人官常州陽湖縣典史咸豐十年太平軍攻常州總督何桂清方駐兵郡城聞警遁府縣官皆避去孫獨留城中招壯士數百人出擊敵前隊已敗嗣偵知兵少復以大隊至城破孫率壯士巷戰死〔采訪〕

陳化鯤山陰人咸豐辛酉署江蘇奉賢知縣城陷化鯤戴罪效力同治壬戌四月率民團攻復奉城時李慶琛軍潰太倉嘉定青寶同告警衆飭分援太平軍窺奉兵單六月突至城再陷化鯤力戰死之〔采訪〕

趙榮祺字雲伯紹興人〔縣籍未詳〕寄籍大興中道光十一年順天舉人咸豐初權湖南慈利沅江縣有惠政衆呼趙毋十年調東安先是九年秋太平軍陷東安知縣李某闔門盡節公廨燬市爲墟甫數月榮祺單騎之任縣庫不名一錢十月十五日敵復至白旗蔽野時羸卒不滿千餉無出請援不至榮祺固守與敵相持

一晝夜敵冈薄登城守卒潰榮祺急返署伏劍未殊遂被執大罵遇害長子燕堂亡匿他所聞榮祺死奔而出枕屍股哭罵與幕客胡玉林並死之玉林亦紹興人（俞鳳翰撰傳）

李保衡會稽人由訓導捐同知分貴州同治元年署普定縣知縣時貞豐回陷歸化延及縣屬白巖沙子溝擊敗之太平軍偪安順保衡籌防獲間諜得敵情豫爲備敵不得逞敵何二竄擾又督團兵兜擊殲數百人境賴以安三年調署鎮寧州知州明年署興義府知府時回酋金阿渾據新城陽反正陰蓄髮懷異志保衡率敢死士數十徑抵城下呼之出示以威信阿渾感服薙髮就撫降酋馬忠署安義遊擊擁兵驕恣侵知府權縱部卒虐民保衡規之曰既反正當圖晚蓋奈何若此忠爲歛迹流亡歸集數百戶總督勞崇光疏薦保衡政聲卓著擢知府丁父憂奏請奪情留任五年以貞豐回馬冲自隅檄都司熊忠守備劉萬勝等進勦回分股來拒進踞距城三十里八達地方與普坪黑夷王罰傭句結保衡督忠等設伏截擊斬馘無算萬勝亦擊退頂廟賊合師攻八達罰傭勢蹙詐降於忠忠將至新城受降保衡力阻不聽竟遇害𨻶變𢿂調興義普安團練禦之未至賊偪城下保衡登陴固守或勸以勢急徙守無益盍逆師境上爲兩全計保衡曰臣子之義城亡與亡吾知効死勿去他非所知也三月忠部降卒與賊通城陷保衡巷戰手刃多賊力竭被執罵不屈受鱗傷死屬紳劉官禮等以重金募人覓其骸越二年始獲葬署經歷徐海州同李善斗同遇難詔贈道員祠祀興義海善斗附祀（清史稿忠義傳參貴州通志稿）

〔附錄一劉官禮撰專祠記〕嗚呼咸豐同治之際回夷各匪蹂躪滇黔守土將吏或猝及於難俾得褒錄者

何可勝道若夫明知虎狼窟宅任大難蹈至險祇知有國有民而不知有身如吾師莘農先生誠足壯也公諱保衡浙江會稽李氏由附貢生叙訓導援例同知留黔補用同治元年署普定知縣値貞豐回匪陷歸化蔓及縣境公率團堵截賊敗去未幾髮山逼城公籌餉設防屢獲諜間敵以不逞二年匪首何二竄擾復督兵迎擊殲賊數百人三年調署鎭寧知州練鄉團詰内奸爲堅壁清野計敵不敢犯公由是以知兵名當是時滇黔遍地皆賊官軍攻剿腹地日不暇給沿邊各屬未遑兼顧吾郡毗連滇粤尤爲兵力所不及回夷巨黨盤踞其間叛服靡常郡守多爲鉗掣類於囚拘大吏才公檄攝郡篆旋舉循良專摺保知府四年六月丁父憂大吏以回夷初平貞豐未靖奪情留任蓋欲依公濟西顧之憂矣初公赴任募敢死士數十人取道新城新城爲回酋金阿渾所踞名反正陰實蓄髮存異志聞公至閉城以拒公至城下呼金出見示以威信金感服立薙髮就撫時安義鎭總兵以降酋馬忠代辦與守同城縱部卒爲暴民不堪命公陳説利害忠悔悟部卒稍歛流亡歸集者數百戶明年公以貞豐回酋馬冲久負隅檄守備劉萬勝等分路進勦匪目張覆陰等率悍黨四千餘人暗集夷目楊阿泥等合力來拒截圍我軍於廟頂三道溝其別股復進踞八達普坪黑夷王罰傭實與賊相首尾勢張甚公調冊亨營都司熊忠等設伏截擊殲僞將軍楊阿馬僞翼長姜罰薪斬首一百五十餘級賊大敗狂奔自踐死者約千人劉萬勝亦乘勢擊退廟頂之賊合師攻八達賊遁去我軍進攻普坪罰傭詐降誘馬忠受降新城公知其詐勸勿往忠弗聽至新城而金阿渾復叛與罰傭合遂害忠劉熊各軍聞變驚潰賊燄復熾公急調興義普安兩縣率團來援未至賊已逼城下公率衆登陴爲死守計

或請曰事急矣盍突圍出合援兵再圖恢復公曰援兵爲城計也棄城而逆援至無城矣出城一步非吾死所人遂無敢言去者會忠部降卒與賊通城陷公率數卒巷戰力竭被執挺立罵賊遂遇害賊感其忠祭瘞如禮並以短碣志之同死者府經歷徐海州亨州同李華斗時五年三月初十日也公部將謝清恩來歸官禮遣覓公骸還公家屬送之貴陽十一年郡城復事聞十月初四日奉旨贈道員給騎都尉世職襲次完時以恩騎尉世襲罔替並於死事處及原籍建祠徐海李華斗均贈官附祀光緒二十年巡撫崧公蕃列公服官政績死難事實奏請宣付史館得旨俞允距公守郡之三十八年長公子仙逋太守以普安直隸廳同知來署府篆興學校詰奸慝繼先人未盡之志民咸戴之乃營地庀材爲公建祠於府署之左二十九年六月興工越明年五月工竣屬官禮爲記官禮忝列弟子深悉顛末罔敢辭讓竊慨晚近以來利害之見中於人心害僅毛髮卽引身爲自利之計者比比皆是公之丁父憂也哀戚盡禮民感其孝使匍匐奔喪誰復以畏葸相誚其不肯拘牽禮制以避艱危者蓋見降酋帖耳時不可失欲爲國家奠此土安此民也卒之變起倉卒慷慨以死嗚呼可不謂忠耶敬爲揭其大節昭示來禩以永郡民之思更述其施之吾家者附以銘詩藉達官禮之耿耿銘曰昔我伯氏嫉惡如仇統游擊師鋤彼蠹蟊有李鳳才倚賊爲重以梟戕鸞直莫能訟我公蒞止爲白兄冤公義既伸賊弁就殲我聞公言吾無私耳扶持正氣職分應爾公之浩氣彌綸大宇公之精靈長庇吾土民戴公德如受私恩於萬斯年俎豆聿新

〔附錄二〕其孫德暉所記尋骸始末〕謹按先祖莘農公於清同治五年三月初十日在興義府任殉難先父

仙逋公有手記事實公遺骸爲回酋馬子玉瘞於府西門外梓潼閣下纍土封殖志以短碣其殉難之何家井亦有碑志足見回酋敬畏禮葬之意先祖門人劉官禮遣部屬謝清恩冒險尋求遺骸知原葬時僅以門板二扇夾厝穴中戎馬倉皇時棺不及具如此已爲難得其不隨亂屍暴殘蓋亦徼天幸也先祖遺骸至貴陽時叚城東浙江會館檢視骼胔遵禮成殮先父仙逋公刺中指血點先祖額骨上立時浸入骨中旋暈而大拭之愈廣不可沒也有好事者私刺指血點之則浮而不入拂之無迹觀者感歎於是愈見回酋之封土植碣門人劉官禮之重金覓遺骸而歸葬如禮均爲不幸中之大幸清光緒二十九年五月先父仙逋公奉檄署興義府篆越明年紳民羣申專祠之請三十年衆擎力舉而祠以成經奏准列入祀典先父復訪原瘞先祖遺骸之地封爲虛墓時有老叟策杖來云兵亂殉難時賊酋祭葬時身皆目覩後有人來發其穴取其骨賊氛猶熾暗中倉猝遺一指爪爲渠拾得並原志短碑埋諸穴中蓋先祖嘗蓄指爪長二三寸語足爲證如叟言尋視穴中爪不復見碑尚在也德暉隨侍興義尋碑封墓皆與其事因節錄先祖殉難事實中求骸歸葬點血驗骨之原委及閱三十八年尋碑遺爪之陳迹先後情事若符節焉附記於茲敬諗來者

莫元賡字快園山陰人寄籍順天昌平州由供事議叙知縣發陝西咸豐六年補韓城縣知縣邑有協濟潼關過往兵馬差務承辦者往往浮派元賡自捐官貲辦支詳列條規著爲令其弊遂革又採訪闔邑節孝爲請旌表不費民間一錢復捐助蘿石少梁兩書院膏火與龍門並列爲三又創立快園書院延師督課束脩膏火悉出自己設公車會試局令北上者有資斧值歲旱徒步九龍山祈禱立應紳庶感其德建祠祀之其詳

請捐辦協差文巡撫曾望顏深然之文多不錄尋調署涇陽縣事值同治元年回亂起渭北賊勾結同州大股二三萬圍攻縣城用地雷轟開西城二丈餘元賡率紳民及練勇堵禦賊不得逞既而賊遏絕糧道城中益形困乏自六月至八月官民皆飢疲羅掘已空賊數以地雷轟城連以計破之賊憤極以棺貯火藥納入隧道轟之城崩十餘丈賊隨煙焰中譟而入城幾陷矣復被城內預設木城所阻時張鵬超牟太平者率川勇二百名奉檄來援潛與賊通引賊由城東北角梯而上移時城陷元賡死之敎諭雷遇復典史葛慶凱城守營把總吳雲闕同日殉難紳商民勇十餘萬逃出者只二三百名時十二月四日也（續修陝西通志稿參陝西同州府志）

鄒豫字立齋會稽監生咸同間知陝西岐山縣同治元年二月渭南回變潛糾鳳回至八月初四日鳳回亦變時承平日久民不知兵辦理城防督飭團練賊方猖獗豫以團勇素無方略只宜守而不宜戰及佛指溝團勇輕敵致敗人皆服其先見自十月十八日東西賊合屢攻城垣豫駕馭各勇登陴日夜輪警衣不解帶者數月及賊稍退即飭團出城巡防以張聲勢故近城鄉村賊無蹂躪越十月援兵方至賊由郡西北遠竄入甘肅人心稍安豫亦積勞成疾三年二月卒闔邑士民無不悼痛（岐山縣志）

秋曰觀咸豐元年副貢知府銜原任臺灣淡水同知歷任臺灣彰化縣知縣噶瑪蘭通判同治元年彰化會匪豎旗滋事奉調迎勦力戰陣亡恩邺世襲雲騎尉（采訪）

屠旭初字海山會稽人由宗人府供事納貲補甘肅涼州府經歷尋陞西寧知縣同治元年河州回叛東渡洮

河擾狄道知州房廷華戰不利撤任以旭初代之是時徧州境皆匪難民避入城河州民近狄道者亦踵至苦乏食而城回復謀變旭初偵知密與署都司陸陞團紳張葆齡等殲之匪糾黨十餘萬圍城聲言報仇旭初知不敵飛書乞援凡十二上時因賊阻兵久不至二年八月二十七日旭初守南城匪突登城戰不勝死之幕友楊友隆等從死城上紳民婦孺十數萬人皆被戕陞及葆齡自焚死事聞旭初贈同知銜優邮如例〔甘肅新通志〕

戴承恩山陰人咸豐中任甘肅固原州吏目同治二年正月朔日承恩詣慶祝宫行賀禮畢忽有回教徒衆由南門湧進殺掠承恩回署擬挺刃率役出禦乃朝衣未脫被執不屈死之其子繼堂及其僕數人均被戕紳民哀之事聞優邮如例〔甘肅新通志〕

萬青雲山陰人官甘肅太子寺州判〔今爲導河縣〕同治二年解組至固原州省親回匪既入城刼道署青雲帶丁役往救遇賊遂巷戰被戕其妾亦自縊其父家詩佐固原州幕賊既陷城入州署覓官不得執家詩逼索州印及倉庫筦鑰家詩拍案痛詈聲震屋瓦賊怒舉刀斫之遂死其妻妾子女及婢皆罹於難〔甘肅新通志〕

黄培林會稽人任雲南府同治二年馬榮襲踞省城與總督潘鐸同時被害奉旨附祀潘忠毅公祠〔采訪〕

孫炘山陰人任雲南祿勸縣典史帶勇赴省救援力戰死之〔采訪〕

陳景賢山陰人任保山典史同治初有寇破永昌府城被害〔采訪〕

王震基山陰人補用從九品署通海縣典史至沙河途次遇寇被害〔雲南浙江會館志〕

周鳳山山陰人任河陽縣典史同治八年城陷巷戰力竭死之〔采訪〕

魯訓恭字竹軒會稽人年二十二入泮候補訓導遊幕福建同治三年漳州土匪滋事毀署戕官城池失守訓恭殉難奉旨賞給雲騎尉世職時年六十有二〔采訪〕

田慶　田泰〔錄朱智撰合傳〕君姓田氏諱慶字曼蓀山陰天樂鄉歡潭人考澹齋諱行義初饒於貲因好施予稍稍就替中年舉四子君其長也生而岐嶷讀書多穎悟操筆爲文頻出儕輩上同人咸退讓之君家晚年食指增繁入不敷出頗形支絀君不忍以煩瑣累父遂舍舉業肩家計總理内外事咸就緒暇則博涉羣書益肆力於詩古文詞素能書篆籀分隸各有天趣兼工鐵筆士人交口譽之至是復搜羅三代鐘鼎及秦漢瓦當碑版窮日臨摹以博其趣嘗刻歐陽文忠醉翁亭記分句鐫石朱白相間印爲屛幛四幅求者踵相接流傳頗廣繼自悔其少年之作收毁之每恨收猶未盡蓋其學進也道光季年昆明趙蓉舫尙書光以工書名天下督學兩浙託友人代匄印其友質之君篆就而鐫其款曰曼蓀作尙書得印大加激賞及見其款則愠曰是何誣妄我與陳君生不同時焉能爲我作印是褻我也刻雖佳不値通人一哂耳蓋篆刻印章鄧石如後足以繼軌者惟吾浙陳曼生司馬鴻壽世稱浙派蓀生音相似尙書視之未諦而誤以爲贋陳作以戲之也其友道其詳乃啞然笑曰我弄甚是何害且陳作亦不能過是珍弆之則其詣之超絶可想見矣性孝友仲弟吉蓀季弟壽蓀並以英年科中遊宦遠方侍晨昏奉甘旨者君與叔草亭實任之一門之内融

怡如焉草亭諱泰字玉生草亭其别號也弱冠補諸生屢應鄉試不售道光己酉秋試倦得復失其闈作傳誦藝林朋輩惜之性愛潔所居掃地焚香几無纖壒且屢遷其座筆硯書籍茗碗香爐玩好服物手自安置必極妥貼如運匠心而時出新裁旁觀笑其勞不惜也亦工書非窗明几凈筆精墨良不肯輕作又善竹刻方寸之地能作山水亭閣花鳥草蟲細如牛毛文理可數亦絶藝也安陽劉芸齋書田辛山陰與君兄弟交最契有執扇一柄一面仲君吉蓀爲畫墨菊一面季君壽蓀爲書洛神賦而各鈐以長君曼蓀之小印其扇骨則君之竹刻也嘗出以豔人曰此田氏一家物可寶焉士林傳爲韵事二君居鄉皆能睦族長君尤勇敢任事咸豐辛酉建宗祠土木之事曼蓀主之日者以上梁之時不利於主計宜避之而曼蓀毫無顧忌且愈告奮勇旋果病殁草亭於同治元年隨侍母洪殉難於諸暨之包村邮祀昭忠祠有難廕〔下略〕

田祥〔録姚燮撰傳〕君姓田氏諱祥字石䑛號吉蓀山陰天樂鄉歡潭人父贈通奉大夫澹齋諱行義有陰德鄉人多戴之晚年生君昆季四人君其仲也幼秉異姿讀書目數行下塾師解經能出特見相問難或無有以屈之師每矜異焉操筆爲文千言立就縱横馳驟如天馬不可羈靮羣從多讓之兼工書畫書法顔平原畫則出入於文待詔沈石田之間生氣遠出皆得自天性也道光甲午舉於鄉戊戌成進士爲主事籤分戸部歷充八旗現審處捐納房飯銀處四川司雲南司正主稿官票所總辦寶鈔局監督兼掌印均能句别利弊不辭勞瘁公暇仍以書畫自娱都人士爭求之戸限或爲之穿君一一酬應不稍倦尋遷貴州司員外郎文宗御極雅好文墨見君畫激賞之乃以繪事供奉內廷并御府所藏真蹟縱其摹仿於是畫學大進兼

有元四家之長咸豐丁巳遷陝西司郎中己未選授湖南常德府知府五月出都時君季祚署江蘇吳江縣事曾迎養生母洪太夫人在署君因繞道出姑蘇省親及抵松陵季適奉調署丹徒之命丹徒附鎮江郭當江寧之東爲會垣屏障粵𡨥自癸丑盤踞金陵四出剽掠非鎮江無以扼其衝張忠武集大軍圍攻金陵又非鎮江無以進兵江表孤懸實爲必爭之地戎馬倥偬金鼙震疊太夫人年逾七旬不堪處此危地若送歸里第則又無人侍養進退維谷計無所施君慨然曰忠孝不兩全季若辭丹徒則適獲規避艱險之咎余若赴常德則莫酬劬勞鞠育之恩今得所以處此矣請與季分任之乃輸貲以道員候選呈請開缺奉母歸養而季始得以單騎赴任方君之居里第也縣境警嚴屢戒風聲鶴唳猝時虛驚當路知君才手書招致均謝絕焉唯朝夕侍母飲食起居不離左右并與季郵書往復各以忠義相約誓辛酉九月全浙淪陷來王陸順德竄踞紹城烽火逼里閈君即邀集同族布理問璠舉人福疇鄉團拒賊並約鄰村團首與諸暨包村義民包立身相犄角同治紀元二月陸順德率十萬衆圍攻包村屯聚暨北之白塔湖三月朔暨西北義團四起應包陸不能支掠貲糧遁歸帆檣蔽江下君偵知親率義軍截於村口之石浦橋與暨團俞寶善對江夾擊乘機舉礮延燒陸船殆盡陸勢排迮赴水黠藉江水爲之不流陸僅以身免四月十八日賊復集浙西黨十餘萬進逼石浦橋見遺屍山積憤前次受創之深下馬設祭哭聲震野即日縱兵馳突大肆焚掠君力竭督戰賊衆已據險要鄰團祝昌祚等相繼陣歿應援復絕君知村不可守遂奉母挈全家入包村與包立身設策堵禦時寧波克復敗兵麕至協攻包村圍益急大小四五十戰村中軍火米糧皆罄繼亢旱水道被斷七

月朔村遂陷君奉母命縱火自焚闔家男女三十八口同日死節二年合肥李文忠公將君死事情形奏請旌邺十月三十日奉上諭江蘇巡撫李鴻章奏據前署丹徒縣知縣田祚稟稱家屬在籍殉難懇請議邺等語咸豐十一年粵匪竄踞浙江紹興府城田祚之兄湖南常德府知府候選道田祥在包村地方齊起義團奮力剿賊屢次獲勝嗣因衆寡不敵米糧告匱以致包村被陷田祚之母洪氏率其子候選道田祥生員田祚等親丁男婦三十八口同時殉難忠孝節義萃於一門可嘉可憫著交部從優分別旌邺以褒義烈而慰忠魂欽此經部從優議邺給予雲騎尉世職恩騎尉世襲罔替並與洪太夫人以下親丁男婦三十八人一併入祀昭忠祠嗚呼君不朽矣君生於嘉慶十四年己巳十一月初九日子時得年五十子二人長兆檀早卒次光祿寺署正兆棫隨叔氏守鎮江故亦及於難〔下略〕

田祚〔錄蔡元培撰傳〕先生諱祚字元持號壽蓀姓田氏山陰之天樂鄉歡潭村人清道光甲辰領鄉荐咸豐癸丑考取景山官學教授甲寅謁選以知縣揀發江蘇乙卯署吳江縣事甫下車劇盜杜大夫聚黨橫行前令不敢捕立命擒之置於法人心大快巡撫趙德轍以爲能將荐之先生不欲殺人以邀賞固辭己未調丹徒兼署鎮江府粮捕通判時太平軍軍鋒鋭甚鎮江爲必爭之地先生慨然誓以死守先生有兄祥嘗官京師新受常德府知府命念母老棄官歸養而先生奉母教勿問家事城存與存毋得託故卸事故守土之志益堅庚申閏三月金陵大營再潰丹陽常州金壇溧陽蘇州相繼不守鎮江孤懸危急提督馮子材招集潰勇固守餉匱命先生籌濟兵氣以揚計先生隨馮子材力戰守禦艱苦備嘗者凡三年江北二十八州縣

得安堵如故而專閫各將帥得獨攻江南卒致金陵蘇杭以次克復恃有鎭江爲之捍蔽也先生積功多進階以同知直隸州知州用加知府銜辛酉九月李秀成破杭州遣將陸順德以兵四萬據紹興先生兄祥與族人率鄉團拒之且與諸暨包村相犄角敗敵於歡潭村口之石浦橋順德僅以身免翌年四月敵軍大至逾十萬衆度不可禦祥乃奉母挈全家避包村已而包村陷太夫人洪氏與子祥祈等三十六人縱火自焚死（是年爲壬戌之秋七月朔日）先生驟得傳聞哀慟幾絕久之疑莫能明憂憤成疾呼母兄不已又念母訓不肯離職是年冬調泰州泰州當時所稱優缺者先生曰官腴可棄也遂告歸尋母而廬舍蕩然包村積骸成莽痛哭招䰟而已巡撫李鴻章上其死難事於朝自太夫人以下皆祀昭忠祠而招先生復出同治丙寅署江都縣事調吳江又調嘉定辛未權知常州府戊寅調署鎭江粢後撫輯恩威並濟大府褒之謂見利不趨見害不避忠孝大節委曲求全足以爲官場之吃苦者勸取巧者愧其被推重如此生平於經史外無他嗜好獨愛蓄古硯能手自琢磨隨其方圓而圭璧之尤工書求者踵接晚歲罷官以故鄉去包村近傷心慘目徙居蘇州命子兆林歸守祠墓光緒甲申十二月病兆林請就醫先生曰吾不能殉母兄今死晚矣得年六十有七

田福疇字念詒山陰人咸豐元年舉人十年二月太平軍入杭州福疇命子忱邀集歡潭族人田愛亭玉山田天行田瑜田玫等聯絡附近村堡及蕭山之夏亭閣尖山諸暨之店口牛角嶺激厲鄉民曉以大義捐辦團練十一年十月敵至鄉擄掠福疇率衆扼天樂石浦橋與敵戰敵出不意被殺數千淹死者無算閱十餘日

敵以復仇爲名率衆屬至民兵敗各村廬舍均被燒燬福疇走蔡家山敵至圍山福疇力戰重傷死妻謝氏子忱媳周氏女蕙始闔門自盡諸田亦同時遇害（采訪據浙江忠義錄）

朱之琳山陰人諸生祀逸自有傳父慶爵道光己酉副貢官湖州府學訓導之琳少聰悟有膽勇兼習騎射旁涉兵鈐術數諸書以課徒養母咸豐十一年九月紹興陷奉母居樂航村見敵焚掠慘甚遂向母乞此身殺賊母許之之琳因與兄之琰密議謂山會蕭三邑一水可通無險可守惟城西南包村四面皆山可以屯兵遂集貲練勇得千餘人於同治元年正月赴包村時包立身已有團勇萬餘人見之琳往喜甚會候選道田祥挈家居此三人遂合謀出奇拒敵大小數十戰殺敵無算敵怒攻益急之琳謂立身曰兵家忌孤注莫如爲犄角勢分禦之此去四五里有古唐村其團長陳朝雲勇士也吾曾識之有衆千人吾欲往與之合以爲聲援立身善之遂率所部營古唐村與陳朝雲各樹一幟以牽賊之援時往來包村輸送糧械是年夏敵數十萬連營合圍餉援俱絕之琳知事急偕朝雲潰圍出轉戰新昌嵊縣間七月朔包村陷之琳與朝雲退保成功嶺扼賊竄寧波要路賊率衆來追至晝堂村迎戰五晝夜八月初七日殲敵於茶坊之琳中伏死敵磔其屍敵退村人斂遺骸葬於謝墅山麓三年六月給事中高延祜奏請與田祥同建專祠從之（同上）

朱炳榮字六瑚城東稽山坊人成豐間佐山東登兗諸州幕會有寇警州牧領兵往禦炳榮運籌決勝民賴以安十一年夏歸省親秋九月郡城陷太平游兵入索金傾囊畀之猶未足母胡氏潛出赴水炳榮倉卒詢諸隣奔春波橋下投水負母屍力竭死次子七歲與弟妹等牽父衣裾顛仆同入水長子嘉保被擄以足繭

不能行爲游兵所殺（采訪）

陳述義山陰東浦人父雨堂精醫術在本村市下設一藥肆求診之人有力不能購藥者治方後即令其至本肆購合不取藥資歷年存活者頗多家本小康田租所入一饘一粥晏如也述義能繼志亦以醫術行於村中其周濟貧乏一遵父所爲孜孜不已鄉人士多樂道之咸豐辛酉太平軍入紹警訊日至父促其料理妻孥避匿山谷間飭往保護述義不可曰家屬固宜避託族人照料可也安有父不避難而兒子自行逃生者乎且家人盡行吾父晨夕之膳誰爲治耶兒決不行如賊至吾人當匿於濱河鄰居之矮屋中避其凶鋒可矣越數日兵果至雨堂倖免而述義被獲述義軀幹修偉面白皙而鬚黑兵異其狀詢之答曰行醫兵大喜謂之曰吾營中所最要者醫生也先生行醫可隨我進城去述義瞋目視之曰否否我是清朝好百姓豈能爲汝行醫我不去兵亦不惱第兩人掖之行至府基（東浦與市相近之處地平曠約數畝旁有居戶）置於一家門首將便溺也述義伺其不防即竄入一漏底屋欲從後門而出過小板橋而逸詎邊有兩兵迎面來而前兵亦追蹤至仍爲所獲前兵復掖之行述義臥地不起後兵欲死之前兵不可曰此醫生也於是四兵共拽以行甫出門而述義大聲詈罵抵死不行兵乃怒刃之述義狂叫一聲踣地而死其時屋內草閣上有避匿者聞叫聲私相語曰此聲何酷似陳述義先生耶已而寂然知賊去出而覘之果然見左頸上洞穿一穴血猶涔涔不止遂相率移置於草地上覆以竹簟其家屬歸始爲棺殮云（采訪）

陳安生山陰東浦人邑庠生課徒爲業咸豐辛酉之難安生已年逾五十時生徒星散炊烟斷絕而東浦已設

局征財賦（時設立鄉官以征財賦有所謂監軍軍帥師帥旅帥者東浦設一師五旅立局理事）局中需司筆札者數人師帥某聘安生司其事安生恥之堅臥不起是冬天奇寒河冰積至三尺累月不解斷絕交通安生竟閉戶餓死（采訪）

張少蓮佚其名會稽諸生其先世居蔡堰父名維亦諸生與其伯孝廉名琴者遷居郡城南門內進貢橋咸豐辛酉之役少蓮在家教徒護眷太平兵至家衆皆奔逃四散而少蓮被掠脅之降充書士不肯屈兵怒支解之盛以浴盆而投諸河同時有比鄰某姓亦爲所拘而後逸者目擊其事（采訪）

婁長源字端生會稽檀瀆人咸豐辛酉九月太平軍入紹城寖及各鄉長源涕泣誓衆願效死抵抗而鄰鎮本郗爭先納欵志不得伸聞練使王履謙東遁將追之不及欲自經又不果同治壬戌冬清軍至紹長源喜曰吾蓄志已久此其時矣啟出窖鏹開倉粟募壯士得百餘人日習操勉以忠義時會稽令邊厚慶勒兵駐孫端掌糧守備李春林者與長源有舊長源入營假火器且請先春林曰敵氛尚熾君力單毋輕敵俟諸軍雲集會進可也時敵援兵屯皋鎮日出焚掠將及村長源不能待率部衆搗其壘敵蝟集以千計長源告衆曰今日之事進退均死勉之陣合衆殊死鬥殺敵數十人敵畏其鋭引舟渡江去長源麾衆逐之水阻於前乃奪一葉舟自操檝躍登追之衆不能從至太尉殿渡中火鎗落水死後七日得其屍面如生敵自是不復東附近鄉堡卒賴以安實此一戰之力也死十餘年事聞賜邺子春榆世襲雲騎尉（采訪據張壽嵩撰傳）

薛芬山陰東光里人道光十四年舉人咸豐間任開化縣教諭太平軍至不屈死之（同上）

薛鳴鳳字竺君原名葆安芳姪山陰廩生咸豐辛酉九月太平軍入紹城駐兵於鳴鳳家鳴鳳及母未及避乃匿於宅後之圃僞爲灌園者其圃毗城牆某夜大風雨擬負母踰垣逸以邏守嚴不果既而詗知爲主人并搜得其先世質庫簿籍索貲又以刃脅之令司筆札鳴鳳曰我雖非命官然食廩祿三年矣義不屈遂就刃死時十月三日也兵感其義殮之死數日母夢其掖之出城次日雜丐中果得出（同上）

董偉會稽嘯唫鄉人性摯猛有力忤者輒拳毆遇不平事偉所右必直而後已以故鄉人畏忌之與同里武科阮明侯善咸豐辛酉之役練使檄四鄉集團偉部署得百人率沙著無賴請富人輸餉富人不應時練局尚虛聲各團勇冊競報空籍無責實意偉聞之曰是兒戲也麾衆亟散去九月杪郡城陷太平游兵次第掠鄉偉奔告明侯集舊部策保禦未幾敵驟至偉不動聞其盡入鄉也率衆要擊之明侯善射以牛代騎射殺敵偉步從死戰殺敵九六人敵遂北偉乘勝逐之比出鄉會他敵掠近境聞戰助援突遇偉出不意橫矛刺中脅傷甚逾刻死衆皆潰明侯矢盡亦遁鄉遂陷偉死年四十餘（同上）

夏孝源山陰人太平軍入紹各村練團自衛孝源在界塘村募三千人攻破錢清敵營斃敵甚多適鵰前鎮之敵來救練勇前後受敵乃大潰孝源中彈亡從死者數十人（采訪）

潘慧香山陰白洋人咸豐辛酉之役慧香在西郭育嬰堂太平兵至力拒死之所養乳嬰皆得脫（見宗稷辰躬恥齋詩鈔）

杜毓鯉原名寶廉字泳舟會稽高田頭人咸豐間太平軍踞金陵東南騷動庚申杭城陷時餘姚邵燦督辦團

練謝敬統常勝軍防堵閩家堰鯍鯉參其軍謝勇果敢戰鯍鯉爲之申營規討軍實佐以韜略洞中機宜謝倚如左右手沿江堤亘百餘里地勢平曠兵力單弱不足以資捍禦測繪形勢指陳要隘稟請增勇設諜籌餉添械勤訓練備策應洋洋數千言邵亦韙之會罷去代者爲王副憲履謙軍旅非所習私意省垣既復浙西列重戍敵未即窺紹上書輒不報鯍鯉知事不可爲謝事歸未幾而郡城列邑相繼陷無備故也同治壬戌冬清軍復郡城太平援師逼上虞以紓困道出東關鎭張軍門其光以遊戎統軍駐其鄉當賊衝所部廣勇數百人勢不敵鯍鯉糾壯丁數千繼其後相持三晝夜乞援不至衆皆潰鯍鯉躬督陣身受槍傷七絕而復蘇敵憤火鄉閭幾盡火逼其居庶母袁氏罵賊殉節次年鯍鯉創發而卒〔會稽杜氏譜〕

何慶皆字治泉邑諸生世居城西白皙軀修七尺性簡穆寡交游語吶吶如不出口少孤事寡母善色養初讀論語至色難遽矍然曰非和色之難和而能敬乃爲難耳既入庠閉戶自精不預外事咸豐辛酉九月太平軍略蕭山諸暨郡大震慶皆奉母挈妻妹徙於鄉入居守城陷前夕烽火達旦猶据案讀書神色自若城既陷有奔告者曰寇至矣可速亡慶皆不應磨墨汁升許題絕命詞壁上字大如斗有渺體豈甘爲賊虜壯心竊願報君知句俄而游兵入室手一編讀如故刦以刃不動將縶而拷之遂怒罵被害年二十餘無子兵退後室未燬墨蹟猶存事聞賜邺如例〔采訪〕

周治潤山陰人祥符籍道光甲辰進士甘肅知縣咸豐十一年丁母憂回浙江原籍時太平軍攻杭治潤市至即經巡撫羅遵殿留辦守禦杭城陷後治潤在寓聞信卽登樓自縊而敵已擁入脅跪不屈戟手大罵被刀

扎傷多處自知不免乘間從樓躍出墜水身死同治八年五月經從弟給事中周星譽奏請奉旨旌卹並准其建立祀坊〔采訪〕

沈葆初字梅生山陰監生早歲能文久困有司試遂棄舉業耽古文詞不事生產好施予有族人葬其先墓側營葬時不忍使遷加封土焉道光二十九年紹興大水葆初首罷田租咸豐四年太平軍擾浙江大吏籌捐濟餉葆初與焉年終將請給奬力辭之十一年九月逼紹興左副都御史王履謙檄葆初分練鄉團登陴守禦城陷衆潰衣冠歸將仰藥遇敵兵三手刃其二一逸去未幾蜎集口詈手格不得死遂偕其弟作楫同被執脅降不動夜半謂作楫曰兄弟不同難爲先人故也兄不孝不能侍老母弟得間必早逸毋自誤明日遂被戕於八字橋側給事中高延祜上其事得旨旌卹〔采訪并據浙江忠義錄續編〕

徐廷縉字小容山陰南錢清人原籍大興鹽大使分浙補用弟廷綬字組卿任福建按察使司獄咸豐辛酉督錢清民團太平軍至廷縉被擒逸歸後嘔血而卒廷綬被戕同光間先後賜卹並准立專祠子文翰字墨莊附貢生樂善好施爲鄉里所稱〔據錢清徐氏譜〕

陶綬青號霞城會稽人好畫梅每畫必䟦以詩咸豐辛酉之役被擄敵亦耳其名拔刃劫之使畫不應遂被害其遺墨經亂僅有存者不多覯也〔據兩浙輶軒續錄〕

馬傳諫字漁谿會稽吳融村人幼從兄金門讀書文章倜儻應童軍屢試屢蹶三十餘絶意進取設教里塾善繪事工詩咸豐辛酉之役太平游兵至吳融大駡不絶口遂遇害給事中高延祜具牘彙奏給予雲騎尉世

職。（吳融馬氏譜）

馬傳朱字棻舫，會稽諸生，候選光祿寺署正。能詩，嘗隨父百慶（傳見前）游宦福建。歸里後，值咸豐辛酉之難，遇敵不屈死之。（據兩浙輶軒續錄）

何惟俊，山陰人。由拔貢生爲戶部七品小京官。中道光癸卯順天舉人，升主事。丁母憂回籍。咸豐三年奉旨辦理捐輸團練，二次奏獎，以員外郎用，加道銜。十一年經團練大臣奏令辦理諸暨防務。九月總兵吳再升師潰，惟俊復往新昌嵊縣招集。時鄰邑均陷，欲渡江回護省城，而道路不通，杭州隨陷。惟俊痛哭流涕，回至山陰謝塢村。適太平將遣人誘降，惟俊不答，入室自縊。（采訪）

潘治安，山陰人，候補光祿寺署正。咸豐十一年九月，太平軍入紹興，有舉人楊鳳藻者募勇三千人，密約恢復。十月二十三日攻破白洋、安昌、錢清等處，直逼蕭山。治安支應糧餉不絕。旋因太平將陸再金糾合紹興、蕭山之衆兩路夾攻，義勇潰散，敵中知治安主謀，十一月十一日率大隊圍其居，治安被執，乘間赴水死。敵得其尸，以火圍炙之，須臾而盡。鳳藻入包村死難。（同上）

陸以鈞，山陰人，候選府同知。咸豐十一年九月，太平軍攻蕭山，以鈞散家財募勇守本邑之逆土垻。十月二十三日攻破白洋、安昌、錢清等處，進偪蕭山，敵大至，遂被執死之。（同上）

金大，山陰人，傭於王貽善家，性誠慤，嗜酒而不廢事。咸豐八年，貽善從弟元相甫五齡，隨母出觀賽會，於人叢中走失，母痛哭欲自戕。金大自外携酒來駭甚，擲執遽出。日晡時流汗浹背負元相以歸。詢之，則曰：匪得孩必匿迹幽徑余於扼要處留守須臾匪果來遥望小主人在抱啼呼卽上前迎之匪委主於道奪路遁遂挈之以歸家人賚以金不受挈瓶入室飲自若後二年太平軍入浙兵氛遍地家人議避地城外僮僕聞警盡散金大厲聲叱曰汝等豢養何無丈夫氣哉余雖老憊願以死守此宅貽善父王芝山嘉其義慰勉再三授之管鑰洎兵退歸來而金大被戕其屍棄於後園芝山以禮瘞之鄉閒號稱金老相公且爲之祀焉鄰人木工王某云當兵未入室時金邀余來踞牀偕飲猝聞兵至挺身持械與之格不勝被執勸之降不聽肆口大罵竟遇害木工伏牀後得不死實親見之云（采訪據王貽善撰傳）

徐大髦山陰人住柯山業農咸豐十一年太平軍入紹興諸暨人包立身結民團自衛太平軍攻其寨屢受創銳意破之恒出隊出則路必經柯山達漓渚一日大髦在田種作其鄰傳丙南在河干舟中敵適至遥望見丙南欲迫令裝載丙南不慣搖櫓急持篙刺船離岸呼大髦助搖櫓大髦奮身往敵追至船已在河心忿甚以鳥鎗擊中大髦腰猶忍痛搖櫓越過兩河丙南幸獲免大髦抵家血殷衣袴尚能言家人環哭以爲代丙南受害大髦張目語曰我自願往救耳生死命也死則藁葬我愼勿費丙南一文錢遂絕家人遵其誡丙南當時亂亦無以相助也（采訪）

朱杰字海帆山陰人嘗主甬東榷務咸豐十年秋太平軍陷金華紹興府廖宗元飭辦民團杰捐資爲倡率子瀚步雲督團丁防禦歷月餘不少懈敵至郡城杰遣瀚挈眷徙鄉而率步雲在城南登陴守賊已由他門入遂被擄脅之降不可怵以刃顧謂步雲曰死生命也丈夫豈屑爲不義屈且吾已老矣汝其舍吾去步雲泣

曰父死兒焉敢獨生敵壯之幽諸別室越數日敵迫之行之中道堅不肯進且交口詈遂遇害瀚在鄉聞城陷亟赴城視父若弟不得入意敵必挾以俱行率一子二姪尾敵後以偵將近敵營被獲不屈皆死一門先後死者六人〔采訪并據浙江忠義錄〕

陳文萕字雲槎山陰人官陝西紫陽縣典史乞病歸寓紹興府城義倉後數年倉設籌辦局官紳絡繹文萕以爲煩囂還厲子母祠咸豐十一年九月城陷敵入祠具衣冠見之諭以禍福敵揮刃傷其指文萕曰吾一命官義不汙賊手投祠中井死〔同上〕

張程光字厚齋山陰佾生博通經史兼精術數道光閒有海警參贊文某從其計募桀黠赴甬東刺夷酋敘六品軍功國子監典籍銜任事不避勞怨嘗於城西倡建子母祠雙目旋盲日居其中咸豐十一年九月紹興陷或勸之去不可曰吾盲者隨人亡適貽人累賊至吾死耳數日城陷罵敵死〔同上〕

杜衡字少文山陰人父寶辰自有傳衡道光己酉科拔貢候選教諭咸豐十一年九月率其孥避會稽橫擔村遇寇盡掠其衣裝并挐之去度家屬已遠避乃大罵批寇頰寇刺以刃中兩傷跳身赴水復連刃之死家屬歸見屍屹立水中有生氣掖出殮之〔同上〕

朱渼字梅生山陰人工書畫早喪母事父孝咸豐十一年九月太平軍將至時其父年七十餘渼勸走避不肯行促渼率眷他往渼泣謂父脫不諱我何生爲遂止兵至執渼脅之降不屈將殺之其父請以身代兵怒殺父復脅渼渼佯許諸伺衆兵酣睡偕妻妹以褚衣殮父屍而納諸棺拔關逸出竟被追及縶其頸使司記室

渼堅不從兵怒發其父棺以油絮裹屍焚之渼憤甚嚼齒碎泣且罵兵寸磔之妻妹亦投河死〔同上〕

李肇丙〔錄李慈銘撰傳〕李肇丙字南垞山陰人幼有至性好學年甫冠補縣學生念父母老即棄舉子業以治律佐有司得貲以養素多病益日夜閱案牘盡心平反遂得心疾歸則鍵戶坐一室中日讀經史間爲詩歌以自娛或疾發則憤激切齒慢罵庸俗人甚至呼號跳擲不可禁止一聞其母至卽肅然斂容垂手侍立唯唯不出聲及母卒哀慟疾益甚辛酉九月賊陷諸暨將至郡肇丙居西郭門外家人悉他徙勸之行怒曰我生員也豈苟免草間求活者必不可賊至開戶以待賊三人者入欲脅之去罵曰死獸我豈從女者賊怒持梃前肇丙素多力拔庭中桃樹相格鬥連踣二人其一趨出呼羣賊悉入攢刃刺之力竭遂死與肇丙同死者有從祖子家華後一日其再從子瑛亦被殺於城中肇丙死時年六十矣子一家玟

李雲杲〔錄李慈銘撰傳〕李雲杲字連坡會稽人曾祖仕清祖文鑒皆諸生父鄂輝廩貢生試用訓導光祿寺署正雲杲少讀書沈靜有大志顧久困童子試乃援例爲國子生兩試於鄉亦不售辛酉寇警踵至日奔走與族人中書科中書慶蓉按察司經歷淞等練鄉團居西郭爲守禦計九月寇至城陷被執三日不食一日賊擁之出城行至梅市橋投水死時年三十七子維熊幼慧能屬文賊至時年十八與父偕受執賊欲役之大罵賊怒縛而鑿其齒噀血罵益厲賊以刀連斫其首至死罵不絕賊支解之時同死者又有雲杲再從弟嘉柱嘉桁嘉槐雲杲六子四皆殤今存者一人維熿

李淞〔錄李慈銘撰傳〕李淞字秋舫山陰人祖燻歲貢生父文釗舉人宗學教習淞官按察司經歷辛酉賊

警與族人晝守禦甚備城陷中賊矛傷甚遂死年五十四次子增賊掠之去亦被殺長子標

李樾〔錄李慈銘撰傳〕李樾〔原名鍾駿〕會稽人父慶蓉貢生中書科中書樾官光祿寺署正辛酉之警佐其父練鄉團有勞城陷被殺年十九兄子鴻燧與樾同日死年十七

魯燮元〔錄李慈銘撰傳〕魯燮元字蓉生山陰人幼聰穎喜爲歌詩才藻秀發甫冠受知於故山陰令宋君大寅紹興守吳君俊民試皆第一補郡學生名日起前學政羅侍郎文俊校越人詩賦尤奇賞之益自淬厲與郡人周刑部光祖徐州判慶復等結文社皆推服爲之下顧久困鄉試年五十矣益奮迅有用世志喜談兵酒酣慷慨言天下事輒搤拳叱咤往往至涕下坐客皆逡循避去性嫉俗尤惡貴勢子弟每遇事陵折之以故益不諧然事母孝嘗再娶婦皆美而賢故雖困頓常有終焉之志家庭之間雍雍如也辛酉城陷時方居母喪守廬中不去賊至怒目叱之遂被害婦金氏賊豔其色欲犯之大罵死子五人女二人皆死燮元一門既殲其所交游若徐慶復者亦罵賊死慶復初名鼎梅上虞人副貢生邺贈知州有詩名皆與慈銘交契者也

朱傳源字小六父名鏞常禧坊人性至孝有才識咸豐十一年太平軍至紹避居南鄉次年游兵偪其處小六促父母後戶逸自以隻身向前挺拒遂遇害時年十八〔常禧坊朱氏譜〕

沈宗源官名炳南字問渠號燭雲官山西偏關縣典史致仕咸豐辛酉太平軍入紹宗源集團禦之被戕事聞照道員例賜邺〔采訪〕

俞蔭棠山陰諸生咸豐十一年九月太平軍入紹興蔭棠泣曰吾輩身列士林不能殺一賊以作士氣何顏立於天地會包村起義遂挈家依之助守從者雲集包村陷闔門燒死（采訪并據浙江忠義錄）

徐敬立字小亭山陰人從九品佐刑幕咸豐十一年紹興陷敬立自備軍械入包村指揮民軍遇敵力戰受傷殉難長子澐捐職從九品同歿於陣次子溥女桐君繼妻王氏媳潘氏孫華村陷之日先後殉節（同上）

劉炳森字庶堂山陰諸生蕺山先生裔也咸豐十一年九月二十九日城陷友勸遠避炳森正色答曰我世衍蕺山道脈臨難苟免毋乃忝祖風乎敵至脅令從役不屈引佩刀自刎敵怒斫數刃死（同上）

趙世英山陰人遊幕江蘇咸豐十一年九月太平軍入紹興分隊下鄉肆掠世英家安昌鎮戶口殷賑度敵必至先請父元俊挈家屬避居海濱元俊欲命子偕往而獨留守舍世英泣勸曰奈何以老父當敵鋒願以身代父留居元俊遂行俄兵果至見世英欲擄之瞋目叱敵敵斫之仆地遂絶而元俊以先避獲免（同上）

陳日照山陰人家貧傭安昌鎮李氏咸豐十一年冬太平軍掠安昌日照抱李氏幼孩阿培奔至蕭山瓜瀝村復遇敵急抱阿培匿道旁空舍覆以草敵入門索之挺身持刀出鬬手刃數人力竭死之次日主人蹤跡之阿培呱呱泣草中日照之屍已支解矣（同上）

屠佩初會稽人咸豐十一年十月初二日太平軍出東門焚掠佩初與其鄉人倡義上竈村初三日敵敗於王家橋大獲勝仗初五日率民團萬餘攻城初六日敵將何文慶掠平水上竈等鄉佩初率衆往勦衆潰遇害民兵張有全陳廿九卅九吳十八同時陣亡（同上）

謝英才山陰人守備銜候補把總好義有俠聲咸豐十一年紹興府城設籌防局英才偕弟英豪投効入局督率練勇繕完城守九月城陷英才退守樞里村悉衆拒敵時衆無所得食皆仰給於富室某漸不相能某遂通敵結土寇誘執英才送敵營殺之英才既死英豪猶與敵相持至同治元年四月敵前後圍偪樞里英豪陣亡(同上)

徐本榮會稽人世業農幼喪母事父一泰以孝聞咸豐十一年十一月二十八日太平兵掠鄰村本榮急請父徙他處不許曰七十老翁尚何畏死乎我止此汝與妻孥速去本榮泣不行一泰怒則揮家人出匿空舍而身侍父左右兵至見一泰擁衾臥疑有物搜席下不得擲一泰於地將刃之本榮急呼止止無傷吾父錢物皆我守藏何與老父事兵舍一泰縶本榮令指窖處則紿至舍下急掣繩走追及躍入河敵以長矛刺之死

敵去父賴以全(同上)

史久芳字馥生邑之城南人有弟三仲曰久青字翰卿叔季佚其名咸豐辛酉太平軍逼越其父從其眷屬及季於鄉己仍入處久芳等固諫繼以泣父曰汝曹行耳吾老矣無害三子者不忍去既仲叔告久芳曰兄冢嗣也義不得死兄宜行弟輩從父久芳曰不然長子從父義也弟行矣其善侍我母我偕父守生死以之而仲叔亦卒不去及太平兵入肆搜掠拘久芳去以其父老舍之數日自城出仲叔匿於族之舊居兵跡得拷其財無所有將縛而殺之兄弟爭死乃殺仲子而舍叔子時已安民北鄉澄港郁鄉官丁春亭者史氏之姻也眷屬往依之得無恙叔子既免出見其父於城西南之廂泣陳仲子死狀父曰是爲我故也我必獲其屍

浼通敵者賂以重金果得屍殯殮如禮於是其父率眷屬隱於北海之濱久芳之被執也久無耗尋知敵欲用之久芳不從亦遇害其父憤成疾在難厲亦歿越癸亥清軍復郡城甲子叔子入庠乙丑捷鄉薦（按選舉志史久晉同治乙丑舉人未知即其人否）又二年丁卯季亦入庠（采訪）

趙淮山陰監生太平軍逼紹興勸母下鄉母先不肯從兵入欲殺其母以身護之兵加刃焉將死謂眷屬曰吾已矣爾曹須設法救母出城語嗚咽而絶（采訪并據浙江忠義錄）

諸人鑑字鏡甫山陰人諸生性至孝家貧母老課徒以養太平兵至遂棄妻女負母走匿半途遇寇索資不遂縶人鑑迫使行人鑑牽母衣不忍去寇欲殺其母人鑑以身蔽被殺母亦遇害（同上）

韓茂鑣山陰人父莘監生同治元年十月莘被擄責以資贖茂鑣徑詣太平軍請父先歸籌贖太平軍並縶之茂鑣知父無還理涕泣謂曰吾不能贖父歸吾生不如死夜仰藥死太平將感其孝釋莘歸家（同上）

韓茂鎔山陰人同治二年清兵既復紹興府城太平軍四處焚掠徧窮鄉茂鎔隨父避至玉屏山麓父步蹇緩爲一游兵所及茂鎔紿之曰吾腰有金願贖父也兵遂釋之茂鎔故搜索衣裳間視父去稍遠乃曰吾腰金安在哉兵怒殺之（同上）

章夢生字澄湖會稽人十二歲通四子書五經稍長善屬文性孝友母馬氏嬰痼疾夢生衣不解帶抑搔撫摩歷數年如一日咸豐十一年冬太平軍陷紹興後掠及村中夢生猶手不釋卷兵入門始挾卷避見父被執遽出持兵袂號泣請代兵怒連刃之死父竟得免（省志稿）

鄭泮美會稽八鄭人咸豐辛酉之役設團防會合三十六社糾聚數萬餘人據險扼要抗拒數月四鄰賴以稍安無何敵衆團寡莫能禦泮美與其族人之穡之祺均陣亡子在文欲合團勇以復仇奈團勇死傷者半離散者半勢難招集聞諸暨包村可守與從弟在鈞在鎔往投之後俱戰歿於包村中〔八鄭鄭氏譜〕

徐炳奎字朗峯山陰安昌里人年六十餘以貧在家設帳授徒咸豐辛酉九月二十八日太平兵據安昌設鄉官捐往戶爲久駐計明年正月突入據炳奎屋炳奎憤極與爭兵嗤其迂以狀係儒者命書幟不應且裂之兵怒加以刑辱炳奎嚼齒穿齦噀血奮詈乃縛置廊下將殺之別兵憐其其老乘隙縱之去遂匍匐達舍後小園忍飢偃臥閱數日兵別徙家人尋舁榻上獻食飲喉格不能下旋歿〔采訪〕

祝銓〔節錄鮑存曉撰家傳〕公諱銓字子衡號阜村山邑知名士也七齡就外傅甫半載其字學楚楚可觀業師傅雲香先生目爲偉器讀書不求甚解甫成童文名噪甚縣府試屢列前茅弱冠舉茂才第一二十一舉孝廉嘗以詩勖諸弟曰回首花間語諸弟區區科第未爲奇蓋於靑紫直芥視之南宮三試有薫衆北道非多事三試南宮總少緣之句而公益自勵故善制藝兼古作先是同邑有李烈女者邑侯聞之達於朝始立祠致祭焉公爲之代作祝文都人士嘖嘖稱賞傳誦一時公又譜螢中天一闋弔之暨邑陳孝子巧官稽邑貞女同年王君蓮伯之妹公並作長歌以贈之此二者悉採錄焉故善詩詞蕭邑韓君欽有摸魚子一闋贈公詞中有算古人祇有白香山堪爲伍蓋公於唐宋諸大家詩集備置一編而香山詩集尤爲公所膾炙焉故韓君戲之他若名公巨卿詩歌贈答往來甚夥咸謂公之詩集酷似之著有綠梅花館吟草待梓一時

聯吟諸君皆目爲畏友咸敬憚之而心殊不自是善奕有對棋多國手琢句聳詩肩之句載集中精命理卜筮諸書廓然有大志太平軍興浙右告警爲之慨然曰何人肯擊中流楫愧我還乘下澤車俄聞城陷以爲我死願無封予幕祗淸故儒士足矣嗚呼公之志甚苦遇最艱而公之抱負亦槪可知矣顧居鄉頻受挫抑不持勢力輕貲財至臨戎事具有膽識歲壬戌春三月越二日甲申太平軍兵由暨邑水陸並進蜂擁而來號稱十三萬船數百餘艘徑至小沫山地方被四方義民圍截舟中之指可掬也公手執短棍佩劍追至江邊日將晡敵餓甚方舉火作食公迺沈灶破釜大呌放火義民踴躍爭先喊聲震地火光燭天屍積如山血流成河是舉大捷公乃謂曰儒者讀書固非無用也先是南五省悉爲太平軍有至明年春遂得克復然公已不及見矣得賜世襲雲騎尉世職卒年三十有一

祝鑑字子明銓弟敦尙孝友有膽勇咸豐十一年太平軍至銓鑑倡阜村諸鄉團練禦之聲勢頗壯至同治元年三月銓鑑率祝昌祚孫遇春等破諸暨湖西之敵越日敵帥陸順德擁衆十萬自包村至小滿山鑑要擊之自卯至酉敵大潰鑑追至江干因風縱火燒敵船數百餘敵竄臨浦入蕭山城者不過數千人浙東義兵奇捷包村外以此爲冠方戰江干鑑奪矛陷陣殺敵甚多旋中敵矛負傷衆掖之出傷潰而死同時監生孫遇春諸生祝昌祚皆戰死小滿山（采訪）

張詩頌字季和號蓉舫山陰縣學附生咸豐辛酉太平軍入紹時詩頌方避難雞山鄉游騎猝至邀其辦理王府文牘不從遂被戕有乳母趙氏養老於其家見其主遇害憤極大罵亦同日殉難（采訪）

周之錞〔錄嵇儀洛撰傳〕公諱之錞原名謨幼名以墉字鴻卿鎬軒公次子也公兄弟三人長諱誥習五經甚熟久屈小試長公五年後公入泮公習舉業學益銳志益苦以期必售嘗於冬夜擁被閱文達旦不寐每課文必講求題理精細出之年二十一補會稽博士弟子員擢第五潛心古學工詩賦詞賽峯太守嘗器爲歲科試必高等旋食餼卓有文名屢膺房薦未中志不稍挫下鄉闈者十餘科居恒慎言語沈靜忠厚廉而好施與見人失意矜憐如己出事親在形聲未著之先兄弟怡怡翕如也嘗入贅於粵東官署朴素無文不染紈袴氣即以覘窮達無加之概公配潘孺人賢明而淑故其處內家室尤宜其教子尊師之禮意益隆咸豐三年援例授訓導十一年辛酉西口陷越公挈妻子避於東鄉其地曰隖家溇口至公語以忠孝事口恚摔其子錫恩慶祁去公乞還其一不許口脅公去公謂我曾授職當守忠臣不事二主之義口且慚且怒以刃刺其足流血不止遂患病病則坦然無戚容勗諸子以忠孝且謂我死當以官服殮勿薙髮顏其主曰清故儒林郎以全我不忘君之意壬戌秋八月卒於道墟村事平爲旌其事於朝從殉難例賜䘏〔一越城周氏譜〕

李繼泰字忠安山陰所前鄉卸塢村人素善佛郎機銃擊飛禽百不失一咸豐季年太平軍陷浙東繼泰密與諸暨壯士及蕭山桃源鄉民聯結伺敵間隙同治元年四月初一日敵至包村敗回繼泰合諸暨桃源諸軍扼之於小滿山斬馘數萬墜厓逼水死者無算敵將陸順德與十九騎由間道遁歸蕭山李軍分隊逐北餘敵盡殲聲勢大振詰朝進圍蕭山城敵閉門固守以無巨礮未能下初六日復進圍繼泰率軍攻南門自辰

至午敵仍堅拒不出傍晚民軍稍懈敵出東門繼泰以鐵騎白餘奮力衝殺繼以毛瑟快鎗敵不敢逼乃分遁從水南門出伏道源橋左近各村斷民軍歸路繼泰前後遇敵戰死是役有都司王炳榮者咸豐時武舉亦山陰所前鄉人當民兵薄城下時炳榮相度地勢有斷港爲設浮橋數座及敗追騎四出民兵奔渡浮橋全活者數百人炳榮死之子某襲雲騎尉世職〔省志稿據采訪〕

余觀瑩字春暉會稽人候選從九品原任河南布政使炳燾〔傳見前〕弟同治元年三月六日集丁壯於平水鎮以抗太平軍屢戰斬獲無算旋以衆寡不敵失利入包村六月十三日外堡陷觀瑩手刃敵首數人敵始退後粮盡水涸圍益急觀瑩率勇衝擊爲洋鎗所中遂仆地陣亡從孫誦芬字鏡蓉國子監生方觀瑩起義時誦芬首衝鋒掣倒大旗一面敵敗退後因失利隨觀瑩走包村立身倚爲左右翼七月朔村陷殉難又觀瑩任復言〔另有傳〕桂生及從孫福清幷僕倪順均同時殉難〔采訪〕

余復言字蘭生會稽冢斜人同治元年閏八月十五日太平兵至冢斜復言伏隘奮擊斃其統兵者兵復圍之被執不屈而死事聞賜卹予雲騎尉祀昭忠祠〔冢斜余氏譜〕

陶乾嵩及弟乾崙會稽綠岸人同治癸亥隨會邑令逐太平軍目嘯唫至上灶遇敵力戰而死事聞賜卹〔據綠岸陶氏譜〕

魯叔容會稽人少孤事母性純孝雖家計至窘而無虧甘旨幼時處館爲童子師所得脩脯必易參芪裘帛以奉老母已則自甘粗糲咸豐辛酉太平軍入越中先數日奉母於鄉而自身陷城中不得出匿他人屋上者

八十日作虎口日記一篇記中望雲之淚溢於言表卒得安然無恙團聚天倫未始非孝思所致也卒年七十（據補過老人鄉隅紀聞）

章天盛字鳴和會稽西裘村人事母馮以孝聞與弟天賦友愛咸豐辛酉太平軍入紹興偕弟至山陰尋避亂之所而兵突至西裘時母臥病在床不能行兵燒民屋啖逼天屍遍地天盛欲回家救母衆謂兵在西裘往必無生理盛不聽曰寧與母同死不忍獨生遂與弟約爾與衆俟於村西山麓我往救母若過期不返余與母俱死矣汝可速走遂隻身往西裘卒負母出乘夜至原約處與弟同行得無恙居雖火而母得全（省志稿據采訪）

章文鎮字安邦山陰人生九歲而父德茂卒事母宋至孝病革時刲臂和藥與弟文錦以釀酒致富甚友愛白奉極約而好施咸豐季年太平軍入浙流民載道乃命子觀瀾具舟揖粥米全活甚衆事平疫作復與弟共施藥棺又修官道十餘里修橋梁自梅仙橋行義橋至錢清護國寺計三十里每歲終同施粥至今子孫相繼不間卒年八十九及見玄孫五世同堂之慶孫毓嵩另有傳（據章氏譜）

童列誠天樂鄉瀟海村人少孤貧及長服賈儉而不吝恒急人之急有所借貸不索券積久漸忘里有償宿逋者却不受詢明顛末始笑納之又好排解爭訟甘損己寧人鄉評翕然太平軍之役廬井爲墟猶且掩骼埋胔躬任其艱晚年好施益力光緒十一年聞於朝給以品帶賜額齒德並茂越二年卒年七十六（采訪）

朱塤字伯吹會稽孝義鄉人幼失恃有弟爲庶母出甚相友愛父御塤獨嚴小有拂輒呼杖塤先意承志常使

怡然家故貧自啖溪螺充飢而奉父必精餐父患風痺又善飢飲食不時至起居溲溺悉仰於人於是濯衣不解帶者六年咸豐辛酉之難鄉鄰避兵且盡塡以父病不能行獨留侍兵至索欵不得舉白刃向父塡跪乞以身代稽顙至血出不止兵感其孝遂兩全之而去父沒後事庶母如母家事必請而後行年三十喪偶不復娶弟婦歿先葬之而後葬其室常蒔花砌石閉戶讀書遠邇學者爭歸焉晚年賴長子應鎬賢而出仕境小康然性好施鄉黨戚族有求者無不應偶不足則代告貸以補之雖嚴冬深夜無怨色以故村人咸樂道之光緒戊子卒年八十有三（采訪）

張六橋字韜菴永樂村人道光間曾在本村創立修業堂義學咸豐十一年太平游兵至鄉六橋被執將殺之子小橋字式齋正匿於隱處聞父被執奮身出曰願殺我勿傷老父兵驚止以刃斫其首血被體旋感其孝俱釋之（采訪）

褚元晉字錫之號斐封山陰廩生家世儒素與從兄元益（字牧皋道光丁酉舉人）並通經以授徒爲業白首同居稱義門咸豐辛酉之役在闉城不得出遇敵不屈被刃二子綸曾繼曾時已成諸生爭前受死皆被重傷敵亦義而舍之篤學尤講躬行跬步不苟先以父疾禱禱不應蔬食終其身著小蓬萊山房吟草八卷粟布儷言集兩卷（兩浙輶軒續錄）

曹標字吉人會稽稽東鎭淸溪人母葛氏病瘋臥床値太平軍之役土匪擾鄉方危迫間標曰妻可再娶子可再生而母不可再得棄妻拋子負母而逃遇寇欲刃之標延頸願代母死寇兩釋之妻子亦無恙事母終身

克盡子職鄉里稱孝〔采訪〕

王愼字硯芸山陰人父櫄游幕山東太平軍之役愼奉母章避難於會稽金家坂村母以驚勞患病刲臂代藥無效紹城克復偕妹奔赴父所途中又遇盜刼至滬妹復病故運柩回再赴山東肥城侍父習錢穀報捐佐貳得補泰安府安駕莊主簿迎養老父旋父故扶柩南歸值霪雨行潦滿道平地水深尺許徒步隨從在水中者累月迨柩回南而病濕已深入肌膚卒年三十七〔省志稿據采訪〕

趙淸魁原名堯魁字祝三華舍人國學生嘗爲母病割股〔華舍趙氏譜〕

胡泰復〔節錄家傳〕原名惇復字仲甫又字石史晚號心龕咸豐八年始登鄉薦年已四十矣自傷晚遇父建霞公〔名封傳見前〕不及見之流涕至竟日同治初循例以知縣謁選尋改內閣中書舍人以疾歸公性孝友少時母余淑人患瘮疾久不瘉善驚恐轉仄需人臥起動止抑搔扶掖非公不適公昕夕侍左右屏息微踐行必解履嚴寒盛暑深夜不倦淑人憐之屢使休則重足隱帷幕間微伺聲息勿休也淑人病卒以平復一時謂爲孝感及居喪毀幾滅性柴立歐血見者驚怛伯兄吉甫公於役山左自澄江舁疾歸公方病下痢大困聞訊奮起杖而就之棒腹視醫藥衣不弛帶者旬有九日叔弟申甫公蚤世婦亦尋猝遺孤恩望猶在抱公躬鞠養之辛酉之難盡室避海瀕中夜聞寇至倉卒挈望行不復顧家室曰冀吾弟有後幸矣已眷屬卒亦無恙識者以爲有天道云公制行誠恪動循禮法布衣韋帶服御質素性嚴正治家尤肅子弟坐立必正方出反必告面毋苟訾笑毋妄交游毋媮美衣食婦人行止不踰閾言笑不外達無冶容俊飾師巫之

屬無敢涉其門家居屛迹無一刺干長吏鄰子數侵盜籬援諸子請懲之公曰汝曹能自樹立耶籬乎何有不則圃且他屬是區區者庸足惜乎卒不校公有幹局好講求經濟經涉喪亂骨肉凋落無復用世意自言當買宅一區田數頃背山谷枕谿流長松十圍修竹萬个身嘯詠其間有園圃池沼雜蒔花果百藥歲時伏臘擕稚子褒童孫分一味之甘以娛頹年可以无悶矣因自號无悶子然以家累卒不如所志云公於書無不窺喜醫家及卜葬書昔人所謂人子必讀書者也古文雄放簡峭祖韓柳作書精楷隸題署尤勝能篆刻古勁成一家有心盦詩文賸藁一卷春暉寸草堂制義二卷試帖一卷印譜一卷藏於家公著作初不自矜貴兵燹後存者什一二光緒元年四月朔日卒年五十有七〔下略〕〔張濮胡氏譜　子霖霈傳見後〕

胡曾望字丕基號巖齋山陰人刲股救父病愈逾年父卒竟以哀毁隕其身終身不娶以弟稼堂子穀貽爲嗣〔省志稿〕

俞鳳書〔錄陳陔撰傳略〕字丹山會稽諸生兄弟九人齒最少父賈蕭山之臨浦因家焉諸兄皆從父賈鳳書獨業儒事父母備盡孝養父沒盡以貲產讓諸兄歸會稽年甫三十絕意科舉究心宋五子之書以躬行實踐敎後進主袍瀆義學凡二十五年門下士雖童年皆彬彬循禮度望而知爲俞先生弟子也〔據兩浙輶軒續錄〕

陸灝號善泉山陰諸生七歲能詩博聞强記工句股音律之學皆有著述惜燬於燹事親以孝聞年十七執家政再從而下百餘口衣無常主門無異爨雍雍如也著有鄂不書齋詩鈔〔同上〕

陳爾幹字仲楨，號柏堂，山陰人。咸豐九年舉人。嘗師事俞鳳書，爲修身實踐之學。年逾冠，舉於鄉，未幾太平軍陷兩浙，兄弟又相繼殁，奉母避居遠鄉，而身自從軍，多所規畫。旋因族人延壽獄牽連遘禍，幸莊鳳威辭時雨，顧其寃，踰年事解，游閩督吳棠幕，偕入蜀，卒於署。所著讀書偶記，皆心得語，詩詞眞摯豪邁，自見性情。名柏堂賸稿，因屢遭變故，多未成編〔同上〕。

陳延壽字松甫，一字梅卿，山陰人。咸豐九年舉人。同治初，浙東西盡陷於太平軍，延壽同鄉賈樹諴由京急假至滬，猝聞母喪，時太平軍立卡，自越至甬嚴禁婦女不得出，有賄之而逸者人百金，賈驚泣無措，延壽自山右至，慷慨身任之，既旋里，夜具小舟迎賈之父，使婦女伏艙底，潛行三日至上虞之松厦，曰：過此則無事矣。二年，巡道某借洋兵收復紹郡，城兵大掠，巡道禁之，兵怒，火鎗亂發，闔郡鼎沸。鄞人王某能外國語，洋將信之，延壽與王某有故，於是郡守以下再拜求延壽紓其難，乃議以銀餅十萬枚犒洋兵，而使延壽及某某括太平軍所遺粟米財物，計值以充之，而先立券付洋將，事乃解。久之，同事者頗侵漁，不能盡償洋兵，復大譟，有譏於郡守者，中其耶於大府，嚴檄赴鞫，延壽有老母，家赤貧，一弟頑劣，不能養妻子，穉弱猝遭奇禍，及事白，而延壽已卒，年三十餘〔據賈比部遺集〕。

范錫惠字少蘭，會稽人。候選光祿寺署正。幼好學，潛心宋儒諸書，喜吟咏，旁及詞曲，無不協律，惜皆燬於兵燹。難後寄居竇宮山中，事母不離左右。著有隱蘭處殘草。子棨棣，字椒郵，少孤，力學，博通經史，年未三十殁。著有蓺菊軒詩一卷〔采訪〕。

陶文鼎〔錄朱啓連撰傳〕陶文鼎字卿田其先會稽人流寓番禺久之遂占籍君少孤母吳病歐血垂絕召醫皆不至乃刲股和藥療之果大瘥然病不時發左足又廢始君客四方至是不敢遠遊[illegible]然居母側充婉若嬰孺母中夜疾作甫一呻必應聲起雖遣之退退復返也寢安席者終歲無數夕坐是壯年衰茶如七八十老人而母怡然自忘沈痼者十年如一日同治五年湘鄉蔣果敏公巡撫廣東重君才賓禮之徵知平日奉母狀及刲股事將以篤行茂才薦不欲違母出仕敬謝而已蔣亦不忍勸也母歎曰吾未亡人而旦暮少安徒以汝在安得世世爲母子乎君未及言左右皆涕出其天性惇至發於自然而感人於不可知孔子曰色難孟子曰終身慕父母君乃近是矣光緒二年卒年四十二卒三月母亦卒女端亦以孝聞〔下略〕按文鼎著有眞意齋詩

阮福昌〔錄章乃羹撰傳〕先生姓阮氏諱福昌字孝遴一字曉林別署藕公浙之會稽人性穎悟有異稟年十二能爲古今諸體文下筆洋洋萬言不休一日過其戚胡翁匡伯家翁母詰朝壽辰頌文未就以語先生先生曰易易耳爲濡墨伸紙頃刻而成見者驚爲宿構善書法工山水人物頡頏老蓮少與鄉人李蓴客趙撝叔齊名有越中三才子之稱目能遠視嘗立傳山最高處能辨所居村舍男女衣著牛角羊蹄相距蓋二十里許云舉咸豐己未鄉薦官刑部主事念父蚤逝母氏茹年老乞假歸未幾卒春秋四十有二愛才如飢渴居近有陳燕昌譚方者幼孤貧失學先生見而憐之命列弟子籍蠲其脩脯卒成名孝廉以工古文辭有聲於世先生遺稿等身鼠嚙蟲蝕置之嚙唫老屋垂五十年會鄉人羅鈍翁歸自南昌促其子充之輯錄未

就而充之疾卒先生外孫胡韻之粟長奮力校錄得詩文如干卷名七錄堂殘稿　章乃羹曰光緒末葉予客南昌得古文義法於陳大令譚方知其學出於先生今歲丙子客武林羅鈍翁屬爲先生傳叩求遺事僅如上述先生與尊客侍御友善越縵堂日記時及先生學行以懶不自惜身後遺文湮沒不彰欲求遺事而故老凋謝無可諏訪爲可慨也（按兩浙輶軒續錄言所著尚有琴意軒集二卷混沫集一卷損學齋詩記四卷經說待編）

趙之謙字撝叔一字益甫別字冷君先世自嵊縣遷郡城大坊口遂爲會稽人中咸豐己未鄉試應禮部試入都名動公卿間而壽陽祁寯藻武陟毛昶熙吳縣潘祖蔭尤爲引重恒置諸賓席之首四方賢俊會集輦下求文章求書畫者戶屨常滿一紙之出珍逾球琳論者謂有清二百年來不多覯也會試屢報罷先是以國史館謄錄議叙知縣及同治辛未榜後無復有進取意遂呈請分發江西至省巡撫劉坤一檄修江西通志時江西志斷續已百數十年自道光間議修迄不就之謙總司編輯之事書成文省事增援據精確搞詞爾雅轉勝前人爲當時官書之最（江西通志凡例選舉表經政前事二略全出其手）旋署鄱陽縣事又署奉新又署南城初宰鄱陽蒞官旬有九日猝大水壞田民多流析之謙殫力振撫纖悉不遺民得安居鄱民好訟訟必有魁之謙精設鉤距推鞫數四即得主訟者之名奸不敢逞而訟牘以稀有趙姓爭宗各以其譜牒爲據閱百餘年前後數十任莫能決之謙考宋史宗室世系表及紹興寶祐兩登科錄定其宗派之是非與譜牒所載進士之眞僞判牘千餘言訟者皆大驚服願各息爭以退奉新文廟久失修設法勸捐以葺之遂

復舊制南城通道八閩稱嚴邑城久不治會法蘭西以爭越南事渝盟稱兵犯閩海於是知府崔國榜與之謙議約郡縣紳者及時修城民心賴以無恐時援閩各軍絡繹過境促供張嚴甚或時與兵官齟齬遂積勞致疾旋卒於任時光緒十年十月也得年五十有六生平論學主金壇段玉裁高郵王念孫父子及武進莊述祖劉逢祿嘗言許氏說文爲讀書識字之本研求尤力讐校至數過又博求商周吉金漢後隋前諸樂石以窮六書之支流正變書則初學顏平原畫則兼及南北二派既而苦心精思恍然悟書畫合一之旨在於筆與墨化能用筆而不爲筆用乃求筆訣於古今之書得涇縣包世臣陽湖張琦所論著而知鈎捺拒送萬毫齊力之法復讀儀徵阮元南北書派論知北朝字體實由斯邕而變遂一意宗尚北書先習秦漢諸石刻以立隸楷之基及篆與八分之技精矣即以其意運爲正書書法既進更以篆與八分之意作畫神明於前人所立之規矩而畫之技又精又通作字之法於篆刻使刀如筆視石若紙自秦篆及漢碑額武梁射陽諸欵識秦漢章璽古今名印皆師之古勁遒麗每刻一石人爭取之或彙輯爲印譜六所著有六朝別字記一卷悲盦居士詩賸一卷文存一卷四書文一卷補寰宇訪碑錄四卷〔一訪碑錄同治初刻於京師尋以所採未備棄之〕校刻之本則有新化鄒漢勳斅藝齋遺書如干卷德清戴望謫麐堂集如干卷仰視千七百二十九鶴齋叢書如干卷內勇盧閒詰英吉利廣東入城始末記張忠烈公年譜三種其所自撰也〔據行狀〕

〔附錄一　程秉銛撰墓誌〕君諱之謙字益甫又字撝叔故孝子萬全之後處士守禮弟二子也仍世豐厚君生而中衰奮以儒起弱冠補博士弟子員舉咸豐九年浙江鄉試五上禮部不第以贍錄勞敘官分發江西

知縣初權鄱陽縣事繼權奉新南城年五十有六光緒十年十月卒官君有兼人之力達變之才邃學精藝夙成若性少游諸侯壯更患難病末習軌骰禍貽國家恒思督名審實以匡世厲俗既頻試不遇晚就一官所至精設鈎鉅威信大行民歌於家吏弔於室泣以小效並列薦剡殆非君之志也君學治訓詁尤好公羊師說撰國朝漢學師承續記如干卷多明微言大義之學師法謹嚴論說精美在江藩原書之右他所撰金石目錄圖經字說之屬咸卓有條理獨不輕言時事以爲中公之對要在力行無取辭說君之志趣略具於是徒以早歲食貧衣食奔走嘗所習書畫篆刻之技不能自韜名滿人口海內寶其翰迹卽或未知蘊蓄所在舉謂隋唐以來藝苑僅見言豈不諒要亦非君之志（中略）君貌壯强力善飲啖疑不僅中壽內行惇笃孝乎惟孝而急師友之難類東漢閒士世顧以雄才瓌瑋奇之然則君之不獲盡其天者概可知已（碑傳集補）

〔附錄二〕趙撝叔之謙初字益甫號悲盦又號憨寮會稽人咸豐己未舉人以縣令分江西總纂江西通志歷署鄱陽奉新南城等縣知縣於詩古文辭書畫篆刻無所不能性亢傲有心所不慊之人雖雅意相乞終不能得其片楮也嘗謂予曰生平藝事皆天分高於人力惟治印則天五人五無間然矣又曰鈍丁直接秦漢旁通各家予亦能接秦漢而不能旁通各家惟於鈍丁當讓一頭地其自負如此然至江西後誓不奏刀予雖昕夕晤對亦不便相强也庚辰四月與予論凡將篇爲予書摺扇一柄兩面俱滿計有千三百八十餘字以款位太窄鈐一撝叔四十歲後作小印曰已長十年矣越四載歿於南城官廨年五十六予輓一聯云

西漢文章北朝書法南城仙吏東浙通人　撝叔至江南後畫亦不多作予僅見王小初太守有屏八幅任筱沅中丞有屏四條及貽予書畫紈扇一握而已其宰鄱陽時馮子因大令於役饒州一日游鳴山廟歸所述見樹癭撝叔曰君試圖之予因謝不敏撝叔遂取一紈扇畫之霜柯挺立磥砢相銜形神逼肖眞奇作也撝叔書學顏平原而參以六朝造象非僅從事於魏碑也今骨董家得其寸縑尺幅咸索重値聲價日高而贋本亦不少矣　撝叔之師溧陽繆南卿先生死事浙江王壯愍公奏報失實詔奪邺典撝叔伏闕上書予謚武烈其風節爲世稱道人言撝叔盛氣難近其實遇名實相副之人亦虛懷相接無他異也撝叔嘗校刻鄒叔績遺書予取初印本寄張嘯山先生雲門先生復書曰天氣炎熱先校五韻論一過條列舛誤數十處以示撝叔曰亟改之撝叔善圍棋乎章門與勒公遂明經談奕旨覺其有異遂斂手焉其服善類如此彭芍庭方伯之升鄂撫也錢芳圃在其幕中謂予曰行將適楚能得一見撝叔則幸矣予爲道意撝叔曰幕中諸子誰可與我談者告以錢芳圃則矍然曰是人善奕我不能敵也遂挑鐙作函累十餘紙以達悃欵翌日予治酒肴邀芳圃撝叔至曾公祠談讌竟日盡歡而散（寒雲閣談藝瑣錄）

傅以綏字芰臣一字詩壽號萊生會稽人大興籍父士奎（自有傳）以綏於道光二十九年中順天舉人揀發湖南歷署安仁攸縣知縣安仁素稱瘠苦以綏下車後興利除弊善政頗多安仁縣志載其政績又安仁歲科兩試案首向以貨取多不憑文以綏力矯前失取譚生鎣爲第一赤貧士也士論翕然後譚以光緒己卯領解邑人益稱道之治攸縣日一如安仁卒年五十九子久昭字子越曾署湖南辰州通判向分駐於浦市

距郡治一百二十里素多劇盜久昭抵任後連獲巨盜置諸法大府嘉之旋受代去民間稱爲好官〔采訪〕

弟以禮另有傳

傳以禮字節子原名以豫字戊臣號小石別署節菴學人會稽人大興籍父士奎兄以緩已有傳以禮少習舉業而不得志於有司性好聚書幷嗜金石收藏之富幾與孫氏平津館相埒咸豐辛酉之難散佚殆盡時避亂嘯唫村猶日手一編孜孜不倦亂平後報捐縣丞分福建𥳑歷任長吏所識拔迭保至道員加鹽運使銜某年署福州府事聞有乾隆間所頒發之武英殿聚珍版本一百二十三種年久板蠹大府命以禮爲總纂任修補之役四載事竣復新增二十五種遂爲完書又手自校傳光祿集傅簡獻公奏議傳忠肅公文集夏小正碧血錄保越錄諸書又欲撰明史續編屬稿未竟僅成大統歷宰輔錄華延年室題跋若干卷初以禮在鄉時已見六合徐彝舟鼐所著小腆紀年頗識其見聞孤陋蓋其時已有志於撰明史續編也同邑李蓴客慈銘時主講蕺山書院見其所撰明史體例而善之謂此書若成可稱傳明史矣其推許如此光緒廿四年卒於福州年七十二子栻字子式號戌牧尤躭金石輯有華延年室集印二金蜨堂印譜若干卷〔采訪〕

〔附錄〕傳心泉封翁曾源性純孝幼失怙恃鞠於王母累世仕宦至是中落雖貧甚孝養盡禮尤好濟人急嘗於歲暮赴偷塘村索逋得五十金以歸途遇少婦坐橋梁手抱一子哭甚哀詰之則曰夫負里豪錢四十緡歲逼無以應議以妾償抵妾去此呱呱者失乳亦不活不如同赴清流耳封翁惻然即傾囊與之亦不告以姓氏歸家無以卒歲晏如也其樂善好施類如此後橐筆遊燕趙卒無所遇旋歿京師年僅中壽而子瘦

石刺史士奎孫艾臣明府以綏寄籍順天先後登賢書司民牧官河南山東二十餘年擢牧德州所至有神君之稱其長子靜川明府以凝任山東陵川縣次子即艾臣明府歷宰湖南安仁攸縣季子節子太守以禮官福建同知洊升太守靜川明府之子標以縣丞需次河南後遷知縣此外任雜職補博士弟子員者尚夥皆封翁孫曾輩也〔見補過老人鄉隅紀聞〕

胡壽昌榜名炳遠字在茲會稽人光緒壬午舉人父心亭工擊刺能負重越層樓壽昌少攻舉業以其暇受家傳盡其伎世居城南下竈相傳歐冶鑄劍處同治初心亭練山中人謀出奇復郡城出敵不意超登稽山門垂克矣而敵大集父子皆負重傷猶以矯捷跳而免壽昌嘗執贄餘姚黃尉亭之門受天算之學稱高弟又通解𡢂素謁疾者穿戶限志在濟人無勿應年甫四十病歿〔兩浙輶軒續錄〕

陳壽祺　〔錄李慈銘撰傳〕陳壽祺本名源字子穀一字珊士浙之山陰人祖掄英嘉慶庚午舉人官秀水訓導訓導生三子曰錫曰書烈曰文杰文杰早殤錫娶婦黃五月而卒無子書烈娶婦陶生君訓導命以後世父而書烈卒無子故君兼後小宗訓導故貧君早喪所生母育於黃恭人幼善病黃恭人日夕紡績以營藥餌顧讀書敏甚訓導深愛之攜以之官及訓導卒君所生父以毀亡時君年十四矣隨黃恭人扶四喪還山陰無期功之親無田無宅賃大木橋旁陋巷三椽以居黃恭人并日而食爲針黹或數夕不寢得錢以給君入塾學爲文而君益銳進更五年補縣學生又二年舉於鄉又七年成咸豐六年進士改庶吉士又三年散館改刑部主事同治元年粤匚擾紹興君請急浮海至滬迎黃恭人及其孥入都旋充提牢廳主事兼辦秋

審補奉天司主事擢□□司員外郎隨尚書綿森公赴湖北鞫獄京察一等未及引見以丁卯夏四月卒於京邸年三十有九初訓導娶於李予高叔祖孝廉府君之孫也故予與君爲中表兄弟君之補諸生也予祖父行皆喜曰訓導有後矣君天性伉爽無城府見人無親疏皆率胸肌與語人亦樂近之事親孝嘗自塾歸黃恭人持稻糗及肉食之君問曰母食乎曰食矣及夜黃恭人詣廚下暗中食君持火燭之則冷菜羹半甌淘麥屑也君持甌泣黃恭人亦泣及歲甲子二月黃恭人年七十君偁觴於京師予與平君步青謝君鉞往祝夜同宿君家君言之淚猶涔涔下也君文章警敏不由師授尤喜爲詩詞情藻豔發既年少入翰林篇什流播人爭傳誦而竟不得留館職既改官勤習曹事援律比例鉤抉爬梳日步行入署治獄夜閱爰書輒至漏盡嘗召試軍機章京列高等竟不用既迎家至京益困敝衣垢面跋涉泥淖而吏事益精曹中疑獄悉委之又自授其三子經以其暇事吟詠治小學故甫三十髮盡白竟以積瘁死君娶於劉生子三長者娶婦有子矣君既卒數年而黃恭人猶在堂（越縵堂文集）

王星諴 （錄李慈銘撰傳）王星諴本名于邁又名章字平子更名孟調山陰人父學厚道光甲午舉人慈湖書院山長君幼穎異目多白眉有奇采甫成童爲文即刻意自異不蹈故常爲詩歌鏤心鉥腎見者斂手山長故予族父青田先生高第弟子也以文章名一時少許可顧奇愛君嘗徧攜其文以誇於客甫冠受知於知府徐君榮學使吳公鍾駿試皆第一補縣學生名大噪君早失恃比長而繼母又卒山長恐君試失時遂以君出後其從祖父君不敢違及爲弟子員釋菜於郡時宣宗崩已逾百日守令諸官皆吉服隸事君獨衣

青衣徐君以其爲國郵也詰之君不對未幾而山長殁家素貧時山長三娶妻甫數月君姊妹未嫁者二人一弟眇而甚弱君已娶婦有子鬻鬻不能繼於是始客游初爲餘姚令宋賓王掌書記者數年繼客於蕭山予自丁未冬與君角藝於塾務爭勝以能相高而相得甚君爲希有鳥賦以贈予賦大鵬行以答之暨同補弟子員益相親閒日輒過從以所業相質證或上下議論窮極幽眇盡晝夜不止意氣淩厲蔑視一世以爲兩人外無可與言者或出詣人必兩人俱抵掌高論歌嘯互作坐客輒縮朒避去時御史宗先生稷辰方里居創四賢講社招致英俊予與君皆箸錄一日予與宗先生論學不合宗先生嗤點予文君聞之怒甚以告予予遂不復至宗先生門君亦不往宗先生屢好言相謝兩人始復稱弟子然終不以所作眎宗先生矣君既客游閒數月必歸歸則必過予信宿或至十日始去而郵筒詩文往來曹江上者相望也及丙辰春君始遠游由京師至河南依其叔父故副都御史履謙於河防副都以憂歸君遂歷客豫中諸牧令嘗寓書予曰自客大梁始知鄉里之多才而貧賤之可樂蓋數年中無旬日不夢至越縵堂也越縵堂者予讀書處也己未夏予入都君亦來應京兆試則已病脾泄精神頽靃予方被橫逆之禍大困相見惟咤嘆抑鬱無復向時意氣矣未幾同入試試畢君厲邑邸病益甚榜發中副車越日遂殁年二十有九時君有戚誼數人發其篋得金數溢買棺以殮今猶殯城南擴誼園也予方與同人謀之將以明年歸其喪君娶於施生二子一女（同上）

孫廷璋（錄李慈銘撰傳）孫廷璋後更名濇溥同治元年復故名字仲嘉一字蓮士會稽人孫氏自明正德

中江西巡撫忠烈公燧爲名臣其後益大閥閱爲江以南冠忠烈本籍餘姚其孫吏部尚書清簡公鑨始居郡城入國朝稍衰君曾祖枏爲縣諸生祖晟益貧矣父慶琛以善刑名章奏客督撫者二十年家始裕君幼精悍跅弛喜爲刻琱藻繢之文不治小節好詣侮人人多疾之甫冠應童子試時學政吳公鍾駿經學大師也以維黍二字題試會稽君獨本周禮爾雅故訓爲說吳公大奇之擢第一補諸生道光己酉充拔貢生旋舉於鄉明年試國子監學正學錄第一授學錄升助教癸丑告歸改教職選遂安教諭未上丁父憂洊丁母憂入貲以知府候選謁故督師勝保於皖不得當歸而浙江巡撫王壯愍有齡檄治文案時軍事急餉不繼浙西嘉湖諸郡已盡陷餉獨恃寧紹壯愍先與將軍瑞昌公劾罷團練大臣邵文靖燦以王副都履謙柔愿易制特薦之佐團練專司越餉以濟軍而越人已疲甚副都不能爲越紳之爲副都效奔走者類貪汚多飽私橐壯愍屢檄餉不如額遂積與副都鬩副都劾壯愍侵官擅威福君既爲壯愍所委任又與副都故交銳意解紛以爲餉可籌而民不病乃返越以巡撫激行事越諸紳大怒激副都出疏劾君及浙吏三人以爲巡撫爪牙壯愍亦疏劾越紳四人爲副都羽翼相持朝廷下其事於學政張文貞公錫庚而桐廬知縣倪某復訐君索賄冒功事於副都副都露移巡撫壯愍遂并疏劾君請褫職按治復下其事於學政及將軍讞未定而紹興陷杭州亦破巡撫學政將軍皆死節副都竟逸去論者謂浙事之壞由紳撫之交訌餉事其樞紐也而君之疏節闊目授人抵巇志用不遂卒至對簿亦可悲矣君自賊中間關至越迎其帑至寧波至上海遂入廣東客肇慶知府龍川知縣幕者各一年所至鉏鋙乃挈家浮海歸前事得白復原官君遂入於潛賃田數

十頃大治佃於山中而病作歸遂劇以丙寅十月卒年四十有二君素無鄉里名見俗士輒瞠不言或示君以所作君笑而仰視屋故爲謬語以故益無知君者比入京師名乃大起歸而與予交益治經史務爲本原之學歲丙辰予館君家傳節子以禮者居亦相近三人皆嗜書日出閱市以所得奇祕相角勝或互讎戡有所創獲相告則喜躍大叫賓客僕隸見者無不瞪眙以爲狂閒與君爲詩詞分題刻燭君務鑱鏤隱僻幾至腐穎每一篇出千鍛百鍊必於奇麗蓋其天性也君素喜經疏小學爲楷書精絶而結體必依說文娶於高生子一星華予門下士也未冠補諸生好經學詩文有父風　三子者陳子最和厚無忤於人雖甚不肖者未嘗有惡言加之孫子動與俗違仇怨日積王子稍溫默而不可一世之概則較孫子猶甚焉孫子長予四歲予長王子二歲而與陳子同歲生皆積瘁早衰有憂生之嗟每相聚晏語日薄西崦攬浮雲數落葉輒慨然念歲月之易盡懼修名之不立王子之殁於京師也予與陳子同視斂泣然流涕以爲旣痛逝者行自念也乙丑予歸至杭孫子亦自粤還須毿毿矣語予曰箸書未成而老已至奈何陳子抵予書曰君歸我留南北乖異欲如往時宣武街中同居二年歌哭相答此生可再得乎孰知歲未再棋二子繼逝今又四年矣予以孤露羸病之身塊然獨立寄家遠役浮湛冗員且執筆以傳三子而譔定其遺集悲夫陳子箸有纂喜堂詩集四卷青樽閣詞二卷越語古音證二卷王子箸有西嵓山居詩詞若干卷孫子箸有亢藝堂文集勉憙堂詩集共若干卷玉井詞一卷王子詩大半散佚孫子詩詞經亂亦多燬侍郎〔潘祖蔭〕爲陳子房考師與孫子故交契王子則知之於身後者今次第列布其集以傳於世三子之不亡侍郎力也（同上）

孫垓 〔錄孫德祖撰傳〕先生諱垓字子九號少樓晚號退宜署所居曰退宜堂退宜先生者以爲友兼師者之所稱也姓孫氏會稽人初名念祖與吾從兄心農同之同隸縣博士籍而未相知比心農舉於鄉先生爲更名焉是於德祖先世分支在明之中葉蓋兄弟行而先生齒長於德祖以倍乃以爲兄而嚴事之而先生接之溫溫也道光朝先生以名諸生工爲詩並時如李愛伯戶部慈銘周錫侯刑部光祖陳珊士刑部壽祺孫蓮士副使廷璋周叔雲運使星譽季旼建寧星詒王孟調副榜星諴先生徧交之月舉詩酒之會迭主齊盟所謂言社者也駸駸二十年諸子者以次取科第有達者不亦階他涂登仕版先生獨不遇咸同之際鄉郡經寇難家以中落往時所爲詩胥盡於燹顧耽吟不少懈吾友馬賡良幼眉渴慕之爲設館於家其羣從及其伯子簡章從受經焉於是幼眉方僑居皋部鎮吾師曹文孺先生館何氏與望衡爲一水鎮之北三里而近曰小皋部秦樹敏勉鋤兄之是有園林之勝德祖亦以燬室謀賃屋卜鄰焉松陵王詒壽眉叔陶堰陶在銘仲彝方琦子縝濬宣文沖兄弟相過從猶數先生又以詩唱之蕭山蔡以瑺季珪吾師執友也方開講剡中兼主修其縣志行李經由常常來會所謂皋社者也又二十年皋中人亦太半取科第有達者而先生終以不遇中間一爲閩游不得意歸而客苕霅者又若干年齒就衰矣且有目疾故人有力者惟周叔子歲常有所致以濟其乏絕至是聞先生篤老益貧之千金乃得歸老於家又若干年乃終年若干歲先生有詩且千首自同治以來曰弩末集前此盡於燹追憶而補輯之者曰琴尾集琴尾言乎爨下之焦弩末則感其衰退言乎勢之不穿魯縞也皆先生所手署同縣馬濂果菴幼眉宗人也後起能文章方有名學官任爲刻

之今存者若干首曰退宜堂詩稿卓卓可傳世幼眉實刪定之謂德祖知先生者屬之傳贊曰先生志潔而行芳介中而和外懷才不遇終已無悶雖在阨窮當其悠然高詠聲出金石未嘗知人世之有窮通得喪也而其詩夷然淸皓適肖其爲人嗚呼遠矣〔見退宜堂詩集小傳〕

李慈銘字愛伯會稽人諸生入貲爲戶部郞中至都即以詩文名於時大學士周祖培尙書潘祖蔭引爲上客光緒六年成進士歸本班改御史時朝政日非慈銘遇事建言請臨雍請整頓臺綱大臣則糾孫毓汶孫楫疆臣則糾德馨沈秉成裕寬數上疏均不報慈銘鬱鬱而卒年六十六慈銘爲文沈博絶麗詩尤工自成一家性狷介又口多雌黃服其學者好之憎其口者惡之日有課記每讀一書必求其所蓄之深淺致力之先後而評隲之務得其當後進翕然大服著有越縵堂文集十卷白華絳跗閣詩十卷詞二卷又日記數十册〔清史稿〕

〔附錄平步靑撰傳〕君姓李氏初名模字式侯後更名慈銘字愛伯號蓴客浙江會稽人生有異才年十二三即工韻語集中所存游蘭亭諸詩是也長益覃思劬學於書無所不窺時越多高才生咸推君爲職志道光庚戌吳縣吳晴舫侍郞再督浙學侍郞漢學大師得君文偉愛之以第二人補縣學生員次年食餼而應南北試凡十一屢薦屢報罷咸豐己未北游將入貲爲部郞而爲人所紿喪其貲落魄京師因倪恭人亟鬻田成之李氏越中巨戴以財力滋殖雄里閭君授產故不豐至是儽然寒士矣同治乙丑請急歸奉母諱庚午始舉浙闈五上春官光緒庚辰始通籍君才望傾朝右僉謂宜擢上第而顧不遇以原官久次補戶部江

南司資郎大都尙聲氣交游造謁報謝無虛日暇則徵歌狎飲以爲常鮮治事者而君獨鍵戶讀書吟詠蒔藥種花非其人不與通經年不一詣署尙書朝邑閻公方嚴覈名實下教諸曹郎分日入謁尙書坐堂皇旁一司官執簿唱名堂下聲諾如點隸呼囚者然吏持牒至君手書累千言責其非政體不當辱朝官而輕量天下士伉直激切若昌黎與張僕射書走筆付吏去閻公得書頗善之事遂已己丑試御史庚寅補山西道監察御史轉掌山西道巡視北城督理街道皆舉其職數上封事洞中利弊不避權要被旨允行或報聞君頊頊不自得今年夏（緒光甲午）倭夷犯邊敗問日至知君者頗訝何以無所論劾蓋君戍削善病至是獨居深念感憤扼腎咯血盈劇遂以十一月二十四日竟卒年六十有六君自謂於經史子集以及稗官梵夾詩餘傳奇無不涉獵而橅放之而所致力者莫如史所爲散文駢體攷據筆記詩歌詞曲積稿數尺而所得意者莫如詩讀者以爲定論君性簡略胸無城厲然矜尙名節意所不可輒面折人過議論臧否不輕假借苟同雖忤樞輔不之顧以是人多媢之然虛中樂善後進一言之合謳之不去口所指授成名者爲多門下著錄甚衆平生故人有改而北面者它可知已君于經學有十三經古今文義彙正說文舉要音字古今要略越縵經說于史有後漢書集解北史補傳歷史論贊補正歷代史牘閏史唐代官制雜鈔宋代官制雜鈔元代重儒攷明謚法攷南渡事略國朝經儒經籍考軍興以來忠節小傳紹興府志會稽新志又有越縵讀書錄越縵筆記柯山漫錄孟學齋古文内外篇湖塘林館駢體文鈔白華絳跗閣詩初集杏花香雪齋詩二集霞川花隱詞桃花聖解庵樂府凡百數十卷可謂碩學鴻文蔚爲箸述者矣友人僅刻其駢體文鈔二卷

詩初集十卷餘未禮堂寫定傳之其人娶馬恭人無子以弟之子孝鎏爲嗣　論曰吾越奇才近代推石笥胡徵君御史後出所學與徵君徵不同其論定國朝古文以徵君爲六家之一徵君性剛任氣豪傷自憙不類循咫蠖爲朝貴所齦迮卒以窮死御史晚達入臺差遇矣而亦不克大櫫所蓄卒蕉萃侘傺以歿不可謂非窮也然徵君有言古今人皆死惟能文章者不死於呼誰謂御史而竟死哉

沈寶森　〔錄陸壽民撰傳〕公諱寶森字曉湖譜名鑑居山陰壽勝村世有清德父挺之公讀書守業養親課花有隱君子風公克承先志勵行力學弱冠補博士弟子員咸豐壬子領鄉荐闈後榜未放適挺之公捐館舍雖列賢書深以不及娛親爲憾厥後歷試春官留京師七載就職鹽大使選雲南阿陋場不赴改就教職選授浦江訓導履任七年以母氏陸太恭人棄養奉諱歸里服闋後改選龍泉訓導循循課士一如在浦時士心翕然悅服謂品優學裕數十年來無此師範焉公厚重不苟言笑及與論事一語足抵千百待人以誠和而不流清而不刻令人肅然起敬秉心孝友讀書之暇多侍親舍雖在中年依然孺慕善撫二弟伯仲之間怡怡如也生平鑽研經史不沾沾治舉子業而於詩古文詞尤所究心素從柯亭朱辛泉先生遊與留園諸子相唱和及在都時會稽李越縵侍御方以搏雅主騷壇名重燕臺公晨夕過從講習討論稱莫逆交所業遂益造精粹詩宗唐人駢文摹仿六朝著有因樹書屋詩文集若干卷一生才力心思具見於此古虞連穉軒擷蕖昆季雅重公名願言締交意氣之孚親如骨肉擷蕖尤愛公文字樂任校刊之役詩集已盡付梓文集鐫半尙待續成全璧焉公家本素封自辛酉歲粵匪陷紹全家避難四明家產喪失過半難後昆季分

析生計稍艱公儉于自奉以前後積俸置薄田數十留作身後祀產生平恬澹寡欲不慕榮利曠懷任命頤養天和卒於光緒壬辰正月初四日距生於道光丙戌十月二十三日享壽六十有七嗚呼若公者洵不愧古人矣

曹壽銘〔錄馬賡良撰傳〕曹壽銘字文孺會稽人初名炳言字焜齋少孤力學補博士弟子員以優等食餼已而五試五冠曹遂以時文名於越當是時文孺少年意氣鼎盛輕裾博帶稠人中人爭拭目驚異之然其文亦足讋伏人丙辰歲試督學使者周公玉麒尤奇賞之謂曰子文如洪波浴日晶光四射非可掩蔽也吾去年司浙鄉舉未嘗見此意子不與試耶既知其曾入闈太息默默久之以優貢京師三試三冠曹取教習京師士大夫亦莫不亟稱之文孺既以時文名於世世皆以科第相期許文孺亦自念少孤苦非科第無以顯其親益究心時文然數奇九赴省試輒斥而其門下弟子習其文得一體者率皆取高科去年逾四十鬱鬱不得志既而曰是豈盡有司之不公明吾自不能就有司尺度耳棄其向所爲文更效時體每作文伸紙疾書不移晷脫稿見者驚其敏笑曰吾豈敏哉思慮凝將深入吾求其淺也見者曰噫文孺平時論文雖大家不能盡當意一旦自詆娸若此情可悲也已丁卯出闈匿其文曰吾文不可以示人苟獲中豈論文也同人鉤距計之咸以爲必售技文孺亦八九自信已復斥始歎曰命也吾安與命爭哉乃醵貲治裝謀之都就縣令選時山左右寇警行李艱阻北上者皆海船抵津門颶風時作非坦途同人勸文孺無行文孺忿然曰齷齪子六經未上口不知古來幾王幾帝而累累落落踵相接吾讀書三十年顧不能與之比數今髮垂垂

白靦顏向人折腰求五斗米而諸君獨欲錮止吾豈能挾兎園册子作鄉三老終身邪無寧茲飄泊以死也言已泣數行下戊辰正月遂行至京師掣籤得四川家貧道遠不能赴援例乞量移近而文書濡滯須時日資斧既竭不得已歸文孺少有歐血疾將之都復作既歸益以瘧痢遂劇鄉之人皆曰文孺長者疾雖甚不死九月五日文孺竟死文孺性廉謹一介不苟取與人無智愚賢不肖一以謙退處之體弱恂恂若不勝衣而精神發越目光射人雖以時文爲世所重雅不自喜喜爲古歌詩雜文每有所作殫思精索窮日夜之力不知止故其詩駢體文特工顧世不及知知其時文而已其詩入韓出杜無艱澀拙率之病傍及諸家各得其精藴遺山青邱之流亞也駢體文宗初唐四子強對天設而以奇氣振盪之閒學六朝入徐庾之室蓋探原騷漢骨格蒼古氣息深厚鉤𨪐析亂者弗能及也時文不模仿大家然高才盛氣軌轂赴題無不如意蘇氏所謂萬斛泉流一日千里及與山石曲折隨物賦形者庶幾近之時文散失無所得駢體文亦僅存數篇惟曼志堂詩二卷可傳於世（鷗堂遺稿）

賈樹諴（錄陳錦撰傳）嗚呼天道福善禍淫其可憑耶其不可憑耶吾於賈比部滋惑焉比部諱樹諴本名榕號琴巖世居會稽賈村大父林起耕讀與先資政同入邑庠父樊堂公淦家貧力穡而殷於課子脩脯必腆比部負笈郡城從名師交貴遊獨布衣履屩徒步下山混跡樵漁泊然無所欲道光癸卯年二十三與予同補弟子員越俗入學題名於籍曰釁錄先資政出嘉慶庚申舊錄指比部大父名曰其即某祖耶詢之果然自是兩家交益摯己酉又同舉於鄉相敘京邸互述先德益知比部起家寒素靈秀獨鍾宜其發蹟較難

而植基較固同年二十輩人才鼎盛而敦本厲志尙氣誼重名節則以比部爲最俞勉香年尤少以瘵亡比部獨助貲治其喪哭之哀聞者感動僉謂吾浙己酉辛亥年誼冠一時爭交比部比部亦出肝膽相許與名震京師壬子癸丑間粤氛初熾吾鄉高錫坡施雨生諸公嬰城死比部慨然感慕作詩寄懷因縱論古今成敗得失之故與當世人才學術存亡生死之交往往忠義奮發不能自已一日讀吳祭酒詩竊謂予曰我輩自負才名終不能以愛惜文詞誤名節言次輒涕泣相對既又互相誡勉曰家大人嘗謂予好論人才瑕疵當世非古人忠厚之遺且劇談耗氣夜坐戕生我兩人今夕相語何故乃又達旦則强自就臥顧越夕再至又如前月輒十餘次同人慕效爭就正則面誠無隱好爲淋漓痛切之談至拍案滅燭乃已嗚呼此亦足以自壯矣是年予犯難南歸比部轉以貲郎仕秋曹苦守科名無歸志己未計偕相見則時事益亟閱歷益深自以身無言責不得攄抱負爲恨事而春闈報罷予以縣令發江南比部則浮沉郎署凡四年壬戌乃成進士維時賊陷吾鄉已一年矣比部聞難來滬迎親始聞太夫人喪哀毁幾殆養痾滬口泊然無所求於人獨詣予定行計因得奉老父挈細弱航海之津沽次年掌教汶上士舊僚左瀛士州牧左爲忠毅公七世從孫尤尙氣節交勉爲循吏引士類比部度黃登岱謁闕里與嗣子元震偕以書抵予詫觀遊述志意累萬言迨予從戎山左比部已服闋回京又四年予以仕齊入覲得握手述勤苦相慰勞居累月比部爲予序詩集贈別備道性情交誼並歷數同年友多宿草以爲悲雖其正氣懍然猶克自振拔而鐵面鐵心敝裘羸馬比部則既窮且老矣願不料其逾年遽一病歿也老父年且八十元震以憂病悴賴糾資得歸柩故鄉祖孫瑩距

不絶殆已如縷噫奈何元震亦一旦先露也元震無子老父無孫天之所以報比部者安在哉夫以比部之矢志讀書爲當代名公卿所倚重倘得一盡其才豈不於世有濟乃天厄其遇白首爲郎亦足以資磨厲矣比部嘗寄予書自謂一塊硬骨頭造物鍛鍊若干年不知將作何用誠慨乎其言之亦何至艱難其身而又不延其祀耶是可痛已比部能詩詞工章奏簡當精覈毅色不阿論古持卓識題贈不濫動必寓忠節勸戒意亦文之經世者顧其存止百十篇經平景蓀觀察梓遺稿行於世他日必有論世而能知其人者元震又嘗述比部言貽予謂他日序其集誌其墓者必屬之予與左瀛士左今老死於官予亦頽病不及是時爲之導揚盛節紀頌遺徽將毋名泯沒而德不彰夫何以見老友於地下用縷述予所聞見而可記憶者狀其生平而爲之傳

王詒壽字眉叔山陰人廩貢生官金華訓導少孤祖母孫親授九經年十四始就傅才高好博涉能文章以詞賦爲秦興吳侍郎所賞將毋援例就訓導既喪母不復仕應本省書局之聘同事皆一時之儁偏交之學益邃密著述益富精力與俱耗甫中年而老至可傷也著有笙月華景二詞刻入許邁孫榆園叢刻子一緯能讀父書女二並能詩長綺尤才適賞枋胡元鼎亦才士也〔參綫雅堂集兩浙輶軒續錄〕

陶方琦〔錄譚獻撰傳〕譚獻曰子縝行誼略具予亡友傳幽咽不盡辭越十年遺孤詞光兄弟以家傳請復次生平事實應之後死之責感逝之懷幽咽不能盡辭猶前日也陶君名方琦字子縝浙江會稽人世居陶家堰曾祖兆麟直隸大城縣典史祖際𡖖湖南永州知府父良翰福建興化知府先世皆文學飭治有聲仕

籍方琦聞聞覃思天人少漸庭詁綜羣籍避亂山中攤書吟諷既冠補諸生踰年同治丁卯並補甲子科舉人兄方琯同榜方琦靜穆寡言笑雖徵歌酬𪗋寂坐蕭然至斗室中同志友人討古辨疑齗齗不自知庚午秋偕同年友餘姚朱衍緒震甫就譚獻論羣經九流之流別旁逮文辭正變密坐千言踰晷忘疲至二君後先捐館舍獻理其緒言往往雪涕方琦樂善入規誨輒精思求益也成丙子進士官翰林院編脩督學湖南時所學大就治易鄭注詩魯詁爾雅漢注又習大戴禮記其治淮南王書方以推究經訓蒐采許注拾補高誘再三屬草矻矻十年故其覘學實事求是得士如衡山李子茂衡陽夏時濟武陵陳銳所造就者皆能窮經桂陽陳兆葵黔陽黄忠浩〔一作長沙蕭榮爵〕則文章蔚然在官丁母憂歸葬禮成湖北奏請總脩省志遊於武昌手葺所箸書未卒業詩詞駢儷文約略寫定釋服北上供職逡巡染疾薦直南齋已不能赴病數月光緒十年十二月卒於京邸年甫四十君學有本末汲汲於古述造無間歲時今漢𡦹室遺書四方傳鈔及所手訂者行世有淮南許注異同詁許君年表倉頡篇字林補輯漢𡦹室文鈔濼廬駢文湘糜閣詩蘭當館詞餘槀尚藏於家賢婦王孝敬守禮生四子後君十年卒子詞光詧光譽光譓光庶子譔光諴光議光贊曰式詹興化服被家學琦也益昌研經後覺理道質文紆徐卓犖無年不朽斯璞斯𪉙

〔附錄〕詧光字誦廉諸生居父喪哀毀幾至滅性手鈔孝經蓼莪篇高積寸許侍母疾旬日不解帶著有紹𡦹室駢文閩游草愛蓮龕詩鈔

周星譽字洓人號畇叔山陰人河南祥符籍道光癸卯舉人由知縣擢直隸州知州權安徽無爲州事卒於官

歷官駿發儁健吏少好學仕宦老病無一日廢書好幽邃古拙之文獨弦哀歌馴至於無蹊隧惟傳忠堂文六十餘篇手定行世詩篇雋永不多作措語輒未經人道弟星譽星詒才力恢奇傾東南顧嚴事乃兄斂服其廉勁獨至云〔據兩浙輶軒續錄〕

周星譽　〔錄冒廣生撰行狀〕公諱星譽字畇叔一字叔雲河南祥符縣人先世本山陰籍故保定公〔一名岱齡傳見前〕解官歸仍居山陰保定公凡八子公次居七長沐潤次如甫次源緒次祖福次星譽次星詒次星詒星譽星詒同母生生之夕母陸太夫人夢一老尼指山寺桂花謂之曰此汝子也已而生公公天資華贍幼時即能詩詞及駢儷文字尤精畫折枝花卉驚才絕豔得未曾有年十九中道光二十四年舉人三十年成進士改庶吉士未幾以進丁家難歸道光末祚風雅道微士大夫無以矜式後進學者日汨於榮利而文章之道幾乎欲熄至是公家居慨然以興復自任於是創益社於浙東一時名士如許棫孫垓余承普周光祖孫廷璋王星諴李慈銘星譽星詒咸隸社籍吳越間花事最盛公昆季扁舟載酒往來雲門南湖扣舷而歌聲嗚嗚然見者以爲天際眞人也嘗與客言名士可爲才子不可爲也名士者如鮮花如美人如古鼎彝圖畫如朱霞天半如鸞鶴顧影品自矜貴才子則不然可以窮可以乞可以佯狂病癲決坊破觚無不爲矣又言古今名流性情學術雖各有近然其所得清氣爲多夢西清遠子九清和雪甌清豪蓮士清超蕤客清剛琴子清眞半子清雋素人清奇季貺清爽客曰然則叔雲是清麗也服除還官京師鉅人耆德接待若恐不及陳尙書孚恩尙書文勤孫太僕衣言林方伯壽圖王通政拯於時並申師友之契而公天性簡傲

高自位置不屑俯仰隨時坐是不得顯官由編修日講起居注官實錄館總纂補授江南道監察御史充同治四年會試同考官所得士桐城吳汝綸以文章知名轉禮科給事中兼本科掌印簡廣西左江道署中江道右江道權按察司事升兩廣鹽運使司兼署廣東按察使司加二品銜賞戴花翎以卒公雖歷中外不忘精進生平以文章爲性命而不自愛惜有所作輒隨手拋棄嘗見其與人書自言不讀書而好書不知詩而愛詩抑何其意氣消融也病亟時屬星詒弗刻集江陰金武祥與公有知己之感所刻濡堂詩一卷詞二卷日記三卷皆從他處編輯非其至也生道光丙戌年二月十日卒光緒甲申年十二月九日葬紹興府城外之昌園山娶吳氏妾許氏晉氏子紹賓早卒賁生少時辱公有天上石麒麟之目日月急景悠名不立而公之墓木拱矣懼其久而漸即湮沒詮次大略俾傳文苑者得所拾摭焉聞公爲御史時特疏參兩江督臣何桂清直聲四塞及任粵西徵兵籌餉以濟劉永福安南軍有足多者而其詳不可得而聞故悉從不知闕如例也〔小三吾亭文集〕

平步青字景蓀號棟山或號侶霞亦署三壺佚史山陰人高伯祖聖臺乾隆十九年翰林官廣東廣州府同知曾伯祖恕乾隆三十七年傳臚官兵部右侍郎曾祖欽太學生祖溶美父元芳江西雩都縣興仁司巡檢步青中咸豐五年舉人同治元年進士官編修甲子倭文端公以品學兼優薦舉入直上書房丙寅大考一等擢翰林院侍讀丁卯授江西督糧道戊辰署江西布政使是年勸辦四省捐輸集欵八十餘萬壬申署按察使以刑官不可爲引疾歸戢影湖壖不入城市自號棟山樵惟以讀書爲事早歲歷館藏書家遂成奇博尤

嫻熟掌故校勘之學有羣書斠識一百二十餘種晚年自訂所著爲雪香庵叢書二十種曰讀經拾瀋讀史拾瀋宋史敘錄修明史史臣表文廟從祀議考略國朝館選爵望謚法考續上書房行走諸臣考略南書房行走諸臣考略召試博學鴻儒考略召試博學鴻詞考略薦舉經學考略大考翰詹考略越中科第表浙江山陰平氏譜續司農公年譜羣書斠識霞外攟屑樵隱昔寱楹聯摭誌浙江山陰平氏攟殘集藏於家乙未歲卒年六十四配莫氏光緒癸未以助直隸賑賜樂善好施匾額子膺穀〔楊越所撰傳〕

〔附錄自撰棟山樵傳〕棟山樵浙之山陰人談者佚其姓名濟州朱秋水大令爲作棟山樵隱圖蓋其自號云性孱愚寡者好闤林聲色之樂飲饌服御之娛與夫金石圖書泉磁珠玉琴奕博簺華藥禽魚可以快耳目懌心意者一無所解惟好讀書劣通大義於歷算推步壬遁奇核刀圭風角諸術亦憚其難不之習稽書二萬卷日夜讀之涉獵而已實無所得也而於羣書譌文敓字援引乖舛輒刺取它籍刊誤糾謬一書有斠至數年未已者盛暑汗浹竟體天寒皸瘃不以爲病婦諎之曰空費日力胡不自箸書而耘人田爲笑而不答樵掇於書其所斠識蛛絲蠡足密綴行間羼厠塗乙歲久丹黃黗昧波磔漫漶憕不自省無辨識傳錄者爲文孤行己意人更匙知之故所作於考辨疏證爲多自謂貌寢經年不窺鏡偶取視則撲之不憙見貴要富人間有物色者輒懸辭宛轉郤之觸忤騰謗不之辨甚欲中以奇禍亦不之慴尤不慣與名士游人益憎之交以寡惟江上蹇叟荔牆蹇士二人蹇叟讀其文曰是學結埼亭長者校讎可追步東里學人蹇士於並世人文少許可顧獨謂樵記事匹衎石齋攷據精密則理初流亞也矍然曰雙韭抱經何可當錢俞二集亦

相去奚翅九牛毛其言如此刻叢書十餘種最後出其昔竄記事有怵以招人之過者曰吾文本無所斥然不能家置一喙且底下書徒酷楮槧焉用充菑醬爲遂毁之者痂者百計勾其餘匿不出樵早更憂患游京師壯始歸娶爲越中世家子貌莊姝蠱識文字樵偶出游天雨風颸修篁軒舞默步檐廡卬望鞸枝所傃往復裴回無停躅隸樵舟歸逌已數年始懷妊三月而隕男也大慼亟爲營篷樵曰卿寧不再作繭耶越二年又妊而禍作蓋有忮之者覬妝而爲之續慧蠶紿歆藥胎日以肥娩前三日又賄看產者闇㪅曳之夜中娩气息纔屬犁旦竟絕嬰亦斃事祕莫知主名也樵出不意慟絕誓不復娶未幾看產者亦以產死又未幾疽生蠶頭首墜竟伏冥誅初婦好施與光緒戊寅晉豫大侵巽災夜讀邸抄感泣斥其裝書奇荒鐵淚諸圖先後數千緡不尸其名已讀仳離啜泣圖謂毋盡鬻身幼將焉福廣設方略庶幾兩全樵爲飛書武林於是吳門泉炊樓有代贖婦女之議癸未饑輔潦饑樵又之海上輸綿襦四千襲而落佰阱恥爲諸奸所賣斷咤歆鬱瘻生於脊久之瘉欲棄家爲山澤游以兄子穉荏不果老矣猶時時斠書辛卯二月樵年六十友往爲壽破書充室篋所生兒女纔四五歲繞膝兗粜棗不之顧而操觚自若友愍其臑痺勸盍少休起謝曰子愛我自是遂不復觀書三壺佚史曰問諸越人棟山非樵者也曾通籍官中外十年以病自免歸未强仕也是豈伐蘖採若者邪然樵學未成家文更非所長書拙且醜寧猥厠侍從臣邪予識樵晚與之言一䕫叟耳絕不道少年事儻非其人與或曰樵數夢前生爲棟山負薪人數游蕺園深入香雪崦浣露峰諸勝秋水圖略自爲之辭記之宜樹趾離立何足信徐畏壘夢爲陶石簣王介眉夢爲習彥威孰從詰其所以然者予信宿會

稽忞歡東南諸山烏睹所謂募園邪

秦樹敏初名樹銛字秋伊號娛園會稽人同治癸酉舉人大挑教職能詩善畫居小皋部有園亭之勝是曰娛園與山陰王詒壽眉叔同里馬賡良幼眉爲丱角交凡郡邑知名士過皋中者必掃徑歡迎流連觴詠同治初山陰周光祖錫侯蕭山蔡以瑺季珪同縣曹壽銘文孺陶在銘仲彝方琦子縝相與結社賦詩互爲賓錯是曰皋社而同縣孫垓子久爲之長實提倡之樹銘所著有娛園詩稿〔見兩浙輶軒續錄〕

馬賡良字幼眉會稽小皋部人著鷗堂詩一卷遺稿三卷〔孫德祖序略云〕君平居篤倫理務躬行一應鄉舉不售輒棄去於先秦兩漢諸子百家靡不博觀約取尤精史學爲文成一家言以其餘事溢爲詩歌體裁莊雅格律峻整具有風人遺則焉〔同上〕

馬秉南字彥昭號運青會稽人諸生世業釀羣從中有鷗堂者崛起以詩古文詞名於時遂多研究學業彥昭尤秀拔坐饑驅未致通顯霜凋夏綠致可傷也所著水南堂詩二卷駢文二卷外有疏籟詞三卷〔同上〕

施山字壽伯會稽仁瀆人八歲即能詩家貧力學年甫冠課徒養母既而徒步尋父於楚遂游幕湖北惟時當咸豐季年干戈擾攘所歷多艱難困苦之境其母在紹不克迎養每望家鄉隕涕故改號曰望雲迨奉親至楚所以色養者甚至與其友監利王子壽巴陵杜仲丹恩施樊雲門望江倪豹岑諸名士相唱和其詩益工中年游荆襄道府幕著有通雅堂詩鈔並薑露菴雜記子燡手寫印行之卒年四十八〔采訪〕

章壽康〔錄繆荃蓀撰傳〕章君壽康原名貞字碩卿浙江會稽人父雅瀛官四川布政司照磨鄧井關縣丞

爲佐貳中最優之缺席豐履厚人皆羨之是時蜀中游宦子弟類皆鮮衣怒馬絲竹盧雉吟朋狎客三五成羣號爲豪舉君獨單衣窘步躑躅會府街後宰門書肆中或購或閱與余數數遇以爲寒士也咨詢門閥則大驚與談版本源流貫串如流水則又大異余引君爲同志君亦以余爲知己十日必三四晤余時以君稱說於朋儕前衆目笑以余以書餂君而冀君之助也余亦不與衆辨辛未應川東道姚彥侍記室之招彥侍出錢獻之新斠注漢書地理志徐星伯手寫各家考證於其書眉以爲佳本君請刻之市歲畢歸原書於挑氏是爲君刻書之始乙亥余爲張文襄公撰書目荅問時引君爲助文襄知之亦禮君爲座上客向之笑君者又無不奇君君終落寞如故川中書賈日集於門雲南湖北販書來者無不投君各如其意而去所收乃大富又復廣搨金石鑒別書畫與錢徐山錢鐵江宣龔公沈吟樵諸君交意氣益發舒矣丁丑君援例以知州銜知縣分發湖北入都引見余供職詞垣同寓永興寺君挾巨貲廣收書籍至揚蘇書賈聞風而來捆百箱出都到鄂丁父艱仍旋蜀所刻亦漸富乙酉再回鄂中補嘉魚縣知縣到任未久適欽差查辦湖南事件入城君未遠接大怒過鄂言之裕制軍遂以玩視民瘼日以刻書爲事降一級調用矣君以三月到任舉債辦奏銷十月交卸未及收漕遂大困舉所儲書賤價售之以完公虧已而投文襄公於廣東漸罄所藏先金文後碑版最後盡出藏書刻板悉數售之往來湖北江寧卒鬱鬱不得志而治生之術亦少差光緒丙午罹外症歿於湖北年止五十有七並無子息文襄聞其卒也助之六百金藉以殯葬悲哉君豪於酒食量兼人素習歐書中年忽喜摹宋本今存手鈔敬鄉錄友林乙集小畜外集數種每一展玩如對故人而音容不得

見矣略叙舊事藉以傳君

趙祖歡字喜孫號藹時會稽人廣東候補縣丞著蝨廬詩稿（陶濬宣曰）君穎悟絕人贈君故善繪事君童年即竊效之尤精篆刻精到處已幾幾超越其宗人撝叔大令時呼小趙以家貧宦遊嶺海非其志居三歲拂然欲歸姚彥侍丈布政廣東極器君挽之不可君聚漢印及名人篆刻多至五百餘方所厲不戒於火盡焉君懊喪甚自此常惘惘若有失年三十五卒（中略）性喜潔常齋居不茹魚肉年未冠面蒼癯如老僧自號嬾頭陀祖省園先生爲鷗社尊宿君箸題畫詩一卷早刻餘稿多散佚（兩浙輶軒續錄）

潘訾字敦田會稽人候選知縣著歸山草一卷（許湝祥曰）敦田性伉爽負才略自少講求經濟務爲有用之學咸豐間兵事起橐筆從戎飛書草檄倚馬可待走秦隴應左文襄之招文襄征西多所贊畫積功薦縣令未赴官以葬母歸楊石泉尚書復禮聘之時尚書撫吾浙余亦濫厠幕府始識君君爲人尚氣節重然諾與余交善受祜堂前翦鐙夜話每懷疇昔爲之黯然（同上）

范寅字嘯風又字虎臣別署扁舟子會稽人同治十二年副貢候選訓導博學多才著作頗富刊有越諺三卷行世又精書法融化顏柳眞草皆臻神妙四方求書者以獲尺幅若至寶與同學趙撝叔聲價並重於時（采訪）

傳霖字雨人山陰人著夢蘐樓詩草（傳懷祖跋略云）先生幼負異才博極羣書詩文援筆立就年未弱冠文名甚盛遊齊魯久之病廢濟南逆旅抑鬱以卒遺稿散佚無錫朱熙芝搜輯刻之（兩浙輶軒續錄）

唐福履字坦侯，號乙笙，會稽附貢，兩入河南臺灣幕府，章奏冠時彥，名公卿多傾慕之。著會稽山人詩存、紅杏

山房遺稿。（采訪）

何景唐（錄馬賡良撰傳）何景唐，名瀛，號仙坡，會稽人，余妻兄也。先世貨殖善富，諸父羣從有登乙科貢成均者。景庚獨厭舉業，復不治生產，好讀書，遊山水，飲酒，性誠樸，吶吶不能出一語，聞語人必再三申明之。鄉里咸非笑以爲癡。平居與飲，必估傭販豎，遇士人則介然不爲屈顧，獨余善。嘗曰：子不易才也，恨嗜好多，用力不專，屏棄一切，專用力古文，傳矣。余謝不歎，則歎息仰視罘罳，日景移時，復謂曰：子必勉之，吾言非河漢也。又曰：子好詩，苟能篤好山水，詩當日進。平日與處，則必縱論古時人物，正史定論，必引稗史翻駁之，雖稗史之荒誕不足信者，亦嘖嘖稱不已。聞人遠遊歸，必詢其處山水何如，視某處何如，或聞其佳，則恨不得遊，悵悵者必數日。越中名勝，艱搜深討，一拳一勺，無不目記心鐫之。暇則娓娓言之可聽也。見人遊覽詩若文，輒低徊吟誦不已，遇它題則置不顧，曰：吾不好此也。又曰：唐詩如孟浩然「風鳴兩岸葉，月照一孤舟」者，吾所深好也。其性情隱僻類如此。辛酉冬，避亂余家，諸沽販者踵至，竈鳴狗吠，余且不能一日居，嘗謂之曰：子好高奈何與此輩伍？笑曰：子謂曳長裾簪高屐者有學行，而此輩無學行邪？吾見夫曳長裾著高屐者矣。其隱微幽獨之閒，恐有不如此輩者，與之爭，終不勝。景唐少孤，其母王宜人深鍾愛之，既冠，飲食衣服之常如嬰兒。遭亂後，王宜人病，家中落，始慼慼無所倚，每食惡艸，具衣不備裘葛，病痰，藥物常不繼，每過余，余飲食之，欣然色喜，留終日不去，醉後憤懣，輒嗚嗚哭。丙寅長至，夢二婦人招之去。旦日語余曰：吾殆不永年矣。余以

妖夢解之則嘿嘿不語越數日果卒年三十有六疾革時命僕呼余者再至則曰吾一生遭際無可悲者但悲良友永訣耳余涕泗不能仰景唐但笑問日景中否余詭以昃則曰欺我耳苟日中不死猶可數日蓋似有夙因在焉景唐卒其家遺書猶數千卷云

高錫恩〔錄譚獻撰行狀〕先生原名學淳咸豐六年後改今名字古民高氏世居山陰前梅里曾祖士楨始遷杭州士楨長子宗元創建杭州普濟堂號善士家本素封好施予醫藥棺歷寒衣歲有惠也以是負鄉里望至先生父中憲公益任郵不倦先生幼即劬學長益肆力經史於世泊然無營淵源師友有名聲於時以例貢生應鄉舉七薦不上第應舉文字古澹不偶時俗終已不遇屢助軍糈議敘候選府同知加道銜先生博習於古尤熟正史成誦如翻水世事溫溫無所試顧獨居講求河漕水利輿地之學究極本末每衣冠盛集坐客論議飇舉先生默不一送難暇乃爲子弟析其是非其沈潛如此性好詩歌入書肆輒捆載古人詩集歸坐一室丹黃點勘從横滿席洞燭正變不喜近世門户之見與夫斤斤唐宋之論議獨操正聲以婞雅爲用而植體忠孝以撥棄世事也一意於詩所作富至數千篇又慎不示人非夙與文字酬唱幷不知爲詩人也先生素溫厚家庭無疾言遽色僮奴治事不謹徐喻以理不忍呵譴孝友於家門外無閒言中歲遭中憲公喪哀慕猶孺子色中憲公存日家事不以屬先生得專力讀書既終喪先生始庀家政一以慈儉爲則而益之寬和客升其堂子姪愉愉藏獲亦甕然有自得之色絕不聞詬誶聲者數十年如一日先生有才子曰炳麟字昭伯絕慧治經能綜後先諸儒說得要領爲文渾渾入古甫冠銳乎有不朽之志顧體弱目又眚

自恨也以爲不足用世則治釋氏書靈悟乃入荒渺遂病病時哀樂無耑緒馴至飢寒皆與人人異先生百方藥之終不瘳以同治五年卒於越中先生樂交游一善偁之不去口自少至老所遇文學士蔑不傾於欵接談藝極歡先生之姑歸錢唐胡書農學士最契先生爲詩推許甚至吳江郭頻伽山陰郞雪舫錢唐張仲雅賢而有文自知人鑒皆樂就先生定交相得也咸豐甲寅乙卯間年二十餘同志吳懷珍輩八九人聯吟秋之社以道義相劘切每集皆記以詩文昭伯猶未病與羣從望曾字荼盦傳錦字子容者皆在先生輒引後進密坐燕語若折行輩與論交者咸豐十年十一年杭州再被寇先生避地會稽一年還上海兩年亂定遂巡歸故居一時耆舊有吳督部振棫許撫部乃釗諸公宦成家居慕古香山洛下之會與張中書應昌以下有九老之游先生與焉諸老皆耆碩鄉黨崇其學行春秋佳日一觴一咏可以照耀山水增成故實先生次子駿麟嘗受知督學泰興吳公知杭州府全椒薛公讀有用書爲名士季子雲麟亦勤稽古有文行同治六年舉於鄉自昭伯之死人咸爲先生惜今茲二子競爽家學益昌先生自奉約素繩床布衣雖寒士不異中年喪偶旁無姬侍斗室蕭然書一卷酒一杯而已善飮酒百榼不成醉年逾六十神明不衰步履如少壯惟比年飮酒少減疇昔同治七年夏頭風作醫以爲久飮蘊熱沈緜遂劇疾既甚猶枕書微吟不輟八年五月卒年六十六計先生生平文字外無聲色紈綺之好雖流離憂患未嘗一日去書可謂學道君子矣箸友石齋集若干卷（下略）

陶珪字玉虹號尋士行八會稽人少時讀姚江全集篤信良知之說能守所學不爲異趨遂絕意科舉時方二

十餘也府北二里許新建伯祠爲陽明講學之所道光間珪患學者靡靡輒月朔聚同人一詣執經分解條貫井井四方聞風請教者相繼邑令耿某通刺求見珪不可或疑其矯答曰來而不往非禮也令我僕僕公廨殊非所宜此則報一刺足矣聞者信服咸豐十一年太平軍入紹緡錢不能易斗米有餽之者珪不受怪問之則曰予家四口二子已成立能自謀予婦出鍼紉易粟值較昂足支二人食他日不繼再相煩也餽者歎息而去光緒元年詔舉孝廉方正邑人將以其名應自顧年已衰遂力辭至八十四歲無疾而逝珪講學不談朝政不墮虛空不立門戶教子弟令讀曲禮弟子職朱子小學與人辨論自昕至暮滔滔數千百言不倦凡祀事必躬與雖耄耋拜跪不少懈見者至童稚厮役咸稱八夫子八夫子云配金相莊六十年至絕炊無詬誶聲〔據陶堰陶氏譜〕

趙福雲字耦村山陰人幼好學異常兒既冠隨父官關輔又就學京邑體羸善病性復孤落時方多難烽火滿地猶復力廣研討矻矻忘倦心神雕瘁益以疲茶卒年三十六詩骨重氣蒼意研律細尤工塡詞有小石帚生詞二卷〔陶濬宣撰傳略　兩浙輶軒續錄〕

岑應麐字希白號荔舫會稽人諸生以父遊宦生長於晉少有奇氣數往來燕趙齊豫間見世方多事慨然以經濟自厲期爲有用之學既不一見其所長而磊落奇偉之氣未能終閟或發之於詩詞以寄其感喟豪邁奔放如其人亦時有清新芊麗之作所著有蠡龕詩詞集〔同上〕

周光祖字錫侯號雪甌師濂孫山陰人咸豐九年進士官刑部主事著恥白集一卷〔李慈銘撰傳略〕君少慧

從大父竹生先生受詩又爲陽雪舫先生壻遂專精韻語平居議論踔厲風發有志於用世經歷滄桑意氣摧阻以乙丑〔同治四年〕夏卒年甫九十也〔同上〕

孫念祖字心農號澂湖會稽人咸豐九年一甲二名進士官翰林院編修記名御史同治元年考差特簡典試山西旋拜督學湖北之命使事未竣丁内艱歸未及一年以哀毁卒年四十〔同上〕

孫悦祖號笑庵會稽人九齡能詩工書畫有聖童之目既冠以名法客本道幕未幾棄去流寓甬上塡詞名藉甚姚梅伯方主盟騷壇一見訂忘年交爲草味莊室銘著有冰梅軒詞〔寄龕文存〕

郁庚字秋白山陰人性孤介貌清癯喜游山水工書畫閉關讀書不輕見一客遇貫人俗子避之恐浼嗜金石常於廢刹叢莽中搜得古磚甓最多琢以爲研古色斑剝羅列几案尤喜畫蘭竹下墨瀟灑詩亦疏秀幽峭年逾三十竟卒著有味秋吟草〔據浙兩輶軒續錄〕

顧壽楨字祖香會稽人父醇慶自有傳壽楨隨宦陝西蚤有文譽中咸豐九年順天鄉試舉人及禮闈報罷而醇慶遽卒時蘇杭亂亟歸葬不得門人鄞縣張源澈以鄞有稻田竹園類南方風景商諸壽楨奉母居焉乃葬父於鄞之東北鄉坡頭村邑人因源澈納交於門間業無虚日同治元年兵事起邑令延源澈爲紳董長以壽楨爲副遂共籌議戰守募集鄉勇數百人招練戶技師其督飭訓練悉壽楨主之十二月二十日壽楨方入山督民據險築碉適諜報川寇大至壽楨從間道疾馳抵縣次日又報回寇來攻城當是時川寇爲曹倍時未久留而回寇則欲爲其黨賈七復仇攻甚急力却之明年元旦寇復大至城上諸礮俱發傷敵無算

勇弁王寬王百勝以長龍擊斃其頭目孫元帥寇衆潰退壽楨知敵有畏心謂可戰而後可守三月初四日遣邑紳都司袁榮貴守備薛定邦誘敵至西郊大蹙之始遠遁會源澈染疫卒壽楨亦病又連遭母及弟喪哀頓不能任事幸守禦有方諸紳盡力城賴以安是年回寇漸平西安府知府呂倩孫延壽楨主記室三年劉蓉來撫陝耳其名復辟入幕府十月病卒山陰萬方煦謂壽楨幼秉粹質孜孜搜討溯騷根詩既長以文雄咀六朝之華抉兩京之籬通州李嘉績謂其論事通達摛辭騷雅數十年中罕有其匹著有孟晉齋文四卷詩一卷周列士傳一卷卒後其弟家相爲撰孟晉齋年譜一卷附刻集中壽楨無子以弟家相子迪光爲後迪光中光緒壬寅順天鄉試副榜官法部主事（據鄞縣采訪册參孟晉齋文集及代耕堂集續修陝西通志稿）

萬方煦原名庭琬字伯舒一字對樵山陰人讀書目數行下年十三諸經畢誦泛覽子史不斤斤於章句少即究心經世之學隨父（家學）仕黔道遠不克歸試遂治申韓暇則肆力於古文咸豐六年避黔亂來秦陟蜀道秦棧飽挹山川奇氣爲文雄偉詩則導源六經至其論時事陳利害辨得失燭照數計無遺策因時制宜皆可以致之實用出與俊彥遊業益進同治五年客華下其冬捻匪入關官軍追之侵晨大雪方煦蹙然曰我軍冒風雪輕進灌灅間叢蕭葦賊若設伏以底我我軍危矣欲飛書以諗或止之明日果報軍覆事繼母陳至孝母患痺痿艱於行爲作椅附輪負母坐躬自推挽諸孫環挾承歡兩弟官吳豫音問少疏輒中夜不寐遊秦二十年客邵亨豫李慎幕中與宮爾鐸譚麐輩均相善所至遊其名山川交其賢士大夫相與講治

道論文字無虛日光緒六年二月丹卒越九日方煦號踊以殁蓋以身殉矣年五十有八著有豫齋詩文集行世弟同倫原名庭璥字仲桓一字寄漁少與兄齊名工詩古文詞謹嚴有法駢文根柢六朝庸隋儁逸不作唐以後語詩苦心鎔冶善篆隸草書直逼漢人一時作者莫及客方鼎錄王思沂林壽圖馮譽驥幕中與顧壽楨謝維藩毛鳳枝趙元中方玉潤譚廑王權諸人友善皆一時之俊切劘文字遊譚無間同治初元花門肇亂同倫方在同州方鼎錄幕畫防禦策屢出奇計危城賴以全郡人至今頌之尋以䣝尹次淮上光緒十一年浮漢入江黄彭年時爲鄂臬留之不獲遂去之揚州轉運使倚如左右手越五年謝病還秦館臬署未久卒年六十同倫貧館穀悉贍家性好典籍見善本雖稱貸必購藏書累萬卷以爲樂著有補蹉跎齋文存一卷詩存二卷〔毛昌年撰山陰萬伯舒仲桓兩先生事略參思無邪齋文鈔續修陝西通志稿〕

陶繼栴字若檀號紫香會稽人家貧簪書授徒垂四十年族鄰知名士多出其門尤精韻學撰有音學罔求岱雲軒詩七律一卷〔兩浙輶軒續錄〕

邵煜〔節錄鍾念祖撰傳〕公姓邵諱煜字敦甫世居瀝城之東門外咸豐季年迭辦鄉團守禦有方寇終不能肆入大憲聞之給贈五品軍功同治初年三江淤塞沙漲至數十里闔郡官紳倉皇無措紹守聞公多奇智請公贊襄其事公乃朝夕勤勞督責士庶不十日淤塞皆通闔郡洪波遂由此而宣洩許雪門太守贈以聯曰身凌鰲頂三山動手拔鯨牙四海清蓋紀其勳績也又近村係會上連界兩邑之河高而仰淺而隘水不能瀦六七月每憂旱涸凡議疏濬往往以經費浩大不敢輕舉公慨然首先創捐衆皆踴躍以從由是疏

濬之功不一月告成至今十餘年來豐歲屢登而田價日昂會上兩邑令咸深嘉褒贈以匾曰急公好義光緒己丑之秋天多霪雨各處歉收公乃設廠施粥以惠窮黎若孤窮無依者按月給米田不收租王觀察贈以匾曰義垂梓里厥後職屬塘董每年修築鞏固又三次收埋枯骨並助田以立義塚年六十有九卒易簀時猶諄諄遺囑曰福聖寺後之北塘上須建茶亭三間路亭三間以便行人憩息夏則僱工施茶給送痧藥即逢迷路者竟可宿食又曰族中家譜自我父重修以來至今年久失修我有志未逮惟願兒輩仰體我志首先創捐詳加續修庶全我未了之事即此二事觀之則公之孳孳爲善終身靡倦尤可概見（瀝海所邵氏譜）

孫慶曾字遂先號瑞軒會稽人廩貢生候選訓導選海鹽時已先兩月病歿矣少時經寇難世業盡於兵燹苦志力學冀得寸祿以養親卒侘傺以死著有蕉雪廬詩詞多幽愁憂思之作讀者哀之（兩浙輶軒續錄）

王英瀾（錄馬賡良撰傳）君諱英瀾字紫生號杏泉別號老波晚慕衛蘧大夫之爲人更號景瑗老人先世由上虞遷會稽祖國泰籍辟雍父銘邑校高才生兩世胥以能書擅譽君繈褓失恃髫而孤自奮勤學以童子冠軍籍郡校已而再冠郡校士補稟槩知名既省試薦不售援例入貲就司訓君閔近世學校具形如蛻有意救正之既銓婺郡校斯昏集諸生諄諄告誡以倫理月課文藝胥核實丹黃甲乙之當意者易其疵累婺士之有文行者胥戴君如骨肉焉咸豐庚申□寇竄浙婺守檄君理樓櫓會東陽民抗糧假土寇程本達鳩衆刼令聲言攻城令懼張皇牒郡及行省省發步騎三千且至守且以郡兵會君遽詣守曰兵進速亂

請輕騎往塡撫不濟而後兵守許之乃簡數騎閒道負星月疾騁旦至城扇悉闔郁落縣旗相望鼓鼙鳴
相應君乃屏從騎獨詣首事者數家喻其長兵至旦族及早已咸曰勢騎虎也君曰大府令知反者程本達
若曹輸糧無辠獲本達且功何虎之騎於是咸悟顧君曰活我活我遂作札數十通諭四鄉父老翼日郊野
宴然本達遁徵糧課中程比省兵至郡君已還報嫠僚吏乎日文士目君者胥橋舌不得下君任嫠校前後
十有七年葺泮宮庭廡攷正祭器胥如禮率校士革民俗女宰牛諸習胥有裨風俗今相國恪靖伯左公撫
浙時謂浙省校官稱職者二人君其一焉俸滿序遷司鄞諭課士一如嫠更著學校平議上下二篇爲規準
以諷世鄞故人文區士之悅服者尤衆然君省試終不售任鄞校八年卒年六十有二君內行修嘗念劬勞
不逮奉滫瀡祭輒涕泣度寇至截巨竹刳節弆先世遺像負之行燹後唱復宗祠質產無少吝伯姊適姚氏
貧而寡無子迎養之三十年卒葬如禮簪令子孫歲時祀仲姊隨夫宦山右質宅於君具行李比去卒於官
孤寡還里無棲宿君讓故宅與居而焚其劵君世家學能書又以多病習軒歧術嘗箸醫辨如干卷督學侍
郎萬公靑藜爲序付梓其他著述有制藝片玉二卷雙谿詩草一卷五雲樵帖一卷
王繼本 （錄李慈銘撰墓表）吾友金華訓導王君英瀾有才子曰繼本字根仙蓋予始過其塾時根仙甫十
齡應對進退俱中儀則五經皆上口學爲文駸駸見頭角又三四年文譽驟起爲詩古文詞下筆數千言皆
卓犖有奇氣出應童子試無不冠其曹省明年遂補紹興府學生學益進其鋒銳然老師宿儒斂手退避時
同郡有陳童子壽祥楊童子德榮及根仙之季父今孝廉英淇皆年相若同日爲諸生俱有才氣而根仙爲

之冠予竊歎吾越自杜氏尺莊禾子兄弟以幼慧儁卒皆以學名家而後無能繼者文獻未絕後生可畏必有英絕領袖之殆根仙其人歟及予入都逾三載而邑人孫封翁道復者根仙妻孫孺人之大父也以避寇至都爲予言根仙先一歲以暴疾卒又述其女孫殉夫死狀甚烈予爲之驚駭惋恨不寧者累日又數年予歸而訓導更爲予言其詳則益爲之欷歔感歎不能置也夫天地之生才實難既栽之且滋榮之而傾覆相仍使一無有所樹立誠不解其何意矣乃生烈婦以爲之配俾奇節彰著以見其少年立身必有爲妻子觀法者是又交成其令名而或造物之玉人於成者固在此不在彼也根仙世居紹興府城爲會稽人曾祖國泰國子監生祖銘府學廩膳生父訓導君以軍功加同知銜候選知縣母俞宜人根仙生於道光二十三年某月日卒於咸豐十年六月十九日得年十有九烈婦與根仙同縣同歲生曾祖步康祖道復皆官教諭封翰林院編修工部郎中父悅祖國子監生母某氏烈婦幼嫻靜年十六歸於根仙事舅姑與其夫皆備極婉順夫歿誓不獨生而其父監生君又以哭堉暴亡烈婦徜匐奔赴歸遂絕粒家人百計解之終不食距其夫之死二十有七日而卒無子以是年八月之望合葬於王家峰之麓〔下略〕越縵堂文鈔　按繼本著有濯夢樓詩稿

王繼穀字子詒會稽人父英瀾鄞縣教諭光緒五年病亟繼穀禱神請代父竟不起大慟以爲不以身先之故神不鑒我也事母俞益謹一日私語兄曰昨夢父告以母祿將盡奈何明年三月母果病時家猶在鄞兄繼香奉父喪歸葬獨繼穀留侍母病已而聞兄將歸喜曰事母有人矣於四月初五日冒雨出不歸明日或言

有素衣冠者僵立月湖賀公祠外水中往視之果繼穀於祠前黏黃紙一幅大書漱六道人歸眞處七字久之始於紙簏中得其禱神疏稿略曰繼穀去秋父病乞以身代志願未堅精誠莫達椎心泣血悔恨何追今母抱疴日亟而兄未歸力竭計窮淚枯腸裂若空言籲禱恐難感格神明刲股刲肝不免傷殘肢體曷若創兒紀算續母桑榆至於晨昏侍奉尙有諸昆似續宗祧已延弱息利名固非本懷毁譽亦所不計又以兩札分貽兄弟勸以奉母深自引罪乃知孝子實因代母而死年二十九其後母病尋愈七年給事中樓譽普奏聞經大吏以孝子具題旌如例〔沈景修撰墓表　愍孝錄〕

〔附錄俞樾譔傳〕光緒六年某月日寧波府宗君源瀚具王孝子事實上院司浙江巡撫譚公循例於歲終彙題旌如律於是王孝子之名動海内或曰是奇孝曠百世而無二者也或曰嘻父死必殉乎是非學人之中道苟以奇行取名者也孝子之兄曰繼香子獻者痛厥弟之已死而論未定乃爲書哀於舊史氏俞樾請爲之傳且論定其人樾時方著右台仙館筆記已於第九卷中備載王孝子事至是重違子獻之請乃剌取筆記之文爲王孝子傳且著論以告天下後世焉其傳曰王孝子名繼穀字子詒於兄弟行居六故自稱漱六道人會稽人也父英瀾字杏泉爲鄞縣教諭光緒五年教諭君病孝子禱於城隍神請於身代然父竟不起孝子大慟曰神不鑒我由我不以身先之也事母俞氏謹一日私語兄曰昨夢父告以母祿將盡奈何明年三月母果病時其家猶在鄞其兄子獻孝廉奉父喪歸會稽獨孝子留侍母病夜夢齒盡脱指裂見血則啼曰是非吉徵也聞兄將歸則又喜曰事母有人矣於四月五日冒雨走出至暮不歸明日或言有素衣冠

者僵立月湖賀公祠外水中往視之孝子也死矣立而不仆於祠前衆樂亭黏黃紙一幅大書漱六道人歸眞處七字又書小字云漱六道人會稽所生也年二十隨父至鄞己卯十月二日父卒越一百八十日入月湖以去時年二十九已而又於其書案得二書一致其兄子獻一致其弟繼業子虛致兄書言本欲留數日面訣乃去來無定時不能如願致弟書則處分身後事斂用布道袍勿用僧道作法事一時咸共悲歎然莫知其何以死也久之於廢紙簏中得其禱神疏稿其略云繼穀於去年臘月之望夜夢不祥次日即瀝誠上疏請折兒算以益母年乃入春以來母體違和日益沈頓因憶去秋父病乞以身代良由志願未堅以致精誠莫達椎心泣血悔恨何追今母抱病日亟而兄在越未歸力竭計窮淚枯腸裂若空言籲禱恐難感格神明封股剖肝不免傷殘肢體曷若踵汨羅之行嗣曹江之志削兒紀算續母桑榆至於晨昏侍奉尚有諸昆似續宗祧已延弱息塵世利名固非本懷身後毀譽在所不計湛湛月湖寸心可鑒神聽不遠哀此愚忱乃知孝子實因代母而死遺筆不言者懼傷母心也嗚呼是誠奇孝曠百世而無二者矣世之訾孝子者誤以孝子爲殉父耳夫父死而必殉之天下無人子矣是非聖人之中道不可以訓者也然使孝子而誠殉父歟則教諭君之卒宜卽從之死矣何以越一百八十日之久始入月湖以去哉是故孝子之死非以殉父實以代母蓋有鑒於前者代父之請不以身先之不爲鬼神所許故母病垂危亟圖一死雖其兄在越將歸而不能待也夫請代之事則古之聖人固有行之者周公是也周公既請於太王王季文王乃卜於龜而聽命焉其曰體王其罔害知武王不死也又曰予小子新命於三王惟永終是圖知已亦不死也蓋公有請代之言

武王不死則公宜死而三王有永終是圖之命則未許公以死其後用公相成王成太平此所謂惟永終是圖者三王假卜以命公而公知之也此公所以不死也不然公既請代矣自言之而自食之曩所謂請代者苟爲美言以動神聽耳曾謂聖人而若是乎周公聖人也武王歿成王幼非周公則遂無周矣故請代而神不許其死王孝子一儒生耳其生其死非獨無與於天下即在王氏上有諸昆下有子姓亦無大輕重故不死則神不許其代此則其人之異而其用心則固與周公無異也王孝子事世多知之者故余止就筆記之文刪次爲傳其他有不詳焉惟世人不知誤以孝子爲殉父而死故爲詳論之使知孝子之死非殉父而實代母孝子死而母病愈則神許之矣孝子之孝誠曠百世而無二者也且其死不於父而於母蓋其請代父也猶冀不死而可以得請也不死不得請故其請代母也必先死之是亦甚重乎其死豈苟以一死求名者哉世有訾議孝子者子獻其以此義曉之可矣（春在堂雜文）

章震字春生會稽人幼甚孝六七歲遇父母疾輒立左右不飲食及父母相繼卒哀毀瘠立歲時祭祀必泣終其身五十年如一日讀書慧甚能通大義去常解以家累不能卒讀改習遊幕福建於律例覃思精考深明律外之意治獄有聲尋以軍功援莆田縣涵江巡檢涵江去縣治五十里地衝事繁震夙興夜寐治事甚勤屏僕役巡行村堡訓百姓耕讀煦煦然如父老之於子弟莆邑多械鬭擄殺涵江四村尤悍自震親往勸諭多有一言立解散者天性廉介官涵江十五六年庖無肉門無僕室無金珠涵江本優缺自震將一切漏規裁革遂成瘠缺民間有章公不取一草之謠邑令朱廉吏也喜其廉且以其素精律學委審縣獄終朱任凡

五年拔幽隱務平恕結案千餘起撫軍丁日昌精吏治恒偵察所部聞其治事曰閩中第一好官也將特擢會丁去位震亦不汲汲於榮進曰窮達命也官無大小但問心可對百姓而已涵江有海口故事以巡檢司稽查每船有費即漁舟出入港汊亦有規錢震悉裁之不許丁役滋擾船舶商民感泣在涵既久爲民所信有硝礦差過境勢甚張遇民輒毆棄官物於道而以盜刼飛訴上憲禍將不測震聞變亟出與委解官爭之力趨就道事遂寢保全甚多稅局訪偷漏株連五十餘家繫執纍纍震力白上憲僅懲其一二餘悉釋之富人某負人多金病暴亡子幼稚衆爭取攘幾覆巢震馳詣其家爲之覈券清理毋許欺孤寡多取贏並爲懲其強暴其家感甚以巨金夜謝笑郤之巨賈黃姓爲人誣控私鑄事急上憲逮治震言其冤獄得解震未嘗自矜絕不受餽遺邑令鮑性嚴酷有人以事忤執置站籠氣垂絕震亟與爭言同是朝廷赤子不可草菅人命力保釋後其人來謝勿與見曰私恩不可市也離涵轄四十里有大江曰西湖端明陡門水漏溢百里內農田失收震憂之奉縣檄越境勸民募築四閱月而隄成除數十年大患時秋暑甚烈震冒暑督工七十餘晝夜汗流至踵遂中暑而病病綿延兩年坐是不起光緒壬午春以病告歸去涵之日士民泣下立石誌德有私祀者有數者民送至涵方還是年卒於家子觀光另有傳（據李文田撰傳）

鮑森原名志桐號鳴岐會稽人業鹺起家咸豐季年太平軍入浙積資喪大半往桐廬收拾餘金得三千緡沿途散給難民將罄經義橋遇皖嫗將鬻其媳森罄餘資償其值禁其鬻而歸之亂後復業遂建五恩堂宗祠並置義塚同治八年回安徽原籍歙縣葺祠修墓清祭田整族規及興道路津渡之役又與族人寅初合捐

清節戶田二十畝以贍族中苦節光緒元年卒年五十九親族鄰友哀悼額其廳曰行義堂所貸於人者以萬計積券盈箱後人悉焚之以成先志〔采訪稿據高車頭鮑氏譜〕

朱錦堂字星橋山陰漁后村人少讀書治申韓之學游幕山東歷居各府縣刑席治獄主矜慎不尙谿刻官民傾服所至有聲事母潘至孝母年九十病風痺動止艱苦錦堂侍奉唯謹雖溷腧之役必躬親焉光緒四年卒葬於濟南提口莊黃岡之原母墓之側蓋其所豫營也子二慶瀾慶恩〔采訪據徐鳳書所撰傳〕

沈枚〔節錄任塍撰傳〕公諱枚字卜臣山陰安昌里人性孝友好讀書以古人自期不屑治制舉業嘗曰人爲科目重科目豈能重人吾爲其所當爲者已耳遭母喪哀毁骨立咸豐辛酉之役奉父匿巖谷輾轉遷徙得脫於難父歿任家政自奉極約有寒素所不堪者然好行利濟事里族中無以自存者周之無德色他如捨棺施衣藥置義塚凡諸善行必力爲之鄉之人僉曰公長者遇訟獄不決事具爲區處各得其意而去病亟時猶斷斷以繕修家乘爲念輸金首創之次則置祠田增塋產旁及里中水龍局施材會皆易簀前處分井井者卒年六十三〔下略〕

童元鵬字雲翮會稽人私淑陸清獻之學兄弟析產置不取無立錐地一介非義不受出遊至山東曰此聖人之鄉吾將終老授徒以小學近思錄白鹿洞條規爲指歸所居揭西銘通書於壁嚴毅不可犯巡撫丁文誠建尙志書院欲延其掌教以老辭僑濟南孤寺中高座子孫兩傍肅侍終日不輟講誦聲達戶外道路驚爲異人光緒四年九月卒年七十二著有弟子職述義一卷童蒙須知便讀一卷字音聲韻求是編四十卷〔一

省志稿　何家琪撰墓誌銘見天根文鈔〕

戚學仕〔節錄廖壽恒撰墓誌〕君諱學仕又諱存禮字位庭宋之季有諱亞卿者始居餘姚湖地十六傳至曾祖鳴岐徙山陰蕭山沿海之間世所稱白鶴寓公是也既而奠居山陰之白洋西塘下祖煒如父抒恂生五子君其季也九歲而孤母夫人以食指繁析諸子產君曰諸兄累重兒幼焉用多爲願受其薄者其孝友已若此比歲飢輟讀力穡曰時局岌岌舉世騖紛華奚爲者吾約素而已亡何粵匪逼杭州羣不逞之徒揭竿響應所至騷然君既壯長身火色賦性厚重爲人所敬憚土匪至率里人嚴守望不敢犯咸豐辛酉九月紹興陷乃徙家海濱平沙荒遠無巨室賊以無所掠不至富者視爲樂土多依君居君曰公等來是魚肉也必欲居盍往故里發倉粟掘窖金以賑海民富人從之海民感德樂爲用密於沿海蘆葦間設渡筏倉猝遇賊得濟以入海難民脫虎口無算比鄰有陷賊者君夜深月黑蛇行匍伏懷麥飯以餉幾蹈不測者數四復輾轉設計逹僞官贖之以歸凡親友先後率子女患難相從不下百餘人君一身左右之出入兵火皆完全無恙賊平西塘下舊廬已燬君於塘外三里許有瓦屋三間池塘半畝叢竹千百竿爲力穡棲息處也遂移家居之初君之第三兄學道公以勤學早世君痛無繼起者課兒輩綦嚴讀書遇鑿牙處輒助之同讀夜必裁小紙兩三分書漢唐故事令熟記投籠中閱數日傾籠出之稍長爲多延名師後得王積成先生諱餘慶者曰王先生學宗程朱留心經濟君子人與汝曹終身事之可也平生好小學人譜五種遺規曰數書備爲人之道當熟讀往復其他學不分漢宋任汝擇之不汝限也仲子揚爲諸生十年戊子己丑領鄉薦成進士

入庶常館君諭曰時趨非汝堪也行吾素毋稍變次年授刑部主事以親老乞外用癸巳季子翔補弟子員鬱爲選首仲子揚旋選福建安溪縣知縣以迎養請君曰吾當主家祭汝往哉勉作好官愈於就養爲政本乎修身小學人譜五種遺規慎毋忘嗣聞安溪水患亟諭分俸活民毋一夫失所乙未遷侯官君曰省會赤緊民事不可緩勿效俗吏奔競爲能且瀧岡阡表不云乎吾兒不能苟合於世儉薄所以居患難也我豈不歐陽氏若哉嗚呼世稱君之子其從政也不侮鰥寡不畏強禦抑義方之教由來久矣君既爲鄉人祭酒無賢不肖遇紛爭得君一言渙然冰釋治家整肅黎明起內外各執業無敢譁者篤於故舊兵燹後孤嫠無依悉周䘏之君隸山陰籍而惓惓故鄉念始遷曾祖以來多反葬餘姚祖父合葬上虞於餘姚爲順道君釐定祭墓章程歲歲約偕行至老不懈疾革戒子曰必葬我祖父之旁世世有反葬者他年麥飯清明新故均弗替也君卒於光緒乙未十月春秋七十有八卜葬上虞白馬湖裏龜山與日山祖父墓隔河相望從君志也（下略）（白鶴戚氏譜）

包君錫字杉麓山陰人性豪爽見義必爲不喜結交官吏有慕名而造其廬者亦不見獨與王孝廉蓮伯之弟庸吾及何冶鋒胡碩菴相友善咸豐辛酉洪楊之役紹興城陷自錢清至西小江殉難者浮屍徧江上君錫雇舟人打撈之獲浮屍凡五千有奇每屍給錢一千沿途設材局買山葬焉並募捐置田地山蕩年收花息以祭掃名曰遵義會同治二年癸亥在諸暨包村收埋殉難義骼十萬有奇以包氏被燬五間三進之宗祠基址助作義塚至今稱爲五大墳爾時族人多死難或遠出道遠出者歸以闔族祠基非一人所能主政嘖

有煩言君錫別搆宗祠三楹又未滿族人意閱四十餘年子越瑚商之包村忠義祠以義塚糧曾由包氏代納至四十餘年之久今應歸入忠義祠戶內并請以忠義祠隙地二畝零糧歸包氏戶內以隙地作祠基會議五六次始成乃重建新祠遂滿族人之意君錫在時最矜卹孤寡初僅百餘人繼至千餘人自維力不能勝因商之胡碩菴勸募基金建設清節堂堂在臥龍山後他如修葺城中大善寺創辦項里村頭泉義塾及放生會惜字會等不殫述〔采訪〕

姚錫光字讓之號山麓素性醇厚學古彌摯嘗錄先正格言懸諸座右以檢其身男女不親授受肩挑無佔便宜歲饑捐粟以賑買苗施種以侍親疾精岐黃遇大疫必施醫藥貧乏者必力爲周濟鄉人稱善士也與從弟分產公議三之一光乃僅取八之一曰吾願辭多受少以厚宗族額其堂曰學虧以戒子孫其廉讓有古人風焉尤工制藝而好奧古故屢試輒蹶援例授衍聖公賫奏廳其希賢之志蓋如此〔采訪〕

姚錫慶字子脩性正直好施濟嘗立體仁會施棺族中有失祀者置田爲延續祀以備祭享之資太平軍入越官塘一帶難民絡繹與其從弟錫麒從姪爾儀爾侯捐資設粥於太平橋以待餓者而食之又給青蚨買舟以濟越人甬人杭人受其惠者以數千計時百里以內刀傷凍餓溺水死者屍骸載道慶命從姪爾侯載棺收殮復邀同邑包杉麓蔡石戢倡立遵義會專收暴露共計三千有奇買項里傳家塢兩處山地爲義塚分別男女以瘞之每歲寒食會中備紙錢數萬以祭迄今猶不替云〔采訪〕

姚錫麒字辰山性至孝父病刲股和藥有幹才郡守韓公邀襄義倉事踴躍輸將咸豐辛酉太平軍入越郡守

廖公委辦團練未幾太平兵擾鄉村麒至村口隻身禦之冀其少待以救村人兵奇其愚不敢躁進村人藉以逃避兵憤以刃傷其額流血幾斃夢神敷藥瘡而痛瘥時官塘上下難民接踵麒與從兄錫慶從姪爾儀設粥廠以餉有杭州富家少婦亦陷於難乞粥而哭問其夫曰顧榮春業於江西玉山縣麒命養於家爲訪其夫歸俾得破鏡重圓凡交游流離者靡不爲之周旋俾全骨肉村人有被虜者捐金贖之事定郡守許公邀襄善後飢民無告者計日授粟夏給扇簟冬給綿襦人歌衆母焉〔采訪〕

何志亮字允成更字仁讓會稽人性至孝親疾侍湯藥累日夜不解帶居喪盡哀既葬閱數日必展視遇忌辰哀慕如新喪同產四人尤友愛先世遺田讓其腴而自取磽瘠仲兄早世事嫂如母撫兒子如己子產既薄常授生徒自給而性好施與貧窶不能葬娶者典衣稱貸助之不以善自名捐金完人夫婦收養棄兒成立爲授室予貲遣歸尤精醫以藥餌濟人全活無算子鉽字鼎文亦孝友克家業賈贏積貲以班族鄰故舊嘗置地上竈山以次族葬諸無後者歲時祀之鉽子浩官縣令遷同知〔省志稿據采訪〕

陶一貫字省吾號唯卿會稽人性至孝母丁年九十老病委頓一貫奉事數月衣帶不解蟣蝨若垂穗時七十餘矣母歿號痛距四日而卒人信其孝〔同上〕

朱公鍳字理聲譜名文漢郡城掠斜溪人十歲父卒於粵哭踊盡哀居喪如成人十六歲奉母命入錢肆習會計如期卒業性至孝母有所訓服從惟謹母偶抱恙嘗藥侍疾無間晝夜寒暑數十年如一日至老彌篤三鄰咸以爲難能咸豐辛酉之變舉室避北鄉寶[illegible]忽聞寇至咸駕舟逃徙魚簖阻之羣舟爭先追者將至幾

不得免公鋆以母溺於危奮力猛進手持竹篙入水左撑右搘毀其纂門他船亦得相隨脫險時年才十八歲雖有天佑其濟變急智有非人所能及者光緒癸未海潮爲災塘多決公鋆助郡紳倡以工代賑議戴星徒步歷九閱月始底成功戊寅以來歲屢饑公鋆節縮衣食量力賑助分頭勸募克盡厥職鄉里善舉力所能及無不稟母爲之母五十後無歲不病公鋆無夕不侍扶持爬搔不假婢媪手母享年八十四歲此三十數年中輕則晨出暮歸重則日侍臥榻未嘗見有倦容母歿之歲公鋆年五十九矣麻衣白首慟不欲生生平服膺朱子全書有手鈔柏廬格言註釋〔采訪據家傳〕

劉鴻熙〔錄鮑臨撰傳略〕先生諱鴻熙原名學孝字寅車姓劉氏爲吾紹水澄族臨少時慕先生品學遂問業焉先生總角即著孝行昆季五怡如焉年十七補山陰博士弟子員宗先哲滌樓主講蕺山先生肄業其門潛心先世證人理學同學多稱道之道光丁酉仲兄伯梅公登副車先生失志益攻苦經史子集專意德性之學且以餘力研究文藝僉以高弟稱歲丁未受鄉侍郎王〔逸其名〕聘赴京課其子弟士大夫與遊多忘分折節己酉仍躓於北試咸豐壬子聞母訃號啕擗踊深慟生不奉湯藥死不親含殮氣厥者再因致心病稍瘳即奔喪回籍葬於鳳湖告窆之日淚竭血繼喑不成聲廬墓兼旬親封馬鬣讀禮懸像晨夕供奉一如在生其孝行有如此者由是絕意功名茹素補過雖喜慶事不宰一牲不入一腥著有學子束身錄十篇未付梓而洪楊陷郡城稿亦毀失先生於公益事身任力行凡祖墓坍塌者封樹之公屋傾圮者修整之親族孤寡者周濟之婚嫁無力者補助之創惜字會刻勸世文種種慈善不勝枚舉至鬻產不吝也謁宗祠勵

族人以孝悌居鄉里誠鄰右以紛爭日坐廳隅手持大學孝經人講諸篇不問寒暑居恒不苟言笑暇則集子弟講解古今忠孝節義故事勗以人在青年先須立志及持身處世之道咸敬畏如師保族有遺傳宗寶上繪宋五忠公及遷紹始祖縣幕公以下列像歷朝名人題贊彙集成帙由掌祠事人珍藏惟謹雖宗裔不得仰瞻先生恒以爲歉懇摯邀求始允所請焚香跪誦竟日忘饑辛酉之亂先生爲弟蘭墀公守遺廬仍閉户不輟讀賊杵其户不得入縱以火不燃訝有神助棄而去明年壬戌先生悠然物外得失不知治亂不聞以隱逸終其身長子兆霽附貢生以軍功任甘肅碾伯縣宰有政聲〔下略〕〔水澄劉氏譜〕

黄仁字敬甫世居山陰斗門少從莫星五朱黼堂習制藝道光庚戌補弟子員旋食餼咸豐辛酉學使按臨聞仁名招致選拔不赴同治壬戌得恩貢性好宋儒書尤服膺明遺老李二曲以躬行爲主不喜箸語錄有從受舉業者必教以敦行爲先黄氏自明初由郡城軒亭遷斗門族衍千餘家尚無譜牒仁竭數十載心力搜訪編纂成書而斗門黄氏始有宗譜家貧然鄉里族黨有急輒黽勉佽助之箸有息影樓詩鈔十二卷光緒癸卯卒年七十有五〔采訪〕

徐春沅山陰安昌鎮人候選同知與兄雲巔克承先志建造義倉義學前浙江巡撫左宗棠爲咨部備案並獎給孝義可風匾額飭縣載入本邑志乘〔見徐澍咸光緒壬午浙江鄉試卷〕

金傳龍會稽人曾祖徽以孝廉官順天治中卒葬燕薊次子某爲山西興邑令迎母張就養母卒殯於任所傳龍幼有至性聞諸父道曾祖父之柩各在千里外常泣下霑襟季父濤質貸與之貲日就道既至晉不識其

處訪詢不可得仰天痛哭遇老人導往披榛莽示之拜於墓下手自發壙遂以布裹遺骸負以歸傳龍生長里閭未嘗遠適一旦負重徒步三千餘里趾裂肩腫而目黧黑家人幾不能識後又欲爲燕薊之行于是籌又以舊質之產計餘值索之兩人偕往不再月復奉徽骨以歸與曾祖母合葬〔省志稿〕

李永德字樂如邑之雙山村人少讀書明大義旣長以農自隱性和厚遇人未嘗有厲色平居誨子孫一以忠厚和平爲旨長孫立三年十五勤學不輟會大雪薄暮師强令休息乃禦裘掛獨至門外觀雪景見乞兒裸首赤足衣破袷露體瑟瑟傍戶伏立三心大不忍遽脫裘與之旣歸詣翁前請自專之罪永德大喜曰童子嘉哉富於惻隱也吾不汝罪某年場穀旣登時被竊發工人以告永德曰所失無幾聽之可耳偶夜闌乘輿步月則見其困上有竊負以去者乃躡足其後微呼曰若耶竊者大駭投地乞宥永德挾之起曰若毋然將此去余不汝揚也但後宜改行其人感泣卒爲善士永德亦終不以其姓氏告人歲旣暮會有鐵匠駕船載其爐就村落覓工圖食農人各出其耒耜之破敗者令煆焉鄉無閒地爐設永德所積困傍工旣暮就船中宿而爐火不檢因風暴發星星者竟至燎困爾時火光燭天焦穀狼籍匠人力撲無濟慌恐失色永德督工役助滅之更置酒招鐵匠曰勞爾輩矣匠人引咎永德曰汝非故焚我困者何咎爲談笑自若勸飮尤慇懃不懈至於今鐵匠之老者猶能道其軼事云永德生於道光六年年七十餘卒〔采訪〕

馮啞子佚其名山陰人乞丐養母鄉鄰稔其孝每乞皆與之三文錢日擕破缶沽酒觔餘供母飮手舞足蹈甚得母之歡心時或晚歸母怒責啞子亦承順供子職如故一日行乞途中拾金環一急前趨見一婦耳少一

環啞子乃向婦前揚手以示意自按其耳頓悟所失啞子即出環歸婦不索酬鄰里鄉黨閒吉凶大事令其守視器物芥蔕無所遺垂數十年母八秩餘精神尚强啞子已年逾花甲忽一日趨向母前抱膝跪泣哀鳴無疾而逝（省志稿據采訪）

王世榮山陰人援例報捐知縣分發山東歷任冠縣利津聊城恩縣知縣任利津時黄河在濱州決口直衝利津縣城之東南隅澎湃奔騰城廂居民惶恐呼籲世榮奔走徬彷撰文設祭禱於河神爲民請命浪激祭案水濺衣冠吏民呼號世榮誓以身殉長跪不起幸河流忽緩崩潰至祭案而止至夜分大溜竟改沿對岸而下城保民安兆榮相度形勢捐廉籌欵於對岸别開一河使曲線改爲直線民衆名之曰小王河事在同治初年從此利邑無河患民到於今稱之事跡載入利津縣志（采訪）

潘治山陰人報捐從九品分發安徽歷署六安馬頭司巡檢天長典史咸豐六年入戎幕以克復鳳陽壽州暨剿平定遠泗州靈璧各郡縣功洊保知縣並加五品銜同治二年苗人蠢動隨道員馬新貽赴剿蒙城設防籌餉動合機宜旋委署盱眙縣縣境屢遭兵燹人民寥落田地荒蕪治首請撥欵招集流亡給散牛種民始復業閲一年而市廛輻輳大吏嘉其功即奏補盱眙治以學校久廢捐俸建試院修文廟整理書院聘耆儒教授其中廣設義學愼選館師公暇必親詣書院義學與諸生講説勉以忠孝節義巡行鄉里見父老與之討論清溝渠殖蠶桑等肫肫如家人父子焉尤精聽斷案無留牘有因亂後田房失據構訟者必確訪其界址所在持平剖決民感其誠相戒讓畔邑有孀婦素健訟治初憫之溫語曉譬使歸更尋思而婦訟不止乃

集其牘一一擿發其奸婦知不敢欺一訊而服盱人稱歎在任五年風敎大洽有盜者獲之則曰本不忍犯盱境實係誤入刑罰自甘無怨言也其德之感人有如此者同治七年卒〔采訪〕

陳恩壽字伯平山陰人順天宛平籍父顯彝自有傳恩壽幼隨父宦游性警敏號知兵甫弱冠署登州府萊陽縣當咸豐歲捻黨任柱率大股東竄漸近萊陽督鄉團禦之於小姑河獲間諜三人釋不誅曰俾知我有備則不敢復窺及捻擾蓬萊福山慮鄉兵弱且未諳紀律敵復來則腹背受敵練精兵千餘設伏山谷絕其歸路大創之捐貲安置邑郡流亡發常平倉以賑人食其利調恩縣捕役出文升者大猾也黨羽數千人散布鄰縣前縣噤莫敢發恩壽到任設機擒治之鄰境皆安捻黨宋景詩出沒東昌百計抗禦闔邑無擾調長清未久即有肥城黃崖山之變黃崖山界肥城長清間客民張積中講道所也積中爲殉難臨淸州知州積功胞弟避匪亂居此因山爲寨以傳其道省城官幕中人往往因以爲重携眷居者甚夥人衆愈雜譌會以起巡撫閻敬銘以書諭之荅辭稍慢遂檄恩壽往察之率役登山適繳誤斃恩壽從役一人及傷所乘馬即馳歸報乃敬銘以爲叛迹昭著派候補道王成謙督兵進勦恩壽流涕諫曰積中雖迹近謀叛餘皆無罪前日誤斃勇丁耳請分別治之勿玉石俱焚越日圍破寨民不戰而潰積中自焚死而依山居之官幕死者無算無辜婦女皆裸身以處恩壽與登州府知府豫山見而憐憫之飭丁星夜赴省購棉衣褲若干人受一襲以蔽身而分途安插且馳書至省使其戚族認領之保全婦孺無數其陰德在人至今猶爲人所稱道者也恩壽既痛死者以無罪而橫罹凶慘又憾官吏之不能先幾安撫也自是有歸田之志焉子冕另有傳〔據濟

〔寧州志〕

葛恩榮字仙峯紹興人〔縣籍未詳〕同治元年知山東濮州值寇盜連年蹂躪境内遺黎半皆鋒鏑餘生瘡痍未起重以河決金堤全州淹没陷溺流亡戶口無幾矣衙署不可復居徙於古雲集里之南家院詢民疾苦區畫拯救四年州巨寇劉占考本經收撫已循例保至軍門復萌異志求歸濮修堡養親覆翼宗黨撫憲已許之葛力陳不可卒予誅除五年范縣王來鳳反屢擾州境城亦幾瀕於危旋以重賞購線收斬之數年之間防賊防水居無定所夙夜勤勞艱苦萬狀既而寇氛悉靖黄流亦順軌濮民且漸次復業顧四野淤墊疆理全無司牧者猶苦難措手葛乃披荆斬棘稟上憲請委五人舉闔境地畝逐一清丈復計里開方酌量授民各予印契並繪有闔州總圖及各里分圖歷歲餘始竣事吏爲民請牛具子種其規畫經營勞心撫字雖古循吏亦罕見也十一年升臨清直牧去都人士猶口碑不絕謂我濮再造乃葛公力云〔濮州志〕

章士傑字桂巖會稽人習申韓學佐曾國荃幕從國荃防俄於哈爾濱行軍至榆關和議成遂罷兵以襄助晉賑積功擢知州權渾源知永寧永邑與陝西吳堡接壤地瘠民貧多萑苻捐廉募勇躬自搜捕獲盜首從十餘人悉置諸法民得安枕時胡聘之爲山西藩司擬舉辦全省畝捐士傑堅持不可以去就爭事遂寢輿論翕然一時有强項令之稱性嚴峻痛惡鴉片而永寧全邑可耕種之田半植罌粟力勸剷除民鶩於利羣請納税以補國課士傑又不忍過拂民意乃請於大吏重徵畝税嚴稽偷漏意在寓禁於征免毒氛之永播今逾四十年邑人睹禁毒條例之嚴迺悟昔之力戒勿種煙苗實具卓見年四十二卒於官〔采訪〕

婁詩漢山陰人知直隸安平縣宣統二年入名宦祠〔據清宣統二年二月二十二日紹興公報〕

〔附錄俞樾撰墓誌銘〕光緒四年十二月甲午署安平縣知縣婁君以勤民事卒於官其明年二月己亥葬於宛平縣欄河峪之原又二年直隸總督大學士李公疏言於朝援積勞病故例請郵得贈知府銜於是其子杰乃具行狀請文其墓道之碑按狀君諱詩漢字慧波別字卓堂浙江山陰人婁氏曾祖融光縣學生祖青河南彰衛懷兵備道父煜直隸石景山同知君年十四通五經以治家事輟舉業父命也已而家事治父喜曰是良吏才矣乃入貲以從九品分發河南署沛縣典史捕治豐沛閒劇盜悉得尋以廻避改官陝西補褒城縣黃官嶺巡檢以母憂去官免喪改直隸咸豐六年署涿州州判又以父憂去免喪仍官直隸三年代理靜海縣主簿四年署景州運河州判十年代理永平縣知縣光緒二年代理成安縣知縣四年署安平縣知縣大吏累上其功始請補缺後以知縣用又請加知州銜又請以知縣候補又請補知縣後以同知用然君終於縣令所謂良吏才者未得盡試也其官褒城也禽姦覈猾如尉沛縣時鄰縣有爭訟者輒赴愬於君君以侵官辭愬者曰以君賢者求一言決是非耳非必以官法治也去褒數年君之兄詩徵官蜀道出於褒褒人以爲君也爭迎於車下既而知其爲君之兄羅拜而去烏乎君於褒城一巡檢耳得民如此使得大用其治行當何如邪景州濱運河自南漕改海運河隄多圮歲發民夫修築之吏受値於官以大半入已而以賤値雇老弱充役歲久無完隄君攝州判知其弊痛治之隄完且固民田賴焉同治六年畿輔大無君奉檄至天津爲粥以食餓者別男女老幼而約束之署旗鼓以進退之或曰子以兵法部署邪曰否此吾治河法

也分其流使散而不聚則無患矣其縣安平也地濱河自同治六年大河北徙縣百二十餘邨皆淪巨浸中君日夜以扁舟周歷竟內度地高卑教民疏導民於是乎始得宅土其歲邑以秋災聞前令所報輕君力爭改災三分爲四分有詔緩當年租賦振以銀米君履行村虚綜覈戶口賦食與衣罔有不當退則判治文牒每日未明即起漏三下未休仍於其閒爲書院士子講論文字拔其秀異優其氣稟又爲勸善歌以化導愚民每出行所部部民迎拜如家人父子雖老羸癃病者傴僂而至願一見好官君治安平四月積勞成疾竟以不起年五十有九國家優賢揚歷以積勞病故賜卹者歲有其人然如君者允副其實飾終之典無愧色矣君短身而容貌昳麗目光如電與人一見即識之事雖細一入耳終身不忘善治獄在永平決滯獄無慮數百有巨室某以陰事誣其兄之妾冀逐之而得其遺貲以胎衣爲證君反覆推鞫知某之女實與僕私以藥下其胎而嫁禍其兄妾禽其僕以大杖杖之某知事洩叩頭求免治堂下觀者咸頌君明察而不發人陰私用意忠厚又如此然遇事敢爲不以艱險自阻同治中吳橋縣奸民以八卦教惑衆且作亂君時禦捻於天津微服單馳兩晝夜至其竟捕渠魁數人餘衆皆散事遂定其治訟之明定亂之勇自尉沽縣以至歷宰劇縣不少異君父以良吏才許之洵知其子矣君沒而安平士民號泣奔走致賻賵者相望匶將發鄉民數百自懷糗糒願爲体夫旣而以從祀名宦祠爲請格於新例未果而四境喧傳君爲本縣城隍神事雖無稽然禮曰以死勤事則祀之是固理所有也君娶沈氏能以儉成君之廉丈夫子六杰東河試用同知楨河南試用巡檢緝書國學生綬書從九品瑞書殤懷書尙幼孫三人啓衍啓信啓覲君曩在天津與余長子紹棻

善余素聞其賢又重違杰之請撰次其事而係以銘銘曰君良吏才奚啻百里小試牛刀乃止於此其宰安平自秋徂冬纔四月耳兩時未終百里循聲達於天聽四月之澤百世之詠官無久暫亦無崇卑有德於民民則思之更三十年民不能忘祀於瞽宗俎豆馨香欄河之峪君之安宅千載而下視此刻石

田大年字漢川山陰人同治初由軍功保奏任江西泰和縣知縣時值兵燹之後荒凉滿目大年在任四年先後興修萃和書院城樓塘汎監獄典史署諸處皆撙節平餘不動公帑不役民力邑人蕭國珍爲撰德政碑記碑在泰邑書院其政績及碑文經江西撫院批飭採入省志（采訪）

施照字竹香山陰人同治二年署安徽壽州事下車伊始平苗沛霖餘黨之亂在任五載興循理書院以養士積粟萬餘石儲豐備倉以備不虞修學宮試院城垣南門橋安豐塘壩所在多惠政士民立祠祀之（見宗能徵觀化齋隨錄）

孫濰字少蘭山陰人由監生以知縣發陝西同治三年署洵陽知縣先是興安被兵洵邑戒嚴城外寺廟民房多遭焚燬濰於亂後重修文廟文昌廟敷文書院及明倫堂復建臨崖寺皆捐廉俸爲之倡郡城總局派索團練費八千金濰以洵民瘡痍初復稟大憲免之又創設養濟院恤孤貧尋卒於官（洵陽縣志）

陳怡字心台會稽人同治四年署咸寧縣時鮑超莛營潰勇過境沿途繹騷怡撫馭得宜民以無患（湖北通志）

田逢年字穗生山陰諸生幼喪母事父有孝行十歲能詩性磊落不求仕進惟酷好山水弱冠父歿遂隻身遠

遊後以古學受知徐學使樹銘晚年精究天文參註七政歷象諸書未竟而卒〔據兩浙輶軒續錄〕

邱廷藻字夢江會稽舉人同治四年署青田訓導諸生以文謁者必抉摘疵累詳爲評抹不索修脯踰年而去士林思之〔青田縣志〕

朱宗龢字亦山號旬輝山陰白洋人同治四年西塘潰居民蕩析顛漂如萍倡議鳩資僱工鷹集之得七百餘具買帽山地埋之表其阡曰萍䕃會殣〔白洋朱氏譜〕

李培蘭字友筠山陰人同治四年越大水平民無棲房者幾盡溺號泣四起培蘭雇工操舟載往七尺廟安置並出薪米贍養之〔省志稿據采訪〕

胡祖望〔節錄胡道南撰家傳〕公諱祖望字秋塍依外舅午莊陳公於福州習名法數歲當路爭延致旋以鹺大使分發閩省咸豐七年隨剿梨林社匪叙功升知縣加同知銜是年秋丁繼母憂制軍靖毅王公奏留畢軍需乃歸服闋改發山西同治元年補偏關知縣未蒞任而陝西回亂起晉之永寧州與陝接壤風鶴日警逃亡藉藉大府檄公權州篆公請兵分要堵禦而挈全眷入署示鎮定逃亡者漸反公視人心稍定乃辦民團儲軍械賊知有備卒得安謐撫軍文定沈公嘉之奏加運同銜其爲治務親民日坐堂皇案無留牘有細故興訟者令自陳所信服鄉老一人爲給諭帖使處直枉獄得衰減歷任積案至二千有奇次第畢釐之三年秋受代有日矣州民赴省籲留不得去之日設祖餞數十里送者數千人有泣者厥後回偏關調太谷太原臨汾等縣爲治視永寧而益以興利除弊爲己任在偏關首懲倉收之弊免車馬協濟鄰縣運載以蘇民

困而太谷亦有官車一項爲民厲又百工在署聽役廢時失業皆予罷免於太原鑿洩水渠三十里許河決而水速退全活無算民名渠曰胡公渠又以歲旱徒行禱晉祠大任胡方伯適見歎異之爲文以記令勒石祠壁臨汾爲七省通衢夙號難理又其時回氛未靖陝甘八路糧臺及本省防勇萃于一城供億彈壓日不暇給公於其間尤爲劬瘁所蒞太原最久偏關太谷各數月其去偏關也民遮道攀留如去永寧時太谷民且生祀之信乎公之得民不以久暫異也上官稔其才凡鄰封上控案牘悉委勘讞常自備夫馬往來月輒亭數案無反復者撫軍恪慎鄭公稱爲循吏中之能吏五年王方伯榕吉攝撫院擢公直隸州知州陝甘事平文襄左公暨陝撫邵公亨豫奏保協濟軍餉始終無誤詔用知府並賞戴藍翎當是時公之能聲爛河汾間扶搖直上萬目拭視而十二年膺卓異薦入覲中途微疾遽歸朔好勸駕終不出光緒十五年二月卒於家〔下略〕〔愧盧文鈔〕

孟昭芬字英貴會稽獨樹人太清里有孟郡王祠向例春秋二祭同治間山陰令楊恩澍葺理龍山書院施工者擬將祠中石板掘用昭芬知之即通會諸暨塵坟小赭八字橋羅漢橋孟葑各支派上城禀阻并創塑祖像値祀如初〔據獨樹孟氏譜〕

李光興山陰人同治四年知甘肅靜寧州時師旅方興饑饉交加光興竭力守禦從容布置每勸富戶出粟以濟貧民民咸德之其子雋慶於光緒間復涖斯任亦有政聲〔甘肅新通志〕

周浩字溶生會稽人同治五年署理甘肅花馬池〔今爲鹽池縣〕州同時値軍務倥偬浩勸富戶捐貲辦理城

防率民日夜巡守偏極勤勞八年二月陝回乘夜攻城浩率紳民合晉直兩營兵盡力奮擊傷敵甚衆天明閶解明年四月陝回陳阿洪率黨三千餘撲城浩與卓勝軍綏殿臣迎擊之敵退去是城兩次保全者皆浩之力也未幾以積勞病卒人咸惜之浩居官清廉身後蕭條賴同僚賻助始得與櫬旋里紳民至今感頌（一甘肅新通志）

朱宗懋字紀功又字瞻一山陰人節儉成家見義必爲置田百八十畝於同治六年建倉白洋村邺鰥寡孤獨廢疾赤貧每年延塾師施棺櫬夏藥冬衣未嘗稍倦年八十二而終子孫亦克承先志（采訪）

周淞字小綸號鏡南會稽福盆橋人官陝西寶雞縣典史同治六年秋雨爲霪監牆圮淞當壞處樹柵扶病宿守十月初九日回寇大至淞督居民分守南城晝夜巡防三日米漿未進諭民曰有能獲越堞賊者受重賞次日果獲三人梟示十一日二更城陷賊寇擁入淞在南城大呼殺賊手刃一人力竭被擒至城隍廟毆無完膚猶瞋目詈被撩入池罵不絕聲觸怒諸寇撩出褫衣矛戳刀砍擲入姜嫄廟火中焚之時同治六年十月十二日寅刻也年四十七事聞邺贈道銜給雲騎尉世職其兄潮於灰燼中檢得脊腿骨七塊歸葬鄉家搭之玉屏山（據越城周氏譜）

譚廷榮字春陔山陰人同治五年任山西河津縣知縣直西氣起巡防河岸備歷艱辛時差役甚繁民不堪命有河西大軍將過境乃力陳閭閻疾苦籲請迂道軍遂南行六年冬因禦捻買米給守城民總計所墊約五千金皆係捐廉無科派平時片言折獄寬猛相濟歿後軍民謳思咸頌爲古之遺愛（河津縣志）

沈家楨字錡亭會稽人同治八年知陝西華州時回氛尙熾督郡紳練勇防渭河岸遏其南渡創建行臺俾大差過境有所棲止商民安堵〔華州志〕

袁敬山陰人同治十年任山西洪洞縣知縣光緒十年十六年三次署缺執法嚴厲人號鐵面無情胥吏罔敢干以私一時弊絕風清解職後宦囊空匱行李蕭然所至有聲〔洪洞縣志〕

趙均字樾蕤紹興人〔縣籍未詳〕同治六年知福建延平府事時太平軍事初平上游各屬伏莽未靖均履任舉辦聯甲城設總局四隅設分局四十二處立門牌稽查戶口注重山廠客民以淸亂源自南邑起推行各屬著種棉說勸民種植鄉愚民貧生女或不舉往往溺斃均心惻然詳請道憲周立瀛修改天寧寺旁屋設育嬰堂收四鄉自送女嬰覓雇乳媼以養之訂定章程勸殷商多題善願每願三百文並薄捐茶箱百貨以其餘市田租百餘石至今數十年救哺女嬰數千皆均之恩也復捐廉興修府縣學宮〔據南平縣志〕

章壽嵩字小峰會稽舉人同治中知山西太平縣事遇事立斷案無留牘勸修聖廟書院以興文教六年捻黨入境設法巡守城中賴以無恙陞河南彰德府知府〔太平縣志〕

陶譽相字覲堯號蕊圃會稽人官安徽大安巡檢又歷任靈璧亳州桐城等處遇災行振實事求是及佐滁亦有政聲著有蕊圃詩草〔據兩浙輶軒續錄〕

陶兆麐字拱之會稽人父病嚙指血書疏以禱刲股肉和藥進之病以霍然官直隸深澤大城安徽宣城歙盱眙各縣典史所至有聲績其在深澤也潰水壞民居爲疏其壅洩其漲築隄捍之日行泥淖中在大城尤一

意黨剔奸宄生員李某與太監某有連倚勢暴鄉里發其奸杖而徒之以此不中上司意遂棄官歸（陶氏家譜）

諸嘉臨字鹿君山陰人性至孝幼出繼同治十年繼祖母疾刲右股以和藥病果漸愈生平豁達大度與人無較與世無爭且喜慈善事施捨之數不可枚舉現可考者如本城清節堂中有所助田二十六畝餘事見光緒二十三年清節堂收支年終清目（采訪）

樊葆書號墨泉山陰監生性慈和恂恂如儒者同治十年二月宰貴州正安到任即整飭胥吏愛民如子捐廉招練鄰寇遠逃聽斷平允案無留牘闔邑士民以眞慈父母是賢使君八字建坊於縣城南街各場均樹有去思碑（貴州通志稿）

汪賡才字小瀛山陰人同治十三年任河南永城縣雅重文教重修書院講堂名宦鄉賢忠義節孝等祠創試場號舍雖規模未備邑之有考棚實自昉焉（永城縣志）

胡圻會稽監生同治十三年署山東灌縣知縣山匪滋事不日蕩平民賴以安受知上憲留署一載添建考棚捐俸置義塚築江堤並稟減捐輸闔邑均沾其惠（灌縣志）

沈湆常譜名福灝字久徵山陰東浦人幼孤貧年十五習業於源裕典洪楊時適有族兄字筮山者自奉天歸擬脩祖墓祖堂聞警即欲旋北知湆常可託以寶紋兩隻付之湆常乃投諸池中亂定取出以一交坟親洪姓脩墓一脩祖堂處置得宜絲毫不苟里中由是重之源裕典遭劫湆常乃與弟攸如在本街開設粉坊善

於居積旋又添設米肆布衣蔬食勤儉積儲淸償遺債其時年已四十嗣因年穀稍歉米價驟昂於是鄉人有搗毁米舖之事洤常先已集貲向湖墅購米六百石以歸于是創辦平糶各鄉鎭聞風而起米業得以無恙皆仗其擘畫也沈氏始祖文肅公墓相傳在越城東南山中然究無實在地點洤常歷年訪查於平水埠內得一大墳而苦無碑碣等可據詢諸土人皆云向來呼爲皇坟無人拜埽者洤常乃攷諸家乘證之圖系一一皆符遂大會各宗支於蕺山宗祠重修之又東浦沈氏本大枝分而西分尤爲蕃衍然昭穆不分左右輩行莫判後先皆由數百年來無宗譜以差別之故洤常於是復專心修譜或得諸采訪或由於探聞黃昏以後一燈如豆繕錄不遺寒暑無閒經十餘載而卷帙乃成其始也戚族交遊輩以茲事體大紳富之家文學之士皆不敢輕于過問而洤常以一商界中人毅然任之恐未必能底於成惟賞杭胡梅臣元鼎同里周海門嘉烈等嘉其志欽其誠多所匡助而鉛槧一新譜成告諸宗祠優觴相慶同里全鯨波孝廉贈以聯語云看似尋常實奇特成如容易却艱辛蓋紀實也年七十二卒（采訪）

楊某佚其名福嚴村人操航業每日與夥友兜客裝什物至柯下午回俗所謂埠船者家中惟一老母楊每早起躬執炊侍母飯畢將午餐寄頓於同居者託爲料理始開船夥友搖櫓楊某手剝蓮子五十粒納諸罐中以小火爐煨之午後回家卽以蓮米奉母每日如是終身不懈逢父忌辰則手調羹飯以祭誓不開船年近四十或有勸其納婦以代子職者楊曰此事予思之熟矣娶妻而賢固可以代予奉母不賢非特不能事母或轉有傷母心則受累不少矣故我寧可躬自侍奉落得淸靜又可省費將來爲善後計予有老屋幾椽埠

船一隻，擇各房中馴良子弟付與之，以爲一盂麥飯之費已耳。後竟以是終其身。〔采訪〕

蔡華，會稽人。幼喪父，與母姊同居，家故貧，藉小貿易奉甘旨。母性卞急，子女少拂意，輒重撻之。姊不能忍，曰：「再若是，有死而已。」一日復撻，華逃匿他鄉，徧覓不得。姊曰：「是必投井死耳，何覓爲？」母頗惶懼有悔意。華逡巡出謝，長跪良久而後已。然母卒不能改，華竟無怨言。母一日病亟，華籲天請代，並刲臂和藥以進，疾果瘳，又十餘年而歿。〔周炳琦《時習編》〕

鍾念祖〔録岑春萱撰傳〕公姓鍾，諱念祖，字厚堂，浙之會稽人。鍾氏世爲浙東巨族，公之先亦代有顯者，而公尤傑出。幼聰慧，讀書過目即成誦，其太夫人甚鍾愛之，嘗謂此兒器宇不凡，異日或能光大門閭。既而命隨宦外祖馬公景奎至雲南，從諸名宿遊，詩文頗有奇氣，不拘繩尺，師亦目爲遠到才。會有猓族之變，蔓延全省，公具大志，思有以掃平之，乃投筆從戎，赴滇西軍營効力。時先大夫亦以投効至滇，遇諸塗，如舊相識，遂同至大營謁見大吏，一見傾心，奉派帶勇攻賊。時賊氛愈熾，東出西沒，土匪乘機蜂起，來者視爲畏途，獨公與先大夫秉忠義之氣，不避艱險，身先士卒，以故大小百數十戰，所向無敵，先後克復城池，殲厥巨魁，大吏需才孔亟，破格擢用。凡滇中之府廳州縣爲賊匪所盤踞者，公既遍歷而以永北鶴慶一役左足受傷爲最。朝廷聞之，寵錫有加，晉鹽運使銜，並賞給達勇巴圖魯名號。明年，全省肅清，廷旨以道員儘先補用，交軍機處存記。而先大夫亦以功累遷，由屏藩而膺疆寄矣。戊寅，授鹽法道，壬午，署按察使，丙戌，俸滿入覲，道經上海，舊創舉發奉命開缺養痾梓里。方公之在滇也，恒以宗族爲念，屢捐清俸，寄籍擇族之長而賢者經始義塾培植族中子弟置義田義塚以贍族之無告者回籍後益加擴充公之於宗族可謂盡矣生平仗義疏財無論城鄉凡有義舉靡不首先提倡邑之東曰蒿壩舊有清水閘引剡江開其源而洩於三江之應宿閘以劑水旱之平歲久閘廢雖有議復之者咸以工浩費繁不果公毅然獨任之越二十六月而功成費錢三萬三千五百有奇戊戌春粵東窺伺浙之三門灣海口戒嚴浙撫素知公兵略奏派寧台溫行營營務處兼統台防全軍未出師夷知有備而退疊獲悍賊投誠効力旋以積勞致疾請假回里逾年春三月卒於家時年六十有八歲時閘有未成繼配黃夫人率子德銘鬻簪珥以濟之蓋以遂公未竟之志也公既歿之明年廷議以歿於王事贈光祿寺卿所謂生榮死哀者惟公足以當之矣先大夫與公同官數十年其行事言之最悉而萱亦得以聞於先大夫者知之綦詳第懿行偉績更僕難數謹就其犖犖大者爲之述而志焉公德配黃夫人生一女適福建侯官翁觀墀繼配黃夫人生一女適本城貢生守禮鑑室蕭淑人生一子德銘德銘福建候補知府代理福寧府知府孫三長元次愷弼皆業儒

魯毓麟字嵩塘號月峯咸豐三年越大水後知府徐榮繆梓先後飭督建蒿壩曹娥龍王塘等處捍海石塘三百餘丈知府韓培乾復飭督修海塘四十餘里東至曹娥西至賀盤又增修屠家埠團灶塘同治四年越又大水知府高貢齡李壽榛飭重修會邑東塘並疏濬南滙宣港淤沙兼辦江閘事宜光緒元二間三江應宿閘歷年障塞山會蕭田廬屢遭淹沒省吏憂之詰無所出時禮部侍郎杜聯方致仕毓麟受業師也與商治法對曰若舂搗從事歲費萬金無效焉須借水刷沙使水長流而沙不積則得矣夫大閘地勢低窪爲三邑

水宣洩之區自夏徂秋蓄河水以灌田閘門不得不閉而閘外潮汐一日兩汛挾勢而來徐徐而退閱數月泥沙高積閘港遂如坦途迨秋雨連旬啓閘則水無可洩於是爲患查應宿閘去海二十餘里洩水由東入宣港北折入海勢甚迂也閘外天漲沙塗不毛之地萬頃地勢較低迤北成熟地以十萬畝計地形反高西北塘内數十村舊有童家搭旁閘出水永不蔽塞以去海近也鑒此可於閘外漲地開溝闊二丈深一丈自北至南長五里引姚家埠閘洩之非成熟地十萬畝雨集之水使合并就下入溝逆沖閘門轉折而入閘江如是則閘門雖閉外有清水長流淤沙不積此一勞永逸法也某無其位不敢膺此任吾師爲之某當相助爲理杜慨然任之毓麟董其役兩閱月而竣名曰清水溝當時鄉民不解其故謂患在閘港而濬於陸地且東西遥隔如風馬牛之不相及曾何益乎然而從此暢流邑無水患非深明水利不及此是時山陰令楊恩澍能更也謂鑑湖沃壤膏腴既有三江洩水以防淹不可無水以救旱攷明萬曆間太守湯紹恩曾於蒿壩建清水閘繼應宿閘告成之後故址猶存已易爲橋外築石塘包江不通久之論勢則居上游外江上接新嵊山水一雨即止即有海潮逆流而上鹹水不能停留可以濟旱無害於禾以清水命名非無故也詳請省府允准建復下其事於會上兩縣會勘兩縣令商於毓麟毓麟因時制宜改相地於白鶴灣之麓倚山構基外通清泉浦内接馬王漊因勢利導工省而費不繁於是延其督建已定期矣未幾楊陞任去事遂寢至光緒間鍾念祖始取其所遺規制捐貲爲之語詳鍾傳又屠家埠圍灶地一千餘百畝灶塘圍於外海塘亘於内外高内低一遇陰雨水無由洩鄉民困甚請於官按畝捐輸府飭縣場水利同知履勘准於海塘守字號

建復霪洞捐資不足益已資數百金自是十餘村利賴之晚年於中墅之南構精舍十餘楹曰湖西小築爲後人讀書之所吟嘯其間卒年六十九〔據西甫魯氏譜〕

胡延夔原名錫夔字子韶山陰人寄籍繁峙咸豐六年進士改禮部主事光緒二年累轉郎中旋簡山東道監察御史詩謁不通有聲臺諫四年授四川順慶府知府以振文教蘇民困爲已任日坐堂皇案無鉅細必矢詳慎有罹大辟者臨刑必太息曰致汝於死由吾之無德以導也於是闔郡觀感政簡刑清馭書役甚嚴令出維行無不懍懍府濱嘉陵江波濤洶湧撼動城根時有水患請帑疏濬修築隄防終日駐工所督役閱月而事竣居民得安光緒七年七月以烈日中督斛所屬縣社穀中暑疾卒年五十有五〔張漊胡氏譜〕

馬傳煦〔節錄家傳〕公諱傳煦字藹臣號春暘玉航公長子錢太夫人出幼岐嶷隨大父都轉公〔光瀾傳見前〕讀書京邸道光十二年都轉公簡放山東兗州府知府公回籍未冠舉博士弟子員科試冠軍食餼肄業詁經精舍二十九年舉鄉魁咸豐九年會試第一入翰林散館授編修歷充本衙門撰文實錄館纂修國史館總纂方略館提調諸差掌院及總裁均倚重之尤爲前大學士倭文端仁所器識同治九年京察一等掌院擬保送御史以咯血南旋不果嗣文宗實錄告成離館未予升秩賞給文綺二端公酷好先正制藝宗法金陳諸家佐以經史故得科名爲尤捷回里後迭主蕺山龍山講席未幾大府聘主省垣崇文先後三十餘年門下士沾溉餘瀋者春秋試率高捷而去尤難以僂指計焉文課之暇董理塘閘義倉及同善清節育嬰諸公益事蓋公雖主持各堂局而不經理欵項始終清白一身郡人士卒無間言云旋以塘工勞績晉

階五品坊衔光緒二十九年重游泮水學政張頒給鄉饗耆碩匾額宣統二年以姪蔭棠官貤封榮祿大夫著有思補過齋制藝試帖行世卒年八十有三〔下略〕吳融馬氏譜

陳冕 〔錄孫葆田撰墓志〕君諱冕字冠生先世本浙江山陰人君祖父資政公諱顯彝實始寄籍宛平歿而葬於歷城城東君考中憲公諱恩壽歷官山東萊陽恩縣皆有政績予嘗志其墓所謂宛平陳公也配齊恭人生君昆弟二人長曰齡有宿疾早卒君年十五入宛平學十七歲舉光緒元年乙亥恩科順天鄉試文名噪甚又八年遂以進士第一人及第是歲光緒癸未河決山東桃園災民四十餘萬中憲公急散家財佐有司濟困阨以勞瘁致疾君得書乞假歸中憲公勉以毋負科名繼成厥志旋遭中憲公大故哀毁逾恒人喪葬悉遵禮制次年河水再溢君捐鉅資挈戚友乘舟散餅餌復擇高原築室千楹以庇流氓服闋入都己丑恩科典試湖南得人稱盛壬辰丁母憂奉喪返濟南明年五月之浙修祀阡八月旋京師遽以疾隕於寓邸年甫三十有五君自幼從吾故友王芷庭編修學當同治九年山東開庚午科並補行丁卯科鄉試芷庭爲舉首予偕諸同年至君塾中君時偕其兄揖座客年猶未及舞勺耳英多之姿已見於眉睫閒及君成進士芷庭已前卒三年矣中憲公不幸亦於是歲卒其後君每見予輒太息於人生之多故而師友聚散之可感者恒多也君慕義勇爲居儕人中策事勢可否成敗侃侃獨執已見不隨衆爲唯諾生平周人之急不少緩其居家不問有無遇親友之孤貧者存恤尤加厚聞山西大祲捐千金振之又作書募人濟振得萬餘金其任事慷慨多類此始中憲公以利濟存心君承其訓益孜孜不怠人謂君聲華早耀不久且大顯乃竟遽然

以逝豈所謂爲善者必獲報固有時不驗耶嗚呼可悲也已〔下略〕

謝鳴鳳字炳炎菖蒲村人官江蘇通判光緒元年江蘇海運歿於王事奉旨優邺追贈巡道銜並准於津滬兩處建立愍忠祠專祠賜給祭葬銀雲騎尉世職〔采訪〕

王綬字彭年山陰堰頭人光緒元年官江蘇候補通判運糧航至黑水洋失事人與俱溺奉旨立祠天津春秋致祭〔堰頭王氏譜〕

章桂慶〔錄譚廷獻撰傳〕古州府君名桂慶字仲芬號芳軒會稽章氏世載名德從祀鄉賢南洲先生十二世孫曾祖炘祖均厥考悅祖君其仲子也幼貌溫文入塾授書輒成誦嗜讀至元日猶溫尋不廢孝友夙具居喪毀瘠事伯兄如父遭亂流徙山野不去側草衣坐叢冢間縱論文字爲樂事平補諸生益究有用書同治六年舉于鄉考取內閣中書儤直勤求學行日著顯禮部入試不上第截取府同知分貴州時吳縣潘大夫霨爲撫部知君才望召治幕府文書從閱軍伍屏賂遺同官推敬戊子秋入闈爲同考官呈薦多才雋古州者諸葛征蠻故壘在焉險惡阻聲教康熙闢土遂爲通衢重鎮殷繁難治君開敏善斷事至立剖時創設抽釐所司苛歛衆商方鬨將怵之以兵君曰如是則速禍肩輿從一人入衆中愷惻喻利害遂解散營卒魚肉苗砦移無名屍冒詐之君一再讞驗得其誣由是羣苗翕然章公爲政奉令惟謹矣荒徼失學閔之修學舍課以功令文字開誘經訓秀良于于來相慕悅三年後州人劉志高領鄉薦咸頌府君文治固百年所未見調署廳哈州政簡而公勤無改官古州五年爲設州以來循良稱首顧心竭觸瘴疾病遂卒於官方欲謀

祀田贍族黨不副其志歸葬之日商民奔走哭聲盈城野苗衆金環花衣夾道涕泗焚香伏送者相望不絕嗚呼仕學君子殆無愧古人矣卒年五十九子維周候選九品倬漢光緒十五年己丑舉人湖南候補知縣譚廷獻曰與君同丁卯鄉舉一再相見未傾襟抱君好雅詠有詩存四卷蘩鄰詞一卷都下聯吟集二卷亦未得讀過也治行焯然邊徼歌頌獻平生之言百里之有司簡書奔走毋自菲薄如其旦夕行意之政不祟朝澤被其境有不待請命束縛於上官者顧十年行不克踐如章府君非行意者與敢以告有志之令長若夫章氏家學不隊廢家乘與國史表裏獻服膺君家實齋先生之言也尤信〔復堂存稿〕

周巖字伯度別號鹿起山人籍山陰居會稽木蓮巷咸豐五年順天副貢官刑部主事出知山西祁縣調任安徽舒城所至循聲卓異擢補盱眙未蒞任即以疾歸專志攻醫研究内難傷寒金匱處方辨證篤守長沙著有六氣感證要義二卷本草思辨錄四卷行世辨藥證方多發前人所未發首列緒說欲學者知審擇端趨向也卒年八十有八子炳琦另有傳〔采訪〕

司馬樳字檝圃山陰人生有異稟壹志於學博覽彊識目手一編閲市借人寒暑不輟凡軍國政令中外形勢河洛理數天地測算星卜方技稗官記載靡不洞悉源流貫徹終始嘗出其陰陽堪輿之術戶外屨恒滿顧雅不欲以術鳴每就其人之所業甘苦得失或指摘一二洞中竅要莫不心折首俯遂聲譽日起交游亦日廣然頗以經濟自負與會稽胡在茲炳遠交契甚厚當沈文肅葆楨督兩江時延攬人才或以樳與胡並薦樳以母老辭不往亡何而胡亦卒樳哭之慟以爲吾道自此孤矣於是壯志頓衰潛逃於禪日誦佛號習竺

典與同里趙晴初李東生杜仲融諸子爲方外交壯年以後銳志行善郡有育嬰堂貪者據爲利藪時應敏齋寶時僑於越中知府霍順武乞其出而整齊之應因以屬椿椿視嬰兒如己出嚴加稽核使夭扎日稀而經費常裕然卒爲異己者所排浩然而歸光緒十五年夏蛟水爲災新嵊尤甚當道議振椿冒酷暑親歷四鄉分別差等俾之核實散放無濫無遺並知嵊邑田廬悉賴萬金隄爲之保障隄決溪溢爲闔邑患遂上書大府請撥帑興修以工代振不足則募諸郡之紳富並葺章家步之范陽牐一律修築風雪中往來董督任怨任勞不矜不伐鉅工既蕆利賴無窮當道將敘其勞椿力辭而止然嵊人德君甚爲肖像以祀之他如施棉衣覆露櫬製藥丸刊祕方以至惜字放牛雖皆鳩衆力而成實事求是必躬必親必均必溥其苦心孤詣多爲人所不能爲椿天性肫摯事母色養惟謹友愛兩弟相推相讓遇祭祀尤誠敬避亂時躬負祖象及家譜而逃得無恙與文橋北舊有文正公祠其先人嘗修葺之并規復祠產之盜賣者椿亦時時展謁護視以繼先志又輯文正公之嘉言懿行及先世箸述散見於書籍金石者手自摘錄欲編爲溫公外傳以附列於家乘雖詮次未竟其篤於本原可知已光緒十六年有詔修會典咨取各直省輿圖浙中大吏既延姚江黃蔚亭炳垕綜其事而以越郡八邑屬椿椿慨然任之於山川之遠近道里之曲折反復測量審愼推算體例甫定心力已殫會感風寒醫藥罔效經旬遽殞殞之前日呼弟與訣自恨不及終事老母並以竭盡孝養諄諄相囑越日起坐誦經神識湛然而逝其臨老不亂又如此〔據王繼香撰家傳〕

胡裕燕字式嘉山陰賞枋村人祖漢英遷居嚴州遂隸建德縣籍父容本咸豐八年署江蘇宿遷縣時捻黨號

稱十萬入宿境裕燕以候補縣丞隨父在任所助理城守事戰既不利城被圍甚危容本謂之曰臣當盡忠子當盡孝吾誓與城存亡爾能赴臨淮乞援或保全茲土於萬一乎裕燕泣受命乃縋城出間道至臨淮得援兵圍始解以功擢知縣同治元年捻倘擾淮安清河等處漕督檄裕燕修築長圩不數月竣事費省工堅防守賴之旋丁父艱服闋後主辦上海各國會審時外交各事草創裕燕應付得宜八年署上元縣前後三載輿論翕然光緒元年署清河縣（即今淮陰縣）地當南北之衝爲轉餉要道每逢大役民間業車者相率遁去裕燕捐俸置車千時付貧民爲業有事則徵發之官民咸便民俗健訟而多盜裕燕清積案勤緝捕一時有胡青天之目二年調江都邑之錢漕兵燹後胥役肆意加派上下其手民困滋甚裕燕乃分設鄉櫃令民自投自此每歲多徵鉅萬而民間所省浮費亦如之縣治西南瀕江多水患自軍興閘橋啓盆無以禦是閘距瓜州二里地屬儀徵而工則江都主之裕燕修復之較前鞏固盡宣蓄之利農田乃得豐收遂建倉積穀爲數頗多而江都縣志亦於是時修輯稱善本焉六年兼攝甘泉是歲丁母艱去任之日兩邑民相送有流涕者服闋後復在蘇辦厘捐及賑務者數年年五十六卒著有息園詩文鈔四卷（據行狀）

李國鎮 （錄湖南新田縣志稿循吏傳）邑侯李公國鎮號翰丞浙之山陰人也端廉和惠推誠待人光緒甲申來令新田甫下車諮訪民隱裁雜項除衙蠹革漏規清苦自持不尤不怨邑固好訟墳墓山界攜釁至破家不悔廉得其情每案再三諭息不肯庭訊以耗民財有豪右訐訟夜持番餅三百枚詣公公正色卻之遇勘驗則單騎出郊民無所費邑駱銘孫駱姓與寧遠縣楊姓接界族大人衆爲爭山致相攻殺多歷年所公

奉檄會勸婉曲譬勸各守各界攻殺遂息性慈愛不忍用重刑常曰民之爲不善由教化未至也責不善以重刑是罔民也我不爲此歲大疫爲文告城隍神自罰無傷百姓並購良方製藥療之親至村落一一審問左右以傳染爲慮公曰我爲此邦父母子弟有疾忍不一顧耶時鄰邑死亡甚多新田獨全活甚衆每旱輒步禱大雨立應歲飢驚賑貧黎多賴存活諸生有文品兼優者禮待之乙酉秋胡謝兩姓因爭墳地經鄰理論酒席間爲怨家所激遽興械鬬死傷六十餘人時正舉行縣試公在場屋不知也凶首皆自首公曰乃惟告災適爾既道極厥辜是不可不稍從寬典遂分起具報是乃仁人之用心不忍多殺人以傷天和耳不意爲窺是缺者所密揭遂被劾去之日囊橐蕭然攀號遍野爆竹聲達四郊士民祖餞均持明鏡一座清水一盆其意則曰公之清似水公之明如鏡直道之在人心皎然矣

馬家鼎 〔節錄胡延撰傳〕君諱家鼎字調生號梅卿幼而歧嶷甫四齡識字四千有神童之目信陽公〔父傳和傳見前〕從戎江北君單騎往省爲文文達公所知由是留營轉餽論功累保知縣發山西候補光緒三年晉大饑壽陽當衝途治尤不易大府檄君署篆君就地輸粟得二萬餘石又發倉穀濟之活民無算禽巨盜韓金寶等秩治之啇民乂安五年補稷山縣知縣大祲以後戶口凋殘君撫輯流亡墾闢荒地興學減徭庶政畢舉遠邇稱之八年調署永和時南皮張之洞撫晉一見許爲能吏留居幕府旋以潞鹽疲滯設局太汾兩府以攎引地委君專任其事十一年調署河津十二年調補陽曲汾水漫溢入城君疏濬捍禦不數月全隄告成民無失所清征賦之弊吏民便之是年計典薦卓異十三年署絳州事稷山河津之民越境來

迓者數百人時垣曲有聚衆毆官之變君輕騎馳往彈治之其事乃戢十五年入都引見道經壽陽縣民遮道羅拜餽蔬獻果攀援不忍去是年回陽曲任十七年補絳州盡心敎養一如署篆時久道化成民氣大舒而君則勞瘁已甚矣二十二年以年老乞休大府慰留不許越年請益力始解任就養長安二十七年二月以疾終於次子惟浚布庫大使官舍年七十有一

〔附錄繆荃孫撰墓誌〕 君諱家鼎字調生號梅卿浙江會稽人曾祖鳳池隱居樂志祖曾裕甘肅昌吉縣知縣父傳和河南信陽州知州皆贈資政大夫妣皆贈夫人君幼慧四歲識字四千里巷奇之長應試不得志遂潛心經世之學侍親河南官舍咸豐間軍事起信陽公調赴江北大營而揚州復陷音書斷絕君單騎由汴奔省四越賊壘遂至軍中見父文文達公一見奇之遂從戎江北及河南歷保知縣光緒乙亥分發山西課吏治列優等丁丑晉大饑壽陽令以偏災告民懼訴於撫轅曾忠襄公檄署壽陽蓋特識於庸衆之中以壽待拯孔急非君不足以拯之也君查被災六百餘村饑民七萬餘口動放倉穀捐穀二萬四千石不動公欵不假胥吏爲他邑所未有又捕獲劇盜韓金寶等愛民如子疾惡如仇在縣兩年商民又安己卯補稷山縣大祲以後民氣凋敝君撫集流亡清查荒地振興學校核減差徭次第舉行以培元氣調署河津又調補陽曲汾隄潰決灌入城隍君籌堵禦疏水潦勘災荒振乏絕全隄告成民無失所而奔馳泥淖災癘旋生忘身救民亦獲天佑丁亥權絳州平垣曲聚衆毆官之變辛卯補絳州弭陝豫客民强刦之釁蓋君於事無不持之以敬於民無不感之以誠其見知於上也南皮宮保有素知其能之褒天門中丞有爲民借寇之牘

其感動於下也去壽陽十年入都偶過之鄉民羅拜三十里蒞絳州時稷山河津之紳民來迎者數百人夫豈易言致此歟丁酉引年乞休就養於次子惟淩陝西布庫大使署辛丑以疾卒年七十有一配張淑人先君卒子一惟善繼配閔淑人子三惟淩惟湛士龍孫孝雍孝高以某年某月某日歸葬於某某村〔下略〕

徐楷字式堂山陰人父某工書畫客居鳳陽咸豐初太平軍陷鳳陽楷母陶氏暨兄皆及難楷隨姊婿石某在亳州得免旋丁父憂遂依石某避地山東中歲改習法家言應東諸侯聘治獄以明恕稱主人或有過失輒面爭人以是敬而憚之石某卒於石河官所楷教養其孤同居共財患難相恤事女兄尤敬恭嘗以縣丞選江西吉安不一歲輒棄去去之日送者數百人其惠愛在民若此甥石庚既經楷撫之成立官至河南知府特用道光緒辛卯至汴實欲視庚服官行誼一日見宴客酒饌豐猶呵責不少貸是歲返至濟南卒子朴官山東某官以賢能著〔孫葆田校經室文集〕

楊燮和字春生又字寄生會稽人同治六年舉人光緒元年選授義烏縣訓導年則謀於縣令增書院膏火費教諸生務根柢之學改削課卷動輒數十百言造就甚衆士習文風爲之一變光緒十年卒著有學圃齋詩集三卷地理要言一卷〔據行述〕

周炳琦〔錄連光樞撰傳〕先生諱炳琦亦韓其字山陰周氏伯度大令諱巖之冢子幼不好弄年十六侍訓山右諷誦不輟雖戶外演劇未嘗出視有陶徵士董江都風蕭山孔觀察漱山與比舍異之一日詣書齋見舉業斐然字以女清同治甲戌以第一人游泮明年歲試一等二名循次食餼須出貲乃可婉言謝之補增

廣生舉優行亦然潛心近思錄諸書立爲課程訪求海内眞儒最後知有竹如吳先生欲往受業而聞已下世歔欷久之光緒辛巳與王子積成輩約爲學會互相勸規甲申益以筆記至釋奠日出而質正丁亥八月遽卒年僅三十有九遠近學侶至爲痛惜大令蒐遺稿刻之凡六卷曰時習編者以其齋名名之也喆嗣智濬穀修出是編見示樞受而卒業曰於戲先生曾約中願天下無惡人無病人無窮人年少時已有犯而不校民吾同胞之量非詹詹小儒能望其項背謂祭之有尸媵之有姑與姪未可以古禮而泥之瞽瞍殺人爲皋陶者自劾去官可也爲舜者負罪引慝痛自貶損可也太王當武丁祖甲之世殷道未衰何從有翦商之事詩特本其王業所基而侈言之太王之甍文王甫在襁抱即生有聖瑞太王未必有傳歷及昌之意泰伯因而逃去尚有可疑文王受命稱王之說出於史記歐陽公力辨其誣武王行權伯夷守經道固並行不悖其議論皆有裨名教春秋膚見論鄭莊晉文魯仲孫蔑叔孫婼及夫人姜氏如齊齊國夏衛石曼姑帥師圍戚得尼山筆削之旨謂顏子龍德而隱閔子騫有鳳凰翔於千仞氣象孔門四子既沒宋五子未生千四百年間得三大儒漢則董子仲舒隋唐則王子通韓子愈諸葛武侯豪傑而進於聖賢韓魏公司馬溫公庶幾休休之度明道以十事告神宗宏綱大用無不備舉朱子作濂溪祠堂記以道統歸周子而以程子爲見知及序學庸與孟子篇末止舉程子而不及周子猶孔子贊易自伏羲而下序書斷自堯舜得鄒孟論世知人之法復於管幼安李道復切執鞭之慕劉安禮李延平深親炙之思尤篤信程朱而於陸王未敢苟同謂高忠憲劉忠介均未脫姚江藩籬李二曲兼取朱陸而論學以虛明寂定爲主仍偏於陸李文貞專宗程朱而

以朱子改古本大學爲非格物之訓尙有未明亦爲陸王所誤得陸淸獻張楊園起而正之燄已衰息其趨向甚正辨析更精謂子游問孝章小雅四月一什毛氏論語稽求篇陳氏毛詩稽古編其說較集註集傳爲長宗淮甫四書體味錄瑕瑜不掩而以孟懿子爲喪次問孝子張干祿爲求福麻冕非緇布冠皆足補集註之缺尤無講學家門戶之見而於居敬窮理規過輔仁嘗三致意焉謂南宋高宗之時主和者皆小人有傷國體斷不可和寧宗之時主戰者皆小人先啓釁端斷不可戰禦外侮必以修明政事培植人才爲本然尤在君臣上下憂勤惕厲之一心又曰海外强國五俄擅形勢法勤遠略美自爲風氣英有保泰持盈之意德與法世仇日本亦伺隙而逞其志中國此時惟有盡除忌諱力改因循刪繁文以求實效破資格以拔人才裁釐捐以拯民困省不急之務汰無用之官則又盱衡古今關懷軍國非空談性理者比記何烈女事意惟積誠與敬可以對越天地感格鬼神而又以文字之權黜邪崇正此何等學識蔡孝子王孺人諸傳應氏義莊永康賓興諸跋莫不原本經術因事見道置之方望溪唐恪慎集中殆無多讓於戲先生年未不惑而深造自得若此設天永其年盡讀先儒語錄加以師友切磋所詣更未可量或功業不少表見而乃寂寂牖下齎志以終惜哉然學之爲小成爲大成則有數存而非能自必大令已慨乎言之且孝友政在家庭忠敬行乎州里第盡其自修之道而每有薰德之功大令雖遠嫌亦稱許備至有名父以傳其書又有肖子以守其家法先生其無憾錢塘唐風健伯復推爲同治朝名儒讀時習編諒能信之謹述書中粹語而衍爲傳 論曰聖門諸子柴也愚參也魯而一貫之傳竟以魯得之先生穎悟少遜自號又次居士而所著已卓然不朽

彼詡聰明享壽考者或未能道隻字然則先生之學殆從困知中來乎爲學者可以興矣

王餘慶字積成會稽籍三江所人光緒乙亥舉人領鄉薦時年纔弱冠而志存絶學與其友周炳琦等集會攻錯躬踐力行其爲學大旨在宗程朱而參以陸王嘗與炳琦書云昔韓昌黎有言孔子之道大而能博門弟子不能徧觀而盡識也故學焉而皆得其性之所近弟謂文公非僅爲聖門弟子言也即後之儒者亦莫不如是程朱陸王其顯焉者也陸王尊德性者也程朱尊德性而道問學者也孔子如太祖程朱宗子也陸王支子也孔子如大海程朱江河也陸王淮漢也此中偏正淺深末學不敢輕議有識者自能辨之雖然宗子出於太祖支子何嘗不出於太祖以非種鋤之誤矣江河入於海淮漢何嘗不入於海以絶流斷港目之過矣彭中叔不云乎學者之病不在於辨朱陸異同之不明而在於行之不篤旨哉斯言吾儕抗希聖賢反躬實踐之不暇尚暇爲古人爭門戸耶昔七十子皆親炙尼山宜乎永孔父融矣然子夏教人先末而後本而子游譏之子夏論交嚴擇於可不可而子張譏之二子之學已幾乎分茅置蕝矣然深味其言各有精意之所在未可執白而訾黑也又何疑於朱陸之異同哉又曰弟邇來爲學竊願由朱張周程之軌以上接孟思曾顔之傳其所短者爲賢者諱其所長者節取私淑又作學辨云昔子思論學不下千百言而括以尊德性而道問學之一語後之學者胥不出此要皆不能無偏漢儒偏於道問學者也陸王偏於尊德性者也而大中至正卓然爲孔門嫡傳者實惟程朱無如學術不明知道者鮮爲漢學者鄙宋儒爲空疏爲陸學者詆朱子爲支離分離乖隔不合不公雖經歷代君相師儒崇奉表章而程朱之學終在若顯若晦之間余甚恨焉

幸有一二篤信程朱者惜又度量太窄規模太狹以漢儒爲俗學以陸王爲禪宗一若程朱外舉無足與於斯道者則亦不足以服宗二家者之心而適足以激其忿爭余亦不能無惑焉夫聖學之與俗學至易辨也其志在利雖言性言道不可謂之非俗學也其志在義則考訂訓詁所以闡發經傳雖非顏曾之亞實亦游夏之徒不可謂之非聖學也聖學之與禪學又至易辨也其人果無用歟雖名爲讀書窮理異於禪學者幾希其人果有用歟則易簡之說出於繫辭良知之說本諸孟子其可誣以爲禪學乎然則聖學之與俗學但當視其志之在義與在利聖學之與禪學但當考其人之有用與無用而一切聚訟爭勝之言俱可不問也昔李恒齋序語錄約編謂道統之傳惟周程朱子足以當之雖張子未之許焉其餘若胡康侯父子及陸子靜陳同甫諸人皆掊擊不遺餘力即篤實純粹如涑水東萊固程朱所嘗敬信者亦一概揮斥不少假竊其意若以爲不如是不足以尊程朱程朱有知恐不受也但此種見解後世尊程朱者往往有之不獨恒齋爲然也噫亦少誤矣孔子曰郁郁乎文哉吾從周如有用我者吾其爲東周乎甚矣吾衰也久矣吾不復夢見周公其服膺周公也至矣然而述古信好未嘗不兼取夫老彭質疑問難郯子萇叔師襄而外猶且旁及於曲學異端之老聃而並不加以訶斥嗚呼此其所以爲孔子也歟吾願學者以孔子之心爲心擇善而從見不善而改嚴辨乎義利而兼該乎體用庶不愧爲程朱之傳人而吾道之興其有望乎不然辨古人之異同而不辨吾身之是非爲古人爭勝負而不爲吾道爭進退雖有衛道之盛心恐未必有明道之實效也若夫祟漢黜宋尊陸屏朱囿一隅之見老死而不自悟其非者所謂蚍蜉撼大樹而河濱之民棒土以塞孟津者

也多見其不知量耳故不具辨又與黄翊周書云書曰人心惟危道心惟微惟其微也故必明物察倫以使之著惟其危也故必居仁由義以使之安然聖如舜禹猶慮道心之雜以人心而競競析危微之界吾輩中人理欲本並域而居非殫百倍精一之功恐倫常日用終以人心爲主而道心退聽於無權求喜怒哀樂之中節子臣弟友之中道視聽言動之中禮得乎弟常卽危微兩字紬繹之大抵人心易縱而難制如虎兕然不深其檻穽勢必出柙如鷹隼然不固其鎖縶勢必遠颺此其所以爲危也道心難長而易消如火之始然一撲卽滅如泉之始達一塞卽止如牛山之木萌蘖始生牧以斧斤牛羊欣欣者立變而爲濯濯此其所以爲微也孟子曰學問之道無他求其放心而已矣又曰操則存舍則亡嗚呼心豈易求而易存哉卽知所以求而操之使存矣能保其不或放而仍亡哉然則如何而可必也以義路端其趨向以仁宅定其依歸膚之以詩書守之以忠信範之以聖域賢關督之以嚴師益友居敬主靜以養之枕經葄史以安之時時提醒事事檢點庶乎收者不放存者不亡人心之危者安道心之微者著矣又與曾仲侯書云處順境者不患奪志惟患溺志處逆境者不患溺志惟患奪志吾人爲學惟有常惺惺一法時時提醒此志不使隨境遇而轉移譬如滄海之中波濤洶湧而磐石砥柱屹然立中流而不動然後處順境而有餘卽處逆境而無不足云云觀此可以知其治學之次第矣入都應禮部試不遇尋授教習知縣亦不赴以光緒二十年卒年四十二歿後著述散佚民國間其及門曾厚章得其詩文殘稿數十紙於三江學校故紙簏中爲之校閲付印名曰求志齋遺墨行於世〔采訪〕

周蘊良字昧仁又字昧蓴號惕齋會稽人自幼讀書即慕忠孝大節稍長有志宋賢之學尤服膺張楊園先生遺書慎獨主敬不顧趨時者非笑嘗曰戒懼是存養工夫慎獨是省察工夫戒懼屬靜未發之中也慎獨⺊動已發之和也戒懼爲致中之本以天地位爲極功慎獨爲致和之本以萬物育爲極功又曰爲學當自强自强莫如居敬知難知懼則不敢不敬能居敬則自獨立不懼又曰學貴有漸敬則有恒戒慎所不睹恐懼所不聞此是守約處不勉乎此逐事逐物而防閑之則後矣存養此心其工夫亦在主敬敬非拘持之謂隨時提醒便是敬之下手處論學如此其律已亦如此年十七光緒癸未入邑庠秋闈屢薦不售設帳講授以正學爲已任入同郡周亦韓王積成諸同志所設志學會以天下無貧人無病人無惡人三大願爲職志治經重小學尤嗜音韻成音韻啓蒙八卷自功令試士以經義論策君乃得見所長歲壬寅得優貢即捷本省鄉試薦經濟特科閱歲癸卯詔用汴闈舉行恩正併科會試以第一人成進士選庶吉士是時朝廷厲行憲政輦下新進爭以寸地自見獨實事求是不事表襮冀以儒效報國壽州孫文正公特賞之目爲忠愛之忱出於天性入秋聞母疾謁歸素通醫學自定方藥疾頓起將治裝應散館試突於甲辰年正月二十一日卒年三十有八卒之前一日舊交某家貧喪母應其請爲題主並祀后土風雨劇寒中病勉强行禮遽蹶護之返及晨竟不起人多惜之其嗣子祖琛搜輯遺稿刻惕齋遺集並續集行世〔采訪據行狀及墓表〕

駱照字潋清先世由浙江諸暨楓橋遷會稽尙巷道光十五年赴保定習名法旅資僅數九月用賴昕夕筆耕自給以勤苦成目疾致終身視不了了已而業大進受知於廉訪費公入直隸臬司幕府數年後游趙州有

民婦因貧藏信石於餅圖自盡者誤毒夫致死研訊無他因以過失殺定案婦得永禁免死由是能聲大振一時談申韓者咸奉爲圭臬蓋罪疑唯輕爲其讀書得力之處也咸豐六年鑄當十大錢直隸之民紛紛私鑄當事者擬援新章嚴辦係累解省者日益衆照適在讞局從容設法謂私鑄未成照例減等於是犯者得從寬末減咸同之交軍書旁午州縣皆無暇讞獄類多積案直隸督署積案至五百餘起之多閲時已八九年清理無日民之負累極矣制軍劉蔭渠延之入幕照竭力清理夜以繼日五閲月乃畢因請將同治三年以前所積作爲舊案一概免扣審限俞旨允准並令各省照辦照復擬清理積案規條十則頒行各屬厥後曾文正任畿輔從事清理積案取法於此者爲多蓋積習相沿勢難遽反故至光緒初年膺浙撫梅公聘時各州縣猶襲此弊甚有覊囚已久雖奉恩不得釋者或曲法以貸生誣以死淫縱其奸者名實混淆綱紀濁亂雖屢經札飭甄理而言者諄諄聽者藐然迨十二年從衛中丞再蒞浙而前此駁審之案尙延閣恒以期限難扣爲藉口坐令重犯稽誅輕犯永禁照又爲之疏請清理積案免扣審限亦得邀准於是十年積案均可次第入告輕罪咸得開脫照既負盛名歷聘各省所得脩脯悉購田贍族慕范希文之爲人其於倫常間尤能孝友愛敬一循於義方初顯時家猶未裕仰事俯畜婚嫁弟妹嘗獨任其艱又挈其季弟文光由幕而官致身通顯以仲弟之不事生產也爲之營宅於諸暨凰桐且置田數百畝俾有贍給其胸無町畦不私有其財篤於友愛如是光緒六年重游三吳膺薛廉訪聘會沭陽富豪徐大曾活埋莊姓兄弟四命徧通賄賂諉其罪於莊寬謂凶手在逃時有咨請部示以造意者莊主謀者徐欲據此定案部駁謂刑律有造意無主

謀辟囑照平反而供招已定貸之不可坐之未能屬僚無敢讞是獄者辟以是案謁江督吳吳不謂然蓋有先入者焉而案遂沉閣既而衛公調任蘇撫邀照入幕襄辦徐案即援罪疑唯輕之例謂莊寬在逃應查封兩家田產徐即不坐首謀而豪霸一方多行不義請發新疆遇赦不赦現仍監候俟獲莊寬訊案若果徐之首謀則再行發遣觀此可以知其慎刑矣〔下略〕〔采訪參胡炯撰傳〕

駱文光字子木山陰人寄籍直隸清苑同治六年任河南臨漳縣時捻黨繼太平軍而起所過屠城喋血無完者邑城圮械窳歲比不登師旅飢饉萃於一時下車後思安輯而捍衛之乃督勸以誠欵日集以工代賑一舉三善不期年而城成置器械籌防守甫竣捻首張總遇北犯圍數匝文光登陴督衆攖守衆感奮願效死攻益急守愈固凡兩晝夜目盡腫捻知不可下解去初漳河徙無常沖決沙壓好事者設河流局歛民錢瓜分病國病民裁撤之常平倉久虛捐廉爲倡後積聚得萬餘石光緒二三年歲饑賴以濟又修漳河神廟二大夫祠創建考棚增書院膏獎以作士氣編保甲嚴緝捕盜賊屏迹惟豐樂鎮橋工累民卒不得請以爲憾興利除害無隱不燭凡所擘畫皆久遠計任事四年欲修邑乘未成調武涉後解組歸去既久民不能忘稟准設長生祿位於書院以誌景慕〔臨漳縣志〕

姚國慶山陰人寄籍廣東番禺縣監生分發河南試用知縣咸豐七年隨營勦匪克復方家集三河尖匪巢歸候補班補用十年捻黨竄踞河南之黄閔國慶隨官軍追勦殲俘略盡豫省肅清十一年八月皖捻西竄國慶隨官軍截擊於鄭州立解城圍又擊殄山東會匪之攻撲鄭州者保以直隸州用同治元年正月丁母憂

河南巡撫鄭元善奏請留營差遣旋隨汝寧官軍攻克陳匪老巢並擒獲匪首之弟保侯服闋後以直隸州歸候補班補用四年署陝州知州時徵兵過境往來如織國慶威鎭理諭居民安堵無驚八年署光州知州旋以代去十一年三月補光州因攻克匪巢以知府用光緒三四年間晉豫奇災道殣相望國慶捐廉賑災全活無算光故夾潢水築城疊石成岸歲久水齧石頽國慶召紳耆籌欵興修躬自督勘工得速成七年七月息縣人徐中義糾合潁亳太和匪徒約期舉事國慶偵知密約防軍掩捕中義見事急不待期而踞寨豎旗恣爲劫殺國慶乘匪衆未集督勇進薄其寨中義倉皇遁餘衆奔潰乃懸賞購爲首者越七日獲中義殺之州境以安巡撫涂宗瀛保以道員用光州自遭兵燹士女多以身殉國慶設局採訪著忠節志六卷復勸積穀以備荒歉增號舍以惠士林輿論翕然八年十月以積勞卒於官二十一年巡撫劉樹棠爲之奏請宣付史館列入循吏傳〔采訪〕

葉世昌山陰人同治間爲山東濟寧州東河彭口閘官性至孝弱冠父歿哀毀盡禮孝事孀母遇事無違服官河東迎養至濟遂僑寄焉公餘之暇跬步不離居官時上禀慈訓凡催儹漕船監挑工程啓閉閘板接濟運道無不悉心經理挑十字河時尤爲出力上游甚器重之南捻犯境時世昌會同地方官固守土圩城賴以完迨匪南竄後隨兵圍悉力追勦冒險運糧接濟大軍事竣保奬生平好施創辦善堂貧民利賴之其官幕家屬貧不能歸無以卒歲者胥籌欵接濟之歲以爲常光緒初歲大祲倡辦義賑會同知州王錫麟設立粥廠全活無算母王氏病劇露天籲禱乞以身代卒不瘳母殁後卽謂養親事畢將追隨於地下漸見形容枯

槁詰言失音越數日自知不起向家人言曰予以殉親爲樂志願以償言竟而逝語不及私時年六十歲距親亡僅六日耳後由河督上其事旌如例（濟寧州志）

沈源深字叔眉一字惺甫會稽人中國學生中式咸豐九年順天舉人十年成進士以主事籤分吏部廻翔郎署洊擢卿貳歷任光祿寺少卿鴻臚寺卿太常寺卿大理寺卿都察院左副都御史兵部右侍郎在吏部時曾考取軍機處章京進爲領班侍值樞垣者二十餘年極爲恭親王所倚畀値海內粗安直廬多暇得藉此進治所學爲一時名流所稱遂屢掌文衡歷充同治甲戌丙子丁丑等科會試同攷官光緒十一年四川鄉試正攷官十五年江西鄉試正攷官十六年會試總裁尋充查辦福建事件大臣事初畢値閩學臣出缺乃欽命提督福建全省學政十九年以病甚懇辭奉旨俞允乃以疾劇未及成行卒於福州皇華館年五十有一諭賜祭葬並賞銀四百兩治喪源深素服膺程朱之學於敬恭桑梓友於兄弟尤極肫篤嘗以廉俸所積爲宗祠贖饗田教養異母弟妹甚至雖數歷中外數十年而易簀之日乃無蓋藏知與不知咸曰眞淸官閩省夙稱海濱鄒魯督學三年得人稱盛士論翕然門下士謝章鋌等建專祠於福州烏石山中春秋歲祀至今不衰其治學以身體力行爲旨不沾沾於文字間有所作以迭經播遷均散佚（采訪）

（附錄王舟瑤撰傳略）公諱源深字叔眉浙江山陰人祖某徙河南祥符故公爲祥符人父某直隸知縣咸豐己未公年十七舉順天鄉試明年成進士授吏部主事尋補軍機處章京累遷至大理寺卿光緒乙酉典四川鄉試己丑典江西鄉試晉都察院副都御史庚寅充會試總裁奉命按獄福建遂留督學壬辰晉兵部

右侍郎仍留學政任明年卒於闕年五十一公初官京師時大學士文端公倭仁侍郎吳廷棟方講明程之學公聞其說而好之以爲舍此無以爲學遂一意講求力見諸行軍機章京職掌章奏擬撰詔旨封疆大吏每按縞紵藉爲聲援公居此二十年積資爲領班而與外吏無私交有某制府與公同年嘗授以所製箋曰樞府有密謀幸以此告蓋其箋得旁行書它人驟讀之莫審也公嚴拒之不與通有某大僚以事罷職入覲報效謀起用公密章劾之疏荐布政使陳彝翰林文治皆一時清望其視學福建也公喜甚以爲生平治朱子之學今幸得至朱子之鄉首刻朱子小學分頒多士重整閩省書院親定章程命學校官各疏諸生學行以報檄調高材生令肄業會城書院課以義理之學自捐廉俸以資膏火時詣書舍與諸生講論藹然也疏請宋儒游酢從祀孔廟得旨俞允其試士也終日堂皇衣冠肅然有舞弊者必駁斥之有某太史子某觀察弟不守規公繩以法守令爲請公持不可曰彼世家子尤當守法何可獨縱也試建寧有郡取第一者公視其文劣甚黜之太守曰其家嘗建學宮故特獎之公曰其好義可獎而文字不可假借手書額贈之而仍不與進取試福州時有某生爲制府記室制府爲請公視其文亦猶人不與高等制府慍甚公不顧也至建陽爲文祭朱子有後裔以事黜諸生籍詣祠求復以公重朱子必如所請公曰爾爲大賢後而不肖如此吾爲爾祖誨也卒不允其持正不阿類如此然公性嚴正而待人甚恕按部所至供張簡陋略不與校嘗過上杭渡谿流舟小忽沈冠服俱濕公從容自若步至谿上民家小坐縣令以伺候不謹泥首謝罪公婉慰之性喜樸素所至悉撤陳設寒衾布被如老諸生然校文之暇手近思錄一卷好賢愛士聞一佳士必籍記之接人

其敬雖小吏厮養必禮貌對妻子若嚴賓疾時上疏請開缺諸生聞之屬集使署求勿去歿後輿櫬發白衣冠送者數百人咸太息曰百年來無此好學使也前後裁陋規數千金去之日行李蕭然在籍内閣學士陳寶琛等二百人表其治行請制府奏建專祠制府入告以格於例未可諸生爭摹其像祀於書院子豫立以廕官中書次敦厚幼〔譜傳集補〕

黄慕憲〔節録褚士佺撰傳〕君諱慕憲字霽塘山陰人父曰圃菘贈君以儒術起家屢參戎幕君生有異質年十一而贈君見背君感母太恭人教養益自刻勵雖屢困童子試嘗慨然負經世之學咸豐六年君客遊遼東居歲餘吉林將軍景樸堂羅君致之幕下會景入覲君遂有瀋陽之行當是時蒙古倭文端公以理學名臣出尹奉天倚如左右手凡有謀畫悉造而咨訪焉君幕遊奉吉前後計十八年兩省大僚自景倭二君外若阜蔭方闓帥若額筱珊京尹以君運籌帷幄動中竅會疊次保舉由府經擢同知並加鹽運同銜會恭大京兆與遼帥有隙事多掣肘光緒元年春欽派崇文勤公查勘君誤掛吏議南旋人有以慰語欵君者君無介於懷課孫之暇以詩文自娛所著有籌筆偶存飛鴻小草長白前後集遼海前後集歸鵪集甕牖集倒綳文稿若干卷待梓卒於十六年冬年五十八〔黄氏家譜〕

周昂駿字霞軒會稽人幼穎悟年十三縣府試列前茅旋於百日間連丁祖父憂家貧改習金穀弱冠爲諸侯上客以軍功保知縣歷任江都如皋儀徵等縣所至平反寃獄革除陋規建義倉興文教浚河渠善政畢舉愛民如子有周青天之稱兩江總督沈葆楨以每事躬親不避嫌怨有爲有守材堪大用保薦詔以直隸州

知州升用光緒七年卒於儀徵任所年四十三入祀揚州名宦祠子炳豫江蘇知州穌鼐甲午舉人直隸知府嵩堯丁酉舉人內閣侍讀郵傳部郎中孫恩夔江蘇州同〔采訪〕

俞大錦字絨人〔亦作則人〕山陰人曾入駱文忠秉章幕由軍功保舉知縣光緒初年任江西上高縣多惠政積十五年以病致仕優游林下者又二十餘年住漁后邨著有紫藤花館詩存二卷未梓今已佚〔采訪〕按大錦父名植號杖芸亦就駱幕司章奏十餘年積功仕至寶慶府知府

沈孳梅字瘦生山陰柯山下人居鄉慷慨正直鄉人化之終其一生鄉中幾無爭執之事有道不拾遺之風四十里內外無不欽服者曾於柯山之石佛寺建禪畫樓又於柯巖造船廳梅廳雲骨二字亦其所鐫卒葬本村玉堂灣〔采訪〕

胡霖霈原名大受字雨人山陰人年十歲能賦詩波瀾老成觀者詫服初應縣府試即冠其曹以光緒十一年中本省鄉試舉人乃留意有用之學築書室曰陸渾小莊露鈔雪纂足罕出戶文學庾子山詩學溫李皆不自喜詞學漱玉自謂得之著有文詩詞稿本散佚遺孤於故紙堆中得雜文詩十餘紙皆少作不經意者卒年三十歲初以廩膳生入貲候選教職旣卒數月選授海鹽縣訓導〔據胡道南愧廬文鈔〕

陳鋼　〔節錄胡道南撰傳〕公名鋼又名錫疇初名希岳字丙閬號春農陳氏世居會稽之鑄寶山自公十世祖元魁公遷柯橋鎮遂爲山陰人父均字可山〔傳見前〕道光壬辰科舉人公年十七可山公棄養家中落青氈不克守服賈於衢州酒肆與傭保雜作時洪楊告警各行省籌防孔亟歎曰世亂不能立功名爲此寂

叙非夫也棄之之京師充部司繕寫之役所稱漢筆帖式者見部書公牘多舞文曰吾不忍爲昧心之行且晞榮途甚紆復棄之同縣孫吉生觀察壽昶習於汴撫鄭公元善公與偕之汴值錢塘張勤果公以記名道員辦軍務襄辦者爲陽湖劉大令澍皆特別視公假以師生禮見遂留營充字職旋司書記疊奉解餉解械查探軍情各要差短刀匹馬往來六安光固荒戍古城青燐白骨間常晝夜行二百餘里星飯露宿備極勞苦同治二年太平軍圍省城槍林彈雨三日夜公與在行間城守叙功由從九品職銜授河南按察司司獄兼辦軍需局事又以防勦光州出力累保以知縣用加五品銜同治四年丁母憂歸服闋赴汴律令起復之員須坐補原缺同人以坐補需時勸公別圖因入貲以典史候選七年授江西餘干典史餘民慣械鬥沙坑村尤强悍嘗以爭田水大鬨縣令出彈壓衆圍之令窘甚亟傳公馳往至則大聲諭以理咸投械下拜曰首禍者周首萬也召捕得之一訊而平縣濱鄱陽湖値湖水氾濫決塍七十餘丈公督役修築閱數月竣工至今完好居民賴之光緒四年升任江西巡檢前江西布政司李公文敏保升上饒縣八房場巡檢司八房方姚俱大族以互訟坟界斃數命縣三易令未定讞時令上饒者爲胡公鴻澤耳公能名委結此案後遂不復翻控所治距縣城九十餘里爲閩浙豫三省通衢姦宄所叢積毎有無賴之徒持僞牌充鄰境訪案捕役串盜淫刦無所不至歷任縣令多爲所蒙公悉心驗其眞僞發覺量請懲辦盜風以殺九年逢計典以緝捕勤能膺卓異薦是年上饒山水暴發漂沒田廬無算八房轄六都殃及者四水退令糴米往振飢民攫取一空公重募捐區災戶爲數號按等分給印票令向市肆取米而死者旦夕而有口數或不符公不之究蓋陰以

作郵欵羣頌公允八房轄地甘谿慈潭黄桂等處有博場曰花會子弟被陷害者不勝計捕之則拒公與紳耆約禁不止乃示諭負者準其索還博欵當場被衆奪去銀物並毆傷者不問棍徒恐進巨金請收令公不納曰吾賄於後吾何禁於先棍徒知不可干相率歛戢吉龍橋者去公署一里許閩豫來往必經之長七丈餘舊爲溪水冲毁數十年無過問者公自捐俸重建鄞縣董沛爲文記其事令懸吉龍廟中未幾以忤上官意引疾乞歸去之日紳耆遮道焚香祝重來焉解組里居耽玩文史尤研方書不以醫名宦囊所餘劣給饘粥自奉約節有如寒素家事瑣屑一聽德配茅宜人處置無所涉問嘗患疾六安宜人刲臂療之得瘳歲庚子仲子祖賚叔子祖綬相繼喪投林餘痛而團匪變起忽忽不樂寖成肝疾作止無時遂以不起光緒三十年二月初三日卒享壽六十有七（下略）（愧廬文鈔）

陳漢章　（錄王繼香撰傳）（上略）公諱漢章譜諱嘉穎字倬雲姓陳氏系出文範先生元時遷山陰下方橋高曾王父皆抱道隱居父諱秉燦績學畜世母徐氏有才德遺孤三公其幼子也生而頴異清標絶俗目烔烔如晨星失怙時尚在襁褓聞母哭輒號泣不止七歲入小學能日誦千言嘗謂母曰兒隨兄勤讀書將必有以報母其立志固不凡矣稍長就學於外王父徐爾梅先生之門先生性嚴峻昕夕策勵不稍寬假年十五博通經史先生授以古文辭並制舉文操管立就其言汪洋自恣如經宿擩者時同里俞省吾明經雄於文公負笈從游稱入室弟子歲甲子應郡邑試疊冠其曹明年補縣學生是時兵事甫定掄材破格凡院試錄取新生未覆試以前得與歲科試公試列優等先食餼後補覆童試蓋未有之奇遇也是秋卽領鄉薦計

偕北上時京師制藝尚靡曼之音公文以儁傑廉悍勝以故如方枘內圓鑿五上春官累薦不第循例大挑改就學博初署溫州平陽教諭平陽地僻陋文教衰息公下車伊始日進諸生訓以德行道誼講藝窮經其有能文而貧者分俸錢資膏火俾肆力於學年餘士風丕振調署杭州富陽一如平陽時考績報最陞補海寧州學正州人素仰公名聞公之至爭自濯磨公嚴立程課月試季考各隨所詣高下誘掖獎勸寒暑不輟尤以闢邪距詖爲己任時有某生服西夷教公曰入於彼者出於此擯斥不得與試州牧爲之關說公益峻郤之剛正之聲震達中外自是士務正學掇科第相踵光緒辛卯正月以病乞假旋里二月朔日卒於里第距生道光庚子十一月二十二日得年五十有二州之士聞公之歿也識與不識同聲一哭次年三月奉栗主於學宮尊經閣春秋致祀以誌不忘衣冠送者五百餘人烏虖榮矣公至性過人事母盡孝有終身之慕及居喪毀幾滅性中歲悼亡義不再娶仲兄之歿也以不能施回生之策哭之慟哀痛經年不止厚撫其子女愈於己出陶成後進娓娓不倦戚族子弟需教益者以百計非義之財一介不取屏跡謟晦無一刺干長吏師巫之屬無敢涉其門筮仕十餘年囊無餘貲麤衣糲食晏如也所著詩文甚富有臥樓文存臥樓雜記管窺錄蟄蕣草耕餘草繭餘草日下草西渡草等集藏於家覃恩加一級勅授文林郎贈父母如其官配胡封孺人子一汝龍附貢生〔下略〕〔下方橋陳氏譜〕

章慶寶會稽人由監生報捐府經歷於光緒三年署河南內黃縣敷政日久興閭閻之利極溥防書役之弊甚嚴不矜才不使氣而政治咸宜日計不足歲計有餘古所稱循良之吏也〔內黃縣志〕

沈鏡煌字翼心號蓉初會稽人光緒六年恩貢就職直隸州州判務爲樸學著有增訂翁注困學紀聞校訂胡刻李善注文選池南老屋遺詩雜體文弟家晉另有傳〔采訪參兩浙輶軒續錄〕

沈家晉字雅軒少業儒不得意供事吏部考功司嘗從部使者按事滇黔議叙得補吏不就幕游關中以平反沔縣獄爲撫部邊寶泉所激賞檄屬縣著爲令是有明體達用之學者著有敦素齋幼吟草〔同上〕

沈惟善字伯翔東浦人光緒十二年進士宰江西瑞昌會昌兩縣有控坟山舊案累任不結屢釀命案寃仇莫解出貲二千餘金撫卹兩造將坟山斷令入官衆皆悅服又有開標賭風毀家斃命傷風敗俗而官歲可入千餘金以故久久不禁惟善不肯受賄監禁標首某以革此風民人德之又有烏鴉泊鄉民情强悍與福建武平縣人挾私仇獲其民數十人誣以會匪固請嚴辦惟善爲之雪寃方欲釋放而衆各持厲刃俟於門外擬私殺之惟善乃設法將其民囚之以解武平武平人由是脫罪在任七年丁艱歸遂卒年五十〔采訪〕

董邦賚會稽人光緒初爲陝西候補典史三年臨潼大饑邦賚勸臨潼沈令上賑饑表數次詔書未下民不聊生乃協同在署諸友各捐已貲合銀萬餘稟明沈令束裝就道往鄰省採辦糧食以拯濟臨邑數十萬戶口皆其力也旋詔書下賑饑大臣奉命來陝者尚隔十餘日臨邑之民有道殣者積骨遍野邦賚復與沈令於臨城數十里之外設立義塚拾白骨置塚中以爲已任不憚辛勤云〔清潭董氏譜〕

曾厚基會稽人軍功議叙從九品光緒二十三年從軍廣東瓊州積勞死事從祀廣東昭忠祠〔采訪〕

倪兆錦字繡章山陰亭后人曾在暨陽設培蔭會臨浦設理濟會以施棺埋瘞與暨邑孫氏合脩趙家步至暨

城大路家居建太平橋廟臺復與同里姚氏合建後殿自脩社廟柯橋建融光寺狹猺湖脩備塘皆助重資太平橋至柯橋官塘水漲時行旅病涉錦出資培高尺餘（亭后倪氏譜）

孫定橋字越凡山陰陽嘉龍人早歲從徐朗峯（炳炎傳見前）遊甚器異之妻以女小試列前茅迫於境不能專治舉業遂負笈浙西欲執贄覓一申韓師不可得越歲旋里遵母命改轅北上入司曹精習名法不久即膺南河任筱沅聘值太平軍之役亟歸紹省母幸無恙時從弟已遘疾前卒不無痛傷兼囊乏餘資不得已復遊燕北受高邑劉君之聘至是迎母就養並挈其叔季二弟相從讀律尋應滄州項桂倫之聘館滄州者八年更歷四任曾一應北闈秋試試畢侍母旋家爲子授室爲女姪遣嫁女姪早失怙視同己出焉未幾復北上膺東明馬君聘又膺臨榆勞君乃宣聘旋丁內艱聞訃星奔呼號擗踊哀毀骨立治喪竣又往就南皮保定府臨榆縣及清河道館者十餘年以光緒十七年卒享年六十二歲遺命不喜葬田而喜葬山麗返三年始得犁塘荷花岡之山麓葬焉遺著有靡可居詩稿配徐孺人孝以事姑慈以待下勤於紡織不憚勞苦蠲金修路量粟賙貧樂善好施廣行陰德里人稱之卒於民國七年　子壽金字申甫洪楊之役年方六齡從母避難夜黑無燭謂須擇黑色處走白色處恐是水也遂明辨色回望果然時父以申韓學游幕北方家貧甚大母典質贍家日惟豆粥二甌壽金食其半忍餓留半以奉母其純孝出之天性自幼用力聖賢之學究心程朱之理莊篤剛正人不能干以非禮父慮及內顧馳書勉以兼理遺業乃於光緒乙酉辦常廣鹽務商不廢讀光緒壬寅科舉改試策論尚應試學使張亨嘉拔爲首選改革後黨山收私局停收壽金發起改

煎爲晒公選爲該廠總理按戶授板而開創之際簿書鞅掌專心一力聯内應外不數年鹽務蒸蒸日上旋又獨新廠於河莊由是民無游手同商之猶豫不定者皆就決焉晚年好道樂善不倦其欲保存國粹也創立春山學社講解經義修改社文欲顧全公益也嘗一修試㕑再修家塾三修廟宇欲嘉惠貧民也立仁濟施醫所延諸名醫治諸痌疾他如施櫬施茶惜字並集放生之會開掩埋死畜之池種種善舉皆實事求是爲之其内行尤純備以父遺命欲葬於山升高涉遠不避艱險雖當嚴寒雪地跋涉爲難洗足於溪冷極轉熱而後再行越三載始得地窆焉有叔逝津門叔母亦繼逝而遺孤甫齔爲之提挈教養至於成立母年至八十有四生前夏扇冬爐奉侍必起敬起孝六十年如一日又有助辦黨山鹽販之友王幼蓮歿已一紀矣壽金臨終猶使人厚贈其家其篤於故舊類如此民國十八年卒享年七十三歲〔采訪據家傳〕

孫復功字潔引山陰庠生福建福清縣典史性至孝光緒十三年秋間母陸氏患肺癰醫言苟内部不潰咯痰遺糞無變性或可救復功竟效古人嘗糞之事以驗其可治否并封臂肉和藥以進民國初年曾由本縣知事呈請褒揚〔采訪〕〔一作名鼎元字潔行孫端人民國八年褒〕

姚孝連字慶安山陰富民坊人距古軒亭數十武有古井曰琵琶歲久湮沒順治十七年冬其地被火災井出於瓦礫中孝連之先有名奕者出貲購爲義井事載山陰舊志咸豐辛酉經兵燹後井復廢井上爲市廛光緒己丑又火市廛被焚井又見焉孝連繼先志築而新之以便居民又集貲建設軒亭口之觀音閣爲施茶地其家非素封所行義舉皆減衣節食爲之〔采訪〕

丁文香會稽人善吟詠精拳術以申韓術歷遊關內外爲諸侯上客五十外倦遊還鄉好施與嘗合藥以濟貧病輯驗方簡要一書皆數十年經驗良方印刷分送每歲除夕袖英蚨數十遇窮檐矮屋問牛衣對泣無以卒歲者從門限窗隙間送入數封而人不知誰所施也某年南門外小村臘月中失火延燒與衆農家隔宿無糧終宵露坐飢寒交迫慘不忍聞文香躬親撫慰每家畀以十元廿元屬其先蓋草舍聊蔽風雨己之田佃免收租穀鄉人至今感之著有蕉雨山房詩集〔補過老人鄉隅紀聞〕

孫鵬振字作亭山陰庠生父早歿事母至孝某年母病劇晝夜侍奉衣不解帶者旬餘潛割臂肉和藥以進母卒後號泣萬狀絕食者四日雖期年后其哀悔痛苦之忿不稍衰服未闋竟抑鬱以歿時光緒十八年也年僅二十有八妻陶氏時年二十有九撫養遺孤備極艱苦里人僉謂陶氏之節有以酬其孝行於地下矣民國初年曾由本縣知事呈請褒揚〔采訪〕

章毓嵩字申甫山陰人光緒間捐資千元倡立學校村中貧無告者月廩以米歷時二十餘年爲數增至每月十餘石修古城埠頭至鎭頂之路十餘里攢本村蔡家衖之路臨終遺命子孫必力行善月米一項寧增勿減云〔據章氏譜〕

阮祖棠〔錄薛炳撰傳〕先生名祖棠字水三會稽人幼孤由祖母及母撫養成立洪楊戰役後家益貧歲甲子年二十五矣以母命棄書讀律入閩從胡仰山先生遊銳精鑽研術將成而祖母及母相繼卒貧不得歸明年二月應仙遊縣聘稍積資即辭歸爲祖母及母氏營葬事畢復赴閩歷應郡縣聘公事益練習斷獄勝

老吏矣丁丑報捐同知分發江蘇爲大吏所倚信歷委讞局訊結巨案以百數而尤以閱實六合趙禿仔平反金陵三牌樓周五兩案爲最著疊經總督左巡撫衛優保甲申九月徐星使出使日本奏調爲隨員當是時法釁未平人視外國爲畏途先生以爲國家自鴉片戰後疊次失敗皆緣瞢於外情故身入其地而考察之必得當遂踊躍以從既至派駐橫濱正領事官明年赴長崎審辦命案一鞫而服丁亥冬期滿歸國奏保免補本班以知府用並加鹽運使銜再入覲回江寧期滿察看總督曾奏最之辛卯委署徐州府士民咸悅服卸篆後蘇臬陳札委府讞局提調兼辦臬署清訟局事積牘一空是歲大閱總督劉派充隨員復以徐州任内獲幅匪蔡自友等奏保補缺後以道員用壬辰委辦大勝關釐局爲金陵第一優差先生辭不赴改委積穀總局釐奸剔蠹宿弊盡絕癸巳總督劉巡撫奎會保循吏奉上諭傳旨嘉獎乙未再保特旨以道員用並加二品頂戴召見天語獎勉先生益感激圖報稱乙未秋總督張札委總辦上海製造局並駐滬商務局事丙申署徐州道兼辦徐防支應所營務處並齊金土藥等局抵任後適山左大刀會匪越境擾及豐碭各邑閙教燬堂先生會同徐州鎮派營馳往彈壓勦獲巨魁解散脅從議賠完結不致釀成交涉巨案由先生應付之速也嬰堂冬季嬰多斃先生察知乳媼缺被所致因捐廉購新棉及布各予被具自後諸嬰得免凍斃之憂其餘地方善舉次第整理民甚戴之累得議叙三代二品封典並加級紀錄丁酉冬交卸戊戌秋總督劉又以使才奏保奉上諭來京預備召見先生以朝端新舊交鬨致兩宮不和國隙將啓不在外患已又位卑不得效韓魏公之身任調和明年春遂假散差回紹庚子之役尤所痛心旋得風痺疾不良於行喟然

曰時事如此而身又病不能再出報國負初志矣於是立義塾給貧粮以惠族鄰家居五年而卒時光緒二十九年癸卯某月日也年六十有四薛炳曰先生之妻陳於炳前室東桑君爲從姊先生之歸也由嘯唫遷居於郡城辛丑夏曾以東桑事相聞炳以寒士不願見今過採訪局阮君建章囑次先生傳據保案曾公之言曰不矜不伐有守有爲劉公之言曰端方穩練前隨使臣出洋歷經盤錯嫺典大郡聲績蔚然所著聽訟各條具有心得各處取以爲法至於利之所在人所爭趨該員介石之貞一塵不染又曰明白精細悃愊無華服官十有餘年一以潔己愛民爲本爲政務持大體不尙矯激之行聽斷尤爲擅長堪爲羣僚表率曾忠襄劉忠誠皆中興名臣不苟譽僚屬以蒙君上今其言如此足以徵信矣

何澂字心伯號竟山山陰峽山村人同治間由廩貢任蘭谿教諭任內監修雲山書院尋歸里時知縣事者爲湘鄉楊恩澍邑之書院燬於亂楊乃廣其基址復建書院於龍山之陽又於其旁設蒙泉義塾澂董其事同治九年任定海訓導監修定海廳城工並勘丈桃花沙田士紳服其公正旋調永嘉教諭復興修學宮署爲容成子修道處志稱第十一洞天有丹井三生石諸勝嘗繪洞天訪古圖諸名士皆題咏其事澂凡三任教職士論翕然光緒元年以同知指分福建補用迭次渡臺灣辦理行轅文案九年署浦城縣時因鹽梟滋事毁卡拒捕前官老病不能制屢請兵鎭壓人情恇擾澂甫卜車卽緝首惡二人置之法餘許具狀自新衆始帖服浦城素有江西客民百餘人砑布爲業族居縣城西門外之砑房其中悍暴惡少往往酗酒生事魚肉良懦臘尾有某甲向某乙索債率砑房之黨數人持械恫嚇某乙赴署叫冤立飭親勇拏獲分別笞枷民間

稱快次年卽首治硏房惡習詢諸父老知爲患垂七十餘年歷任咸以整頓爲難姑置不理民受其毒無可赴愬於是訪厥渠魁置之於法散其餘黨編管入城其患遂息邑故有鬧米刁風不因歲凶米缺也米値稍騰奸徒卽挾官請減一鄉爲倡各鄉繼之積習久沿勢莫能禁是年夏米稍貴南鄉清湖里農民仍蹈故轍西鄉通德里遂亦效尤挾嫌毁富人室浦城爲產米之區無慮米歉勸諭諄諄且爲立禁時値法人據五虎海運頗礙閩省食米多仰給上游奸徒之喜事者益挾以滋事乃訪擒首惡數人治之以刑衆始慴服後無敢譁者奸胥某倚威爲暴民不堪命紛控其奸歷任訟未決民之控者紛至沓來屢經堂詢鞫得實情置胥於獄通邑稱快由是在官者皆就約束奉法從公鄉民某素著凶暴武斷鄉里把持訟事衆目之以虎適以訟求判緣暴其奸立予杖責民之環而聽者咸歡呼而散曰今日看打老虎矣往時命案請驗胥役索輿馬費每至村中逃避一空且久延時日寔爲惡習於是諭胥役無得延宕一有禀請立卽詣驗費皆自出不以絲粟擾民胥役有妄自需索者許令村民指禀立卽究辦凡正凶外無一拘連吏胥恨而民受福矣涖任甫三月清積案六百餘牘自後訟至立與判决不直者治之非理之訟多自悔桀驁狙獷之徒亦知歛迹錢粮無飛戶科歛諸弊風俗爲之一變更治城垣整保甲勸育嬰清義倉諭各村中儲穀存倉爲自衞計至鄉間輙勞苦百姓問歲豐歉溫語循循導之以善浦城士習文風久已不振邑故有南浦書院爲眞西山講學處日久廢圮遂創捐重建復將南鄉清湖里翠巖寺屋產改爲正學書院兼於正學富沙兩書院加意振興月校諸生文藝手爲評隲復於正課外特加小課試詩古文詞一載後文風漸起凡肄業諸生及縣試所拔前

茅咸視如子弟時時勗以學行又蒐求邑先輩遺書後人庠序有聲者待之尤厚由是人人競力於學興起者衆十一年春南浦書院成院側舊有奧山道院爲修葺之幷入書院更增捐田產加給膏獎落成後扃門課試士盡騰歡城西舊有全浙鄉祠頹廢歷年荒基寥落無識之者因勾當公事偶過其地覓得斷碣復倡捐重建舉浙人之買於南浦者董其事經歲告竣鄉人往來者咸稱道焉冬十月卸篆民之攀轅臥轍者數十里不絕邑人於南浦書院中建立生祠立碑頌德題曰瓣香次年復奉檄充稅釐提調兼福州海防局又充善後局提調十四年五月卒於福州廨舍子三壽粲壽章壽梓著有思古齋詩文集若干卷思古齋隨筆十卷湧金石詩錄十六卷續畫人姓氏錄廿四卷師友小記一卷字辨二卷篆彙若干卷漢碑篆額三卷臺灣雜錄合刻一卷楹聯大成八卷〔采訪據行狀〕

任睦字秋田會稽人以進士宰貴州遵義雄於文嘗於月課外選廩增附三十四人進署會課親爲指點如塾師之敎子弟嗣後春秋兩闈獲售者大都沐時雨者也以光緒辛丑科爲最盛〔貴州通志稿〕

〔附錄事略〕公別號似莊會稽縣歲貢生雲和縣訓導光緒乙亥科副貢已卯舉人庚辰進士籤分戶部河南司主事截取知縣分發貴州乙酉辛卯兩科貴州鄉試同考官歷署安平貴筑遵義等縣知縣下江廳通判下江地屬苗疆民族質陋生計又蹙公爲之敎陶瓦敎樹畜並創興學塾俾識普通文字漸進文明苗民訴訟事件多係雜處之漢人敎唆而起經公摘奸發伏幾於無訟洎在遵義任內以會文課士適當省試之年一榜前茅得其七稱盛事也兩權首邑凡對於上游差徭絕對不願承認時稱爲强項令故每涖一任對

於下亦必裁撤陋規整頓征收事宜兩袖清風胥吏苦之而地方受惠非淺矣其六十自壽聯語笑從前蠻
觸微名先校官繼部曹終縣令南船北馬鑄就勞人憶當邊徼投荒生怕陽明弔瘞旅留是後崎嶇晚景屋
數椽米五斗菜一畦布襪青鞋還吾眞面自此櫑書授讀天敎彭澤賦歸來循良之選即此可見至其對於
家庭弟兄早已物故撫字猶子如已出一切嫁娶喪葬事宜獨力擔負並分授家產以資養贍孝友兼至人
無閒言著有倚舵吟稿行世閗妙香室删餘文鈔待梓蓋公當未仕時曾與陶子縝秦秋伊諸名士在娛園
結皋社提倡風雅爲鷗社之遺故兼長於駢體文歸休林下後掌教龍山書院有年歿葬下灶伯僊廟山

高學治 〔錄章炳麟撰傳〕高先生諱學治字宰平其先自山陰之前梅渡江而宅爲仁和人先生生則扶義
俶儻樂文藉無純駁皆取弱冠游同縣勞權勞格兄弟閒慕其悃愊始刻苦求樸學勞氏多臧書自何焯盧
文弨顧廣圻所校鍵篋百種得盡假讀深居治三禮及四家詩旁羅金石亦好宋明儒書以貢生選烏程訓
導是時歸安徐有壬善四元術仁和勞權善校讎德清戴望好爲故訓皆時走集望年最少性感槩不與時
俗偶每至見佗人所論箸即曰爲先生瀎獄先生曰諾望卽取書反覆檢之證一事駁一事曰爲先生奏悲
誦先生曰諾望則倚牆振憧聲振林木當是時先生最懽及望治公羊春秋與先生異術勞權亦死先生始
不說經炳麟見先生先生年七十五六矣猶日讀書朝必寫百名書雖倦不臥也問經事輒隨口應且令讀
陳喬樅書炳麟曰若不逮陳奐矣先生曰長洲陳君過拘牽不得騁炳麟問孫星衍且及逸書先生曰逸書
置之禹貢鄭注引胤征曰篚厥玄黃昭我周王孫君曰詔導勸也忠信爲周說昭爲勸則是言忠信王何其

紆曲無文義邪炳麟曰大康失邦及仲康至相世天子守府斟灌斟尋之地耳地理志北海郡有平壽壽光二縣應劭曰平壽故斟尋壽光故斟灌斟城灌亭皆在焉然則周王者壽王也地本名壽漢世因以名縣古者遷都則國號從之商更爲殷豳更爲周唐更爲晉是也天子依壽爲行在故不曰夏王稱壽王矣古文周壽聲近稠或作疇其例也望文生義言忠信王未之思也先生稱善且曰若是逸書則可說矣雖然不見篇帙從朽壁中得一二語已拉絶者輙以施訓若得完書當云何炳麟由是說經益謹先生語炳麟惠戴以降樸學之士炳炳有行列矣然行義無卓絶可稱者方以程朱僞也視兩漢諸經師堅苦忍形遯世而不悶者終莫能逮夫處陵夷之世刻志典籍而操行不衰常爲法式斯所謂易直彌中君子也小子志之炳麟拜受教先生爲人宣髮而將以好金石財略盡子保徵善治生先生得取給常薄滋味緩形故得壽考以清光緒二十年年八十一卒病時語其子保康曰居亂世無票票如柳絮吾問諸朱用純矣葑以冬甘疢疾者將以定而性也既病甚保康常采庭華進先生說之頃之又進黃甘枕上命徹之曰自貧莫如食既得華復樂此邪其自敕如此子二保康保徵〔章氏叢書〕

姜秉初〔錄唐風撰傳〕君諱秉初字仲白紹興府會稽縣人曾祖泰鍷祖復言皆隱德不仕父中璠道光十五年進士歷任陝西長安華陰臨潼縣知縣卒官有子三君其仲也同治七年受知於徐壽蘅學使以第一人入頖旋舉優行光緒元年詔舉孝廉方正四年君膺會稽縣孝廉方正之選朝考列二等奉旨以教官用歷署昌化西安烏程訓導十口年卒年六十有一在官課士有方士林翕服學使優異有足述者而非君之

樸行也方臨潼君之喪歸及門君奉柩入室族戚沮之君揮涕曰先人構此未歌先哭既在郭外無令甲城門之禁而公等屏之門外不容饗於斯堂乎言已號哭居喪哀毀盡禮窀穸事尤慎奉母如孺子既捧檄初之官聞母病即棄官歸緣以被議而大吏原之未列彈章卒得司鐸如故中間作閩游曾護其故人之旅櫬以返遠近義之未就徵時歲闌以事入郡將出城大雪待舟閶闔下拾得遺裹坐待失者抵暮不至乃懷裹之所親家宿甫黎明仍往坐守久之一老嫗哭而至詢之則曰常禧門外農家夫若子皆以逋累陷於理將往贖君廉得其實計其值不敷則偕詣所親轉貸以畀之而所親傳其實凡此皆君就舉日歷行事實册所未載而先典籍公嘗亹亹稱述以詔門人小子謂今之古人也君工詩古文辭嘗假典籍公國朝二十四家文鈔評點本市月瞢繕讀成誦著有詩文藁藏於所居徐山之谿花禪意盦子聿昇　唐風曰越城南青藤書屋徐天池故宅陳氏居之君陳氏壻也先公與陳翁亦善風兒時輙喜聽主賓談包村事君說包立身殺賊忠義勃勃手擊案聲若洪鐘即李侍御慈銘亦稱之見越縵堂日記中

沈翼清　〔錄嚴壽鶴撰傳〕沈公贊卿諱翼清會稽人幼敏慧讀書之暇工刻竹同邑陳中丞慶階見而大奇以女孫妻之稍長遭洪楊之役與父葆初先後被虜葆初以不屈遇害事詳浙江忠義錄公在敵營聞父耗一慟幾絶敵憐而釋之事母陸太孺人克盡孝養且多賙恤戚友以體親心人無知其境之窘者處母喪哀毁如禮服闋補博士弟子員旋食餼光緒己卯中副車就教職丙戌選景寧縣教諭甫莅任患疾甚亟女渭珍年十二禱天請代翌日女死而公瘳有表孝錄行世景寧地僻俗僿公以整頓學風爲己任掌教鶴峯書

院月課兩次親加斧削不稍寬修脯所入悉作獎資平時諭以讀某書習某字學某文與夫聲音訓詁之學

口講指畫歷五載如一日學子頗爲鼓勵庚寅公年四十六以試事赴郡卒於寓次士林聞之皆伏靈哭失

聲有模楷羣倫陶鎔後進之誄蓋公之教澤入人深也故縣令周公桂園於景寧有政績循吏也公卒之三

年邑士潘文藻等爰在書院西廡並立栗主各以誕日歲必祭之并籌置祀田以垂永久焉子才邑庠生與

某善得悉其大概如此

陶福祥字春海別號愛廬會稽人寄籍番禺優行增廣生咸豐七年英人侵粵福祥侍母范避居南海沙貝村

時祖母陳疾方篤流離奔走彼此兼顧嘗由沙貝村徒步至佛山往返幾二百里亂既定授徒十餘載光緒

二年始舉於鄉兩上春官報罷而粵中大吏耳其名多爲折節張孝達尚書姚侍彥方伯雅重之遇有興學

事必諮之而後行甲申法人啓釁意欲窺粵張尚書倣曾文正創辦鄉團以爲抵禦計福祥相助爲理集省

民設團練堅壁淸野敵知有備改竄閩而粵得安謐尚書上其事於朝賞內閣中書銜尚書設廣雅局延爲

總校東粵文明開自阮文達繼志者尚書而實福祥贊助之復聘主講禺山選瀰雲會及門著錄逾千人及

尙書移節湖廣建兩湖書院又聘爲經學教授爲厘訂課程畢凡兩閱月而歸歸仍主講禺山門下益盛居

恆泊然寡營獨孜孜於學行斠書勘藝昕夕靡暇門下士有晉謁者高明沈潛各因材而誘掖之一聆緒論

無不踴躍稱快又嘗刊祕集孤本數十種以惠士林歿後著述多散佚嘗滙四庫未收之書及四庫後出之

書爲書類日鈔而編纂未定者尙有愛廬文集東漢刊誤如干卷〔陶堰陶氏譜〕

屠福謙字時齋，一字地珊，會稽上灶人。學律於河南，先後佐長吏治刑獄以百數。時湖南巡撫吳大澂爲河北道，尤重之，勸之仕。援例得通判，指省湖南，嗣改知縣。光緒十三年，選知直隸肅寧，親老告近，改選江西奉新。明年五月受事，飭署中綱紀，硃書堂皇，求吏人貪黠者，怵以法，皆屏息不敢爲姦。又悉汰糧差及諸白役。門下不置通書，有獄訟，受詞無期，到即鞫訊。桀民好訟者皆避匿。然重愛士大夫，諸生有獄訟，輒曉以禮義。諸生亦以對簿爲恥。縣鄰高安，有教匪猝起爲變，福謙募壯士，購軍械，日夜梭巡，匪戒不敢過奉新。自市井豪猾及諸小偷，皆密疏姓名，區處出不意，治之民以大安。奉新多曠土，令種木棉，又時發鈔贍窮民，無告者全活甚衆。居官不營私室，盡力橋澤陂塘及諸書院寺宇，無不繕治。凡治奉六年，自大吏及百姓皆稱其能。光緒十八年，調署浮梁縣事。其冬，復移廣豐。廣豐介閩浙間，嚴邑也。福謙蒞任，治之如治奉。值歲旱，民輒藉求雨乞食，名持仗剽刧，憚福謙威，不敢發。會鄰邑福建浦城姦民蠭起，福謙密爲備，得無事。廣豐士民信惑風水，柩停於室，春夏穢氣薰蒸，病疫殆遍。福謙示以三日爲限，不則法懲，於是積年停柩盡得掩埋，迷信頓釋。福謙自少壯爲幕賓，至於長吏，民之情僞盡知之矣。爲吏處分精察，然多以儒術緣飾教條，不苛民，戴其惠。在官不分晝夜，檢校簿書，積勞得喘疾。自奉儉素，官裝蕭然。光緒十九年，回任奉邑，行至河口卒。（采訪）

王煥字黼辰，山陰庠生，潞家莊人。光緒間入貲爲工部郎，與同官壽山爲昆弟交。壽山寖甚，煥時周濟之。壽山後以剛毅薦，出爲黑龍江副都統，調煥往。未幾，陞任將軍，派煥辦理富拉爾基鐵路交涉事。軍府之事亦時諮商焉。及拳禍作，東三省奸民起而應之。俄人欲派兵保護其在江省所築之鐵路，假道於壽山，壽山不許。

俄弁以兵數百鼓輪浮江而下壽山派兵拒之開炮轟擊俄弁死焉俄兵遂退俄提督聞報謂中官不允假道欲親見壽山以達其意壽山復列砲江干於其未至要擊之俄督怒戰事將啓煥入諫並上書力陳不可狀壽山不聽及愛琿陷俄兵乘勝直入壽山困坐省城不知爲計煥又有所陳壽山益厭之卽日檄令赴京催餉煥臨行復留書規勸壽山以爲阻己而譏訕之也忌者復中傷之遂遣騎持刺追回及於距省四五十里之榆樹屯至則閉之於獄越日親訊之指煥不忠煥亦反責壽語塞怒甚親摑其頰齒落唇裂流血沾衣煥不爲屈遂殺之未逾月壽山亦敗死煥後經部議䘏賜太僕寺少卿廕一子入監讀書（采訪） 煥葬於黑龍江龍沙公園民國四年巡按使朱慶瀾爲修其墓七年江浙同鄉醵資重修

（附錄一）光緒二十八年三月初四日御史吳煦爲王煥懇恩昭雪原摺奉旨交吉林將軍查覆本年六月十九日吉林將軍覆奏奉上諭硃批王煥着交部議䘏欽此 （吳煦原摺）巡視南城掌貴州道監察御史臣吳煦跪奏爲司員懷忠枉死懇恩昭雪恭摺仰祈聖鑒事竊維拳教相爭事起倉猝其間無辜被禍者指不勝紀然爲拳匪者率皆愚蠢無知或睚眦以尋仇或懷疑以悞殺從未有身爲大員剛愎僨事惡直言以傷故交如前黑龍江將軍壽山殺工部郎中王煥之冤且慘也王煥本浙江諸生通達事務慷慨好義沈淪郎署將二十年當壽山爲工部司員時因同官而訂交有無相通往還頗密迨壽山簡授黑龍江將軍値王煥居家守制力邀其往襄戎幕遇事諮商多所匡益拳變猝生訛言四起壽山惑于邪說輕欲開釁王煥念私交既深國難孔急又審知關繫之匪輕軍實之不足恃也屢以去就力爭而壽山卒不見聽已而俄之鐵

路燬於亂民俄弁以兵來衛壽山迎擊斃之俄師自以舟師來猶言謝罪於我初不欲以兵戎相見也壽山又列隊以拒之俄師怒而返旆重兵四出而邊禍乃不可遏矣及至一戰而敗愛琿不守王煥以其言不用先期求去已戒裝矣猶復留書數千言痛陳利害冀得萬一之轉圜壽山知事不可爲而愧無以對王煥又惡其言之過激也竟追其返而殺之而東三省相繼陷沒壽山亦僅以一死塞責焉使當俄師甫來之時用王煥之言遣一介之使言歸於好則陵寢宴然不驚版圖至今無恙其所保全者爲何如何待遲至兩年勞宵旰之憂極磋磨之力而國家根本重地退還尚需時日哉夫壽山既能以身殉國原不必追論其既往惟王煥當衆口紛紜之會明知言出禍隨獨申讜論可謂上不負國下不負友若竟聽其含冤以死湮沒不彰似無以慰忠義而勸通才臣職在納言例得風聞言事竊以爲是非不明人才之消長因之是不可不亟爲申雪者也至王煥應如何加恩褒䘏之處出自逾格鴻慈非臣所敢擅擬謹將所聞司員被屈巔末恭摺上陳伏祈皇太后皇上聖鑒訓示施行謹奏〔吉林將軍長順覆奏〕奴才長順跪奏爲司員被殺寃慘遵旨查明籲懇天恩應予昭雪並請敕部議䘏以慰幽魂恭摺覆陳仰祈聖鑒事光緒二十八年三月十七日承准軍機大臣字寄三月初四日奉上諭有人奏司員懷忠枉死懇恩昭雪一摺據稱工部郎中王煥襄辦黑龍江將軍壽山戎幕多所匡益拳變事起壽山惑於邪說不惟不聽該員勸阻反加殺害等語着長順按照所指各節確切查明據實具奏等因欽此仰見朝廷顯微闡幽慮衷博訪奴才跪誦之下欽感莫名查王煥係浙江人工部候補郎中光緒二十五年壽山簡放黑龍江副都統時商經將軍恩澤奏調赴江差遣在壽

山軍營總理營務迨壽山升署將軍因富拉爾基鐵路交涉事繁派令該故員王煥前往辦理而於軍事仍時向諮商素稱莫逆及拳變事起壽山惑於人言調兵拒俄王煥以兵事貴知彼我在江省兵練未精餉糈未足恐一經決裂收拾爲難因上書指陳利害並親赴省垣面爲開說而壽山以先入之言爲主悉置不顧嗣愛琿失陷俄兵乘勝直入王煥又復進言令壽山開誠釋嫌暫停戰事與俄言好靜候朝旨壽山面斥其非由是齟齬即委令王煥進京催餉實欲外之以免絮聒猶未有加害之意也乃王煥臨行復留書壽山大旨謂寇深事急勸其勿再固執早爲變計猶可挽回措詞不無過激維時王煥已出省行走四五十里壽山見書大怒遣騎追回盛氣相臨王煥抗辦不屈壽山怒其崛強也親擲其頰致落齒裂脣流血被面王煥終不爲奪遂被刑誅此王煥遇害之實在情形也吉林與黑龍江壤隔匪遙該省官商時有往還言之歷歷悉爲稱枉奴才早有所聞正擬俟時局大定爲之陳奏以雪其寃茲欽奉前因復經派員前往逐細訪查誠有如原奏所云且與奴才前聞之言亦相符合是王煥之無罪見誅實堪矜憫合無仰懇天恩俯賜昭雪並可否敕部議給䘏典以慰幽魂之處出自高厚鴻施所有查明工部候補郎中王煥被害寃慘緣由理合恭摺覆陳伏乞皇太后皇上聖鑒訓示謹奏　六月十九日奉硃批王煥着交部議䘏欽此嗣經部議奏請賜䘏太僕寺少卿廕一子入監讀書期滿由部帶領引見奉旨依議

〔附錄二〕王煒王會同王會澧爲王煥辨枉節略　竊先兄四品銜工部候補郎中王煥字黼宸先於光緒二十五年經原任黑龍江將軍恩澤據愛琿副都統壽山指調差遣奏調到江經壽山派充總理營務差迨

壽山署理將軍因哈爾濱鐵路交涉局差使緊要特派先兄辦理而於軍事仍時向諮商光緒二十六年拳匪事起俄人以其在江省所築鐵道將被焚燬欲以兵前來自爲保護而假道於壽山壽山不許俄弁卒以兵數百乘輪舟浮江而下壽山派兵拒之開壁轟擊俄弁死焉俄兵遂退俄提督聞報謂中官不允假道而彼弁闖行死固其所欲親見壽山以達其意亦乘輪舟來壽山則列礮江干於其未至要擊之提督大恚揚言纂兵顧其意猶不欲戰也壽山則決意飭屬開衅先兄聞之以該省爲二百年來根本重地滿漢居民何啻百萬宜仰體朝廷慎開邊衅軫念生靈之至意且兵力未足餉源未通一經決裂勝敗立分衅自我開他日尤難收拾因上書指陳利害繼以面折壽山剛愎自用恐置不顧迨愛琿被陷商民殲焉俄兵乘勝直入壽山安坐省城一籌莫展先兄又上言於壽山謂俄人本不欲戰何如及此開誠釋嫌靜候朝旨壽山面斥爲多事即日檄令赴京催餉同人多與先兄言曰將軍喪師失地慚憤莫可洩麾子去子之幸也毋再多言先兄以大局岌岌知而不言言而不盡總無以對國家而酬知遇臨行復留二書一致壽山之長子諄諄以事親盡禮相勖餘者或避地爲先人血食計此書壽山之姪壻名多倫布者曾親見之一致壽山仍是婉切指陳大指謂寇深事亟勿再固執此書錢少雲觀察鑅曾親見之壽山見書大怒以爲阻已而譏笑之也毀書大罵遣騎持刺追回及於距省四五十里之榆樹屯先兄坦然返旆壽山見而怒甚即欲置之死副都統以下爭諫阻壽無可如何梏而繫之獄迨七月二十七日壽風聞已因擅開邊衅被議疑先兄之暴其罪狀也且聞京師淪陷自揣國法敵情亦無倖全之理不若致死洩忿遽出先兄於獄盛怒臨之先兄謂昔者聽

吾言不至於敗怒我何爲壽語塞命左右批頰久之無應者乃自前親摑之甚至齒落脣裂流血濕衣先兄不爲屈以抗旨肇衅誤國殃民數之是日即遇害臨刑之日見者聞者莫不流涕旋經僕人就地淺葬當追回時凡先兄行李莫不被壽當衆搜檢旋乃盡復入己即先兄近年之日記生平之詩稿今亦悉歸烏有傷哉吏有駭人聽聞者壽山將先兄付獄以後自知不直計無所出有向日迎合壽山慫恿開衅之宵小某等恐事敗不利於已投石爲滅口計頗欲牽涉錢財誣先兄以他罪幸先兄素辨義利百計鍜鍊卒不可得敢并爲略陳之壽之搜檢行李也得金六十兩有媚於壽者謂此或金礦局報効將軍夫婦之欵被某乾沒之無論壽在江省尙無索賄之事前辦礦局之徐觀察傑尤非行賄之人此項金條實係友人某某託先兄兌銀付局易金某某等曾以詢諸徐觀察答稱銀欵過付之人及局中帳底可備查證然則此項非特與壽無干於公事亦毫無牽涉此異日諸公可詢之徐孟祥觀察者也先兄時充總辦鐵路交涉局差有局欵二萬餘金向存江省道勝銀行先兄以拳匪托名仇洋必遭刼奪勸壽及早提歸而銀行管事殊不願經先兄再四竭力始獲歸完此欵提出後卽全數歸存將軍署庫甚至總辦例所應得之欵以及局用節省之羨餘先兄目覩時艱欵細告明壽山一概作爲報効聽壽山撥用此則先兄卽無功可叙當亦無從設詞者矣以上情形既出徐錢二公之公論卽壽之至戚幕僚如多倫布劉福謙占元諸君目覩其事陸續自江省來所言亦各相同竊念先兄之孤忠奇寃某某等覥顏後死揆諸不反戈之義對天呼籲宜不崇朝唯念鄉有公評世有直道事關大局轉異私寃謹將先兄當日慘被寃殺情形略具顛末悲憤上陳謹略

徐廷綬〔節録葛寶華撰傳〕公諱廷綬，字芷珊，行三。祖葆楓公工計然術，居積致富。父亮卿公，山陰諸生，累試不第，以明經老。公生而白皙，皎如玉樹，葆楓公特鍾愛之。顧三歲失恃，而體又羸，既就傅，力不任學。亮卿公性嚴正，恒督責不稍貸。年二十三補弟子員，始發憤讀書。當是時，山陰柴礪堂孝廉講學西湖門下，稱盛越中，渡江從游者如葛主政簡青、沈明府伯庠皆一時知名士，而公與焉，由是文名噪甚。然厄於省試，三戰三北，念亮卿公不得志於有司，非一第無以承歡，益刻苦自勵。癸酉鄉試，典試徐季和廷尉見公文，擊節稱賞，遂領鄉薦。明年甲戌，公車報罷。又二年丙子，丁亮卿公艱，竟絶意進取。蓋公性恬退，不喜功名，徒以親在故而奮志於此。礪堂孝廉之殁也，家計蕭然，一子年三十許，又庸劣不省事，公既臨存，爲資其喪，既出召集同門極陳師門苦况，先書三百金爲倡，衆情感動，醵得千餘金，孝廉妻子得無凍餒。戊戌米荒，稽東一帶民食且盡，而各村大姓尤復囤積居奇，人情洶洶，勢將爲變。公慨然曰：「此豈坐擁倉箱時哉？」舉所儲穀數百石平糶，三日而盡。於是大姓平糶踵相接。公恂恂孝友，無疾言遽色，遇人無賢不肖，一以謙退處之。性嗜書，雖晚年日手一編，樂此不疲。爲文必規橅大家，積卷盈尺，然皆當時體，無可存録。獨手抄唐詩數千首，藏於家。以光緒二十六年卒，年五十九。〔霞齊徐氏譜〕

徐樹蘭，字仲凡，號檢盦，山陰人。光緒二年舉人，授兵部郎中，改知府，以母病歸，不出任。助方公益，如築捍海塘，建西湖閘，創設豫倉，每籌本省及各省賑欵，至數十萬金，以及設救疫局，置贍族田，建清節堂，集相驗費，皆有案牘可稽。尤留意三江口水利，著有引清刷淤議，議上官，聽難其事而止。捐千金開辦中西學堂，其後改爲紹興中學堂歸官辦樹蘭塾費至四千餘金未償復捐貲建越中藏書樓延慈谿馮孝廉一梅編纂書目又至崑山新陽購地開荒以興農業皆麤具規模未竟其緒光緒二十八年五月卒年六十五子元釗爾穀嗣龍維烈（據薛炳撰傳）

徐友蘭（錄薛炳撰傳）先生徐姓名友蘭字佩之山陰人生四歲出爲叔父懷璧公後叔母章節孝奇愛之咸豐乙卯先生年十三從伯父北堂公於子錢家凡三載而乘隙循誦不輟本生父雲泉公爲捐監令讀書並入貲得戶部員外郎銜自是先生益淬厲于學辛酉之役全家避上海當是時越人之以高貲旅滬捐重金助餉者凡四姓所謂徐李胡田是也先生至是又隨本生父經營商業同治庚午先生年二十有八又讀書是秋以國子監應鄉試下第後益銳精制藝光緒乙亥始受知學使胡公瑞瀾得補會稽學生員辛巳後納貲爲員外郎入都供職籤分戶部在湖廣司行走壬午冬乞假歸省自此家居讀書奉母不復仕歲庚寅始遊滬先生見晳種之以商戰競我也欲挽漏巵非提倡實業不爲功由是久寓滬留心工商華人之設機器繅絲廠者淞滬一埠蓋自先生甲午之局始明年夏母章節孝病先生聞報馳歸多方療治次子滋霖復封股和藥以進卒無效十月母卒年七十有八先生哀毀如禮戊戌上虞羅振玉吳縣蔣黼與先生之兄樹蘭設農學會於滬譯西報闢試驗場同志入會甚衆先生與焉且於黃浦之濱置地百畝廣求各國果種辨其土宜次第樹藝以資實驗中日戰後朝廷汲汲辦路礦先生爰與同志二人購湖北礦山亘六邑之境將謀開採癸卯同志以路礦事函約入都事竣附輪南下值日俄開戰船繂旅順泊港內是夜日本率艦來攻

礮霆彈雨船客號呼不絕于耳忽一彈越船首傷人三若炸在艙面則全船糜矣黎明俄人遣一艦來引港正鼓輪出口回首見巨浪矗立則引艦返港已觸水雷轟化若行度稍偏則我船亦燼矣此十二月二十四五日事也先生因是得驚悸之疾甲辰夏病危以良醫得愈乙巳夏病又發前醫不復至遂卒時光緒三十一年六月六日也年六十有三子二長維則舉人次滋霖薛炳曰先生於炳爲父執故炳之客授上海也輒曬就先生一日炳在座先生之友英商某有子病歷延西醫治無效既危矣先生與以薑汁竹瀝卽愈英商以是不敢輕中醫炳所親見也今先生初誤於牛乳繼誤於參朮何其明於人而暗于己豈非命耶先生身兼學商兩界其於供求需饒識遠而規恢言理持故雖老於商者不逮焉顧拙於任人自駐滬以來炳所知若活字若子貸若燐寸類皆造端宏大而效果甚稀以故十數年來折閱巨萬計至於爲學無書不窺旁及書畫性好收藏凡舊抄精刻石墨古金法帖名畫有所見輒購庋八杉齋中如是者數十年既駐滬復命長子維則廣爲搜羅別闢精舍以藏之名曰鑄學齋述史樓擇精要鮮見之本鐫諸梨棗凡數十種其未可單行者輯爲叢書又復訪求鄉先哲著述校而刊之名曰紹興先正遺書凡四集書皆提要鉤元作爲後跋精識宏論伍崇曜鮑廷博不是過也先生殆絀於商而取贏於學者哉

姚振宗 〔錄陳訓慈撰傳〕先生諱振宗字海槎世居紹興之陶家堰父諱仰雲字秋墅咸豐間以道員總司江北糧臺母李氏生二子先生居長少不好弄博洽羣書咸豐辛酉太平軍侵浙東秋墅君方游宦他鄉先生年纔二十倉皇奉祖母遵海道避地江北由是侍秋墅君於泰州興化揚州等官舍者凡六年秋墅君雅

嗜典籍嘗從邵伯購得善本書如干種載歸原籍不幸燬于兵亂刼後復事搜求所獲益多於是督先生釐訂其目以甲乙部居之先生之治目錄學始此同治八年秋墅君歿於揚州先生自念不爲世用益發憤讀書恣覽羣書博稽書目爲之考證成師石山房書錄數十卷其後又從味經堂書肆假得常熟毛氏汲古閣刻書目因念毛氏舊藏多人間秘册自羣經十七史以逮詩詞曲本唐宋金元別集稗官小說靡不擇要發雕嘉惠儒林而斯目雜糅多譌漏非學者之望因重爲釐訂以所刊十三經十七史等書仿四庫目列其先後別編汲古閣刊書目二卷黃氏蕘圃士禮居叢書目中百宋一廛賦後有百宋一廛書錄不載卷數題士禮居主人著書稀傳本〔案適園叢書收此書尙在先生故後惟其稿原存先生似未之知也〕而宋槧之源流引據之精審別已詳列百宋一廛賦注中先生乃就其所載爲之分別輯出以四部爲之部居成百宋廛目一卷〔光緒七年〕與師石山房書錄皆未刊邑人陶方琦子珍督學湖北鄂撫彭祖賢以纂修湖北通志相屬先生爲分纂藝文志十四卷舊志一卷〔光緒八年〕先生經心部錄之學此猶小試而已自玆以後更窮研前修之作次第訂補自七略之輯佚漢志之疏補後漢三國之補志隋志之考證先後勒成專書爲學者宗而先生之學始垂不朽矣班氏漢書藝文志躡迹劉略然中壘父子校書惟以自濡室徙於天祿閣者爲限其餘蘭臺石室之儲故府錄藏之籍博士章句之書士子傳習之本絓漏猶多先生病之於是輯其所未著錄者綜三百十四種二百八十五家三百十七部成漢書藝文志拾補六卷〔光緒十四年〕范曄後漢十志藝文闕如其後錢氏補志漫無制裁侯康所輯未竟全功先生鑒二氏之敗略復別作後漢藝文志四

卷其間如釋道二錄佚書所無則據開元錄抱朴子諸書以補其闕復以三國六十年間雖干戈日尋而文教不衰撰著之篇裒然可觀而陳書裴注並闕藝文殆以鄭默中經荀勗新簿別有成編此之所略可取詳於彼寧知易世而後兩書並佚番禺侯君雖事補苴然蒐出草扨門類未備先生於是續加搜採以書類人嚴斷世次成三國藝文志四卷（光緒十五年）先生復以班志倫類井然爲學者宗而漁仲（鄭樵）弱侯（焦竑）猶未盡解王氏考證亦乖體例後學去古愈遠往往難窺體要乃推尋義類分別部居成漢書藝文志條理八卷（光緒十八年）兩漢三國之書錄既已備加甄補先生乃益進而發憤于隋志以爲延壽取材阮錄追法劉略廣列篇名備存述作漢志之後袁書既亡（袁山松撰後漢書有藝文志今佚）簿錄之籍存於今者惟此爲古然其文繁義博如非疏注考證將何以明其指歸得其體要章氏宗源嘗事理董雜佚文於目錄缺撰人之爵里固屬難能猶遜博洽乃推尋章法鉤稽源委以數年之功作隋書經籍志攷證五十二卷（始作于光緒十一年）其與章書名同體異先生夙謙謹不自矜而于此書獨自謂多心得之言爲前人所未發蓋先生所校補諸志惟此書卷帙最繁歷時最久功力最勤所成就亦最卓也其後先生復以目錄之學昉自劉氏父子七略及別錄其書亡於唐末宋初已不獲見乃輯七略別錄佚文一卷七略佚文一卷以爲輯佚之業可存古人眞面故辛勤蒐集不辭艱悴所得既夥頗復自喜（光緒二十五年）晚乃以漢志隋志校證後漢三國補志與此二種合爲一帙顏曰快閣師石山房叢書先生既歿哲嗣福厚幼樵錄副以貽浙江圖書館垂久遠浙館遂爲之梓行于是治學之士始翕然稱先生焉凡先生著述都十二種而

紹興姚氏譜十八卷〔附存譜三卷〕猶不與其未梓者浙江圖書館方謀爲之續刊云叢書以快閣名者以先生晚年在鄉購地築廬以讀書著述于其中〔光緒二十四年〕實爲渭南陸放翁之舊址因名曰快閣先生自爲之記陶學使父嘗爲作快閣後記者也先生好古敏求而不屑屑制舉業嘗以籌餉功發兩淮運判旋以經辦報銷奏獎四品銜而終老田里不求顯達當世學者尠知其名惟肆力著述垂老不倦露纂雪鈔若有餘樂用能博稽羣籍斷以心裁闡微補闕成書裒然仰契前儒下啓後學不朽之業于斯爲大矣光緒三十二年丙午卒于家享年六十有五贊曰部錄之學濫觴流略代有推衍簿籍斯繁清儒博稽舊聞斯學益蔚爲大觀語其明源窮流條紛辨惑洵足津逮羣學澤被士林者矣清乾嘉間越中治斯學者推二章氏〔章學誠章宗源〕越百餘年而有先生其成就且遠過之豈非浙東學風積緒厚而沾溉廣歟雖不知名於當時信足矜式於百世矣

孫詠裳字紫霓會稽人光緒丙子舉人福建鹽大使箸有詩鄭箋小疏說文蒙拾衆經音義校勘記庭詰憶錄羣稽誌覽歡河扎記學裘堂雜體文歡廬詩略薇壼詞〔采訪〕

馮厚忠字五福寧桑村人家世業農小康父年五十餘始生厚忠厚忠方成童而父得危疾厚忠侍疾衣不解帶者三月疾危甚諸醫束手厚忠刲股調藥以進疾良已越三載始卒事其母益謹又五年母亦病仍刲股以進不效母歿後廬墓三年厚忠有姊四其長者守貞早卒宣統元年曾爲請旌諸姊雖已嫁謀析產以補妝奩厚忠慨然諸之各予妝田十二畝并益其妻馬氏之飾物馬亦賢淑無吝色厚忠曰凡此所有皆父母

之遺也理宜平分吾何爭焉聞者韙之〔采訪〕

陶承業姚江鄉陶家埭人爲塾師年至八十餘光緒戊申由府學教授翁薵譚日瑨敦請爲郡鄉賓〔采訪〕

陸鳳齊〔錄顧燮光撰事略〕公諱鳳齊字燕生山陰下方橋山南村人陸在山南爲望族道咸間簪纓文物極一時之盛隨宦北京文學能得風氣之先爲羅公訏庭侍講所器許以女妻之以監生試京兆屢不第納粟爲福建候補縣丞以海運勞績晉職知縣中年多病未克筮仕家居侍親能盡子職性喜談兵尤諳技擊偶然作畫亦有天趣年未六旬遽歸道山無子女一適會稽顧燮光亦旋卒其弟名鳳偁字艾生善詞章尤有雋才早逝〔采訪〕

周福康字壽泉山陰東浦人光緒初年補廉州高仰司巡檢調補欽州長墩司巡檢視事三日盜劫署右鹽商明火執仗勢洶洶聲達署內福康率練役出捕慈縮不肯行許重賞拔刀以身先甫出署與盜遇揮衆截擊大呼能獲倡首者賞錢十萬練役奮勇撲賊刀斫青巾賊額深至不可拔拏盜倉卒無以應諱曰好水緊好水緊棄贓而遁好水緊者粤諺謂捕役不可當也獲五人械而遞諸州自是四境之盜風熄矣長墩距州三日程時防城未設縣訟獄繁多福康日出即治事有爭訟者召使前面詰之實者准虛者駁每坐堂皇使甲而召乙乙而召丙不輕籤差朝諭而午集一訊而斷重則扑責輕則使曲者向直者請罪並教誠而遣之視百姓若子弟然百姓亦視之如父母然後有所爭訟多不具呈詞相率訴辯於堂以取決於片言案經訊結者未嘗一控諸州以故獄無繫囚差役多歸耕階除草盈尺豚犬暴日臥案下機杼之聲軋軋入門者殆不

知爲衙署也壬午六月海濱有浮屍漁人網得置灘上適鄰境有殺人滅屍案移文恊緝福康曰浮屍毋乃是耶民被殺以死何疆界之分不可不問冒暑驅五十里往驗得實歸而熱大作遂卒年三十有三子肇祥〔據行狀〕

俞思穆字星垣山陰人〔朱啓連問學堂詩鈔序云〕星垣始冠才筆絕出其輩屢試有司無所獲俯首入粤求爲幕賓坐台浦抽釐事持論與大府左稍齮齕之三年無敢主者閉門作詩自娛粤人某甲游海東諸國以同治末歸因緣兒之述倭酋之言曰中國能詩者有儿案才者不遠肯來請以重幣先也然尤重儿案才某乃從容陳五千金爲幣盛言彼中居處之樂與其酋殷勤之意時星垣食盡久無聊聞某言則怒繆笑謝之曰男子能貧賤耳不能以皎皎之身遠事絕域某尚欲有言察其色益厲而止數日別得十餘人挈赴日本無幾時而臺灣事起矣〔下略〕

章華國〔錄孝壽大撰傳〕先生諱華國字墨舫全城章氏舊會稽縣人世居縣之道墟曾祖考諱雨姚氏周祖諱太和嘉慶丁卯順天舉人官蒲台縣知縣妣氏孟考諱衡妣氏甯先生生於道光壬寅年幼居山左年十四隨侍回籍翌年咸豐丙辰丁外艱旋值洪楊之變奉母避難重以叔春洲逝世兄式之失蹤流離困苦負荷艱鉅然而未嘗自荒其學業同治甲子大難平初應試即入泮矣是年嫁妹明年丁内艱旋寡嫂故兒女無所依收而撫養之斯時家用全恃館穀收入蓋學校未興除黌宫學官書院山長外國家課士無普及之師欲事名師必束脩自上先生以優行廩膳生盡心啓迪弟子日益進尚未領光緒己卯鄉薦時文名藉

甚已徧浙東西矣所撫養之姪女及年而爲之嫁男及年而爲之婚堂兄憲之病歿無嗣命姪齊森兼祧大宗共祖三房之中有未能安葬營壙者先生則身任之自乙亥在遠里村葬考妣後至丁亥始於稷山後莊爲祖卜葬蓋其慎也時福建沈叔眉學使欲聘爲總襄校已奏聞於朝先生以葬事未畢不果行也旋應嵊縣王瀠民大令之聘主講剡山二戴兩書院分課制藝及詁經主講三年院課之外復以宋明學案先賢語錄授學子己丑會試赴大挑得二等厥後安硯武林與族中慶衢蓮莊發起創造試館得諸同宗共擎告成赴杭應試者便之甲午大挑輪委到班署理寧波府教授乙未春交卸又委署常山縣學教諭未及赴任病卒其時二子念曾琢其皆廩膳生女一已嫁有孫三人亮熙濬源亮功德配羅夫人後先生十八年而卒

程壎字蔭棠一字伯雅山陰人幼而聰穎日誦數萬言博聞强識弱冠失怙恃貧甚傭書課徒自給兼習申韓同治初花門亂作左宗棠受命征西壎乃杖策從之主機宜文字西師奏凱累功保知縣發陝西領讞局者十餘年商南業爆竹者賄營弁購火藥守備索賄奢業是者怨之以白晝行刦告縣懼干吏議捕逆旅良民七人誣爲盜比解省壎察七人者不類暴客曰豈有白晝行刦敢逍遙逆旅乎反復鞫之得其情白諸大吏盡釋之壎治獄推勘入微務使盡得其辭以片言折之囚輒驚服故所定讞無冤者數平反大獄多類是黄彭年按察陝西令作服制刑名圖頒之各縣屢充課吏館提調於需次人員學律者細心引導校閱札記開悟者衆歷權興平寶雞大荔鄜縣三原郃陽藍田諸縣眞除宜君量移鄜縣政尚寬大官轍所至務達民隱輿論翕然方治鄜也有教民齊家鎮糧儈者怙勢不納學欵且欲與齊民分市貿易嗾教士爲關說壎據約

力爭卒馴服扶風頑民以抗鐵道捐糾衆圍城欲煽郿民爲應民感撫惠弗從時撫方之扶扶民望見之曰
好官至戒勿犯聽入城好讀書平居沈靜寡言公餘輒手一卷至老不倦善岐黃工詩古文辭著有補拙齋
詩文集公牘尺牘說律存稿檢例各若干卷晚年致仕家居恬淡寡欲不問世事〔續陝西通志稿〕

婁杰 〔節錄子啓衍所述行狀〕府君姓婁氏諱杰字受之浙江山陰人曾祖諱青河南彰衛懷兵備道祖諱
煜護理直隸永定河道石景山同知父諱詩漢直隸安平縣知縣以辦振積勞卒於官邮贈知府宣付史館
列入循良傳請祀安平名宦府君生時安平公嘗夢華山僧擔簦入室年十六七耽嗜佛老樂與隱逸方外
游視世之聲色榮利舉無足以關其慮者繼以安平公宦況清貧乃治法家言以謀菽水弱冠學成即入張
靖達公蘇撫幕自是往來燕趙吳豫間垂四十年聘幣無虛日所主督撫藩臬道府凡二十有八人皆相倚
如左右手府君規畫務持大體不以近功小效爲容悅光緒丁丑覃懷歲大祲爲王太守敬熙上請振牘書
前後凡數萬言而振未時至未幾言官以道府匿災劾奏朝廷命重臣按治見所上牘歎曰早從懷守言河
北民其蘇矣因奏譴大吏而太守事得白其在開封也汝陽民蕭鳳儀等因習教爲怨家所訐有司以叛聞
府君持爲教不爲叛之議抑之邀功者撼以危言持益力既欽使至卒如府君議全活數百家洛陽闖漕獄
起使臣下本省議府君爲之支分節解除胥吏百年之弊而於瓜蔓株連者悉置不問戶部韙之是三詔獄
皆嚴棘府君從容擘畫識卓而力果士大夫至今稱焉丁亥河決鄭州府君條上救災十二事並請飛檄州
縣凡拯饑溺皆許動支庫帑於時災區止苦無振濟資檄下歡聲雷動所活不可勝計戊戌詔各省舉行團

練趣辦嚴迫人莫敢諍府君爲方伯額勒精額建議曰兵柄不可下移河南直東諸省民多獷悍咸同閒嘗因辦團釀聯莊會之禍況今敎堂林立中外相猜議果行必且召亂劉中丞樹堂以聞有詔切責未二年團民變起天下幾大亂人尤服府君之先見云府君自奉儉約而勇於爲善比年大河南北及直東晉皖江浙各省水旱頻仍府君輒與同志百計募捐十數年中共籌隣省義振八次凡十二萬餘金豫省義振十九次凡十三萬餘金往時豫省災荒專賴他省協濟本省從無義振有之自府君始也乙未秋沁河決口波及三郡府君方募資未及集而上海協振公所施觀察則敬忽馳書以四萬金助府君拯濟踰年太康螟災施觀察又以萬二千金爲助觀察與府君初不相識特以聞風傾慕一再舉重資千里寄託皆謂積誠之所感也府君以豫民鮮蓋藏創立積穀備荒會爲文廣勸殷侍御如璋見而稱善乃與京僚奏請推行於畿輔黔撫黎文肅公奏設候審公所意美法良府君取原疏著說備言其利達諸劉中丞樹堂檄諸郡悉倣行之又請婦女流徙以下例得收贖者毋解府司復勘免爲隸役辱鹿中丞傳霖檄行通省永以爲例汴城東南叢塚千餘沒於積水府君議爲遷葬高原舊設義學痘局保節堂庇寒所日久廢弛皆經府君重加整頓事以復舉又創恤病所以恤病者設保嬰會以育棄嬰其他善舉凡力所能至者孳孳爲之無少倦以先後捐資助振奬敘東河同知三品銜從一品封典賞戴孔雀翎又以襄辦鄭工薦擢知府乙未沁振告蕆復奉傳旨嘉奬大府以府君殫心民瘼屢欲特薦於朝府君力辭終不肯出蓋府君夙耽清靜雖名重公卿日處冠蓋名利之場而襟懷沖淡恒若蕭然物外者以家累未能歸里每誦人林泉詩輒爲神往選漢魏至元明詩之閒

適者爲閒適集二十卷以見志丁未正月初六日卒年五十有八府君晚年潛心向道所詣日深頗了然於去來之際嘗於三載前預示歸期臨歿神志湛然口占一偈云四大皆空萬緣盡幻風定波澄雲開月現又自爲輓聯曰小謫夢初醒回憶數十年來苦海沉淪無非是浮雲過眼潛修思遠引差幸三千果滿靈臺皎潔又重還明月前身語畢含笑而逝少喜吟詠中歲守安平公戒專治古文著有聽盧館文存六卷先妣張夫人固安縣學生諱鑒基女嘗刲臂療府君疾以光緒己丑棄世葬宛平縣南岡崗新阡府君於其左自營生壙俞曲園太史孫佩南京卿皆有文以志之子一啓衍

李大椿字仙圃會稽人光緒二十三年任貴州普安廳興利除弊愛士恤民見國家多難創立武備學堂挑選俊秀講演戰術盤屬風氣不開創立崇實學堂力籌薪膳廣購新書延師主講研究財務時値歲飢捐俸三年以資賑濟復整頓社倉凡各鄉附近義穀催儲城中俾不致侵食歲終嘗給金以贍寒士設養濟院以周孤貧且建立三善堂首捐倡義勸民樂輸廣置田宅永成善舉三善者勵苦節恤單寒節財用也盤城街道湫隘卑隰易生濕疫鳩集工人升高一律砌以整石又見北橋河身漸高募民淘沙疏通河道鑿蛾螂洞建同善橋使不至如咸豐七年水災之慘用是政簡刑清民皆戴德又以東南兩門向無城樓捐資創建凋闍城垣均修補之吏據險建礮火藥則設局製造兵丁則子弟編成思患預防靡所不至若夫續修文廟兩廡啓聖宮以崇祭祀修文昌宮以重先賢修石筆花牌坊以增風景修大堂蕭曹祠以勤折獄修大富街便民交易修荷花塘與民同樂皆其任內所經營也〔據普安廳志　父保衡傳見前〕

范濂 〔録章乃羹撰墓表〕先生姓范氏諱濂字禹門號鏡川晚病聾自署聾丞浙之山陰人幼穎異有神童之目七八歲時目能辨蟲蟻於百步外夜間暗中能燭物後忽昏眊遇人瞠視若無睹不知者嘗爲傲而不知其短於視也習名法家言客游南昌佐治有聲病律例繁瑣比附出入隨人意高下歎曰八議五刑使人悒悒氣盡吾何栖栖爲蓋雅負才望沈淪賓從非其志也有山水癖聞勝迹必窮究竟攀藤摩崖雖傷趾不顧讀史遇不平事輒抗聲大罵甚或投其書於火人笑爲癡則作黄衫按劍白眼看人圖示意先生外若不可一世而内行謹飭無疚神明考諱芹字采之終身不食芹菜其敦篤如此於詞曲深嗜篤好元明以來傳奇多能成誦自謂癖之最甚者長詩詞有會即吟不俟筆硯故稿多散佚卒於清光緒三十一年春秋五十有九葬於南昌縣進賢門外丁家山之原高足弟子紹興羅傳珍鈍庵搜集遺著刻有世守揺齋詩詞如何是可齋外集等行世〔下略〕

湯賢襄 〔録葛陛綸撰傳〕公諱賢襄庠諱孫字將甫爲遷居山陰天樂鄉湯隝始祖貴公第二十三世孫曾祖諱立本公祖諱元松公考諱廷爵公廷爵公生三子公居長家世耕讀且商廷爵公營業省會時公年十八歲父勞嘗更迭任省分父責清咸豐辛酉洪楊軍至浙公聞警亟挾簿籍歸則鄉已遭亂一家幸完聚洪楊軍每略定一地則檄其地之有資望者一人供需應假名曰鄉官其酋以鄉官脅公父公力阻即禀命散貨物族黨而潛奉親挈家人遠走甬屬鎮海界而寄居焉越二載公父及公仲弟之盤公暨公德配陳太孺人在甬先後病卒雖處亂離哀禮兼盡如平時公毀餘哭手足哭伉儷悲苦環集他人不能堪也又歲餘

難平公扶柩奉母偕弟妹歸里村舍蕩平田園荒穢公晨夕跰跹謀事畜歸柩亦次第卜壤安葬公幼學甚勤奮初授四子書即能了澈大義以正心修身爲學者本志之甚篤經亂廢讀而言動必循是始安及亂平乃復得肆力於學時公年二十五矣攻舉業深造而顯出又二載補縣學生員公季弟鑑甫繼之偕遊省肄業書院文譽日起學使按臨試輒優由增生補廩膳生鄉試累膺房薦試官得公文大歎賞評爲至理名言而竟不獲售蓋命也公之爲文一如其品之純粹不雜言必宗理下筆復眞切試評蓋足以概之矣時邑宰徵邑之品學兼優者分赴市鄉導民以倫理常則重公名亟請任講公以事益民不獲辭勸告懃懇聞者感動相勸勉中年後講學城山寺從遊者日衆綸年十六七亦隨先父赴城山讀書得列公講席旁聽講四子書剖晰疑義精深顯豁字字有着落處不斤斤於作制舉文法務注意植品凡爲人言動食息必引先哲旁徵曲曉曰如此則可如彼則不可講解時笑容可挹而環坐者肅聽不敢肆寺距公家三里山徑頗峻逼公每隔二三日晚歸省母又恐荒次晨課星夜仍徒步上以爲常公自幼篤孝友每客歸攜有果品必先奉母母賜之食又必先弟妹而後食伯父廷慶公年耄老從兄弟多外出不時歸公事如父疾病扶助維謹藥必嘗而進視他人共居者爲周謂父歿有年幸獲事伯父稍補孝思萬一也當公季弟鑑甫公病時日夜護視憂惶忘寢食病卒不起公大慟平日友愛逾常人事雖微必商至是惘惘若有失公於科名遂益淡公自德配陳孺人逝世後繼配葉孺人生子二女二年四十餘又卒公母以孫輩幼促公再續娶戚友亦進勸公曰學本非干祿也余之習舉業以家貧親老謀祿養不得已也娶爲嗣續計也今有二子矣且安得再求如葉

氏之孝且敬者佐事親乎是可已也人惟孝道最難全耳余時恐言行之或玷故常以未能守身爲兢兢蓋能守身卽不虧親體亦卽不傷親心若僅爲飲食操作計抑末也已竟不再續公卒之前一年母俞太孺人年九十猶在堂公未嘗自稱老惟常舉孔子父母之年一喜一懼數語誦述之次年公病族方修譜又念親衰勞瘁依戀不能釋然於懷氣體遂益弱預命家人檢齊私墊各公項册據焚神前曰留恐負吾志也迨彌留合掌作辭母狀口不能言淚垂目眶出有大不忍舍親意時清光緒三十年九月日也享壽六十有四歲公之處宗族鄉里也悉本親親之意推之其行事有非世能企及者初廷爵公臨終囑遺事二一村北大路急宜建築一死難無後者宜捐產立會以祀公歸自甬承喪亂後并力先從事斯二者不數年遂蕆其事蓋遵遺命也當公之世建宗祠修宗譜舉平糶助塘捐立祀田築村路凡諸公益率身先而厚輸亦始終之親友戚族有以喪葬婚嫁告助者莫不如量應無失望公家不中貲頻輸公益且周乏而家能强支者以自奉甚約故也然公藹然仁惠之意充滿流溢猶以窮難兼善爲憾吾鄉族處相接毗鄉人性剛而氣盛事易滋排解至難獨公至則數言立消其嫌而爭亦泯蓋公處事不憚勞惜費又公且恕積誠入人深雖至頑梗經公反覆開導無有不泣悔其非者湯氏爲鄉望族公在時三十年內無一訟事達官府此其明驗也公嘗謂吾十年致力文藝十年致力地理十年致力性理其實公於性理終身致力無造次離直入宋儒室也又謂吾處境雖逆而心境常泰然時覺含有光天化日景象嗚呼是非克己復禮天人默契者能若是乎著有務本錄一卷計一萬五千餘言待梓

韋熯號星輝會稽人光緒三十一年署貴州印江縣講求學務整頓學規〔貴州通志稿〕

黄啓泰號魯巖浙江會稽縣廕生光緒三十一年署理貴州施秉縣到任未久勵行新政籌欵興學不遺餘力政平訟理士民稱之〔同上〕

黄紹先會稽人光緒十三年知貴州平遠州事二十四年因士民愛戴稟請復任二十七年交卸二十八年又復任歷年善政如創修雹神祠以衛民生加設義學以恤寒畯稟領賑欵以救荒歉續修通志以徵事實皆其大者州人祀之於徐公祠〔同上〕

孫德祖〔錄薛炳撰傳〕孫先生諱德祖字彦清會稽人生而穎悟十歲能詩同治甲子院試以第一名入縣學旋即食餼丁卯鄉試以第三名中式爲舉人六上春官不第光緒庚辰大挑二等就教職授長興縣學教諭以上官疊保得卓異辛丑升山西右玉縣知縣先生以才力不及辭壬寅改選淳安縣教諭明年到任則地偏土瘠俗悍民魯文風士習不逮長興遠甚先生方謀整頓會嚴州府知府黄公聘主府校講席熱心教育閲十餘月而憊甚甲辰寒假回里遂不復出以光緒三十四年卒年六十有九先生故居昌安門外半塘橋家世豐腴以辛酉寇難耗其資所居室復燬於燹遂遷居小皋部不以豐約易心寇初平遂與皋中諸子聯詩社相唱和一時文讌之盛爲泊鷗言社所未有世所稱皋社是也先生自戊辰計偕後不恒家居而劬錄文事如故且奔走衣食於是計四十年來一爲教讀一爲記室五修志乘先後校閲縣府試卷不下十餘次最久者爲長興教官教官故稱冷署人率比諸宋之祠祿無所於事甚者且與寒士爭脯修邉論造士而

先生不然甫下車卽修葺學舍顏曰願學堂凡郡籍其中諸生有入謁者輒爲之講明大義指示門徑士風因之一振邑故有若溪書院官師專課制藝先生以教職兼爲其監院始創設小課課詩賦躬親校次擇尤捐俸付刊以廣觀摩不數年成效大著及爲嚴郡中校教員當時風氣初開議論龐雜先生慮多士之或誤趨向也諄諄然於學術心術是非邪正之閒苦心分明析疑答難至百反而不生厭倦可謂勤於其職矣著有寄龕文存四卷寄龕文賡四卷詩質十二卷詞問六卷寄龕甲乙丙丁志各四卷長興縣學文牘兩卷讀鑑述聞兩卷〔會稽孫氏譜〕

沈濬字蘭秋會稽人父游幕山東遂占籍歷城濬光緒九年進士選庶常散館改戶部主事庚子之變奔赴西安充戶部提調處總辦時倉猝中庶事無所依據濬諳習則例部務多賴以濟迴鑾復晉員外郎旋補郎中三十二年擢山西道監察御史有肅清山東曹屬土匪駮陸軍部奏改漢員離任守制例〔略言三年之喪禮經綦重不宜輕棄古制〕各省籌費濬運河添設內河小輪陝學界流弊宜防擬變通辦法以宏造就等疏均能切中時弊尋授陝西陝安道地當秦蜀之交民俗喜訟濬寬嚴相濟應機立斷紫陽民兵相仇殺聲勢洶洶濬奉檄往勘懲兵弁桀驁者數人事乃定西鄉民犯姦被繫遽殞黠者導其家誣染無辜廉得實詳罷之旋擢湖北按察使將赴任感寒疾卒於漢中〔歷城縣志〕

陳宗海會稽人寄籍甘肅皋蘭縣咸豐時由監生捐典史七年選四川渠縣典史十年捐升知縣選陝西淳化縣丁憂服闋同治時選雲南嶍峨縣以攻克開化府大窩子賊巢功獎花翎光緒三年權太和縣擢騰越廳

同知獲龍虎山匪首劉寶玉撲滅永昌蒲縹股匪勦辦騰越盞達夷匪尋擢知府署麗江府除普洱府普洱素陋建書院選合屬秀士肄業暇則親與討論道藝文風一變復籌增他郎思茅膏火名額及義塾十餘處捐廉創脩府志表章文獻普洱農民向稱游惰不勤穡事乃巡行阡陌省視勸導一切興水利建義倉諸善政並舉二十四年旱蝗躬督捕治蝗不爲災增廣恤嫠局之款額撫恤無告之窮民脩復磨黑達思茅之石路倡建元江州之鐵橋及新平之大橋皆事繁費鉅卒告成功焉二十六年擢迤南道設農工商務局整頓茶務以挽利權設團營以固邊防創學堂以培人才二十九年以積勞感瘴卒於官雲貴總督丁振鐸巡撫林紹年據紳吳志瀛等公請宣付史舘立傳並祀名宦如所議(采訪)

葛寶華〔錄章梫撰傳〕葛寶華浙江山陰人光緒九年進士同治六年先由監生報捐員外郎籤分戶部至是仍以原官即用五月考取總理各國事務衙門章京十年補員外郎十六年補郎中十九年充坐粮廳監督二十年京察一等記名以道府用二十一年補授內閣侍讀學士二十二年六月補太常寺少卿九月管理覺羅官學事務十月轉通政使二十三年充福建鄉試正考官二十四年補光祿寺卿旋補宗人府府丞十月署禮部左侍郎十一月補都察院左副都御史二十五年擢兵部左侍郎二十六年兩宮西幸隨扈至西安應詔陳言奏請變通科舉以求實學精練新軍以固國防責成州縣以弭教案特設專官以興實業皆次第施行二十七年鑾輿將返奉旨先行回京六月調戶部右侍郎十月擢工部尚書管理溝渠河道事務十二月調補刑部尚書二十八年兼署工部尚書二十九年隨扈景皇帝謁西陵七月上以御史奏參提督

蘇元春縱兵殃民缺額扣餉經岑春煊確查屬實革職交刑部治罪實華奏遵旨定擬蘇元春應得罪名略云律載管軍官冒支軍糧入己若承委放支而冒支者以監守自盜論又例載監守盜倉庫錢糧入己一千兩以上者斬監候各等語此案已革提督蘇元春籌辦廣西邊防有年並不認眞整頓軍務廢弛至於潰亂誠如聖諭實屬辜恩負國乃於平日兵勇擾害及伍籍缺額均諉之失察其漫無紀律咎已難辭復積欠扣存底餉至十三萬兩之多情節尤重據供因公挪用有案據者僅五六萬兩其餘既無案據即應科以侵吞入己之罪案挪移庫銀二萬兩以上及監守自盜錢糧一千兩以上二罪均應斬監候應從一科斷查底餉扣存本營係屬官欵該革員自用自銷應以取之於官論且係統兵官支欠軍餉較尋常承委冒支者尤難寬貸自應仍案監守自盜問擬已革提督蘇元春合依監守自盜錢糧入己一千兩以上者斬例擬斬監候係統兵大員仍恭候欽定至所欠餉銀例應勒限追完應請飭兩廣總督廣西巡撫案所供數目分別確查勒限追繳以昭核實而杜狡卸即得旨蘇元春縱民殃民所擬罪名尙屬輕縱著刑部再行按律定擬具奏實華覆奏略謂臣部爲執法衙門不容畸輕畸重若律有明條向不得於律外加擬致失定律本意查縱軍擄掠律載軍人若於已附地面擄掠者不分首從皆斬監候本管官鈐束不嚴杖八十留任其將領知軍人於已附地面擄掠故縱者各與犯人同罪注云至死減一等各等語詳繹律義原謂已附地面皆屬吾民軍人敢有擄掠人口財物者即屬殃民一律問擬斬候立法本極嚴厲軍人之罪既重故本管官及將領之罪從輕其鈐束不嚴者罪止擬杖必知情故縱始與犯人同罪凡稱同罪者至死減一等此治罪之通例故律

准有至死減一等之文也若監守自盜之例一千兩以上卽應問擬斬候較將領之故縱軍人擄掠者罪名爲重又偏查律例惟提鎭於省城及駐劄地方不行固守聞警先逃者例內有依律擬斬聲請處決之文其餘如貪取降人財物殺傷其人以及失誤軍機失陷城寨各律其罪名亦皆至斬監候而止別無加重治罪專條又查光緒二十七年行在臣部審辦已革提督李成金等一案係照縱軍擄掠律不准減等奏結罪名亦止於斬監候今蘇元春積欠餉項尙有應追之贓照監守自盜之例其本罪應擬斬候卽仿照李成金成案科以縱軍擄掠之律從重不准減等而案律從一科斷亦罪止斬候並無出入此次欽奉諭旨旣令案律定擬而參稽律例其罪無可復加自應仍案本例科斷已革提督蘇元春合依律擬斬監候秋後處決仍照例勒限追贓卒依議行是年充順天鄉試副考官寶華官刑部久獄之最重大者如三十年審明已革知縣王維勤仇殺一家九命分別首從定擬三十一年審明蒙古護衛輻株哩妒姦謀殺家長案律定擬三十二年審明瑞洵等婪贓舞弊擬定罪名勒限追贓皆根據律意務得其平其秉署工部二年餘疏請給承脩工程各員辦公經費歸併陵寢歲修另案專案諸名目以杜浮估之積弊官刑部時嘗得會審失於覺察罰俸一年監犯越獄降一級留任朝審失出降一級留任各處分旋准抵銷或邀寬免年六十蒙兩宮賜壽賞紫禁城騎馬三十二年七月朝廷預備立憲命充釐定官制大臣與諸王大臣會議於朗潤園同編纂官制九月補授鑲紅旗蒙古都統三十四年署法部尙書宣統元年補授禮部尙書寶華歷充東陵西陵要差暨藉查齋讀卷閱卷磨勘驗放管宴復核朝審參與政務値年進內等大臣二年二月卒遺疏入諭曰禮部尙書

葛寶華廉明勤慎學問優長由部曹洊陟卿貳疊掌文衡擢授尚書宣力有年克稱厥職兹聞溘逝軫惜殊深加恩賞給陀羅經被派貝勒毓朗帶領侍衛十員即日前往奠醊照尚書例賜卹應得卹典該衙門查例具奏尋賜祭葬予謚勤恪子紹煒以醫及歲以主事用

〔附錄姚詒慶撰墓誌〕公著籍浙江紹興府山陰縣世居郡城大路里嗣由清水閘遷袍瀆郗曾祖位九樂道垂榮妣氏楊生妣氏楊祖大觀蓄德勵志妣氏陳以節孝旌於朝父起元嘉慶癸酉舉人道光丙戌進士藍翎知縣歷宰安徽青陽江蘇贛榆東臺豐等縣署江寧府南捕北捕各通判所至以廉平著稱爲江南循吏妣氏高氏朱三代皆以公貴贈光禄大夫建威將軍妣皆一品夫人〔中略〕公諱寶華字振卿〔中略〕賦性英特豐采照人通經史能文章同治六年以貲爲員外郎分戶部福建司國初沿明制直隸無專司屬福建凡皇室經費工程錢粮陵寢供應以及熱河察哈爾蒙古東四旗皆屬焉公熟諳掌故既入曹司益明例章水鏡利病綱條原委癸酉順天舉人光緒癸未試總理各國事務衙門章京記名是科成進士歸原班次年補河南司員外郎尚書閻文介敬銘器公才識遠大既裁派辦處事之要者一歸北檔房實度支總滙乃奏設漢員以公爲領辦兼則例館提調交議之事必公手疏稿而後奏行定歲入歲出法以一省案欵分門系屬第其總數先乘而後除計通於各省無纖複絲是始有全國之歲會公既總部務實知京外庫儲盈虚各省有所需均權其緩急而酌劑之事之無實而繁費者不令行予之撥必指明的欵故省無攤派民無雜捐京餉歲額七百萬從未加撥而用常羸至於戊己部庫積羨乃達千餘萬己丑大婚禮成加四部銜賞戴

花翎辛卯逍福建司郎中截取繁缺知府自戊子至甲午京察三次一等記名道府癸巳簡坐糧廳漢監督
駐通州時各項洋欵本息併計歲需銀六百萬公悉籌無缺將之通言於尚書翁同龢曰國信不可失今殫
力設籌歲有著循是無大故計五年而畢償以半還各省半留部庫十年而積三千萬庶可以興辦一要政
次年中日失和思公之言不其恫哉乙未以辦漕得力留四月是秋回部調雲南司兼領辦等事如故恭忠
親王檄充督辦軍務處籌訂新建陸軍章制奏留總署以前保道員二品頂戴准戴用擢內閣侍讀學士丙
申轉太常寺少卿補通政司副使戊戌授光祿寺卿轉宗人府府丞兼署禮部左侍郎擢都察院左副都御
史己亥稽京城保甲授兵部左侍郎庚子畿輔毕義和團煽惑星星至夏而燎原公郎事有曰須教跛鼈追
騏驥錯認欽鵶作鳳凰旣痛心禍首又念知舊哀時變閔嚴州太常袁忠節昶之忠而被禍也弔之以詩而
見志焉扈西巡行在署都察院左都御史應詔陳言請變通科舉以求實學精練新軍以固國防責成州縣
以弭教案特設專官以興實業疏上次第皆見行赴山西蒲州府監視莊王自盡屬守令照料其家屬甚周
至邸中至今感之辛丑調戶部右侍郎擢工部尚書管三庫遷刑部尚書壬寅仍兼攝工部公以工程多浮
估奏承給承修各員辦公經費去節省歸併陵寢歲修專案另案各名目東河下游歲決溢議准巡撫周馥
奏隄埝兼用磚石河至今安瀾刑部重秋審其敝也拘文義而忽事情公悉力矯正手批讞牘歲恒千餘亭
疑發覆歸諸平恕先後治大獄如蘇元春瑞洵王惟勤移珠哩及白俊章等案情平而法當方元春議上諭
旨以罪名輕縱令按律覆擬公具奏執法衙門不得於律外加擬嘗論舊律根於禮教今教育未普及鄉僻

愚悍之子無弗爲而父老邁不敢犯者由畏法也故畫象而民不犯惟夫婦昆弟律以尊卑定名分揆諸情誼終屬不等此則須改之使盡善耳公嚴督現審結案多寡無留獄仿周禮束矢鈞金之制定訟費輕罪輸罰金實行廢刑訊之制時令提牢廳辟治監獄務清潔毋陵虐外賓觀者知中國獄制固矜慎非慘礉山西巡撫趙爾巽請設罪犯習藝所公議復奏准繇是各省繼設歘然言監獄之改良丙午釐定官制與諸大臣會議朗潤園竭誠爲國不苟爲異同遷鑲紅旗蒙古都統署法部尚書兩宮不豫特命代進內大臣嚴慎周衛今上紀元朝廷以典禮重大舊章經兵燹多散佚禮學館方設書成無期寅清之任非公莫爲授禮部尚書參預政務公夙夜靖共奏陳禮數議古準今必詳必確不幸寢疾宣統二年二月十八日薨於京師松樹胡同之私第春秋六十有七詔賜陀羅經被遣貝勒奠醊照尚書例賜卹賞次子紹煒主事謚曰勤恪禮也公操行廉謹方爲郎有北山之賢領袖十載未嘗求膴仕終其身不問家事雖極品家無餘財自奉如寒素又孤立無援繫遭遇兩宮特達之知自曹司以至卿貳循階遷轉不過三年復以外廷兼管二部六十賜壽恩禮優渥是年冬賞紫禁城騎馬孝欽顯皇后嘗面褒向來辦事公明爲朝臣中所僅見每召見慰懃垂問細及起居服御溢語移晷若家人父子自丁酉壬寅兩典福建順天試甲辰讀殿試卷丁未考試舉貢及留學各國生凡殿廷試屢閱卷所取皆潛心正學博聞之士其論學無新舊之別而有眞僞之分譬諸珠玉晶翠形色不同而其眞者皆有用而見重於世寧陽襲其名以爲市哉公莅治勤慎非有疾謁假風雨必晉署瀏覽公牘十行並下經歷久遠言之不渝張文達百熙嘗論公事理精晰爲一時之最治蒙旗三年選擢參

佐一依貧勞蠲一切攤扣方興小學時親獎勗殯之日是旗官佐無弗至者學生空校伍列而送引何武不赫赫去後嘗見思公之盛德可以觀矣〔下略〕

徐慶璋字興齋山陰人初佐都興阿戎幕累保知縣歷任奉天寬甸蓋平義州晉興京同知所歷多善政常微行市中遇有訟爭者輒爲剖其曲直而遣之倡修養濟院收養貧民興俗春耕遲慶璋集村民語以農事不可違時之義衆承其訓有早種一天早收十天之諺至今誦之光緒二十年由鳳凰廳調遼陽知州值中日戰亟省東南各縣相繼淪陷僅遼陽爲盛京門戶賴先事籌備募餉練兵號鎭東軍沿邊設防自遼陽而岫巖海城復縣三千六百村士民編團數萬人以遼南牯峒徐珍爲練長勒以兵法日兵至慶璋語衆曰敵迫矣援師未集汝等自爲計毋與我偕亡我死分也衆感奮皆請殺敵遂迭敗日兵俘百數十人戰守歷五越月長順依克唐阿方督戰皆倚以爲重屢詔嘉獎是時州西連年水災復募欵捐濟全活無算慶璋才而負氣其平日爲政寬猛兼施衆畏之如秋霜愛之如冬日有徐青天之稱和議成擢甘肅慶陽知府遷甘涼道積勞致病卒於官〔清史稿列傳〕

全楙績字庶熙又字益三山陰東浦人父淇自有傳楙績幼隨宦雲南母黃患目疾將瞽楙績朝夕漱口以舌舐母目由是復明同治十一年以府經歷襄滇撫岑毓英幕洊擢至同知直隸州光緒五年隨岑撫入黔平梵淨山賊擢知府七年又隨入閩辦臺灣撫番事宜又隨至滇辦礦務十二年權東川府匪徒張學義結川滇蠻夷作亂連陷鍋圈巖黃坪等寨勢張甚楙績率團會營攻克黃砰而鍋圈地堅險乃勦撫兼施並約夷

目祿如珍爲內應冒險克之奏奬依博德恩巴圖魯名號十三年署曲靖府獲白蓮教張紹基散其黨羽除臨安府擒斬土司普應昌巨匪白汰白汶敍道員二品銜十五年丁內艱滇督王文韶巡撫錫培以游匪滋擾三猛奏請奪情督辦邊務游匪者以越南黑旗頭目魏名高爲之魁向隨越南興化巡撫阮光碧拒法軍皆百戰之士越屬法後無所歸溎績建議收其梟傑安插之遂上屯墾之策親歷危地單騎往說名高夜宿其營爲陳利害名高感動歛衆待命溎績就三猛等處改土歸流開放官荒土地發給耔種耕牛稟請大府給名高虛銜使部勒其子弟名高並遣一子隨溎績入省爲質事垂成矣有某武員貪功主勦滇撫惑其說擒治名高其部下遂成游匪爲患滇桂黔三省者十餘年識者深惜溎績之策弗用也十八年授貴州鎮遠府自清谿鐵廠停辦後廠丁散爲盜刼掠城鄉溎績整飭團防盜相戒不敢犯尤長聽訟某良家女爲營弁姦拐事犯到官將以女給其父溎績微察其父色有異密使偵其家則置棺以待將俟女到門而活埋之溎績即爲之當堂擇配署中有吏某曾議婚其家而未成者遂爲之撮合命肩輿送歸觀者咸興歎其他明允多類是捐廉修火政倡賓興集欵鉅萬其後灘陽中學堂基本金胥賴是在官六年郡人立生祠祀之二十四年擢雲南迤西道值清平苗變黔撫奏留數月獲匪首散脅從始赴滇任署糧道籌辦全省民團親加訓練以臨安不靖躬往校導其後周雲祥之變得力於團營爲多濬滇池海口工程浩大集資躬勘事成而附近瘠土悉爲良田二十六年夏法領方蘇雅違約帶武器滇紳受大吏意旨集鄉團示威乘機焚燬教堂溎績照約保護擒治匪徒當時官紳均有微辭不數月拳匪敗始服其卓識擢按察使平反嵩明州門殺寃獄

仍詳歸外結避獎叙調貴州權布政使二十九年大飢捐廉數千金集欵廣設粥廠爲大府所忌回臬任籌辦蠶桑半日學堂貧民習藝所又籌欵爲創立中學基礎三十二年開缺遂留寓黔中於鄉里公益如鐵路學校賑災等均熱心贊助三十三年以運米賑濟滇省經滇督錫良奏聞奉傳旨嘉奬生平篤於孝友睦姻任卹六行俸給所入爲内外諸親舉火者常什五朋友緩急及慈善事業靡不捐助至今稱道弗衰卒年七十有二子煥榮邑庠生雲南知府煥勛貴州同知煥常四川同知〔采訪〕

鮑承先〔錄蔡元培撰傳〕先生諱承先字馥生姓鮑氏紹興縣人幼岸異年十六而孤經畫家政井井中度鮑於紹興爲望族以鹺業起家自先生經營而益豐兄弟三人有議析產者先生獨執不可以母夫人命始允焉無何其兄别設寶源錢肆於城中大虧負罄所有不足償先生憂之倡合產償債之議而其弟年尚幼析劵藏母夫人處先生固請而幷火之適清而家遂中落此爲清光緒五年第一次析產復合之事先生既斥財稍慰其兄而無以對其弟於是發憤興復朝夕焦思億無不中鹺務大起色不數年而盡復其資且倍蓰焉母夫人憫先生勞復命析產先生又執不可長跽泣請母夫人怒杖之猶不起族長老咸走勸毋傷親心乃曲從之是時事業方張既幷力殖己所贏愈厚先生愀然不怡以兄弟不得均勢如獲重譴復以計焚劵是爲清光緒十四年第二次析產復合之事清末浙鹺銷滯徽廣衢三府商課賠累至百餘萬先生以六地攤公截季帶征之説獻於鹺尹積困以蘇邑中擬中西學堂捐巨金爲倡清寒戚族歲有存恤益祠產建醫院置義莊章制完美以至救災睦鄰除道成梁大小公益事知無不爲爲無不誠引疏廣多財損志之説

爲大誠可謂以財發身積而能散者矣性夷曠愛山水常與賢士大夫遊或與田夫野老盤桓諧語見者不知其爲席豐履厚中人事親孝不作遠遊淸光緒三十年遭母喪哀毀過甚得膈疾逾數載竟卒論曰古稱兄弟友愛讓宅讓財者有之分財而擇取瘠薄者亦有之未聞辛勤創業義不獨榮一再焚券如先生之卓卓者天倫可親物質奚貴通力互助無愧急難雖謂賢於古人可也

鮑誠坎〔錄諸宗元撰家傳〕君鮑氏諱誠坎字濟生浙江紹興人初紹興以府稱而會稽山陰析縣治以隸焉旣廢府併縣始改今名以舊籍言之君爲會稽人也鮑氏之先爲安徽歙縣淸乾隆中始來著籍節義孝友有聲於時其家所稱尙志公實爲始遷祖郡縣皆知之父仰山先生諱存景於公爲曾孫富而好施人慕其賢先娶陳夫人有子曰誠坤繼娶王夫人生子誠基及君蓋君之生也先生春秋已五十有九故君早孤君之二兄皆承先業爲鹺商君獨自奮於學旣席門基甘爲逢掖求諸昔賢誠無多讓然不得志於有司往試每有所格知者每歎息其材以所遇爲厄君固不屑屑於科第也其嘗語人曰吾之干試將以娛親得與不得身外物耳無以娛親此所大恩嗣以納貲官候選府同志並加四品銜非君平昔之志矣君秉性肫摯淡於榮利雖樂事章句惟講求經世之學不稍自弛蓋自光緒甲午以還士夫怵於外禍皆思言功利以救國君於其時固嘗盡焉以爲憂也恒幹濾擢泯然卽世此可惘耳君於庚子之秋偶嬰小極誤於藥劑旬日加劇彌留之前一日有舟人適至其家君命潔治帆檣若將遠行羣爲譖譏亦姑許之乃不逾日而遽逝一時傳以爲異疑若前知夫生死了然實由於神心泰定稽於載籍類此者多若君之篤守儒風飭巾待盡固

不待貌飾神仙家言以爲君重也君生於清同治六年丁卯五月三十日卒於光緒二十六年庚子閏八月十八日年僅三十有四君凡三娶周恭人馮恭人均無出諸恭人生二子曰德鑄幼慧而殤曰德潛學行能世其家卽宗元之友選臣也有孫四曰亦超亦鑑亦永亦均曾孫一曰世培選臣以清宣統元年己酉二月已奉君葬於縣之河塔五羊口之原與諸恭人同兆域以葬促不及乞銘於當代今屬宗元爲述家傳以附譜乘故舉其犖犖大者以著於篇諸宗元曰宗元與選臣交逾十年今得叙述先德誠所大幸以素封之家而守儒業志行繼美而不逐馳於功名此尤足爲鄉里式焉

李德奎 〔錄壽鵬飛撰傳〕先生李姓德奎名月舫其字也浙江會稽縣人光緒壬午科歲貢生戊子科舉於鄉公爲人平允通達外和煦而內謹介處事與人一以公恕無疾言厲色然見非禮與義之人與事則心痛惡之極嚴也畢生攻舉子業以制藝有名於鄉及於晚年所作縕藉深穩情理兼到如其爲人八股雖爲世所詬病然造詣至此亦幾於載道之文矣光緒庚寅春夏之交吾越米價騰昂民食恐慌桀黠者相率搗毀米肆勢洶洶官吏禁雖嚴非長策於是城中分四十坊舉辦平糶上戶出資粟以正紳董之公主持東陶坊平糶事其在他坊貿然斂散草草應故事而已公先澈查實在貧戶名口親勘現狀分極貧次貧及大小口計口計日定其所需得其成數然後勸捐捐不足額由己任之發平糶證貧戶憑證每日購米如量奸僞絶迹捐者亦踴躍平糶四十日而罷無濫無遺闔坊大服有製錫匠自言貧而見遺公曰名册已定不可增也我當恤爾然我亦不能獨振爾此例一開羣情交鬨矣爾既有藝來我家工作可也雇之如平糶之日此

匠感之次骨心口不忘也嗚呼此足爲社會服務之法矣公雖未仕此可以比附循良矣公父燮鼎以孝廉服官閩省邵武等令有循聲長子鏡燧以平糶之次年舉於鄉人以爲爲善之報云次子鏡祥廪膳生和夷沖淡有道士也年未三十五遘疫遽卒同輩惜之光緒三十一年公卒年六十有四公與吾家鄰居且三十年於飛爲父執自幼長所閲見公者如此公左眼下有痘瘢特深自言隨宦邵武時患痘痘母在左睛上値是日縣試扃門不得出延醫乃提前未午啓扃延視由醫竟移痘母於眼下技亦神矣拜附記之（按采訪稿云遺著有蠡城課選青蓮軒印譜博古圖畫稿瓦當圖彙輯拙叟隱語等書）

謝仁棨字壽謙號芝庭破塘人佾生性至孝讀書奉母絕意進取母周年七十患病甚危仁棨禱天刲股和藥以進病遂愈鄉里稱之（采訪）

林錫坤（錄胡道南撰傳）子厚林君名錫坤居山陰之柯山村世業醫治著疾俗稱爲痧郎中縣境西北鄉蓋無不知林痧郎中者家故不豐而勤施濟凡村中義舉如平糶如築路等君無不與光緒三十二年茅孟淵孝廉創議在本村設柯溪學堂君實贊成比開學每日由君家辦具校員膳食堂中常年經費以石宕捐爲大宗而匠者隱匿抗玩歲繳恒不及所認額君輒出已財彌補其虧大要設學一年君捐錢以百餘千計任勞任怨猶其末焉者也（下略）愧廬文鈔

徐文源（錄胡道南撰傳）徐君文源山陰戴家橋村人家世貧薄弱齡入塾識字不及千餘名棄業農已而習染采於霜漬村某店主人以其誠謹厚倚之數年店閉歇君無聊甚賃小舟博工資以餬口性耐勞苦載

客或道遠或歸晚一不校計雇値妻某氏不率婦道君禁之不可出之終身不復娶光緒三十三年浙路風潮亟君認一股爲村人倡次年管墅啓林學堂建築校舍君捐銀十元以助見義勇爲士流所難也余五六年來乘君之舟歲約二三十餘次風晨月夕嚴寒溽暑形影相依食飲與共奄閧朝露如喪良友君孝於祖母舟居一二日必歸省其歿也距祖母之喪僅五日宣統元年四月二十九日也無子以某氏子爲養子

馬星聯字梅蓀别號逸臣山陰安昌鎭諸家溇人光緒乙亥舉人天性純孝髫齡居父喪哀毁骨立三試春闈未售以母老不再遠遊卽絶意仕進奉母課子杜門不出母何晚年患風痺臥牀三載飲食湯藥起居扶掖均一身任之自始疾至奉諱凡千餘日未嘗解衣安睡治學宗習齋蕺山以誠敬樸實爲主尤服膺人譜一書身體力行戚族中頑梗子弟多被感化精試藝幷工詩古文詞嘗設帳通訊授課從遊者多各省知名士尤擅書法於率更吳興外自成一家求書者遍大江南北遺稿以不自收拾多散佚僅存有聽香讀畫軒詩詞文存四卷未刊〔采訪〕

董紹元字梯仁山陰福嚴村人光緒間在平水開設永裕茶棧幷在府城設萃亨錢莊以資滙兌時因俄商抑價茶棧多虧折他棧多欲減扣植茶者以償所失紹元慨然曰我輩固受外人欺彼小本經營者何忍波累之如數由萃亨莊給其價意以可收之欵與挪移之欵出入相抵尙有餘也至年終鉤覈則來還者不及半而應付者數頗鉅其時欠恒茂莊三萬四千餘元議先償二萬五千餘元其餘九千元則立票緩還恒茂不允幾涉訟矣經人調解始如前議銷案其九千元幷作讓銷賬事隔數年紹元與子秀甫因仍理舊業勤苦

經營稍有積蓄一日命秀甫持九千元償還恒茂恒茂獲已銷之欵喜出望外呈縣述其信義當時縣批曾有信義可風當採入志乘之語〔采訪〕

俞廉三〔錄湯壽潛撰神道碑銘〕公諱廉三姓俞氏字廙軒吾浙山陰人也曾祖父聖文祖芳亭父星若代有陰德皆以公貴贈光禄大夫曾祖妣沈氏祖妣金氏妣徐氏並封一品夫人公生而穎異幼即端重如成人肆力於學不屑屑帖括及一切趨時速化之書而但求有裨實用舊時封翁星若先生以申韓家言馳名三晉公稟承庭訓習爲判牘雖老吏勿如年逾弱冠即投効山西戎幕槖筆治軍符並與防河之役晉臬陳公湜最激賞之先後積功由武鄉縣知縣代州直隸州知州升甯武府知府調補太原府知府冀土磽埆饒財而服賈者大都輕去其鄉其居民無貲積以自存則相率栽蓺鶯粟割其漿以市而自吸其餘是以畝無棲糧窖無藏粟全家殭穢形類鳩鵠而專恃外來販米以爲生迨乎光緒初元連歲亢旱州野赤立糧販裹足殍餓者相望於道荒墟落月照爍白骨百里內不聞雞犬聲天下之至慘也其時公總司振牘馳書徧遠近書詞至危苦不忍卒讀募貲得數百萬金張文襄公初撫晉聞公名調公總理文案公建議以爲治晉之策首在禁煙必盡拔惡卉然後可廣植佳種上游韙其議晉紳亦力贊成之獨交城等縣煙苗彌望聞禁抗拒甚力公乃親蒞各鄉剴切勸導教以種桑種麻種綿種藷種菜種花生諸法以收其利其老弱無依者並給籽種以濟之鄉民始而抗繼而疑終乃大悟剷煙苗立盡且曰微公來吾輩皆饑死矣由是公治行卓然爲晉省冠十五年升補冀寧道歷署按察使布政使尋升湖南按察使晉頭品頂戴山西布政使二十四年

調補湖南布政使遂升巡撫兩兼湖南學政湖南素號貧瘠而風俗强悍伏莽滋多自光緒二十一年大旱成災蓋藏已竭然有奉部章攤賠之欵有因教案認賠之欵限期迫促支解浩繁加以浙閩兩粤江皖鄂豫晋贛各省遣撤湘勇同時輪送岳州分途四散地方頓增數十萬游惰之民與會匪地痞相勾結稍一不愼立生變亂公之撫湘也饒於理財而不肯加税猛於治盜而不忍殘民在湘四年惟以培養元氣固結輿情爲根本一切房捐市捐畝捐之稍涉紛擾者槪不舉行値新寧武岡寧遠耒陽永興醴陵瀏陽辰州各府縣匪徒蠢動公皆鎭之以靜不動聲色隨起隨滅四境肅然會有陰嗾外人以遲結衡州教案爲公罪者朝廷迫於外人之請雖加公薄譴仍不能不委重於公公於斯時念國恩之高厚感湘人士之極意挽留未忍决然舍去迨二十九年冬調撫山西之命下而公引疾歸矣歸舟過武漢張文襄方督湖廣知公原籍無片椽可託留公居江夏公葛巾卉服以書畫自娛洒然有終焉之志三十三年八月特命來京召見旋命以侍郎充修訂法律館大臣公壹意融會新舊律法務斵於當三十四年十月命在紫禁城騎馬宣統元年閏二月補授倉場侍郎剔倉儲之弊恤外運之艱秉籌並顧中外稱善三年十二月奏請開去差缺翌年二月薨於天津予謚敏傳春秋七十有一夫人陳氏先公卒生子一啓元繼室蔡氏無出啓元以道員需次江蘇庚子之亂兩宮西狩護蹕爲前驅旋權鹽鄂岸逾一年差竣病卒孫三晋玢以任子官法部主事晋璜以助振官郎中晋璠及曾孫肇康均幼公平生砥礪名節非義所在不爲苟同文襄之撫晋也丰裁峻厲下僚多戰栗不敢言公獨侃侃論辯絶少顧忌及公爲長吏下僚謁者詞未畢已得其意從不以聲色加人其律己之嚴

待人之恕蓋如此余與公同里閈辱公特薦重之以婚姻其孫晉璜予壻也丙辰冬月晉玢葬公於蘭渚山之原以墓碑爲請不可辭銘曰世宙澒洞乾坤烟塵南鎮閒氣鬱極而伸嶽嶽俞公爲時碩臣讀書讀律兼之一身公始吏晉實襄戎牘薦章屢騰遂擢守牧出典專城入參祕幄風雲壯懷騰爲曾福昔時晉民惟利之趨毒卉彌野腴壤芮墟今時晉民雨涵露濡肉其枯骸暖以文儒湘人何辜載離疾苦公來尸之且嫗且煦盜連爲羣於湘之皋磨牙閃睛如狠如梟惟公不激乃復不撓怒霆一震氛開霧消公之誅暴投以豺豕公之安良畜以兒子湘民感公願以世祀如何功成拂衣遽起帝心簡在詔召相望爰釐國憲爰督京倉皤皤黃髮其澤孔長人間何世浩刧滄桑公亦仙去白雲帝鄉鏡湖之曲稽山之旁片石千古我銘不忘

徐錫麟 〔錄湯壽潛撰墓表〕君諱錫麟字伯蓀浙江山陰人徐氏爲縣望族少讀書好天文曆算年二十餘教授紹興中學堂時國人已厭清政草野之士爭言革命浙人亦共立光復會於上海君與焉由是喟然思建立非常就紹興設大通師範學堂聚諸生講武事身習擊射徧歷近縣求死士可與計者君故沈鷙好謀而性汎愛衆閭巷之俠多歸焉始欲保紹興用其友許克丞計思以游說中權要乃以副貢生入貲得道員將其徒二十餘人之日本求入陸軍聯隊不果旋入京求分發湖北格於令乃發安徽安徽巡撫恩銘故滿洲人心異其能使筦陸軍小學堂頃之移主巡警學堂君勤於職而陰結諸軍將士謀起兵江介因巡警生畢業例請巡撫三司臨視欲倉卒取事飛書召浙中豪傑刻期會安慶已而恩銘遽疑君令以前期二日將事援未集乃與弟子會稽陳伯平餘姚馬宗漢密爲備及期巡撫三司畢集君突出銃擊恩銘中之仆衆驚

奪門走閉城發兵捕君君驅巡警生百餘人據軍械局礮堅不可發彈丸復盡伯平力鬭死君麾宗漢使遁己乃登屋走爲追者所獲恩銘已殊三司按君問狀從容言曰吾恥以異族專政坐致滅國故讐滿人殺恩銘以示其端耳不暇擇也身死不恨吾謀雖敗後必有繼之者矣即日遂刑君於安慶市刳其心臨命顏色不改時君年三十五亡清光緒三十三年五月二十六日事也宗漢亦被執繫獄掠問數十日卒無所言亦就戮於是海內震驚誦君之烈革命之機乃益亟已且誠僞者德也小大者謀也逆順者勢也成敗者時也湯武以降革易之事衆矣皆用戡亂救民爲號矯誣倖値亦在所託而已非必其功也若布衣窮巷之士哀憤鬱積挹咫尺之義犯險難蹈白刃不顧必死以求自達而非利天下之心志苦而計淺迹詭而意純雖匹夫之節君子有取焉耳君以異族不可以共戴故發憤以思抗無藉不可以立事故屈身以行權有衆不可以苟焱故孤舉以求濟人謀不可以必全故委命以昭諒身死之日天下歸其烈抑可謂較然不欺其志者矣伯平宗漢枕藉相從於師友之義其亦可以無愧也始君既殉義槀葬安慶城外後五年清室遂傾共和以立浙人追慕君烈以民國元年冬啓其櫝奉君遺骸改葬杭州西湖孤山之南麓而以陳伯平馬宗漢祔於君之兆域君弟偉鍚麒鍚驥及其故舊門人詳君志行議伐石樹表來請文以其言爲可信於後也因推論君行事述其大者揭之於阡

陳伯平 〔錄章炳麟撰傳〕陳伯平浙江會稽人也名淵以字行少長福州歸鄉里入大通師範學校徐錫麟甚重之與游日本欲學陸軍不得習巡警旋棄歸專習擊射事在上海踞一小閣日陳藥校試藥嘗迸發聲

鈴鈴動數十步伯平傷身甲錯如魚鱗時睪人多即避詣病院治療復渡日本從藥師卒受業道既通欲急試錫麟輒戒之伯平嘗語人曰革命之事萬端然能以一人任者獨有作刺客刻印稱實行委員用自厲夢寐輒呼端方鐵良其用心專壹如此善方言喜作詩詩多亡矣伯平死時年二十六

〔附錄陳去病撰傳〕君名淵一名伯平字墨峯自號白萍生姓陳氏會稽平水人也父芷湘以游幕挈家入閩故君生閩中時黄帝紀元四千五百八十三乙酉某月日也少好讀書性尤沈默寡言笑人莫測其意嚮年十四入閩武備學校肄業十七還會稽家中旋入石門縣學校肄業十九應有司試遂游縣庠會徐烈士錫麟前建大通師範學校於郡城之古貢院廣羅碩彦於是君復入大通爲高材生五月赴日本留學習巡警一年乃歸因客海上徧交當世權奇豪俠之士以提倡革命復自號曰光復子既又以爲欲圖革命非行暗殺不可而欲行暗殺非製造炸彈不可乃重赴日本習炸裂彈盡其技始回國居上海北四川路之厚德里佐秋瑾組織女報從容撰述多所發揮而稱量藥物專心研究無片刻休嘗自署爲實行委員擬鐫章佩之一日正試驗間忽失手碎玻璃瓶激觸藥性轟動屋瓦破片四飛君受創殊甚並傷秋瑾以入醫院治得不死然偵探接踵溢鬨門矣卒以事無佐證獲免冬遂還平水養痾者久之明年丁未春始復出海上四月偕餘姚馬子畦赴皖與徐烈士組織革命軍成五月復至海上購械還遂起義不成竟死軍械局中時年二十三　陳去病曰余不識墨峯識其兄墨濤因屬爲之傳如此憶君殉義時余適在滬忽有自日本投余書者揭之則赫然君行狀焉予私以爲寶密緘篋中有年矣今乃始發篋而參錯之亦殊快人意也狀又言君

白皙能操諸方言喜撰詩詞善飲酒三爵後輒徘徊起舞慷慨悲歌不可一世生平少許可惟喜秋女士與徐先生嘗遇客在君座謗徐君舉椅格之復索鎗欲擊爲秋君勸而止嗚呼行事若此洵乎有烈士風哉

胡道南 〔錄蔡元培撰傳〕民國紀元前二年八月十五日吾友胡君鍾生忽被暗殺於紹興之清查公產事務所君駐所爲總理甫旬日也是日黎明有二人爲傭僕狀遨事務所謂門者曰胡先生家昨被盜特來報願見胡先生門者入一人尾之是時君未起聞門者言急披衣出尾者忽出手鎗擊君未中君却走尾者追之連發兩彈中要害衆聞警畢集則擊者已遺兩屨而逸矣君創甚逾四時而卒君之將卒也自謂生平待人以誠無私仇意頗以此日之禍爲源于秋案子豫至詢刺者爲誰君又以下流學界答之于是聞者擬議此案之所由亦輒曰秋案秋案秋案者秋君瑾被害案也秋君一案託始于紹興知府貴福之電請而說者則謂其端實發於告密人或且以君爲告密人之一君之不爲此其時卽有人保證之至今日而尤大白顧其時搆成此案之渠魁如張曾敭貴福李光益輩曾莫敢動其毫髮而稍稍涉告密之嫌疑如君後秋案四年而竟以身殉之世事之不平寧有甚于此者且以君之謹愼篤厚急公尙義方爲鄉里矜式而無端橫死尤可悲也君諱道南字任臣鍾生其號浙江山陰人今所謂紹興縣也曾祖朝倫祖鵬飛父祖蔭皆以文士試爲吏君幼而穎悟十五歲爲縣學生員二十八歲舉於鄉七應會試不第大挑二等以教職用復赴揀選以知縣分省序補然君素無宦情一攝長興縣學教諭而已君內行甚修跬步不苟而不肯以道學相標榜豪飲善謔對於倜儻之士亦未嘗非之自奉甚儉而資助戚友提倡公益視力所及不之吝以依附達官貴

人爲恥而於鄉先生之蓄道德能文章者恒敬禮之於後輩溫溫然無倨色於僕役尤和易治公事粹然舍權利而盡義務嘗任紹興中西學堂監學以門房爲監學室日治事其中稽察學生出入而不支俸給其他君所任事大率如是好讀書爲詩古文辭雅馴而綿密然亦不肯守舊歲丁酉與新昌童君學琦設經世報於杭州延章君炳麟爲撰述員當秋君瑾初回紹興君於中學堂以讀秋女士詩書後命題有欲以是陷君者君不之懼予與徐君錫麟均君故交而昌言革命君亦不以爲忤蓋君之責己也嚴以周而責人則寬以約其論人也常以動機爲斷而不屑屑然繩以邊幅也以閱書報爲開風氣之捷徑所至以是勸人在長興縣教諭任尤力行之居鄉里時尤盡力於教育界嘗爲紹興中西學堂監學明道女學校校長紹興中學堂監督紹興學務公所議員山陰勸學所總董臨卒尤拳拳於張漊曙光兩等小學及管墅啓林初等小學焉君之卒也四十有九子豫字孟樂畢業於日本早稻田大學師範科能繼君之志君所箸有愧廬雜文詩稿肌言西學識小錄齊唖蟄廬雜志長興學官記略越諺考客談錄均藏於家　蔡元培曰予之始交君也在二十年以前君之於予周其困而規其過若昆弟然後在紹興中西學堂及學務公所數數共事予之急進主義雖不爲君所贊同而吾二人之相信相愛初未之有改也秋案之起予時在德意志觀上海報紙頗集矢於君予之於君固如儒行記所謂久不相見聞流言不信者能決君之必不爲此也予未歸而君乃竟以此遇害清祚既移秋案之始末公布而君之寃乃大白然死者不可復生君則長此已矣哀哉說者謂自君之死號爲秋復仇者遂偪於同志之責備而不敢復肆其冒昧之毒手凡與君同被嫌疑者遂皆緣是而保

全然則君之一死蓋亦有犧己爲羣之義厲乎其間其亦稍稍足以殺愛君者之悲憤也歟

何壽章字豫才山陰人光緒癸巳舉人補行辛丑壬寅恩正併科成進士以原班同知分發安徽補用生平銳志力學篤嗜金石工詩詞精繪事篆隸亦入漢人堂奧治疇人家言旁及琴操篆刻亦駸駸入古光緒十三年與徐君樹蘭創設中西學堂二十八年復擴規制改爲中學堂總其事著有圓錐曲綫論心一卷已刻入蘇甘室算學叢書日記若干册詩文皆散見於日記中〔采訪〕

葛簡青字留春又字柳村山陰天樂鄉人咸同間曾入包村爲包立身司文書數與包言地險不足恃宜別籌善策包不納遂歸越年又往信宿而返人問之曰是不可居矣聚數萬人於一隅粮食需外以給實爲坐困况地勢不足恃設敵繞山後包圍之蕞爾者能倖安耶未旬日而包村陷數萬人同日俱燼難平補縣學生旋食廩餼館於杭較藝於各書院文名藉甚其文載敷文院課五六集及紫陽院課七集中尤爲敷文山長周縵雲所識拔恒思其一見簡青曰予受周先生知良感然予嫌自媒也卒不往見周愈重之十應鄉試不遇光緒甲申由歲貢以訓導候選所著有經說一卷文集二卷駢體文一卷寄渺子詩鈔二卷古今教化詩選二卷待梓其於本鄉利弊尤所關心者則在水利所著瓶溪壩利獎芻言大旨本劉蕺山之說以壅遏不宣爲患及民國二年壩啓而簡青已於前一年卒矣〔據天樂葛氏譜所載行狀〕

劉興祖字穀蓀山陰水澄巷人早年服賈於杭之臨平鎮後爲省垣惟康錢莊經理尙義好施先是臨平有溺女風興祖憫之創設育嬰堂延鄉之長者主其事益之以資全活無算里中有遭喪而無力治後事者輒市

檣以助既而求者益衆遂多購材木飭匠預治以待歲率爲常劉氏舊有忠賢祠漸圮輿祖發願重建一木一石躬自料量數月乃還舊觀聞者嘉之光緒末年卒〔據水澄巷劉氏譜〕

金萱〔錄家傳〕公諱萱原名慶熙字咸卿號雁青姓金氏曾祖諱銓祖諱長源父諱攀桂公少孤奉母章太夫人教能自厲學穎悟絕人涉獵書傳務爲精博補附貢生比鄉試數不售憤而棄制舉業援例授運同慨然有用世之志而世大父華卿公以疾卒從父輩皆幼家事凌雜無可倚者公於是遂終隱不出矣然性倜儻有奇氣雖鬱鬱里巷間而才智傑出莫能自掩事有盤錯輒爲人所引致公亦稍稍出預論議其所斷決洞中窾要鄉鄰有搆隙者恒求直於公公爲之剖析是非罕譬曲喻悉焉解散去其或重貨利相持不下則陰爲出金代償無幾微德色好施與冬襦夏箑年以爲例清光緒庚子歲大歉里人無所得食公乃盡出廩粟倡辦平糶不足則與米賈約使廉其值之什二以售而取其所短者於公是歲蓋無一饑死者由是名大著郡縣吏下車必就公問利病所署可者輒行隱然負一邑重望顧益自謹飭所交賢豪名宿姻戚故舊以至田父野老緇流羽人一皆處之以誠使各饜其意而去泯然無親疏貴賤之迹焉公長不逾中人而戌削風裁峻整見之者率歛坐屛息若有失云以清光緒戊申年十一月二十三日卒享年五十七歲葬於笠山子一葆頤孫四永皡冶庚

陶大均〔錄錢基博撰行狀〕宣統二年七月九日江西提法使陶公薨於位博佐公不一年故于公生平言行百不一二見謹撰次所聞而最其凡曰凡公世系會稽望族也自唐而宋而明清代有聞人曾大父雨生

先生歷官廣東羅定州州判高要鶴山等縣知縣大父春甫先生廣西賀縣知縣父久芳先生福建補用通判皆以文學起家積德累光至公而益大有聲於朝贈其三代如例凡公所爲書曰中日戰紀二卷曰戊戌政變紀要一卷曰庚子刼餘錄三卷曰平龕文存四卷曰刼餘委遊草一卷曰平龕公牘五卷曰平龕日記自甲午迄今十三卷都二十四册三百四十一萬言凡公歷官以勞績叙道員光緒三十年由道員借補商部會計司郎中明年授奉天驛巡道三十年授奉天交涉使宣統二年署外務部左丞越一月授江西按察使旋改提法使際茲創制顯庸垂諸百代正宜大啓宏圖規定不刊之典上答主知下慰羣望而公乃賚志歿矣歿之年宣統庚戌而其生也咸豐戊午方英吉利糾合俄法美三國以舟師駛入大沽要立商約之歲也嗣是而後外人益知我中國易與狡焉思逞海疆日以多事至中日一戰而國威大挫海軍殲焉於是國人競起思奮與列强角逐當國者暗于圖議不先事預防以遏亂源繇是有庚子之變王師敗北兩宫西狩國幾不支公于是時佐當事諸臣逞說壇坫先事啓發折其機牙使不得逞而其拄危扶傾功在宗社安已墜於磐石者則尤莫如庚子一役是役也羣不逞之徒嘯聚聲轂大都之中剽巨室而奪之金執政者又多昧昧依若輩爲干城京朝士大夫稍有異同輙指爲妖人肆其屠戮故號稱明哲者流莫不挈眷南下以避其鋒會公以知縣濡都覲知交勸東歸不憚危言以聳其聽公曰不然此國家大變朝廷養士數百年一遇變故輙託明哲之誼先去以爲民望君國其何賴焉僕雖不才亦受朝廷祿養故當相時觀變稍期補救一二以不負斗米之食而卽以愧人臣事君不忠平日要結主知希圖寵利有事則望望焉去之詡然自矜知

幾者峻辭拒却不少動顧公數佐使外國於其國人不能無交往此際椎埋少年羣附和一二狂人以啓敵釁公知中國積弱勢不敵必至潰敗不可收拾益傾心交懽其賢豪長者方是時公以下位而親仁善鄰斡旋邦交預爲他日議和時辨論之助有怒公者則譖於主者曰此異人懷二心者也執之去欲尸諸市有貴要白公無他乃得釋勿殺置之獄越一月而事大變妖徒鳥獸散兩宫蒙塵西狩百官扈從都人士奔走號哭無所依聯軍入京焚掠無虛日獄空無人守公乃得出既出則不敢返私室直叩日軍門語其帥曰中國奸民不靖各國仗義代勦殺敝國臣民莫不以手加額相感激今不軌者羣散走無蹤跡仍復縱兵肆屠戮淫虐無辜義師當不若是且恐非列國用兵初意大邦於敝國又有唇齒之誼尤宜顧念邦交先斂兵勿殺以爲諸國倡辭氣甚慷慨日帥故知公至是益感其言乃與列强約罷兵畫地守以俟和議復示民使歸故居各安勿擾民乃大定未幾李文忠公單騎馳入京倚公如左右手公故其僚屬亦未嘗有所畏避乃言於文忠曰曩者英法日諸國與我議約其議皆發諸彼今連雞相持莫先發一言者我當爲先發制人之計文忠曰善乃提議若干欵與之磋商者年餘俾寢謀釋怨謂國有人勁敵却退還我京畿雖文忠威望有以致之亦公贊襄之力居多丰采隱然動天下其時先皇甫奉聖母返都鑾輿未安外人不能釋故嫌謂政府錮康梁黨友無革新機遇事必有以誚我公乘機進說當國者曰康梁首發大難雖尸諸朝不足蔽其辜然其黨昌言變法實釐然當人意今以二人故而爲之友者亦莫不錮之終身勿復用士氣摧沮將不能振盍肆赦黨人以振士氣且使各國知我有翻然圖變之意不復如往者深閉固拒有所疑忌也當國者言於上下

詔如公言天下翕然頌聖明曰傳言殷憂啓聖我國家自今其變動光明振拔而日新矣乎列雄亦以此覘中國政治之進退則公建白之大者於國運盛衰有關焉者也公宏奬人才惟恐不及當世知名之士未嘗不延攬留學外國以換取新知識者資之都二十餘人聞其人有異才輒以書幣徵聘如恐失之天下士歸公者人人自以爲公厚我公之殁也幕下士有哭失聲者而公之賓賢可知矣公少失恃母魯太夫人之殁公不幸纔四歲耳離母懷不期年也而哭泣悲哀來弔者見其顔色聲容莫不曰悲哉陶氏子之孺慕則其天性然也及其貴也有魯氏子來謁年及冠詢之則魯太夫人之從祖曾孫也曰奚求曰窮無自得餐曰客何能曰客無能也則館而教之讀日程其課無少怠有非魯子者則泫然曰吾不及事母外祖家又式微決當琢磨之使成器以慰九原蓋其錫類之孝又如此公諱大均字杏南卒年五十二有丈夫子二人長尙銘留學東邦聲聞初耀次尙釗始就讀亦魁梧奇偉稱其家兒焉

章俊甫會稽道墟東市人與弟丹甫性皆至孝清季某年其母病危俊甫爲之吞痰丹甫則割股和藥〔見宣統元年二月紹興公報〕

沈錫棨山陰人宣統元年署陝西鄠縣清理積案修整城垣重葺文廟濬梅公渠添設學堂表章先賢李雪木並請刊所著檞葉集亢旱祈雨迭應重修邑志尋調長武縣百廢俱興士民德之〔鄠縣志　長武縣志〕

韓潮字秋颿山陰安昌人幼孤貧賴祖母及母賢得不廢學咸豐癸丑受知於萬青藜學使入會稽縣爲生員十試秋闈膺薦者六堂備者一終不獲中式然文名日盛地方有司爭聘校閲府縣試卷凡再至上虞三至

衢州其所甲乙士論翕然性至孝稍長即以館穀供甘旨年三十一祖母卒閱十年母又卒猶爲孺子泣居喪哀敬如禮嘗念祖母勤劬母又中年守節冀孤童奮學取科第以顯揚其親如蕭山汪龍莊之所爲乃終不遇益致力於詩古文詞於書無所不觀尤工草書晚年益臻神化以宣統元年正月卒年七十有九所著有晚香廬詩集〔據薛炳撰傳〕

張禮幹字椒生山陰人張氏世居諸暨七十二都明洪武間有名貴和者遷居紹興之東府坊傳至十六世名渭邑庠生渭生詩頌〔傳見前〕份生詩頌生書謨邑庠生書謨生子三次即禮幹幼而英敏性情豪爽内敦孝友外重信義年二十一補博士弟子越二年食廩餼由補行光緒庚子辛丑恩正併科舉人揀發廣西知縣任警察總局文案旋升警察南局總巡幫理發審案多取決歲戊申署永福縣事勤求民瘼彈枉糾邪賭棍某甲橫行鄉里良民側目禮幹訪悉拘案懲辦其同黨某乙持某勢要名刺取保禮幹謂之曰某甲擾害閭閻鬨之稔矣今乃爲之保釋是縱惡殃民也某勢要必不其然此必汝儕借他事乞取名刺轉朦我耳我豈爲汝儕所朦者汝儕宜自飭毋詐欺干咎某勢要聞之太息曰張某眞强項縣令也我不復與聞斯事矣由是台境翕然尋奏調天保縣補貴縣正任未到任即由永福調署北流縣事北流地處衝繁民情刁悍盜案疊出而演戲聚賭實爲致盜之由不肖紳衿隱庇護之禮幹諭禁演戲聚賭并驅逐優伶出境某處違禁私演遂率兵役往捕焚其戲衣嚴申禁令劣紳啣怨以官兵放火搶劫等詞控諸省憲省憲知禮幹循良不之信批斥不准地方匪類遂稍稍斂跡人民頌爲燒衣知縣一日某處被盜禮幹偕哨弁焦某率兵二十名

前往緝拏匪嘯聚百餘踞上游嚴陣以待擬乘機撲縣城斯時官兵以寡擊衆地勢以卑臨高勢危甚禮幹勇往直前鏖戰二三時匪敗退斬首級一生擒五名訊知窩主所在一併拘案搜獲贓證訊讞屬實遂與五盜按律懲辦是役僅喪官兵一名給撫卹銀百兩由是匪盜遠颺政聲卓著上游器重保薦奉旨嘉奬歲庚戌由北流調署融縣其弭盜保民一如在永福北流時中更國變匪盜蠭起匪首胡體人聚黨千餘大肆焚掠官兵百餘散亡殆盡縣距省三百里山路崎嶇援兵莫至時桂撫潛逃省垣秩序大亂匪偵知之遂迫禮幹交印交欵交軍械禮幹自念以一書生蒙國厚恩擢宰百里生死以之抗詞不屈遂墮水以殉時宣統三年十月十一日也事後由縣紳覓遺骸葬北門外義山樹表以誌子二長樂振殤次樂熙尚幼配沈氏禮幹歷署各縣所至有聲革除陋規平反寃獄理財裕國捐俸澤民事多不備述尤以治盜爲最嚴臨大節而不可奪可謂古之君子矣卒年三十有四（采訪）

沈釗字康士會稽人父沅官山東郯城令擢濮州牧卒於官葬濟南釗援例入籍遂爲歷城人年十七補進學生家貧課徒養母橐筆遊燕趙遼瀋二十餘年光緒丁酉舉順天鄉試年已逾四十矣充同文館教習期滿議敘知縣需次安徽奉檄權潛山縣篆時國家方以新政責有司釗力戒張皇民不擾而事舉集課績爲一省最期年受代慨然念牧令之難爲無久宦意因乞假返濟南宦橐蕭然仍以筆硯爲生宣統二年遘時疫卒年五十有五（續歷城縣志）

婁春蕃字椒生山陰人以貢生納貲爲同知歷保道員久參北洋幕府李鴻章尤重之常倚以治繁劇春蕃熟

諳直隸水利永定河常歲決思患預防以時消息之河不數病長蘆鹽商久困增釐春蕃務爲寬大課裕而商不擾尤精刑律審覈維慎直省遂無寃獄拳亂作力主剿辦爲總督裕祿草奏痛陳邪術萬不可信戰釁萬不可開以一服八決無倖理裕祿初頗信之不能堅持卒致敗裂匪以通敵誣紳富請搜殺春蕃力阻多保全事亟春蕃首請召鴻章北上停戰議和及聯軍猝至同僚皆走春蕃獨留不去艱苦謀搘拄至一月之久鴻章至復參和議約成辭優保辛亥事起人心惶惑春蕃夙夜籌慮獨爲地方謀保安焦勞益甚猝病卒春蕃敦節操有經濟才自鴻章延入直幕先後垂二十年歷任總督如王文韶榮祿袁世凱楊士驤端方陳夔龍等皆敬禮之雖不樂仕進未親吏治而論治佐政留意民生各郡縣皆奉爲圭臬歿後直人思其德公請附祀鴻章祠（清史稿列傳）

（附錄沈祖憲撰墓誌銘）君諱春蕃字椒生姓婁氏與予同爲浙之會稽縣人又同月日隸學官籍時都年少耳弱冠後又同游北洋後又同客北洋督幕有年而君獨先化去今其諸丈夫子以志君墓請予其能辭竊憶君之初任事於北洋李文忠鴻章幕也文忠實由熱河道署幕中遴聘以來文忠號英鷙不輕下人求一幕友於屬僚中非多方考求不肯輕枉纏幣故君至則舉摺奏刑錢河工鹽務悉以相畀是時河苦歲決而永定河尤甚君考察形勢貫穿源委時險工之未出培某岸補某隄已決堵之未決防之每預示方略於批牘不數年而河患大減歲必決者乃或間歲或數歲而始決而帑亦減百數十萬以二三十萬矣抑其赴機速而工又必速竣之爲法得乎其次則釐治鹽務之功大也當光緒初年蘆商窘甚屢經加價搜括又益

以賠欵擔荷則窘愈甚全綱岌岌可危君厲休養生息其間欵集而事不擾綱商至今頌之尤有異者君在北洋累二十年之勤前後七八鉅公交相倚重而晚歲乃直若與兵事相終始而又似與政變爲去留生死之關庚子拳匪亂起地方糜沸君兩次爲裕壽帥草奏力諍雖吾謀不用籌筆未停或有疑幕職可避地自全者君峻謝之曰某所得脩脯固亦朝廷筦項之餘有事而逃忠乎疆臣方誓死守以報國幕客各相率遠避義乎以故衆皆星散而君獨留及壽帥退守北倉而君尚未去也壽帥爲之感泣然君亦鬚髮蒼白形容非舊病卽伏焉矣革命事起君尚滯留北洋幕府而病益亟迨共和宣布改總督爲都督後復改爲民政長及巡按使而君皆不及見矣夫君本以刑幕起家研精法律讞牘出入尤持之力以是久習法曹之廷公杰沈公家本所稱當時法律大家無不引重是猶未足盡君所長也而一生知遇君嘗謂舍合肥李公項城袁公外無第三人庚子和議成後李公擬以京堂保奏君聞力辭故今所有皆今大總統密爲之保薦者君誠澹泊寡營人也婁氏爲吾邑甲族先世仕宦皆以廉著曾祖諱世增祖諱德鑑有婁善人之稱用經商致富而冬衣夏藥所耗亦多父諱樹年有聲黌序然困不得一第蓋與君同也性好善老而彌篤似又與君大父婁善人同君生而純孝年十二遭母單太夫人喪哀毁逾恒已爲諸生讀書西湖文名籍籍既蹟鄉闈又經寇亂始改習法律政治專門之學而今乃成就卓卓如此雖如此卽足以盡其所藴耶是可悲也君性寬和言無苟發惠施所及其人不知皆澹泊寡營之所有事既卒之後朱巡按使家寶重直隸人士之請爲呈請附祀李文忠公祠而祖憲又爲請於大總統題贈贊襄宣勤四字揭諸墓君之靈不以爲多事否耶夫人屠

氏子三裕燕清候選布理問裕熊清奉天候補道裕霖留學美國畢業生清獎給舉人保升知府女三長次皆適士族妾蔡氏生女一幼未字孫八人曾孫一人君卒於壬子年正月十八日春秋六十有二將以乙卯年四月二十一日卜葬會稽山下皋村祖塋乃爲之銘曰在紹興近歲士夫中而有婁君之賢在會稽衆山水中而有婁君之阡此豈待予之文而始傳烏虖嬂哉

章慶字勤生會稽人游蜀就幕職爲總督錫良等所器保知縣所至有聲署劍州倡捐萬金修文廟禽巨寇王文朗殲其黨九十餘人調南部河徙齧城築長隄禦之城以完調冕寧縣有橋絙轂川南毀於水渡者以水駛多溺慶製鐵梁數十丈行旅稱便普支夷擾境慶廉威所被濟以兵力夷歸誠出被掠者多人補射洪擢道員在任候補其任西昌也值川省爭路事起哥匪張國愼與裁缺千總黃義庫偵知寧遠軍隊出防城中無備聯內應襲城慶督團衆禦之力竭死妻顏猶子鏞及胥役僕從同死者二十餘人〔清史稿忠義傳〕

〔附錄吳慶坻撰傳〕君諱慶字勤生浙江會稽人篤於內行通經術兼治名法家言游蜀中歷就幕職總督錫良巡撫沈秉堃按察馮煦趙藩並器異之以知縣發四川充學務處科長補射洪移攝劍州又歷攝南部冕寧西昌蜀民生齒繁多失業勸蠶桑設工廠廣闢利源窮黎蘇息興水利築隄防以備旱潦修文廟立學堂以振士風尤勤緝捕寇盜斂跡黎雅以西山谿岨深驛路險巇建鐵梁平道塗行旅稱便窩普支夷爲邊患君廉威所被濟以兵力對夷歸誠出被掠難民百數十人夷漢翕服薦擢道員在任候補西昌巖邑也盜熾甚已革保正張國愼習太陽教惑衆斂財與裁缺千總黃義庫同惡相濟會爭路事起卭雅二州名山洪

雅諸縣土寇乘機起國恎義庫偵知寧遠軍隊移駐大渡河府城兵單遂合謀作亂九月初四日薄暮殺傷德國教士羅尙德甘呢伯於德昌所護送軍士亦被創翌日黎明闔府城君督城團固守而城內有內應者敵破城入刼監獄團衆不能軍力竭戰死之兄子鏞被戕妻顏氏聞警奔赴爲敵斫傷僕從胥吏同時傷殞者二十餘人〔辛亥殉難記〕

陳燕昌〔錄某君撰傳〕諱方先生姓陳氏諱燕昌浙江會稽人幼孤貧失學同里阮曉林孝廉福昌見而憐之教之讀不取脩脯數年遂貫通經史爲阮氏高第弟子阮氏才鋒雋穎善詩賦與李蒓客趙撝叔友善一時有越中三才子之目先生旣爲阮氏所振拔又周旋於李氏蒓客故其學得於李氏爲多舉同治癸酉鄉試大挑一等以知縣分發雲南尋改江西歷知義寧永寧諸州縣先生襟懷散朗工詩古文兼擅秦越人及星命堪輿諸家言好詼諧苦吏事大吏屬治文書則睥睨久而後就就則日與同官笑呼圍棋以爲樂牘至求判略一展視奕如故暮則令僕人束而歸次日挾而至如是數日牘積至二三尺同官懼誤期會取而代判先生不問亦不謝有求其詩文不甚却然終不報諾或潔特室置筆硯誘而致之然後惟所求文成啓戶去不復審錄用是詩文多散佚尤好客客至談笑聲振瓦屋客去鍵戶丁丁家人覘之則執譜凝神圍棋也中年嗜鶯粟五十後屛不復進俄遘危疾家人環乞破戒笑曰吾求所以得止而斃耳卒不許疾亦尋愈辛亥武昌革命軍起各行省相繼獨立羣盜乘機肆刼有侵入先生室者敗絮殘卷外無所獲而去先生曰吾幸無餘財不然者且爲大盜積挈眷還鄉次年歲壬子以疾卒

劉南〔節錄夏孫桐撰傳〕劉先生諱南字午莊浙江山陰人父槃早歿先生傭書曹掾至京師居久之入貲以通判仕四川積勞晉直隸州知州筦嘉定榷鹽剔除中飽稅逾常額鉅萬總督丁寶楨異之特疏其辦事實心潔己自好實爲川省吉光片羽獲優叙權江北廳同知民教積不相能先生力持大體以保民爲主失上官意去官民愈頌其德兩任緜州初攝篆革陋規清積訟姦蠹斂迹課士興學廣設義塾文風振焉受代時士民攀留先生慨然曰去留有定數有此因緣安知他日不重相見也逾數年果眞除斯州將及郊父老來迎皆懽呼曰再見青天先生操履堅苦待人無城府處事必以誠不計其他自丁文誠以廉吏拔之爲時所忌文誠方專意治鹽榷欲得耿介之士任其事屢以屬先生先生不欲處膏腴之地輒辭不就頗拂文誠意及文誠薨而愈不能安於位矣會州境大水修堤以待振臺司委勘者欲有所染指而不可得反以蜚語誣之遂被劾左遷時論寃之先生宦蜀垂三十年不名一錢不能歸里乃挈眷重厲京師謁選得廣西全州州同隻身赴官年餘謝病去緜州士民思其德臚陳治績籲請大吏白其誣搆陷之者方以醫術得大吏歡復浸潤譖之竟不得白先生於是亦無意復出矣既而子敦謹成進士官刑曹有聲累遷郎中膺上考先生就養京邸十餘年布衣澹食精力如少壯出輒安步十餘里不倦居恒奉蕺山愼獨戒欺之訓以律其身以教其家至老弗懈〔下略〕

王瑋〔錄孫宣撰傳〕公諱瑋字蘊齋王氏世爲浙江山陰人寄籍山西汾陽生於道光壬寅八月少治經史抗志高厲不屑屑爲制舉業一試不售輒棄去服官兩淮鹽官大抵豪富大賈所角逐也公獨未嘗請謁坐

是沈滯久之緝私日塔河序補泰州草堰場大使光緒辛巳夏海嘯大風雨挾潮而上竈戶蕩析公急捐募振續治廬舍置牲畜纖鉅躬任之凡六越月須髮半白矣又令沿海築墩避潮如前明舊法修范公堤緣堤墾殖鑿河渠置倉積穀竈民賴之立石志焉後數年蝗蝻爲災乃設局收捕不越旬盡殄之而不言其事有分司某循視各場索供張甚所過咨怨莫敢言公以計杖其僕械項示市而自請曰爲民乞命寧惜一官某慚謝由是歛跡當時若無公發其事擾害未知所止然則民受其賜多矣公久官鹺務悉利病日思所以整鹽課而裕國計復爲重淋鹽之法畜草濟煑力稽火候所產溢常額每舉事必諮衆議以誠相推故皆樂爲之用訖其去二十年稱誦不衰也公以母憂去官居蘇州絕意仕進嘗慕靖節康節之爲人也自號曰安遇老人日與賓客倘佯山水間讀陶白蘇陸諸家詩以遣意焉年七十三甲寅三月卒於家祖諱錫九以名進士爲江蘇知縣升用知州祀吳縣名宦祠父諱宗濂歷官安徽江蘇知縣以軍功洊擢府道在任候補配施氏封一品夫人子二敬銘江蘇候補知縣先卒式通大理院少卿孫三蔭沂蔭泰蔭霖葬公吳縣木瀆堯峰山麓與福塘鳳皇池公詩文存者安遇軒集若干卷贊曰公沈毅有器度上不趨貴勢之榮而下克勤事惠養民可謂循吏也已然賢者屈下位行治不得博見於天下豈非惜哉公雖無衆人之求而其德貽後世者必可觀也（新河王氏譜）

民國

陶成章　（節錄傳以潛撰傳）君諱成章字煥卿居會稽之陶堰人稱之曰會稽先生君性沈毅敦樸尊重實

行自其少時已主張救世之學痛異族之專制憫社會之闇儚思欲改革而掃除之閒形諸辭色父品三先生懼禍及屢戒之弗變乃隻身至日本遊學當是時閩粵人之僑居南洋者甚夥苦清苛政流連不肯歸然睠懷祖國意頗摯君發橫濱著單衣坐四等艙代煤工勞動抵船値得達爪哇庇能各埠遊說諸華僑人服其堅苦相率感動君則集合同志創辦光復會又設光華學校發揮生平之學說成中國民族權力消長史一書鼓吹種族革命不遺餘力乙丙之際復遊日本與章君太炎徐君伯蓀遇於旅邸痛論時事恒相對泣下或大聲疾呼握拳切齒卒鬱鬱不得志丁未夏徐君殉義於安慶君一回國徘徊海上立光復會支部知事不可爲仍返南洋至仰光主中華日報以爲言論機關久之往來結納徒黨益進辛亥秋武漢義軍起君亟與同志響應松滬閒旋光復南京東南底定君之力爲多會浙軍都督湯君蟄仙受臨時總統命任交通長誼不得兼督浙羣謀所以代湯君者則咸推君及蔣君伯器君時以光復軍司令駐滬上力辭浙督轉推蔣轉輾一二日閒而君之禍作矣先是君寓某洋行內頗有警告遂託養痾移居廣慈醫院然胸懷坦白殊不爲意各路軍學界同志談問無虛晷奸人乃冒軍人抵君寓處出手槍狙擊中其胸部卽跳而逸從人爲延西醫施治無効遂卒時中華民國元年正月十四日也年僅三十有五君既被刺衆不能明其故海內無遠近識與不識痛悼如失手足紹中同志爲歸其棺方議所以紀念君者有待也　傳以潛曰種族問題論者或謂示人以不廣顧村氓野老以至婦人小子莫不知非種之當鋤漢滿劃分較若別白黑光復大功之克成其不以此耶君著書注重在此不僅政治問題也然而君之死未嘗涉及於種族且發生於光復以後

將終懸爲疑案嗚呼君爲同胞盡義務絶無權利思想乃所遇若此吾不知人間之何世矣

〔附錄一〕陶先生名成章字煥卿山陰人少有大志富有革命思想甲辰以前嘗擬入京殲那拉氏不果遨游滿蒙考察地勢爲異日大舉地嗣後東渡日本習陸軍於成城學校有殊績爲駐日公使所忌計劃其學籍而改革之志亦因以益堅進行亦愈力甲辰參加欽廉之役不成乃退而組織光復會聯絡同志靡遠勿屆在南洋主持新加坡南洋日報及仰光光華日報筆政於爪哇則立書報社及光復分會奔走彌富海外僑胞國內志士之樂於輸將餉項以資民軍者烈士之力爲多辛亥起義烈士返浙號召舊部以爲犄角於是全浙光復焉會浙督湯壽潛臨時政府擢任交通部總長遺職衆咸屬意烈士烈士迭遜不就嗣以抱恙養疴於上海法界廣慈醫院遽遭狙擊賚志而歿時民國元年元月十三日之夕也〔據浙江省情〕

〔附錄二孫德卿記事〕陶公字煥卿會稽人家貧貸資學於日本入成城校徐公之東遊也與公甚相得稱光復同志時倡革命者有二派一曰同盟會主在外洋行事一曰光復會主動在內地而徐陶實爲之首領也惟時內地戒談革命同志寥寥爲可歎耳陶公既抱光復志欲赴南洋羣島苦無費不得已由横濱乘四等煤艙燒煤代資達新加坡集同志多人故至今尙有光復會機關去舊歲金陵之役公集團體往助頗有功値湯都督退職有舉公爲都督者公辭不就而忌公者方日伺其隙乃退而養疴於滬上醫院一日在某洋行有詢公住址者公素篤實遽以住處號數示之不數日而暗殺之事至矣〔民國元年所記〕

沈克剛字佑之辛亥光復滬上頗著勳勞嗣因與友王某試驗槍械誤中腹部傷重而死由吳淞軍政府李燮

和呈准南京陸軍部撫卹咨經本省臨時會議議决附祀葉祠由都督府派員運柩回浙指撥官地與陶成章及臨海楊哲商合葬於西湖孤山之麓〔采訪〕

陳大復原名詩志字士辛祖某知金山縣有政聲父亦官於吳大復隨侍清光緒癸卯入上海愛國學校是年夏因蘇報案清吏捕革命黨人甚亟學子星散大復乃至奉化入龍津中學次年夏赴滬佐國民日日報筆政秉肄業數理化各專修科尋掌教金山西鄉育英公學丙午春任廣西龍川師範學校監學翌年歸滬應健行公學暨浦東中學之聘戊申任常州中學校監學在校四年管教之績甚著及辛亥革命軍起大復入松江與於光復之役擬率壯士二百人赴清江以牽制浦口之師會金陵已下議遂寢旋返常州受軍政分府購辦軍械之命時常之司令趙樂群有私人曰粟養齡在滬荒淫憾大復之發其覆也民國元年三月二十日粟與趙謀錮大復於密室殺之年三十有一時論惜之〔據民元六月三日越鐸日報〕

王秉璋字伯常山陰仁里王村人辛亥光復曾充浙軍隊長與於攻南京城之役嗣被忌者所掩沒民國六年護法軍興隨前浙江都督蔣尊簋在寧波謀浙江獨立事未成爲偵騎所獲被害及十六年國民政府成立曾由蔣呈請國府乞爲撫卹得遺嗣可免費入學校讀書之批令惟秉璋無子仍未得受此卹典〔采訪〕

陶以桐字葉封陶家堰人家本清貧幼年失怙事母謝氏備竭孝敬清同治四年謝氏患便紅症以桐因母體多衰恐他人未能善體親心故晨夕隨侍遍求方藥每日親自檢糞詳察病情衣不解帶食不甘味者三年如一日八年復因母患傷寒重症憂愁致病仍力疾侍奉致齋具疏籲以身代醫藥之資則斥婦奩具以濟

之甚至中裙廁牏偕婦親滌至光緒五年春夏之交其母病中思食菱角毛豆以桐百計購求未得親赴省垣及隣邑上虞等處買歸供母以博歡心是年八月謝氏病危以桐侍奉湯藥竟置店務於不聞歿後哀痛迫切幾欲身殉舉襄喪事竭哀盡禮又爲母請旌建坊捐產入祠綜計隨侍母疾不入私室者凡十五年平日更樂善好施誨人孝友至今鄉里稱道弗衰民國二年卒民國七年紹興縣據褒揚條例呈請省部奉大總統題褒孝闕流芳匾額〔采訪〕

俞紀瑞字伯珍瀝渚人幼穎悟典籍經目不忘兼習繪事年十五父歿哀毀逾恒家貧上事母及祖母下携穉弟弱妹蹇連煩促偏能色養從兄廉三時任太原知府往依之尋以知縣佐節署文案始得奉親屬如山西以才長綜覈當道委辦榆太權政歲收頓增倍蓰調署絳縣嗣以廉三開藩山西例應迴避遂改官河南權祥符夙夜勤劬繁而不紊以課最調攝林縣地居邊要氛𢦏四伏又爲總教堂設立之所清光緒二十六年拳匪猝突縣境深懼波及思保教即所以保國毅然招馬步勇弁督勵撫巡山西陝西傳教游歷之士皆來歸田家井教士寨前罝礮遂單車往晤願任護持之責礮遂撤卒之地方靖謐教堂財產亦不失纖毫山西巡撫慕其才電調往辦善後河南不允留辦全屬教案馳赴各處與外人爭辯以是所償金幣較他省獨少二十七年仲秋母卒扶櫬南返道經津沽外人派兵士維護抵滬其見重如此服闋回河南當道素欽其俊異特保以直隸州補用歷署陳留武安杞縣補虞城三十二年項城袁世凱正督直欲蒐兵彰德安陽爲彰德首縣軍隊鱗集事劇責鉅以其清幹特令權篆事訖累保以道員補用會廷議將設直隸審檢兩廳復保

以高等審檢廳丞長記名歷充禁烟財政督練公所及教養局等差平生精力過人漏盡猶披覽案牘不稍懈凶之事無不舉共和成立河南都督委辦營務處省垣重地闤闠櫛比乃交驩將弁創設保安社懲暴詰奸士民絃誦當道器之委兼署提法使遂擴充法政學校普設各地方初級審檢廳並於各縣分派幫審改良監獄積悴成疴籲請開缺當道不許病稍痊薦任河南審計分處處長以民國二年五月三十一日卒於任年四十九〔采訪〕

顧家相字輔卿號勘室會稽人祖廷綸父滸慶家世積學少聰穎論史談經爲袁文誠所驚賞光緒乙亥舉人丙子聯捷進士卽用知縣簽分江西己卯攝東鄉縣篆年纔二十有七折獄片言無異老吏循例補萍鄉縣萍故巖邑僻處邊陲邑東大安里地尤險要壬辰秋土匪萬人聚爲巢穴募勇辦團城防始固匪衆撲城與吉字營楊統帶樂賓邀擊於邑南大破之擒匪首鄧海山解省伏誅上臺欲窮治黨與株連某某諸族家相具牘力爭保全者數千人然竟以此忤上臺撤省乙未萍鄉大祲饑民待振數十萬人巡撫德馨以賄敗繼者飭家相回任凡貸民籽種散放官振義振平糶等銀約十餘萬兩闔閭元氣賴以甦息萍素產煤陽湖盛宮保宣懷用西法機器開礦並築由萍至醴陵鐵路家相苦心籌度於購地諸事給價從優廬墓所關尙爲繞避尤以保全水利不令吏胥經手人民樂利其初羣情疑阻者至是無一怨咨舉此極鉅至𧶘之工程漢冶萍公司之成實以萍礦爲樞紐大吏保薦以知府分河南補用補彰德府彰德豫省劇郡冠蓋絡繹京漢路告成稽查巡防百方肆應廓爾喀貢使向來馳驛騷擾家相先與理藩部商訂令其改乘京漢路車爲河

南北沿驛各縣節省靡費萬金以外復護送至洛陽陽爲懷柔陰實監察嘗曰吾尸位數載此舉差可對河南北官民耳辛亥春開缺遂率眷西赴秦中藉守先塋以爲避地之計厲中略有園亭花木名之曰因園而署其亭曰息亭以因人成事聊以自娛並視爲息壤焉未幾武昌變作秦亦繼亂癸丑東出潼關北游燕薊目擊時事尤增感觸匆匆南下遨遊於西子湖畔適續修浙江通志因任纂稅金石各門丁巳十一月十六日卒年六十五歲平生研究絶學於天算音韻諸學皆足以闡發精微然爲吏治所掩世罕知者所箸有萍鄉鐵路公牘四卷勵堂樂府一卷浙江通志纂金門初稿三卷五餘讀書廛隨筆二卷勵堂日記類鈔二卷勵堂文集八卷詩集一卷聯一卷因園函札三卷勵堂讀書記十卷已梓未成者續越中金石記兩浙金石新錄等書（節繆荃孫撰墓誌）

湯沛恩　（錄蔡元培撰傳）吾鄉有碩望曰湯蟄先先生先生之父曰石泉先生者德君子也元培年差後於蟄先先生而辱交最久知其志行多本之庭訓信乎教化之原自家而國其加民及遠往往默成而冥應不必期之一身一時而未有不臻其效者也按狀先生諱沛恩其先河南人宋紹興間知樞密院事鵬舉始遷杭州三徙而居山陰之天樂鄉今以山陰會稽并爲紹興縣遂爲紹興人曾祖惟方祖欽文考旬源有子三先生其仲也家世力農而以行誼著稱伯治璺畝叔主賈鬻先生獨以經書教鄉里篤學勤誨孝友肫至幼侍母疾嘗刲臂和藥及居喪哀毀有過禮雖至衰白語及於親未嘗不泫然以涕也自其教授三十年束修之入悉以奉兄不有於己會遭咸豐洪楊之亂李秀成入浙鄉井爲墟攜生徒聚講叢祠躬自執爨恒苦乏

米有從子尚少依以受業每飯必先令從子得飽已則以水調釜中焦粒噉之同治中有同姓官陝西聘佐縣幕歷武功盩厔等縣見繫獄者衆疾痛譁暑惻然閔之曰民之罹刑網由上之失教非其罪也爲具醫藥量其可矜者陰恤之旋謝歸盡散所贐於道及抵家襆被僅完夷然不以爲意也洎光緒中令子蟄先負盛名朝野交重累被徵命皆以親老辭不赴先生曰進退有義汝宜自審吾不汝必也辛亥鼎革浙人爭擁蟄先爲都督蟄先疑不可時滿漢猜嫌久杭州故有駐防幾釀大釁非蟄先莫能解先生聞之曰損己名而可以救人者則爲之弗居而已矣蟄先卒紓浙難而避位遠蹈蓋先生之爲教其大者如此世俗屆七八十生辰恒張宴樂爲壽先生以爲非禮年八十詔諸子以所置田五十餘畝分助三黨之祀曰以此爲吾壽可矣里有匱者以時周之嘗曰仁者不居患雖少猶施若以薄而廢之猶之吝也遇人恂恂如不及無貴賤少長一於敬下逮廝養皆曲有恩意少工書法喜爲詩不尚雕繪有沖淡之音得邵堯夫劉靜修遺意輿寄所存取自怡適不欲示人也蟄先之歿先生年已踰耄順命抑情亦不過戚年八十七無疾而終殆可謂生順歿寧者矣配夫人葛氏先先生卒子三長壽濬蟄先次壽宸農先次壽銘滌先並承緐薆知名於時女一適同縣沈秉謙諸孫九人孝佶孝偯孝僾孝偃大祐孝佼天雅天祺孝伊曾孫八人彥耆彥頤彥修彥耄彥彬彥鈞彥華彥森葬縣之天樂鄉下顏村贊曰於傳有之仁者愛人惻隱之發根於心著於行爲孝弟睦婣任恤遠以育萬物保四海近以善一國式鄉里等仁也事有顯晦而用無小大故曰體仁足以長人如先生者豈不誠仁人哉得蟄先爲之子而先生之仁益顯蓋其所以成之者大也恒俗矜奇行而忽庸德尊名位而賤

處素夫安足以知之

湯壽潛 〔錄張謇撰家傳〕湯君蟄先歿近十年其族人議修家譜而屬予爲之傳予惟家譜之作與國史異製史官所掌在題別人流品考迹論世以昭示法誡故一人之事恒繫一國之政詳委必書若撰次家傳乃使後世子孫不逮事其先祖者數典念德教以善繼自非立身大節苟爲歷事一端之美可弗及也世俗爲之每侈陳功閥以相夸耀高仕宦而遺行義甚非所以爲教夫當官施政利澤及民宜載之國史非家乘之任也予獲交湯君垂三十年粗能詳其志事方是時朝野洶洶爭欲致力革新之業予與君亦各樹議立事國人每並稱之曰張湯及今追省俗變而彌厲吾耄而益既在昔與君所共研慮以爲濟時之略者晚而知其非要也雖然君之所以立名於當時可式於後人固自有本其見於事爲者末也又不盡其所蓄今獨發其志義貽厥後賢明夫達孝者先志而後事其於義也庶乎近之君諱壽潛字蟄先其先世有諱鵬舉者宋高宗時致位兩府始自河南徙於浙歷九世而居山陰之天樂鄉逮君之身爲三十三世民國初元省併山陰會稽爲紹興縣今爲紹興縣人曾祖欽父祖旬源父湁恩有子三人君其冢也早歲穎異以文學見稱閎敏有器識未第時以家貧求力養客山東巡撫張曜幕中與烏程施補華同見倚任君於是益習聞國政之得失喟然論列時敝損益所宜造危言四十篇期可見諸施行時人以比唐甄馮桂芬有疏通知遠之目光緒十八年成進士改庶吉士散館以知縣歸部銓選授安徽青陽縣知縣到官三月以親老不樂就養遂乞歸而君名益爲中外所重歷聘諸省於推行新政未嘗不預論贊而遠於仕進其自處泊如也及庚子拳亂

召八國之師國之不亡者僅君往說兩江總督劉坤一兩湖總督張之洞定東南互保之約所全者甚大其謀實發於君光緒二十九年擢署兩淮鹽運使仍以親老辭三十一年給四品卿銜總理浙江全省鐵路成滬杭間鐵路三百餘里商旅騰頌未幾以爭廢英人借款草約忤郵傳部尚書盛宣懷宣統元年授雲南按察使實以遠之也累辭不允請入對力陳在下之義苟得宣達民隱裨益上治不必以一官自效攝政使盡所欲言因頓首曰願朝廷勿再用袁世凱攝政默然退上封事數萬言大旨在通上下之志弭亂於未形詞甚切至疏入不省改授江西提學使君以言不見採仍辭不赴官復痛劾盛宣懷媚外誤國使朝廷失信於民不可令久處朝列觸樞臣怒指爲好訐嚴旨革職不許干預路事由是在上之惡君益甚而君之孚於民下益深亡何遂有辛亥革命之役自武昌發難沿江鑾動九月浙人亦謀逐巡撫增韞擁君爲都督始君未知方避之上海而文告四馳已用君名聞者相慶曰湯先生果出吾無憂矣杭州故有駐防滿人懼遭殲滅聲言願受湯先生撫否則力抗時擁君者鬨附君曰卿等欲革命徑行之耳奈何以强人吾雖弗善顓制然與卿等異趣以若所爲亦不與也說者謂君杭民六十萬戶使闔門而戰一朝可燼公獨能不救之邪君不忍乃卒徇衆請蒞杭滿人聞君至咸曰湯先生仁人也必全吾族遽委械請降全境帖然以定黨人之桀驁者皆類首聽約束遣師會攻張勳於江寧不踰月下之遂以軍事付蔣尊簋臨時政府初建以辛亥十一月爲中華民國元年欲選宿望以收衆心用君爲交通部總長君報書謂於義有不可者七所以不卹一身者爲拯民不爲取位國步新易宜崇廉讓抑貪競蕩滌汙俗某惟去以明志遂假故適南洋周歷羣島僑人爭

求識君惟恐後既還聞政歸袁氏君曰是必以易號稱帝而敗久之竟如其言蓋君自是唯以優遊晦迹不欲復聞世事矣民國五年有疾自制遺誡付二子其略曰吾生平行事人能道之若其處心知者或寡今略敘吾志用示汝曹亦使後人識其梗概吾少習勤苦粗能屬文長遊四方以代力養乃留心經制推之世務慨然有革易時敝之志嘗私有論列歸於强本節用時猶在光緒中葉變法之說未興吾雖言近功利而不爲仕進覬後之談富强心利祿者有別也及辭官歸養二十餘年奔走求供不敢暇逸而違遠晨昏未嘗臨歲徵命除授皆謝不赴非以抗節標異誠不忍徇祿以忘親也當清之季海內多故故朝野士庶謬見推揚吾瑜調上下禁攻寢兵時有微效而辨斥姦佞失之過嚴吐茹不節出位蒙譴洎革政之初人懷種族之見讐猜未泯將禍及不辜吾以邦人驅迫假號紓難被髮纓冠亦猶初志故新邦既立潔身去之此皆別宥之術因時適變不欲令後人法之也吾生平恒以自苦爲極雖爲人不多自爲實少吾仲吾季亦善得吾心家本儉素不求給足故命汝曹親農賈之業勿慕仕宦吾終之後斂用野服勿稱故官毋赴於位毋受賻贈在位者苟以追飾之禮見加勿受也吾生無過人之行欲勞身以利物而未能也獨不肯苟徇衆人之好惡雖遭時屢遷守之不改人以爲固則有之矣然與其流也寧固吾雖不德庶遵慈父之訓不貽後人之羞嗚呼性無有不善成德實難毋虧其所受其必由學汝曹識之吾其寡恨矣乎君他文多不具錄錄此以見志知言者以爲有鄭玄羊祜之風焉六年六月以疾卒於家配夫人葉氏令德莊儉子男二孝佶孝僙並有才行女四長適馬次適將三未字卒四適俞諸孫若干人葬桐廬縣賀素鄉先是浙人之營鐵路也集民貲爲之

謂之商辦易政後議歸國有政府追論君勞賚以銀二十萬君弗有也其子盡以委之省教育會君生平穀己而厚人忘身而爲衆其嫉惡若未能容而好善或溢其量赴事强忍有似任氣見利必却疑於近名然天懷勁質內行醇懿世之論君者或遺之夙以時務致稱晚以鐵路見賢皆君之末也撰有爾雅小辨二十卷說文貫二卷危言四卷理財百策二卷三通考輯要若干卷文集若干卷獨危言三通考行世餘並藏於家贊曰綜君之用心蓋有墨翟宋鈃之仁其發爲文章則王符仲長統之選也德信足以撫衆智通足以慮物果任足以成務使其得位善世則子產西門豹之績宜若可幾然君遭逢屯難徒以適變一時才業不竟惜哉淺俗以君名顯當世乃不知其阨也君有賢子矯然不群器能總達實秉君之遺教將阨於君者必享於其後夫惟履信思順天人合德之謂亨而通塞不與也記曰大孝尊親其次不辱親君之子若孫其勉之矣

〔附錄湯蟄先先生紀念碑〕言苟足以益人行苟足以利物施及一鄉不爲小達乎四海不爲大近之功垂數世遠之澤流無窮不必在位不待有衆不假於宣揚不貲於辯說而人自不能忘之感應之理然也是故功業見乎變無成與虧觀其所感而誠僞可知也因革在乎時無從與違觀其所應而得失可知也吾鄉之有湯蟄先先生人所不能忘者也先生當清季負時望有康濟之略而不得行其志民國初建雖嘗假節開府入參國務皆去之唯恐不速其介然特立不肯徇人以尸位非故爲此以矯世也事可以弭禍亂紓疾苦則忘身殫慮以赴之由其中之所感者誠也始議變法造危言所欲損益者皆計之甚早見之最先及國政移民俗改先生乃蟬蜕於是非之外而無所附語功業則未就而人之頌贊者自歸之是可以觀其應其得

於人者非可以苟而致也易曰盥而不薦有孚顒若若先生者庶乎有焉吾鄉廡溪廢壩之議倡於劉忠介歷二百餘年而卒成於先生自清末已陳於諮議局未報而清祚訖至民國三年始得請於農商部咨行浙江民政司而改橋併洞之制以定然後水之過者導田之荒者穫縣人之疑者信達者從吾鄉之人至今被其澤此於先生事業雖猶稊米而鄉之人所最不能忘以其效尤近而切也民國二十四年國民政府令下省縣詢於鄉凡有功德於民者宜就所在立石紀念以爲楷式吾鄉之人僉曰其湯先生哉因道其所以不能忘者書之碑若夫先生出處大節宜著於國史廡溪改壩始末已詳於官書而又爲鄉人之所熟聞也故不具中華民國二十五年三月紹興縣天樂鄉全體公民敬立

陶在寬（節錄薛炳撰傳）先生名在寬字七彪姓陶氏陶家堰人父慶禾咸豐某年在安徽當塗典史任殉洪楊之難母氏章時年三十有一守節撫孤倍極艱劬以踰旌例一年先生嘗引不得欽旌節孝爲恨先生以孤童奮學自以爲忠節之後思有以表異於恒人而童心幼志純駮互見伯父安軒既憫其孤而怒其驕榎寬嚴俱窮先生晚年自述當時狀況往往泣下陶氏爲會稽望族明清兩朝多耆儒文士先生徧讀其書思有所紹述而海通以來我國爲外力所刼持國恥物恥無有能雪先生引以自任則講求陶氏古先家學仰思俯拾思有以實用於今世專壹藝術書法初學鄧石如既而徧臨諸名人墨蹟及漢魏碑拓中年縣麗自喜晚年純以骨行顧恥爲人役世之得見者甚希算術但取有裨製造精練純熟以致用而不願攻苦於難題讀外國語言文字取足以記姓名地域以及一切政法道藝諸名詞而已所作有陶公櫝陶公牀美國

人篤大哥林司賞譽之性矜廉好俠自奉甚儉而好施與保全困苦之舉不一而足辛亥國變聞素所獎借之族曾孫成章竟以革命黨魁著名海上㨿中子弟多從之既而成章爲人刺死先生見後生小子能以報紙鼓吹炸彈運動之力傾覆清廷意不自信袁世凱挾軍閥以竊權改紀而後政俗益劣遂咄咄書空讀陶淵明詩以自遣嘗一度入湖南登衡嶽而歸歸尤鬱鬱布衣完髮以終〔下略〕

邵伯棠〔錄馬浮撰傳〕君諱伯棠字廉存祖曰萬楓〔傳見前〕父曰兆貴所生父曰照聖以君後其兄世居山陰之下邵村家習農賈君獨力學弱冠試爲縣學生有文譽以舉業教授清德既衰政乖俗敝君喟然棄其佔畢旁求鞮譯思以廣聞通天下之志時國論初變橫議之士聚於上海標榜功利馳說取稱情僞間雜浮華交會夸鄙自遂者多有君雖翱翔其間而能辨其依似不爲苟同可以觀其守也嘗歷諸學肆庶事畢舉生徒翕然校讎羣籍行之坊市人皆樂購以爲良書所撰紬筆爲學校師者至資以爲教君所著論執政者動於交涉下所司遏禁其文竟遭刋削然君矯矯之志於是見焉君內稟愿慤率履有常受事果任發言勁質勤不遺暇約不踰節與君習者僉曰友直友諒君之謂也年四十一以疾卒州里父游莫不惜之君娶於孔再娶於朱有子男二人模人範人模既長就學師範思繼君業以浮爲能知君請次其志事載之家譜浮惟天之生才甚難以君之姿假以耆艾其可書者宜不盡於斯然自君沒而生民之患益烈忠信之道日乖君雖不幸早世庸詎知非天之所以厚君耶至於今日友朋之愛君者追君言行歷久而思不衰然則君之無年其不幸乃不在君而在友朋也嗟夫

宗能述字伽彌淸光緒十九年以知縣指分江蘇充發審局委員歷赴各屬會審京控勘丈各要案多所平反旋充測量常昭海口及丈量測繪等差燭照數計人莫敢欺越二年代理靖江縣尋改署丹徒縣調和民教威德兼施結前任積案四百餘起蘇松各屬冬漕公費每石錢一千丹徒向章多收三分之一歷任相沿是年秋稔漕入盈額能述言於道府以民力凋玆請減本年冬漕公費錢五百文上峯嘉歎其後遂永著爲令次年去任充上海洋務隨員旋調回發審局嗣後凡卸差卸篆回省必襄讞局蓋以其聽斷精審歷任大憲無不聞之熟也二十五年委辦常昭內河釐局調盛澤釐局潔己恤商輿頌盈路明年權吳江縣事奉飭辦理淸丈精心擘畫釐止經界創立表册黜革紳戶包庇禁止豪强兼幷每歲丁漕正額驟增十數萬元而民不苦其苛二十八年丁母憂回籍服闋至省充農務局坐辦兼督審局及寶蘇鑄錢局等差踰年署溧陽縣事明年縣境雨多水溢二麥不熟米價大增溧邑多客民皆游手無賴屬聚萬人將刦米肆及巨室有屯積者米業閉市岌岌不自保城守營官等恇懼失措能述親蒞彈壓擒梟桀一人痛笞之署外聚游民無數將毀署刦獄能述坐堂皇曉以大義飭米肆平價售穀羣不遑懾其威望如鳥獸散越數日無錫米估至市乃大安是役也倉卒之間立弭巨變溧人士稱道勿衰明年復調丹徒值苦旱秋收大減災黎相屬於道乃謀於紳耆設粥廠以振之蓋席篷以栖之明年春大雨雪江水大漲平地深數尺篷民在澤國中能述冒雨雪督員弁往拯自辰至戌全活無算仍擇高壤以安其居災黎懽呼是年秋調長洲〔今併吳縣〕長洲爲附郭首邑繁劇與元和吳縣埒而轄境多村野梟匪充斥時出刦掠下車伊始即躬率練勇往捕盡法治之終其

任臬匪不敢入境大府以治績聞傳旨嘉奬明年十月充調查局統計科長宣統元年充財政局編輯處務科長八月署武進縣事十二月因病交卸二年冬復充財政局編輯長尋署蘇州地方審判廳刑庭第一庭長代理廳長三年四月調署鎮江地方檢察廳長並審判廳長九月過道班先註冊存記武昌事起避地滬瀆方謀歸隱而蘇人士相率來滬堅請權長民政時百事雲擾農民譌言謂政府既改田租可蠲租既無收稅亦無出洶洶然幾不可收拾能述抵蘇親歷各鄉明白曉諭又論業戶值此擾攘未可取盈爲立二三四等收租之率又創租糧並收之法於是農戶業戶皆如令旋以道尹存記並先後給與六等嘉禾章五等金鶴章四年夏入覲即授廣西蒼梧道尹未赴卒於滬寓能述性慈祥耿介雖臧獲輩苟無大過不加呵斥遇顯貴要人則持論侃侃無所撓屈在官數十年非所應有一介不取論事有遠識其初居鄉論三江閘淤塞整頓豫倉及育嬰清節堂等均能抉别積弊江蘇初設銅元局能述即上稟痛陳其害并條陳補救之法惜不見用於學無所不窺而尤能折衷中西無所偏倚大算之學自幼即精巴拿馬賽會君自製測地捷器又製赤道下測時新晷及全球通用新晷並著説明書西人精此學者亦稱之（據王繼和撰傳）

俞慶恒字星樵號揖齋晚年又號鈍叟世居紹興型塘村幼聰穎弱冠補博士弟子員每試必高等遂食餼於庠清光緒十四年鄉試中式選任富陽縣訓導旋升教諭樂育英才不遺餘力文風之振爲他邑冠光復後旋里歷辦鄉間公益如平糶等事力任仔肩不辭勞瘁民國五年卒年七十五著有寄廬草一卷（采訪）

章毓嵩字申甫山陰阮社人（祖文鎮傳見前）阮社向無學校乃首助千元以提倡之他如古城自埠頭至嶺

頂之路約十餘里濘滑不堪行乃獨資築之本村蔡家衖長十餘丈極湫隘兩人不能並行乃出貲商諸衖旁住宅各讓進二尺而闊之卒年六十九〔采訪〕

章貽賢字鶴汀號濬齋入民國後更號曰濬廬世爲會稽傅山道墟人生而敦篤幼從父授陰隲感應諸篇雖至老誦之不忘年十五刲臂療母疾稍長得宋五子書悅之錄其切近者密課躬踐未嘗出示人既遭兩親喪益哀感發憤兩兄貧困伯氏歿仲尤不自振貽賢曰是吾責也弱冠遂游楚從舅氏高樸堂治法家言有聲自牧守監司至督撫部先後禮羅歷鄂湘浙蜀黔爲諸侯上客者三十餘年初館穀悉以資仲兄償積逋未遑有室遲久始娶既援兄於厄屢蹶而屢振之以至於歿人至不堪而無怨無吝處之怡然兄既歿漸贏有田矣不私己有先嫂姪後妻子教諸猶子待其成畢其婚嫁自高祖以下老弱孤嫠者廩之幼壯失業者藝之棺櫬積厝者葬之其他師友姻鄰稱量以推教其子弟成就游揚公卿間俾克樹立故貽賢於館所至成聚而自奉極約以親在貧未御狐裘既製一襲輒贈師朱先生己則六十前不御也遇水旱助賑先後鐲金不可勝計但以虛秩褒封其親有勸之仕者謂吏非吾所堪當南皮張之洞督楚幕下悉掾屬屢示意欲以爲衙官終遜謝舉人以代或稱其高則謂吾實無吏才第可布衣佐筆削爾倖進不敢也以學成自舅氏中間數卻湘鄂撫聘而佐舅氏耄倦庖代者五年人尤以爲難雖以法律名而不願居臬幕其爲督撫客惟主章奏以總其成而已凡關於備荒弭盜隄防水利鹽法賦課交涉諸政治之尤詳盡以代人削藁不欲自存其最著稱者某年東南沈災爲湘撫請帑十萬僉慮其難貽賢力具疏藁上竟報可諸省遂踵湘以請頒

之者謂百萬生靈實拜此賜則遜謝曰此佐治者應爾抑非當事者不爲功吾何力之有其借箸大抵類是貽賢既篤於宗族故又勤於譜牒既爲稱山章氏支譜又復舉諸族之系出全城者廣爲會譜求之於各行省官書方志家乘與夫私家著述蒐錄章氏遺文軼事自秦漢逮明清而南宋尤夥盈聾累篋載以自隨治公之暇則參伍稽考提要鉤元集爲先傳體例嚴密晚歲歸里至辛亥杜門絶口不言天下事一意裒集致力三十餘年輯成章氏會譜五十八卷別錄遺文如干卷將付刊遽卒時民國七年也〔據施燧撰傳〕

黄壽袞字補臣初名中理字子通陡亹鎮人清光緒己丑舉人乙未進士戊戌補應殿試改翰林院庶吉士癸卯散館授檢討丙午上書請立憲是年援例保送知府分發河南歷主撫署文案旋司榷於陝州辛亥武昌事起遂告歸以民國七年卒當光緒乙巳壽袞家居時曾奏除墮民樂籍籌設同仁小學堂民國初年計劃紹興水利有阻止蒿壩添閘廨谿廣洞等意見時縣知事宋承家有修縣志之議壽袞爲之擬訂條例設處采訪以時局多故中止則其歿之前一年也所著有伺子隊言一卷經子史扎脞四卷彥均留餘二卷莫宦草四卷方志通義二卷譚邊要删四卷國際公法通纂三十卷外交闡微四卷法律學研究删要二卷法學闢蒙六卷憲政譚要二卷槐蔭筆脞一卷富國新典二卷東西國軍志譯要二卷夷門草二卷坦園草二卷溫病三集方略三卷言醫隨筆二卷論學内外篇二卷夢南雷齋綮言三卷皇朝大事紀年二卷皇朝通考扎記一卷夢南雷齋文鈔二卷小沖言事三卷〔采訪〕

董金鑑字竟吾漁家渡人先世以善賈起家金鑑自奉極約而見義勇爲漁渡居會稽南鄉東界上虞南連嵊

嵊水發源新嵊諸山至章家埠而大至上浦而漸殺以下注於曹娥江其間渠湖堰牐廢壞不時金鑑悉心修建逾二十年捐欵不足塡己貲盈數萬如光緒十年九月修築池湖壩十四年春成中郁至爛泥灣全隄十六年修造宋家浦至箭橋全隄二十二年修張鄔壩石霪洞二十六年重建箭橋牐三十年脩灣頭堰牐又二十七年在本郁沙湖下游建牐以惠鄰郁既成命之曰慈蔭奉母命也自是灣頭至箭橋數十里農田遂免水患其修建水利外並增置義渡修治郁南五嶺諸路及鄰近各郁道路又捐助蔣鎭育嬰堂經費重建上虞蔣家橋路亭嵊縣上登岸路亭以便行旅立義莊義田以贍族人暇日喜刻書遇有古本不完者必再三斠校之所刻有仁和胡氏本琳瑯祕室叢書陳老蓮寶綸堂集自加拾遺一卷逸事一卷余忠節公集兩浙防護錄僞書考王孟英氏醫案又訪求其本宗先達如文簡公中峰集等彙刻爲董氏叢書皆行於世又手輯母吳太夫人年譜四卷慈谿馮一梅序之謂非一鄉一族之作云（采訪）

吳善慶字善卿州山人世業染年十四往滬習賈勤儉誠篤爲人所稱經營久之寖成饒益赴日本考查染織之法舉凡揀選化驗配合施用諸端靡不博訪周咨儲爲心得於是創立振新染織廠於滬南其後又與同志在鄭州等處設立紡織公司棉紗廠油漆廠花邊廠等無慮十餘所資財日厚聲譽日隆嘗憾幼年無力就學乃於州山村斥資創辦善慶小學自族姓及里閈子弟之來學者悉免納費又嘗慮赴南山樵採者道遠病涉因鳩工度地爲橋橋成以父名名之曰鑑亭他若建祠修譜振災平糶施醫捨藥掩骼薶胔先後所費不下巨萬其推已及人誠心濟物大率類是晚年謀爲浙省發展商務建議開闢三門灣赴灣考察身心

交瘁，遂於民國十一年二月殁於上海，年五十有二，葬於餘杭之留下村。〔采訪〕

金嘉乾，字春鋤，湖塘人。父殁，方四齡，母魏撫之成立。清光緒二十七年八月，魏病日危，嘉乾對天祈禱，減己算及妻孥壽，並割股入藥以進，病漸愈。宣統二年，被舉爲鄉自治員，對於鄉中利弊之應興應革者，多所建議。

云卒於民國十一年。〔采訪〕

陳維敬，字醉庭，別號心盧，曹娥鄉人。清季游幕燕趙秦楚垂三十年。民國初年任政事堂機要處行走，重訂刑法，參與機要。及袁世凱議稱帝，維敬力諫不聽，遂去職歸。民國十一年春卒。〔采訪〕

章錫光，初名觀光，字吉臣，號勗丞，道墟人。光緒丙戌補縣學生，丁亥貢成均，己丑舉於鄉，戊戌保薦經濟特科，甲辰成進士，以即用知縣簽分湖南。乙巳佐湘撫幕，遇大計無不預。丙午署郴州興寧，興利除弊，勤政恤民。有古循吏風。郴爲入粵孔道，山水自南及北建瓴而下，轄境有水竹灘，中亘巨石，迴環交錯，若犇若馳，勢甚險峻，每逢春漲，舟輒觸石而沈，歲必數四，署中報案成帙，名曰例汎。錫光周覽形勢，亟思鑿石開灘，化險爲夷，顧邑境地瘠民貧，貲無所措，乃盡捐廉俸興工，閱三月告竣，自是舟檝往來無一溺者。邑人更其名曰章公灘。丁未補授常德桃源，明年之任。至己酉夏，邑大水，室廬漂沒，災民數萬，麕集待哺，錫光先督小舟數百分往救拯，繼出帑金及廉俸如干散放急振，得活者甚衆；又漏夜搶修塘堤以禦水患。湘撫余誠格知其能，以殊功由在任候補知府奏簡爲特用道，晉秩二品。辛亥清廷讓政，遂掛冠歸，奉母居衡山之麓，每念及國事，輒欷歔感歎，潸焉出涕。每抵里之義門橋籟適樓遺址，夕陽禾黍，憑弔徘徊，有不勝今昔之慨。籟適樓者爲其族祖格菴給諫之所居明室既亡給諫去而爲僧故錫光乂自號倂山子僧民國九年卒著有湘水靑燐集倂山詩存各一卷〔采訪　據倪文瀾所撰傳〕

魯墉字子頤號惺予習刑名於福建清光緒二十五年定興鹿學良知泉州府延之入幕庚子拳亂海盜積痞蠢然思動墉語鹿亂世用重典宜嚴飭所部翦除首要鹿用其言泉屬卒賴以安尋以知縣分發江西入民國後爲宜豐縣知事聽訟有聲任三年去官送者塞塗十一年卒其治宜豐判牘曰惺予政書〔采訪〕

黄樸〔錄曹辛漢撰傳〕公諱樸字箸忱號曰笑盦其爲人謹飭明達愼言篤行尤順于其親爲古文辭能有法度與之居者得聞一言之喩無有不嘆服而敬之者稍長獲交於江南賢材異士漸急世之要欲以身垢天下乃始論政事其辭多見於上海報中彈見洽聞言駭意遠名於是稍稍有聞光緒間臨榆田公制軍蘇州慕其言行修明願得與共攷治亂以禮赴之悉委其政而公處事以簡不妄廢遂謙謌冲和人無所嫉居三年出爲襄陽主簿轉官霍邱典史尤刮磨蝕蔽以與民吏始爲心辛亥清命既革民國肇興薦知山東金鄉縣事積牘盈尺不日參決政之不便者蠲革無所忌諱其地每旱麥秫不藝餓民屬路不絶公乃觀周流度水源上下畢捐俸積鬫河百十餘里胼手胝足三年而成淸流充渠可漑田千萬畝於是粮粮滿家民得蘇活及遷知豐鎭縣事金邑之民臥於街衢都五日不去曰必不使黄公行邑之縉紳先生請於大尹者車馬相繼於驛皆曰必留我黄公將行民無貧富貴賤爭祖餞焉酒肉果蔬星羅於塗遠至數十里且有陳几爇香於門者其人相率望於丘隴見車塵飛起卽相顧而言曰至矣公德之入於人者如是既去民思不

能已乃相與勒石於公所築河而名河爲黄公今猶存焉公之任豐鎮也設養老育嬰之所關荒瘠之地數千流亡來歸盜賊潛息獄訟日簡民信溥焉其政聞於京師傳褒者再大吏且下其法於縣邑越一年以賢擢山東濟南道尹在官三年遷山東政務廳長旋代綰山東省政益好學自競嚴毅修潔御下應法黜陟有容其衣無華章食無珍味於顯達不以爲榮服官二十年不輕取一錢苟爲一事皮書以外無常物曰此吾願也爲不義事不及於身必及於子孫吾何取焉民國十年秋嬰疾乞歸養明年夏舊疾遄發遂於十一年六月二十七日卒於杭州年五十有一歸葬於紹興唐家坟之麓子四寶輝寶書寶和寶文寶輝志於學頗能述其先德請傳焉爰爲之志其梗概如此

楊福璋字霞生安昌鎮人清光緒八年舉人十五年京北賑災案内保准議叙知縣加直隸州銜二十八年爲熱河都統錫良辦文案旋錫升川督隨入蜀任督署總文案並兼成都將軍刑幕爲錫所信重三十一年奏保知府三十二年錫任雲貴總督奏調充總文案兼陸軍參議是冬奏署雲南巡警道是時巡警初設各省屢有軍警衝突擾及治安之事於是創設巡警教練所警察簡易科並高等巡警學堂以培養警官警佐警士各級人才吏爲因公授命官警設忠烈祠因公受傷官警設宏濟醫院病必親向慰問死必親往祭奠公邺之外益以私賻又於風雪夜深親出巡查共同甘苦因是人皆感恩士知用命警務成效推爲各省之冠滇省接壤安南法人垂涎鑛產經營滇越鐵路已達省垣設置路警法領根據前督特許意在自辦福璋既慮目前國權之喪失兼恐繼此交涉之繁興據理力爭法領屈於公法無可藉口取消前約吏設路警分總

各局維護周密遂得保存主權三十四年錫調任東三省總督繼任者爲合肥李經羲福璋任巡警道如故宣統三年署提法使適民軍於重九日起義滇省光復福璋以民政司名義兼領警務尋辭職還里民國四年夏簡授滇中道尹適騰越道尹出缺滇督唐繼堯以其地重要兼有交涉事件爲調騰越抵任未久復兼管騰越關監督中緬邊案向例與英領事每年會勘一次福璋與英領彼此推誠遇交涉事片言立解未幾袁氏帝制議興電請辭職返滬五年冬復經唐督電約入滇任軍署參議兼祕書長護法護國兩役復由政府授以勳五位並三等文虎章七年由全省警務處長調任政務廳長次年復代行省長事務由是益爲唐所器重十年因鹽荒起風潮復任福璋爲運使以資整理先是前任運使由雲龍受法商之請求准其運鹽入滇銷售其接洽經過頗曖昧案經財政部鹽務署核准且簽約將實行矣而鹽荒風潮起由解職福璋以此案關係滇之存亡非力爭不可因將全案檢送省議會公開討論得以撤銷蓋滇本產鹽足供民食前任時鹽商請運鹽護照必以賄及至產地鹽官發鹽又須賄否則百般留難致商人無鹽應市於是忍痛行賄但求得鹽漸致成本日重鹽價日昂貧民已多食淡及發生鹽荒運署又分設官鹽局平價出售名爲救濟實行壟斷若法商運鹽之約實行則滇鹽將盡廢其患更無窮而由與法商簽約事甚祕若非福璋和盤托出滇人固一無知之者其時法商仍以許由之酬報許福璋繼續請求而英商亦有同等待遇之請福璋迄不爲動是案撤銷後鹽價乃漸趨於平滇人德之擬於鹽龍祠內爲設長生祿位并謂去官之日若無川資回籍願每一滇人捐贈銅元一枚以誌其廉云是歲唐督退職福璋亦有去志翌年東歸以故鄉無寸椽厲

於蘇州者二載至十三年九月間卒年六十九（據行狀）

徐元釗字吉蓀晚號邊園（父樹蘭傳見前）清光緒戊子科副貢司鐸台州太平推升河南知縣工詩古文詞民國十五年卒（采訪）

謝元洪（節錄陶光斗撰傳）先生諱元洪字苞定謝姓山陰人考曰秉賢以通判需次江蘇海運南漕歿於王事先生幼孤賴仲兄潔亭先生栽植成其學弱冠入邑庠舉光緒辛卯科鄉薦甲午捷南宮乙未殿試授主事簽掣工部都水清吏司供職年餘乞外選得甘肅會寧縣以母老告近改江蘇興化縣官興化五年勤於爲政設清節堂月給嫠眾婺婦以是全其名建書院延名師宿儒誨寒畯春誦夏弦文風丕振執法不避豪貴民呼青天至繪圖以紀事徙甘泉興之人攀留不能得持香花送其行數十里不絕既之任程雨亭鄉先達於時爲運使其屬役橫肆先生繩以法程公歎爲強項令遂訂交未幾以某案獎叙知府復以道員在任候補乙巳冬十月補安東其爲治也一如興化甘泉蘇臬朱竹石廉訪聞先生政聲未之信偵其實迺筆諸公牘曰得吏如謝令天下無寃獄矣調署丹陽以疾辭歲丁未兩江制軍浭陽尚書奏派轉運川米先生重民食謹敬從事差竣攝海州篆海州海疆也俗悍且狡萑苻蠭起大吏畀以營務處特權得便宜行事先生督隊臨盜窟獲巨魁而殲焉一境翕然明年夏旱蝗先生喟然曰吾躬歷四郊地無川澤旱固不能挹注水則宣洩末由前牧之欲興水利者輒以費絀止吾忝牧茲土又不克利吾民吾負民矣然捕蝗惟恐不力設局收購厥費至鉅而逋負乃不可支制軍以卓異薦除海州直牧先生刱存古堂月課敦澤涵濡士競敦

行誼篤守槃薖先生本以某案賞二品銜逢覃恩加一級授榮祿大夫寵錫四代封典旋遭水患姦宄將乘機煽亂亟白諸大府請發帑不足則捐富室以濟之而亂以弭方謀開鑿區畫久遠計忽奉開缺另補之命歸省親辛亥居母憂哀毀柴瘠及民國二年被選爲縣議會議員暨參事會參議員三年春江蘇巡按使韓國鈞電招冉知江都縣事四年一月充江北釐務總稽查會有江陰縣數十年不決之沙田案訟於省當道器其折獄才以案相屬一鞫而服人驚爲神尋長江陰稅務所嚴選員司弊盡絕九年澄變起上下震驚先生不爲動稅所得無恙卸差還里弟恣情山水者十年著有復所雜氼雙木穉香界日記吹蘭詞蘿龕文鈔說文辨惑都如干卷春秋六十又五終於家

王孝偁 〔錄家傳〕公諱孝偁初名紹堪字若莊一字芍莊生於同治甲戌正月初二日寅時爲鶴卿公次子四歲出嗣達卿公幼有夙慧嗣母章太恭人教之讀過目成誦十一歲畢十三經既長工文千言立就氣象崢嶸同輩俱慴伏光緒乙未以第一名入學姑父陶仲彝觀察在銘方宰銅山擕至署親督課之學業日進甲午鄉試中本省三十八名舉人時銅山新設通藝社招致英少教習爲葛步堂徵君繩武徐敬亭明經重禮皆算學專家公入社受業盡得其傳戊戌會試不第其從孫式通方與海鹽張菊生君元濟創立京師通藝學堂初在琉璃廠厰甸後遷宣武門內象房橋名流畢集公住堂肄習所詣精過儕偶戊申天津徐公世昌督東三省百度具興公應陶杏南大均之招佐理中外交涉多所擘畫尋補莊河同知入民國後任嘉禾縣知事有惠政間竹垞後人有式微者陰周邮之十二年任江蘇宜興縣知事次年江浙搆兵邑爲戰區比

戸悍駭公以保全人民生命財產爲己任百計籌思竟夕不寐境内以安四民歌頌於邑之公園立紀念碑亭俗稱王公亭婦孺過之輒爲泣下其感人如此嗣以積勞成疾辭職去韓省長國鈞雅重公强令攝省署政務廳長十五年舊歷三月初四日午時病歿年五十三歲公天性孝友嘗爲章太恭人作家傳自傷鄉舉母不及見接物以和人皆樂與之游能詩善飲書法隋碑筆勢峭勁好治金石之學每思有所述造卒未成書嗜書畫曾集鴿徵錄所有人遺墨十得七八初娶仁和夏氏號滃蘭繼娶宜興汪氏生女一三娶仁和邵氏生女六妾沈氏生子四震鐸震鐘震鉢震鍔女二合葬於謝墅燕家山〔新河王氏譜〕

朱振勳〔節録諸宗元撰家傳〕太翁姓朱氏諱振勳字華庭浙江紹興縣白洋村人曾祖季芳曾祖母陳氏沈氏孫氏祖鑑堂祖母羅氏父介孫母尹氏兄弟凡二人太翁其次也太翁之生也三歲而遭浙亂四歲而孤其能篤守儒風克自樹立尹太夫人苦節之教爲多而太翁事母至孝尤爲鄉里所稱是朱氏之有今日惟兩世節孝實以成焉當太翁幼時粤亂寖及於浙至有清咸豐辛酉杭已再陷吾鄉遂亦被兵姎徒肆擾村市皆難安居其橫暴尤甚者得嬰兒輒剸刃於胸腹以爲戲樂故所至兒有啼聲不得倖免太翁時甫三歲性素善啼事亟時舉家它避太翁獨隨羅太夫人留於家然能屏息無聲數免於難故羅太夫人嘗撫太翁曰此子如有宿慧當能承吾家也逾年太翁喪父後二年羅太夫人即世重經喪亂家業蕩然太翁與其兄守先惟母是賴而尹太夫人勗教諸子無微不至其所恃爲日給者刺繡書畫以鬻於人人重其賢亦爭購之太翁稍長通書史以孝事母不忍作遠遊故不求仕進迨年二十卽習業於縣中某錢肆以夙通書算

不逾歲即能明操奇計贏之術嗣出而任事如縣中鼎豐泰錢肆龕山施東興鹽廒皆太翁先後之所主也其時歲入悉以奉母有所欲先意承志必求其當兄弟怡然於財不爭値有匱乏必爲力助猶子某貧不能婚輒資以成禮是以尹太夫人中歲以後得太翁之孝養門以內雝雝如也至春秋七十有八始棄養是年太翁年已五十矣杖絰哀毁行踰爲悲太翁以羅太夫人尹太夫人兩世苦節具請於有司皆得旌焉太翁生平勤敏重然諾爲人謀視若己事故少出里閈而它州旁縣多稱其志行族中曾推爲議董亭疑析紛衆多折服好飲酒而醉後益恭酒酣多縱談古事聽者往往忘倦蓋雖身居廛闠而言行根於至性此其大過人者嘗求方劑之良者以濟世擇藥必謹施人不倦有治小兒病噲曰蝦蟆肫者最有名太翁生於咸豐九年己未十二月十四日殁於中華民國十五年丙寅正月二十八日年六十有八（下略）

朱旗（節錄王廷揚撰家傳）字颺笙紹興朱氏初爲山陰白洋人曾祖某由白洋遷龕山復由龕山遷郡城東街馬弄賫性穎敏于經史能通曉大意年十七習商于杭逾年金壇虞漢珖器其能借爲己用遂至上海經理惇裕和綢業兼主裕祥裕通兩典並董錢江會館事先後三十九年辛亥改革倡議易服君發起國貨維持會持剪髮不易服之議辨析利病以爲病國病民無裨政體徒益漏卮因而全國響應國人大悟商業漸以安定越明年壬子自以年齒漸高精力不濟歸老于家乃致力于慈善事業鰥寡孤獨無所告者多賫君以生壬戌水災徧及全省君斥鉅資倡賑富家聞風慕義全活甚衆疊奉政府褒美而君尙以心餘力絀引以爲愧云尤重然諾嘗有邀君集資經商而規爲欺隱業已許之不變也甲子秋江浙戰事起居民惶駭

奔避諸子以二老年高恐受驚擾欲奉以他徙斥不許旣而果定其臨事不亂多類此君自奉甚約諸子生有子女必令指欵儲蓄以備教育婚嫁之資家中傭保如有餘資亦勸令儲蓄不聽爲無益之費其崇儉而計久遠如此晚年長齋事佛皈依淨土宗其臨歿也口宣佛號神識湛然含笑而逝佛者以爲生西瑞相云

陳宰埏〔節錄費有容撰傳〕先生諱宰埏字禹坪又字秉衡姓陳氏自始祖閏二公遷居會稽車家浦遂家焉七傳至質齋公爲先生分系之祖誠厚敦篤博覽羣書晚年率眞悟道自號偁西散人嗣傳至高祖毓昌公本生高祖應昌公曾祖三傑公祖嘉言公本生祖一山公父蓉甫公詩禮相傳世有隱德洎先生創業於紹興城內始卜宅於城之咸歡河先生於兄弟行爲仲子而穎異器識過人九歲而孤事母莫太夫人善承色笑儼若成人尤友愛弟昆孝悌出乎天性就傳後勤於學攻讀之暇留心時務常慨然曰自通商以來外人輸入舶來品吸我金錢漏巵孰甚自强之道商戰爲先何尙沾沾於章句之學而不知變計耶遂致力於商從舅氏莫公治貨殖學操奇計贏洞中竅要抃以商業進行必先立基礎歲庚子設錢肆於紹城曰乾泰源其他如鹽如茶凡可以挽回利權事業次第擴充暇猶研習經史證其興替每於大庭廣座侃侃發抒雖老師宿儒無以難會季父伯兄先後歿其仲父多病家政悉委任之先生處理井井族鄰無閒言曾隨仲父辦理本鄉平糶調査戶口稽核升斗必使實惠均沾奉慈闈命創辦本村信成學校捐助學費嘉惠後進歷屆畢業斐然可觀由是人皆敬之重之凡地方義舉皆取決於先生而後行前席代籌不惜任勞任怨平日排難解紛又皆迎機善導使人樂於聽從故商界奉爲圭臬社會倚爲磐石先後遭母喪遭祖喪盡哀盡禮

而任事無少間其舅氏莫公之喪亦爲之盡心襄理纖悉畢當蓋所以報昔年提挈之惠也先生處事精明存心仁厚凡敬老憐貧矜孤恤寡及有益於公衆之事皆盡力爲之而不倦至於捐資修建宗廟置田以贍族人尤分內事也初被舉爲縣議員縣參議復被舉爲浙江省議員先後連任七八年持論明達宗旨純正興革要政多所匡濟邑有備荒特捐隨糧帶征爲縣議會議決案內預備規復全縣豫倉以禦災祲者此外又有帶征自治附捐塘閘等捐邦人放棄對於有司出納從無一人過問先生約合同志呈請規復豫倉清查縣管地方捐稅膽識宏壯人皆佩之紹興城內統捐局巡船櫛比苛細雜捐實不堪其擾先生受紹商委託毅然陳請裁撤經當道審查將各城門巡船分別撤移是以近銷各貨不受勒索至今商民利賴民國九年被舉爲紹興縣商會會長苦會場湫隘集議改建規模宏大衆商稱便壬戌水災先生憫哀鴻徧野奔走呼籲募集鉅款就災區散放哀哀孑遺賴以存活紹興有仁濟施粥廠向由紳商各界集資籌辦嚴冬歲尾藉濟貧民壬戌移歸商會接辦時先生任會長董其事儲薪購米不辭辛苦吾浙錢塘江舊有義渡船隻僅藉風帆往往濡滯中流險生不測自購備汽船拖帶既穩且速而渡船往來如織仍不敷分配先生聯合杭甬商會籌欵添購汽船使渡江者不致停候又以西興鐵林關至江邊一帶沙堤雨後泥濘行人殊苦首創募欵改築石路石橋添造石柱路亭行旅既頌總航復歌坦道民國十五年蕭紹海塘決口洪濤泛溢損失生命廬墓不可以數計先生憂慍失眠急邀士紳會議領銜陳請脩復險工其時氣喘舊病復發不顧也先生視地方公務重於家事視人民疾苦等於切膚有功於社會造福於桑梓人歎先生之才智不可及肝膽

不可及其熱烈之忱慈善之性尤不可及綜其一生事跡夫豈呻佔畢致功名者所能與之頡頏哉先生氣體素弱喘疾時發每逢夏日避暑西湖味蒓湖舍丙寅冬養痾申浦丁卯四月十九日歿於滬寓距清光緒丙子二月初一日誕辰歷年五十二既歸喪卜兆於城東四十里章家漊南藕節池之原（車家浦陳氏譜）

王家襄（錄張壽鏞撰傳）王家襄譜名福球字幼山浙江山陰人曾祖諱元鎬邑庠生祖諱汝棠廩膳生歷任平湖縣訓導瑞安縣教諭嚴州府教授考諱官亮道光乙酉科順天鄉試舉人選授永康縣教諭揀發廣西知縣洊任知府署河南懷慶府知府家襄年七歲生母方氏卒越年又失怙賴伯叔父母撫以成立自幼有志於學屢試未售棄而讀律光緒三十年以縣丞分江蘇會兩江總督考取出洋官費生家襄中選赴日本學警政三十二年畢業浙撫張曾敭檄充全省巡警局參議三十三年紹興始設巡警局時董其事者胡毓駿也被舉爲總理任事盡職邑人稱之旋任省會高等巡警學堂教習兼提調宣統元年浙省始設諮議局當選爲議員地方興革多所建白三年應吉林民政司韓國鈞之招時囊橐蕭然屏斥家產乃得成行抵吉任巡警總辦是年八月武昌起義至吉聯絡軍警者衆家襄知之以吉之軍警多滿蒙人語以革命必水火犧牲無益密陳大吏外示鎮定陰調護之未幾南北統一共和告成吉省易幟而民不擾吉人德之民國紀元被推任杭縣知事兼軍政分府未赴會省議會選舉中央臨時參議員家襄當選及第一屆選舉參議院議員家襄又當選乃辭職入關時政團紛起家襄本爲民國公會會員尋民國公會與他政團合併而爲共和黨家襄遂爲共和黨員二年國會既成立共和黨又與統一民主二黨合而爲進步黨家襄任黨務部

長旋任兩院所組織之憲法起草委員會理事是年冬當選爲參議院議長兼憲法會議議長於是開選舉總統會袁世凱當選爲大總統黎元洪當選爲副總統家襄以選舉會主席資格授證書於袁世凱并赴武昌授證書於黎元洪國是爲之一定而袁氏之野心亦漸起矣會湖口二次革命失敗袁遂解散國民黨追繳其議員證書國會人數因之不足開會不成袁氏藉爲口實以明令停止國會職權次年三月政府組織參政院任參政者自二十八家襄與焉四年夏皖人孫毓筠等創設所謂籌安會者意在推翻共和擁戴袁氏參政院本爲諮詢機關其時已代行立法權袁氏吏嗾各省區軍民長官地方團體紛紛以共和不能救國宜早定大計爲言向院請願於是副院長汪大燮指定梁士詒等七人爲特別審查員以審查請願文書家襄在院初未嘗發言至此已無可忍乃起而言曰參政院因代行立法而收受人民請願然立法院之根本法卽臨時參議院法也該法規定不得收變更國體之請願今日之事除將一切請願書却下外無他辦法全院爲之愕然是日所議遂無結果次日報紙宣布其友均爲之危家襄亦知爲袁氏之黨所不容遂托故出京未幾蔡鍔在雲南起義梁啓超孫洪伊等實與其謀皆進步黨之中堅家襄之友也家襄既潔身以去所謂請政府召集國民會議所謂國民代表大會組織法所謂國民代表大會總代表者凡參政院之建議決議家襄皆不與焉時梁啓超與人言吾輩擲此聰明才力助人養癰於心何安於義何取於是有異哉所謂國體問題者一文而家襄奔走呼號雖未能壓抑洪憲之鉅禍而反帝制之勢力固已鬱勃而綿延於各省矣五年六月袁殂黎繼恢復約法召集國會裁撤參政院廣東軍務院亦於七月十四日經唐繼堯等

通電撤銷南北復歸統一八月一日國會重行開會九月五日憲法會議繼續開會至七年一月一日凡九次各黨協商至再始有地方制度十六條之商定交由憲法起草委員會標列章次提出於二讀會僅將地方制度標題通過家驤斡旋之甚力而反對者乃大譁一律否決且紛紛辭職出京二月德國採取無限制潛艇政策吾國抗議無效因有絕交之議三月九日國務總理段祺瑞宴國會議員於迎賓館陳述對外意見十日參衆二院各開祕密會祺瑞莅會衆議院先通過參議院討論久翌日以大多數贊成通過吾國乃於十四日宣告對德絶交時家驤力主擁護國策嘗與人言正義所在成敗可勿論蓋其時府院政見相左家驤本與黎黄陂相近顧於參戰案則表同情於段合肥謂是非所在不容苟焉已也五月一日國務會議議決對德宣戰七日咨衆議院同意時府院之衝突已啓國會議員多袒總統段祺瑞乃以參戰名義召集督軍團而議場又有所謂公民團者包圍之於是議員益憤時伍廷芳張耀曾谷鍾秀程璧光先後提出辭外交司法農商海軍總長職未奉批准段祺瑞孤立於國務院仍於十五十八日兩次咨請衆議院從速議決宣戰案十九日衆議院復議宣戰案褚輔成謂閣員辭職者甚衆不如緩議卽以此意咨復政府而參戰案遂暫閣置於是政府因解決軍務及研究對外計畫先於四月二十五日召集各省督軍等開會及國會閣置不議益滋不悅更以反對省制加入憲法者從而利用挑撥遂於是月十九日聯名呈請總統改制憲法解散國會時憲法尚在二讀二十三日國會遂羣請黎總統免段祺瑞國務總理職黎允之以外交總長伍廷芳代理國務總理並以李經羲任國務總理二十五日提出於兩院越日通過二十九日倪嗣沖首先

通電宣告脫離中央相繼者奉魯閩豫浙陝直先後凡八省也而張勳則用十三省省區聯合會名義電請黎總統退職時黎總統電請徐世昌從中調和徐謂國會若不解散調和無從著手黎又電梁啓超梁以退處海濱與世暫絕答之湯化龍則辭去衆議院議長家驤始終在京雖盡力周旋其間而各趨極端仰天太息而已六月七日張勳率兵五千北上並電請黎總統限日解散國會乃違法下令解散國會因代理國務總理伍廷芳未允副署乃於是月十二日准伍氏辭職特任步軍統領江朝宗代理國務總理副署解散國會是月十三日也然家驤仍居京三十日夜張勳等入宮奏請復辟翌晨張勳爲淸帝草諭稱張勳馮國璋陸榮廷等合詞奏請復辟瞿鴻機等奏請御極聽政黎元洪奏請奉還大政允如所奏並宣示革新大政九條任命張勳等七人爲內閣議政大臣家驤聞信即微服赴天津黎總統通電否認歸還大政任命段祺瑞爲內閣總理電請馮副總統代理總統七月六日馮副總統遂於南京布告代行大總統職權段祺瑞亦先於二日在津就職並先於五日親赴馬廠調遣舊部發電致討未半月亂平時梁啓超實同策畫家驤雖與啓超爲友但事平之後啓超不主張召集國會而組織臨時參議院家驤爭之不得謂惟有各行其是共保私交然從此護法戰爭起而南北分裂矣政府欲任以某部總長某省省長皆拒不受其後所謂重定國會組織法選舉法召集新國會者皆未嘗參預寂居都門痛心北方情狀之惡劣西南黨爭之激烈於廣東非常國會會議南北對等會議既未敢有所主張所謂安福俱樂部則絕跡不相往返其後馮段分離馮氏謀和失敗段氏再起斯時借欵纍纍國民危懼七年五月二十一日因有北京大學及各專校學生請願廢止

中日共同出兵協定之舉九月新國會選舉徐世昌爲總統十月十日徐氏就任馮段鬥爭雖止直皖鬥爭漸啓八年六月南北和會破裂九年七月有皖直之戰南方軍政府又復瓦解各省爰倡聯省自治運動十一年四月又有奉直之戰奉軍既敗五月十五日孫傳芳通電主張恢復法統請黎元洪復位召集六年解散之舊國會以謀南北統一二十四日民六舊國會在天津開籌備成立會議定進行方法家襄亦與焉六月一日舊國會議員一百五十人在天津開會即日行使職權主張取銷南北兩政府另組合法政府次日徐世昌退位曹錕吳佩孚即領銜聯合十省區督軍省長電請黎元洪復職說者謂家襄等早窺得曹吳意旨祕密商洽以恢復法統之計畫獻之曹吳爲過渡之計然徵之後日曹氏以五十萬元賄選之欵囑參議院副議長楊永泰言之於家襄而家襄拒之獨堅則其非附和曹吳可知矣民六國會既已恢復民八國會於六月三日在廣州通電主張繼續民八國會否認家襄等在天津籌備之國會卒歸無效民六國會漸足法定人數於八月一日在北京開會時雲南唐繼堯先於六月二十日電黎表示擁戴吏發兩電一則以恢復國會及總統復職固爲護法各省所主張惟根本解決之方則在集合南北各省代表開聯席會議解決以前糾紛一則以經驗所得及國民心理所嚮集權主義既不適於國情民治潮流復連輸於宇内此時仍惟實行聯省自治爲救國不二法門湖南趙恒惕於一月一日通電不否認國會恢復及黎復職惟主張首在完成國憲并予各省以自由制憲之權或納省憲大綱於國憲之中曹吳則不贊成唐趙主張謂統一事件應由國會解決反對另開聯席會議并以各省軍人不宜取軌外行動趙恒惕吏有與曹吳論國是書洋

洋數千言時學者團體之言論勸告國會努力制憲又主張採用聯邦制以免軍閥割據之禍北京又有所謂修正憲法草案請願團者主張將天壇憲法草案重加修正將中央與各省事權劃分成爲一種聯邦憲法家襄默測事勢以潮流未便抑壓而軌道不容歧異因建議政府七月一日黎總統爰頒命令大意以地方自治原爲立憲國家根本要圖現在國會業已定期開議將來制定憲法所有中央與各省權限必定審中外之情形救偏畸之弊害一俟憲典告成定能遵守國家統一前途實嘉賴之於是憲法審議會一次通過省之事權應取概括主義中央取列舉主義二次通過各省于不抵觸國憲範圍內得自制省憲地方制度章內應規定關於省憲各原則蓋所以應付聯治要求也家襄時方聯合同志主張此次國會應專事制憲暫時停止行使其他一切職權且語人曰民國成立十一年無憲法前此責任或可諉爲外力干涉此次開會若不專力制憲或因政爭阻礙制憲進行則國會咎無旁貸贊許者雖多而別有一派謂宜先解決現總統是否合法問題若不合法是否承認現政府爲臨時政府而另舉大總統是卽欲以選舉總統便其私也於是製造賄選之時機來矣十二年一月八日如蕭耀南張福來等致電曹錕切勸愼重而一般議員不恤自貶人格致熱心制憲者之主張黎氏任期延長俟憲法公布再選總統之議成爲泡影家襄憤恨塡胸迨六月十三日黎元洪被逼去職赴津於是家襄又託故出京而十月五日五百數十議員之投票家襄固未莅會也然曹錕篡奪成矣曹錕就任之日卽公布憲法所謂一部聯邦分權之憲法亦譏之者所謂遮羞之憲法也家襄鬱鬱致疾自此不問國事惟福中公司礦務督辦則未辭焉迨後曹氏傾覆段氏執政以

迄張作霖稱大元帥家襄雖居燕京貧病交迫與一二知己文酒聚會絕不以私干人及國民革命軍統一南北家襄病已不可爲十七年六月十六日即夏正四月二十九日卒年五十有七綜家襄生平刻苦攻學持己接物一以和平外雖藹然可親而内有不可犯之氣概居議席先後三四年惟以製成憲法爲主旨屢遭波折斯志不餒而卒未能償所願其命也夫娶袁氏伍氏李氏子紹堅紹坊紹垓紹增女六人長適周慶修次適宋鏡寰三適屈瑞四適汪薇卿五六待字葬於紹興謝墅燕窩山之原　贊曰國於天地必有與立立之者法也法立則人從法法非因人而立也彼昏不知密緘滕固扃鐍以一人之才力心思而欲顛倒天下人之耳目惑矣士生其際稍不自持納諸罟擭陷阱之中而莫之知辟豈不可哀也哉家襄三居議席志不得行獨能於衆所拘忌之地侃侃陳詞又於大疑大事衡其是非而無所苟不曰堅乎磨而不磷不曰白乎涅而不緇家襄有焉因傳其事且爲苟於自恕者戒也

何勳業字屺瞻邑庠生峽山人清季歷仕山陰並山會縣立小學校長山陰勸學所總董後進多所造就民國成立當選爲本省省議會議員六年爲衆議院議員任滿後寓北京數年二十年夏南歸卒滬（采訪）

魏巇　（録徐沅撰傳）光緒十一年乙酉浙中有振奇之士舉於鄉爲科目增重者曰魏龍常一時有識者咸稱述其才學氣誼以爲麟角鳳毛復見於今日而流俗淺士或驚其瑰意畸行而莫敢近焉余慕其爲人無由相見歲丁未於海津酒座中見有軒朗而駿逸者口邕桂晉神致精悍目炯炯四射如老松鬱礫隱然自異識者曰此山陰魏匏公也余灑然敬之與訂交廓落無町畦益相愛重是時公英華已消歛矣公號大稜

生字鐵珊鄉薦後更名鹹幼隨其尊人德潛先生客桂林其地南當粵而北倚湘湘灕左右江之間山川奇秀時得縱覽又所至輒交其賢俊以故早有名於時歷試禮官不第援例爲候選知府遨遊南北行省大府皆禮遇有加公神鋒挺邁觥觥矗立意所不可雖權貴無幾微遷就自戊戌至於辛亥事變多端當事者咸欲引公爲重往往去之若浼公終不遇若無所表見者顧於其所不爲乃深知其有爲也方公盛年嘗於王城人海中翕集儔侶俳優羅侍使酒擊劍以自寄其豪縱庚子亂後支離東北感於國事敗壞無可發抒酒酣以往歌聲嗚嗚而意氣猶不衰颯蓋與余相見之始豪氣時迸露眉宇間焉自丁鉅變度決不偶矣歌哭無端不知人間何世乃止酒絶聲色陋巷棐几羅列獵碣盾鼎漢唐碑數十種每種輒摹數百通又取馬班仲蔚承祚各書密勘細箋瀟晦不輟埽迹滅影闇然如老諸生蓋盡損奇特之行而務爲平易之趨猶非常人所能爲者公初志豈若是哉公雖遯世以老乎見於衰叔以來奸蠹菑害之爲必痛斥之而始快當乘輿之在津聞有無禮於君者必深惡而痛絶之其素所持議然也年六十有八於丁卯九月以微疾卒凡知公者無親疏貴賤皆霣涕雪泣非特其深厚直諒夙感於人亦以其道不遇時爲天下痛惜之也公於詩古文詞皆不落凡近多任放佚僅存寄榆詞一卷袁君滌盦爲之精刊以留吉光片羽書法精詣爲近代希有然皆公餘事耳嗚呼非有述於後則何以著公之志而動人仰止之思耶　論曰近五十年來世變亟而人才益不足數戊戌之變法辛亥之革命千奇百怪匪夷所思舉世習於狂流正士無名而中原胥溺學無論新舊惟其實人無論小奇惟其眞如匏公者獨行違衆蘊奇不試軒然抱其眞實志行與千古相質名之傳不

傳公不計也武昌張季馥嵊縣袁滌庵屢屬余爲之傳公自有可傳者夫奚藉於余之文余與公蛩駏垂二十年談笑若前日事豈料身後名余爲存之亦豈料十餘年後尙有兩知己者爲公名計如此哉

〔附錄〕湘鄉陳毅撰墓誌〔一〕君諱鹹字鐵珊匏公其晚號山陰魏氏祖熊占父德潛君英才踔絕舉光緒乙酉科頗以功名自許試禮官不第援例爲候選知府加三品銜侘傺無聊以學書遣日夙誦阮氏南北派之說因疑帖近妍美得張猛龍碑撫臨之尋又參之瘞鶴銘由是規漢隸進而研心秦篆周籀之法而風骨雄奇遒峻乃適如其人亂後無所資恃鬻寫自給徵此即一介不苟取也少能詩工倚聲晚好班范史密讎細箋裁可辨而增勘無輟以丁卯九月丁丑卒於天津鄉之人高其風爲卜厝於其義園之西南小王村壬山丙向配陳淑人側室黃氏吳氏子元晉元衡始君父治刑名君自幼從客桂林其地南當粵而北倚湘灕左右江之間山川鬱盤往往有君迹又所至輒交其賢豪以故名漸聞康有爲用公車上書譽於戊戌以私意亂朝章屬其友必致君君辭則要之急乃笑曰昔桓魋欲殺孔子其爲聖人爲凶人皆眞也今康某欲以僞孔子禍天下誠涴吾吾其爲眞魋矣君趫捷多力某歲醉黃浦嘗拳殪夷兵戰艦中得逸去有爲於時怙勢廣聲氣禍福出其唇吻卒以前事相憚不敢強邇且避道行君既不遇於有司愀乎憂家國之將淪胥悉爲放浪自京僚武人賈游街士下至於伶官皆狎予之喜往來都會間當春秋良宵沽飲市樓佳冶列侍絃管雜陳有時或酒酣高歌其聲嗚嗚然過者聞之若各有動乎其驩悅悲慼之情爲低徊歎息無已君顧不自覺也自是困躓日益甚後袁氏爲總統君故府主也念君貧令其子克定餽之金勿納士君子始稍稍敬

異之然吾聞光緒辛壬間樞相文端鹿公以父執之誼欲官君於部則對言世已棄鹹鹹於官何有因以乞身諷文端文端不能聽猶且時舉以語人彼其意量果何若耶君故名龍常雋於鄉遠吏之或以證爲逃名之始儻其然也丁巳後屏絕聲色闇然如老諸生猶時周人急雖與質無德色交道則一出之直諒乘輿之幸天津自以官卑遵章不敢擅入覲而其欽思愾念每於言表見之聞有無禮於吾君者必色然怒卽舊好不少假故世以獨行目焉嗚呼聖人之道不明憍曰狂矣懭曰狷矣於是婞婞喪志之士乃與貌襲爲中庸於吾貌公之眞能爲狂狷之爲者又惡得無駴夫狂狷仲尼所與抑豈離跂絕人亦以謂簡率不悖其眞爲能導人人使幾乎中庸吾輩以同歸之化耳獨行云乎哉唐訖其鄉方君若若千人既私謚曰貞介先生而其友胡君嗣瑗李君孺以同人意推余爲之銘〔銘略〕〔青鶴雜誌〕

〔附錄二寄楡詞序〕　吾於南宋詞人中得奇士一人焉曰辛稼軒曰孫花翁稼軒壯擁萬夫脫虜歸宋一腔忠憤遇事發抒美芹之論煙柳之吟令人於千百載下猶想見其義概花翁則江湖浪跡四海無家一身之外無佗人一榻之外無長物意度疏曠當時咸目爲俠客異人焉是皆於倚聲之外更有奇氣軼概長留於天地之間吾心慕其人吾於並世詞人中求一肖其人者不可得久而始得之於魏貌公固亦有辛孫之概而成其爲奇士者也其人神鋒挺邁不可一世嘗於王城八海中跌宕文史使酒擊劍以自寄其豪縱深識者信其氣誼緩急可恃不知者或以爲疏狂不足與議也庚子後久寄河朔感於國家多故大事敗壞無可發抒酒酣以往歌聲嗚嗚所遇窮矣而意氣不少衰颯蓋有幼安之才略而無其際遇故其意態所見如

此暨乎辛亥而世變愈奇其生事亦愈苦旅箱羈泊歌哭無端幾不知人間何世與花翁之無家漫游超軼塵外者情景又復相若信乎匏公之爲人固兼辛孫之概而成其爲奇士者矣顧大體近之矣乃軼事更有酷類者稼軒手刃金僧以自拔匏公則捽兵艦悍卒而投諸江焉花翁恤孟良甫之後匏公則嘗經紀劉伯崇殷撰之喪且周全其後裔甚勤摯焉此雖一節亦足以概其生平豈非人之所謂賢豪間者耶匏公於諸體文字意境皆入於古然不欲以此自見大半任其放佚僅於遺篋中得詞一卷雖其餘技而雄渾高遠卓然大家祁兄君鳥以烏絲闌精書之徵序於余因叙述其生平大旨使覽者不獨重匏公之詞且知匏公之爲人如遇南宋諸賢於心目間也庚子夏五徐沅

〔附錄三寄榆詞跋〕嗚呼此祁君景頤寫定之山陰魏匏公詞也匏公逝世之明年庚午秋景頤知余與匏公交甚厚以此本寄存余處並函囑代付影印今屈指七稔矣春間景頤亦逝世發舊簏見此本塵封不勝愴然回憶當年聚首津門談笑之樂殆如一夢掛劍之諾後死之責所不容辭爰亟付印以餉詞壇匏公吾越奇士也其學業行誼尤有大者遠者已乞匏公至友徐君芷升爲之傳擬付吾鄉志局藉垂史乘詞特其緒餘而已丙子仲秋剡溪袁滌庵跋

王有鈞〔錄杜芝庭撰墓志略〕君原名恩賜後改今名字松浦紹興人清宣統己酉拔貢次年應朝考以一等第三人得小京官分法部敏練爲上司者所器武昌事起君亦告歸光復後以貧故就寶山法院檢察官旋考取第一屆縣知事分發粵東以鯁直與當道忤不得抒其懷抱退而就各縣承審君以獄訟爲人民性

命財產所繫獨以精詳審愼出之故所至梅縣信宜陽江香山等縣至今猶感頌勿衰在粤逾四年以親老改分江蘇奉差之餘惟以吟詠遊覽爲樂如是者歷七年國軍北伐東南底定乃應舊友邵翼如之約赴杭辦理市政以君善折獄任公安局司法事時方淸黨告訐之案日數十起君昕夕從事一一明其虛實得免株連者頗衆甫數月邵辭市長任君亦同去職然卒以貧故又因辦理淸黨案積勞致疾歿於杭之旅邸年四十六

凌鄂蓀鹿池山人畢業於浙江省立第五師範繼入北京大學肄業旋輟學隨父鑑赴大名保定等處襄助縣政北伐軍興投身航空軍隊及國民政府定都南京中央集中航空軍力成立航空處鄂蓀任航空處政治訓練主任嗣北伐告成全國統一訓政開始中央努力於建設鄂蓀移其努力於軍事航空者努力於民用航空第一步計劃卽爲組織與宣傳十七年爲組織中華航空協進會奔走大江南北幾無虛日各地民衆經其宣導皆認識民航之重要故當時各地成立航空協進會先後紛起同年八月開航空聯席會議於首都各地出席代表選鄂蓀爲常務委員兼宣傳部主任夙興夜寐不辭勞怨組織與宣傳均由其擘劃進行成效大著復另行籌資創辦飛報專以闡發航空學術並介紹中外航空消息以促進中國之民航爲職責十八年夏脫離航協會專努力於飛報之發展不數月間勘定社址擴充組織方興未艾旋以勞瘁過度得病卒年僅二十七（鹿池山凌氏譜）

張生源字笠舫漓渚人淸宣統三年歲貢以訓導用曾與其弟竹笙創辦本村勵志兩等小學校生源自任校

長多所成就民國十九年卒所著有九數分類歌訣天文管窺占候雜說等書（采訪）

范壽銘（錄顧燮光撰事略）范先生壽銘字鼎卿晚號循園山陰縣人宋范文正公二十八世孫天姿英敏垂髫入學讀書數行下年十六以第一名入紹興府學光緒癸巳舉本省鄉試策對冠全浙治羣經訓詁之學貫澈若有天授以知縣官河南安陽内黄諸縣者七年愛民勤政捕盜安良有古循吏風疊佐名公幕府贊襄機要多所表見屢膺薦辟爲世所重入民國典守彰德旋授河北道道尹在官十年善教得民輿情愛戴以不附選舉爲當道所忌遷河南通志局長旋爲江蘇省長韓紫石所知調任省公署機要祕書棲息甫安即以疾卒年僅五十有二河北道士民聞訃巷哭設位以祭不期而集者萬人其德澤感人有如此者至其持躬廉介風節凜然猶存文正遺教也民國九年夏豫省大旱河北各屬赤地千里災民數十萬人露宿風棲餓莩載道先生籲請中外慈善團前後募集賑粮頗鉅分路散放救濟實行以工代賑俾少壯得食而弭隱患幼稚則辦保嬰隊以資維護雖深夜嚴寒猶驅車察訪毋使失所全活者固若恒沙矣當民國之初也河北道區域爲彰德衛輝懷慶三府屬舊地夙爲古代文化淵藪先生經術湛深尤精篆分毅然以保存國粹爲己任任安陽縣宰時則設立古蹟保存所道官河北道尹則編纂河朔古蹟志延燮光佐之遍歷大行山者八年訪得自漢迄元止金石各書未著錄者凡七百種以訪得漢劉熊碑陰殘字爲巨擘成河朔古蹟志八十卷圖象一卷以卷帙殷繁至今未能付梓所著安陽金石目一卷元氏誌錄一卷循園金石文字跋尾二卷循園古冢遺文跋尾二卷均由燮光印行至文集及鐘山憶語稿藏於家

范鍾〔錄顧燮光撰事略〕先生諱鍾字越卿浙江山陰縣人也世居郡城錦鱗橋畔事親至孝與弟鼎卿極友愛均以能詩古文詞著譽於時心喜駢儷辭章而帖括之學非其所好緜是試有司屢躓神益瘁家益困而詩文乃益高爲佐鯉庭分勞計乃習度支文牘黽勉力學盡得綜核之術又懍先文正良相良醫之訓午夜治簿書畢即讀醫書久之深知奧窔侍親之疾必禮聘名醫與之推論本原辨藥味分齍輕重之宜水火陰陽緩急之候必攷慮萬全而後進故常一二劑而愈其孝於事親有如此者及贈公以中風猝卒又慟極夫先事未知豫救也又慟夫鍼石湯藥迫不及施也擗心躃踊投地氣絕匍匐不能興號泣無間晝夜哀毀因以骨立感動鄰閭幾爲罷社自後愴懷風木落落寡歡益以疾病侵尋形留神散終身之慕人弗及焉迨弟鼎卿簡河南省河北道尹迎至汲縣官舍話舊論文怡怡穆穆壎篪聚首凡四五年是時燮光方在道尹幕府始與先生締交覺靜穆淡泊道味盎然有古高士風時相過從至爲契合嗣燮光赴秦先生亦返棹山陰十二年秋鼎卿道尹病卒於金陵夙勵清操平日俸給輙佽助族戚身後惟餘書籍碑帖數千卷先生既慟雁行之失序復悲諸姪之幼孤乃舉所應析得祖遺田產全數贈與之友于之篤洵可以風薄俗者矣至民國廿一年乃捐館舍遺箸有柘簃文存柘簃詩存知歸草澄懷集古詩感溯集五代詩選略等各一卷文正公詩詞敬錄末附循園遺詩合一卷水經注文鈔二卷名言約萃兩集醫驗珍方二十卷藏於家〔下略〕

馮之驥〔錄蔡元培撰墓誌〕紹興之有商會始於前清之末葉小亭得失搘拄金融事艱且劇非具大才不足以當會長三十年來任職久而設施廣推馮紀亮先生先生所經理曰開源錢莊者營業冠於紹城商會

會長例由錢業選出民國七年先生當選綜攬鉅細不辭勞怨有叵之曰分應爾也紹地交易向憑匯劃欲取現銀須補升數名曰現升升率高下無定民以爲苦民國七八年間吾弟元康方爲中國銀行杭州分行長欲革其弊令紹地錢業加息平現而以推廣中行紙幣調劑之衆商疑懼勢洶洶先生立集現銀五十萬先平杭息次平紹息各無損失人心大悦而現升亦鋭減日本軍之據濟南也先生戒各商毋買賣日貨咸遵約矣而青年學生不諒輒闖入商店取所封存之日貨以去貨積如山欲焚之以爲快先生曉之曰不售日貨吾負其責若必强制以擾商者吾今日坐其上任君等舉火耳因踞貨巔不肯下學生大感動其後廛拒日貨胥呈實效者先生指導力也在職十餘年清理積案三百餘大都債務糾紛幾經波折始克解決者其餘地方公益事務靡役不與蓋其高朗之識堅密之思因應設施動關大計羣衆仰望造福甚閎事不備書依類可推焉當十五年冬南北猶未統一軍隊絡繹寄食於紹地者數萬人芻糧供給惟商會是問先生足不停趾目不交睫者匝月嘗曰生平任事以此爲最勞而廛市無恙比險爲夷於心亦最慰卒之日遠近悲咽有舉人亡國瘁之語以哭之者其關繫之重可知矣先生諱之驥字紀亮姓馮氏世居紹興之東浦村諱淵之曾孫諱楷之孫諱照之子生於清同治九年十一月卒於民國二十年六月春秋六十有二葬於縣南坡塘之井亭灣〔下略〕

王式通 〔孫宣撰傳〕公姓王氏諱式通字志盦一字鄦廬號書衡先世浙江山陰人後著籍山西汾陽其系家先德宣嘗爲公考藴齋府君妣施太夫人傳矣施太夫人生二子公其次也自少好學博覽經史百家兵

謀名法農田水利旁逮浮圖老子之說多所貫綜尤練國典以文辭名當世光緒辛卯中式順天鄉試舉人候補內閣中書戊戌成進士用主事簽分刑部主稿雲南司參稽律例隨事指擿所平決無不厭服壬寅管學大臣張公百熙奏充編書局纂修提調京師大學堂兼辦學務處經濟特科不就癸卯補刑部山東司主事充修訂法律館纂修當是時變法議興朝廷方鋭意舉新政張邦治詔開館改定法律以沈公家本伍公廷芳領館事二公皆雅故必引公自助公亦以律令煩多事類溷錯於時非便迺參中外之制度禮俗宜否更定新律其章奏條教多出公手丙午擢刑部安徽司員外郎提調法律學堂學部初立大臣奏薦公考察日本學務修訂法律館奏請調查法典公周諮博訪爲札記數十萬言還條上之於是大理院郵傳部交章論薦或以私問曰吾嘗治法律之學大理固其職耳丁未就補大理院推事用御史記名總辦法律館充禮部禮學館顧問官戊申擢推丞充學部諮議官宣統辛亥署總檢察廳丞擢大理少卿公在大理久因谷推明律意務從寬恕而勢利之求無所關與門庭閒縶意泊如也民國建立强起公爲司法次長代理部務甲寅國務院改政事堂遷爲機要局長丙辰復置國務院任祕書長尋調水利局副總裁公爲人簡靜少耆欲居官愼密能勤厥職凡所撰擬家無留稿接賓客傑屬尤溫恭常氐首拱手行步言氣款款而志量洪深識慮恂達事利害人賢不肖默察潛計不肯輕用其言及衆論事閒見一二言輒出衆意表故人之知公者望顏色上下爲可否其不知者或夸談逸口忘失終始公固笑而不應也壬癸之際國猶靡止談說之士或希指陰倡帝制者公欲因事諷止之會更定祀典迺上書言郊禮總統宜不親祀辟嫌疑昭信誓論議謇謇

喟然動衆心及帝制事起指意疆吏傳議勸進公復言此誣罔天下不可施行而其人往往藉聲勢擅殺立威以自矜者公遂嘿不問後事敗其人深瘖媿公而已故公所居雖嶷然出同列上而人與之處未嘗鞅望有彼此言者逮其去而後常愛思也公性至孝事親左右和愉比喪二親年五十餘矣而哀慕過禮庚申秋遂謝病去官寓居京師結社觴詠酬爲娛知友往還皆一時名素清談極日每不罷散尤喜延納後進因材質爲訓誘片長一善稱譽之不容口晚歲勤於著述嘗預脩國史清史四庫書目又從徐公世昌撰輯清儒學案清詩鈔等其已刊行者世多有自著志盦詩文集寫藏於家公以辛未八月二十二日卒享年六十有八配汪夫人子二蔭泰蔭霖蔭泰游學日本德意志歷官外交總長司法總長再世掌司寇爲法名家（青鶴雜誌）

馬綱章字水臣賡良（傳見前）子清光緒壬寅舉人丁未會考取錄以主事用指分外務部尋改陸軍部民國六年任江西教育廳科長次年以病乞假歸越先是綱章在京時嘗讀桐鄉沈居士所箸報恩論而善之於是起信皈依日持佛號數百聲漸進至數千聲旁及諸經無或間斷病革時猶勗其家人長宣佛號以助正念云綱章爲學不屑屑章句考訂而能見其大剖晰疑蘊論列是非時有創獲爲文汪洋自恣尤長敘記詩宗盛唐晚歲學佛不復措意文字間故稿多散佚今存者爲效學樓述文內外篇三卷（采訪據行狀）

石庚字荔齋會稽人中式光緒己卯科順天鄉試舉人初習法家言歷山東劇邑幕十五年己丑大挑一等以知縣用分發河南十六年到省充撫署文案十七年署林縣十八年調鄢陵廿二年題補登封廿四年調偃

師廿五年補安陽廿七年調杞縣廿八年陞開封府卅四年陞彰衛懷道宣統二年署河南按察司宣統三年回河北道本任武昌起義時綏戢轄境地方宴然共和宣布即回山東寄寓善畫竹（采訪參林縣志）

諸宗元字貞壯山陰人先世居郡城塔山下自曾祖游幕江西遂僑居焉祖慶熙字子恬父祖望字硯齋皆世其業宗元生於廬陵體孱弱九歲出就傳嘗以病輟讀而母馮氏淵雅通經史親授以訓詁名物之學性穎悟髫齡即知吟詠及長益沈酣典籍每閱市書必百方購庋之以爲樂祖望嘗膺安福縣令桐城姚濬昌之聘佐理錢穀宗元隨侍濬昌有子曰永樸永概及女倚范當世皆以能詩古文名於時宗元奉爲師友濡染切磋未逾年而所爲文日進濬昌父子歎奇之嗣游南昌復問業於德化桂白華學益精邃年甫逾冠聲譽籍甚新昌都昌東鄉諸縣令聞其名先後聘襄文牘光緒癸卯舉浙江副貢宗元既殫精文史覩國勢積弱益究心經世之學旁考歐西政法藝術博覽窮搜嘗任上海國粹學報編輯與鄧秋枚章炳麟宋教仁游其所論著一以鎔鑄中西淪舊啓新爲務冀振士氣策羣材革新國政名由是益顯翰林院修撰張謇器其才招之至南通屬領翰墨林書局并治書簡會瑞澂方任上海道於其客朱炎午所獲覩宗元著述於是因張謇延之入幕機要文牘多出其手其後瑞澂由蘇藩洊擢鄂督宗元皆隨贊帷幄參決大政瑞澂歷鎭蘇鄂頗著聲績宗元贊佐之力爲多以勞歷保直隸州知州檄署黃州府事未之任仍留幕府嘗斥湖北幕僚例得錢捐局之津貼請製漢口救火小輪以利居民尤爲鄂人所頌歎又嘗爲瑞澂撰政書一册於時政多所匡弼瑞澂入都進呈御覽大爲監國攝政王所激賞而不能盡用也鐵路國有之議亦自宗元發之而樞部

大臣措施失當致釁川鄂之變瑞澂卒以此敗而清室遂亡論者多歸咎於盛宣懷等之鹵莽滅裂然鐵路國有之策則固東西列强嘗施行者也當民軍之攻武昌也瑞澂嘗問計於宗元宗元見事不可爲則舉大吏與封疆共存亡之義以對瑞澂初善之繼忽變計微服遁宗元憤激歸臥故里民國既建張謇領全國水利局辟任祕書又嘗佐東海關監督幕建議榷船鈔附加稅築海壩以捍風浪衛商船行旅利賴最後俞恪士介之於浙督朱瑞延入幕賓禮之其後楊善德盧永祥皆重其才於是久居幕府兼任電報局局長潔已奉公出入蠶然嘗一入都爲教育部秘書以簡任職存記顧遭時多故所蘊蓄未盡發抒又覩外侮日亟紆軫煩鬱其沈哀幽憤一洩之於詩所著大至閣詩達千餘首清深雄健爲世所重而駢散文多散佚今存者毋夫人墓志商氏姊傳兩篇而已宗元貌清臞雖承先業習刑名家言而倜儻豪邁不務刻深尤好士喜交游平生最善朱炎午其自鄂歸貧甚故交星散炎午獨傾囊存恤之及病幾死炎午殷勤爲營醫藥所爲詩稿不自珍惜炎午輒收拾寫校賴以保存至今若炎午者殆可謂能重風義者矣宗元生於清光緒元年卒於民國二十一年子四人章世祥世安世斑世〔采訪〕

劉大白〔錄金湎遠撰傳〕劉大白先生原名慶棪字伯楨先世仕於吳越避錢武肅王嫌名改姓爲金至先生始復氏劉幼質魯勤讀不輟久之忽自通悟舉拔貢有文名既明習史傳陰蓄破虜之志顧父在禁格之不得發菀常鬱鬱見人默然無一言同里陳伯平從徐錫麟刺恩銘死皖中哭以詩聲情激越無所忌諱見者爲舌撟不下未幾遂斷髮入同盟會任紹興公報編輯凡所論列皆直揭深隱犀利無匹旋北上居都中

數年忽忽不樂會項城將稱帝日夜痛恨輒流露於語言文字間邏者且及乃東之日本遇蕭山沈劍侯定一定一杭爽工詩喜任俠破家結客日飲歌嘯睥睨一世亦以黨禍亡命至者相見驩甚縱譚天下事吐出肝肺先生賦詩爲贈其詩跌宕淋漓意態橫絕事久不解更浮海而南之蘇門答臘教華僑子弟以自給去國益遠憤慨日深天風海濤行歌相答益不勝其濩落之思侘傺之感焉洎洪憲亡始歸國先後掌教於浙江省立諸中學暨上海復旦大學者十餘年循循如一日前浙江大學校長蔣公夢麐耳其名延爲祕書已而蔣公升任教育部長薦先生爲常務次長所以倚畀之者甚殷先生既夙躬艱苦卓絕之行復感知遇益自飭厲終日手文書不釋斟酌時宜弘規大起嘗主持第一屆全國教育會議造士之制敷教之方多訂立於此時至今猶往往因襲不替嗣改任中央政治會議秘書體故弱過勞卽歐血不止至是疾大作遂以民國二十一年二月十三日卒年五十有三所爲文精思銳入氣清而韵遠詩詞溫麗雋爽有冬郎淮海之致至於撫時感事則又噍殺橫厲爲變徵之音五四後土苴舊說與胡適陳獨秀等相翕應以語體爲詩文其文曲盡事理恣所欲言無不達之情無不申之意論學諸作每立一義疏通證明堅確不磨詩尤空靈曼妙悃悵欲絕南中承學之士尊之如泰山北斗焉所著書有中國五十世紀歷年表教育概論中國文學史白屋文話白屋說詩舊詩新解白屋詩存舊夢鄹吻叮嚀再造寶布謠秋之淚白屋書信等可謂篤學有文蔚然作者矣子一炳震以貧自殺於車下論曰先生淹貫古今於學無所不窺而尤好數理梵筴嘗自謂平生析義之精任事之勇皆得力於斯二者信然哉特立獨行夷險一節其卓然有以自信者蓋出於深沉之思

也。嗣夷猾夏，國亡無日，使先生而在，扼腕太息，又將何如耶？

金葆頤，字介人，號澂廬。少弱而性嗜讀，雖病不廢。尤耽新說，浩然興種族之思，與黨人密相往來，上下其議論。未幾，即著籍同盟會，蹈危履險，意氣激昂，時年十六七耳。清社既屋，向所與之共事者皆負重名，獵膴仕以去，而葆頤獨黯黯歸來，柴門却埽，無顧頷不平之意焉。家世樂善，至葆頤益欲恢弘先志，一事未舉，若負重咎。凡橋梁、道路、農田、水利，悉引爲己任，汲汲不遑。邑之香爐峯夙著靈異，每歲二月禮佛者踵相接，而後山峻險，徑石犖确，往往傾跌隕生。又樵風涇左近閘橋，山洪至則急流怒下，横溢堤岸，行人多失足淹斃。先後皆倡議鑄鐵爲闌，嗣是遂無死者。設醫藥局以療貧病，盛暑疫癘，全活無算。窮嫠孤穉，計月授糧，仰以食者率數十百人。至棄籧衣櫝之施與，尤不勝計，歲輒耗數千金，以爲常。值自治初興，由石帆里里民票選爲里長，固辭不應，當軸者復屢強之，始出，蓋其爲一鄉興利除害，殫財痡力，踐其實，固不必居其名也。平日於世俗一切聲色靡麗之奉，都無所好，被服寒素，一布袍亘二十餘年。暇惟作畫自娱，山水花鳥，皆秀勁超逸，有塵外之致。嘗出遊，窮白下、金焦、惠泉、虎邱、武林之勝，登臨懷古，獨立蒼茫，每慨嘆不自禁。過湖上，攝一影，芒鞋破衲，趺坐於寒雲枯木之間，儼若名山古德，寂然禪定焉。民國二十一年十一月二十日以疾卒，年四十歲。（據其子永所述事略）

陶存煦，字闇孫，別號天放，籍山陰。幼即慈孝勤學，爲族里所稱。肄業中校時，嗜治國故。民國十八年，考取無錫國學專修學校，從諸名師遊，業益進。章實齋學案之製作，即始於是時。三年卒業，入上海私立光華大學中國文學系肄業致力於目錄考據之學獲交海上學者胡適之王雲五輩益肆力於學案稿之撰述二十二年春假返紹偕友赴道墟鄉訪攝實齋墓照迨回滬校忽染腹膜炎五月乞假歸養未瘳又患慢性腦膜炎疾不治遂於七月十八夜與世長辭壽僅二十有一遺子女三逝世前四日曾爲聯自輓曰死生原本一理但浙東墜緒茫茫孰繼吾業壽天同是有盡願重闈春日綿綿莫報寸心下署癸酉年五月下浣存煦扶病自輓不匱之孝思爲學之宏願庶於此吐最後之哀音得不令人悼惜無極耶遺著有三曰章實齋著述年譜曰章實齋學案（未成）曰姚海槎年譜（文瀾學報）

杜亞泉（錄蔡元培撰傳）君姓杜生於舊會稽縣傖塘鄉原名煒孫字秋帆自赴滬設立亞泉學館發行亞泉雜誌後遂以別字亞泉行亞從氫省泉從線省自謂在世無作用如原質之氫無體而如形學之線也幼習舉業父錫三先生望之切君恆自奮勉光緒己丑年十八入舊山陰縣泮次年娶薛夫人謂鄉居見聞鄙陋嘗郡城從何君桐侯受業致力淸初大家之文上逭天崇隆萬辛卯應鄉試報罷回鄉覺帖括非學效從叔山佳治訓詁羅致許氏學諸家書嘗暑夜就庭中闢帳挑燈以讀風雪冬日掩北向書窗僅留一線光以讀忘餐忘寢有目爲癡者甲午春肄業省垣崇文書院秋試後仍回鄉乙未歲試考經解冠闔郡嗣又謂是學亦無裨實用改習疇人術由中法而西法讀李善蘭華衡芳二氏書時以習代數所得與叔山佳之習天元者相印證如是者二年戊戌任本郡中西學堂算學教員値學使按臨君考算學又冠闔郡自是而後兼習理化兼習東文購置製造局傳徐兩氏所譯諸書雖無師能自覓門徑得理化學之要領與學堂同事研

究東文文法亦不久能直譯東籍而無阻庚子秋中西學堂停辦君赴上海提倡科學學館之設立雜誌之發行即在是時時君年二十八也兩廣陶子方總督得亞泉雜誌深賞之飭屬購閱辛丑得父之允給貲設書肆編譯科學書名曰普通學書室雜誌出版十册後改爲普通學報注重科學兼載時事及政治矣壬寅夏南潯龐氏潯溪公學發生學潮龐君清臣到滬邀學者往爲調停君亦被邀前校長辭職延君繼任君不辭勞瘁悉心擘畫爲學生參考計實習計闢圖書儀器二館又以傳達文化恃印刷物勸龐君購置印機及鉛字以備用九月薛夫人故君歸理其喪因顧校務而遲月餘未幾學潮又作君多方勸導卒無效潯校遂爾停辦學生黄君遠庸爲學潮主動者其後得志遊歷歐美有書致其友謂曩時年少氣盛不受師訓杜師之言皆內含至理切中事情當時負之不勝追悔云癸卯在里與宗加彌王子餘壽孝天及其從叔山佳海生諸君組織越郡公學於能仁寺君任理化博物教員曾因試驗化學玻瓶炸碎傷面部醫愈後上唇留裂痕焉是冬續娶王夫人越郡公學旋以欵絀停辦甲辰秋應舊友張菊生夏粹芳二君之招復赴滬其時普通學書室營業疲頓而商務印書館正在發展羅致編譯人才君被邀爲編譯所理化部主任實爲此後在館中服務二十八年之紀元此後君所致力研究者爲政治爲法律爲哲學爲音韻爲西文爲醫藥丙午秋偕叔海生東遊日本考察教育購東籍數十種以歸浙路拒欵事起大聲疾呼者浙江旅滬學會君在學會爲評議員對於路事盡心力而爲之欲爲紹興實現認股五百萬之揚言與編譯所中紹籍二友通力合作二友告假兩月回紹勸股君則以同時間之薪入充其周歷八縣之資斧此戊申夏事也君嘗發起旅滬紹

興同人懇親會月一聚晤加入者有山陰孫伯圻餘姚馮仰山上虞許善齋諸君會員雖不多實爲現在紹興七縣旅滬同鄉會之先聲直至辛亥年即民國前一年同鄉會成立懇親會始告結束紹興本轄八縣自山陰會稽併爲一成七縣當七縣同鄉會組織之初各發起人意見互歧君乃應用法學擬訂章程設議事會以決意志設董事會以任執行會員爲主體選舉有定期產自選舉者皆義務職月支薪給者爲辦事員章程通過意見悉融後雖經應時宜而修改而基本精神迄今存在君被選爲議長連任數次同時爲副議長者有邵君力子被推爲校董連任一次同時爲校董者有胡熙生裴雲卿曹慕管壽孝天諸君各項校章又皆爲君所擬訂君之宣力同鄉會也蓋勤民國元年教育部召開國音統一會君偕吳君稚暉入北京出席是年商務館刷新東方雜誌兼請君主編君主編歷八年於世界大勢國家政象社會演變學術思潮靡不搜集編載研究討論貢獻於國人社論署名或用亞泉或用傖父有署高勞者亦君作居多也八年父歿九年繼母歿連遭大故滬紹奔馳精力稍替矣君身頎面瘦腦力特銳所攻之學無堅不破所發之論無奧不宣有時獨行舉步甚緩或諦視一景佇立移時望而知其無時無處無思索也嘗主張以產消合作防障外貨之充斥而最所熱心則在教育常欲自辦一校以栽植社會需要之人才初擬設於其鄉之諸葛山嗣擬設於紹興縣城之塔山如何建築如何設備如何進行如何由中學擴充爲大學每一談及與高采烈刻日期成格於情勢未能實現至十三年遂在上海設立新中華中學子若姪畢業大學者均任教課君亦自任教課雖因此減少商務館服務之薪入不顧也支持兩年半雖因此脫售商務館舊占股份又負債二三

千元不顧也卒以無力繼續不得已而停辦然苟使商務館不遭日兵轟燬公司不受直接損失職員不受間接損失則君於耆年離館後應得退俸足以償還債負而有餘不意二十一年滬地有一二八之難君厲閘北冒炮火而出舉家流離殊塗歸鄉身外各無長物經此劫後不但償債計成泡影且因國家恢復必需衣物又舉新債焉然君對社會之熱心並不因此而挫折兩年來猶在鄉招集離館舊同事編譯有用書籍猶每週一次晉城到稽山中學蓋演講義務不幸於二十二年秋患肋膜炎醫藥累月至十二月六日竟不起衾不蔽體不異黔婁君有子四人長在上海大夏大學任敎課次畢業醫科學校在實習期內三四尙肄業中學有女三人長適高次待字三適出有孫男女各一人君生平撰著多由商務館出版如算學理科各敎科書動植物學兩大辭典及其他各種科學書未易枚舉最經慘澹經營者則爲人生哲學一書在浙江旅滬學會刊物內有處世哲學譯稿在開明書店新書內有博史近著在一般雜誌內有評論一篇否認新道德爲縱欲主義蓋除登載東方外隨處發表之文字亦復不少也人有以科學家稱君者君答曰非也特科學家的介紹者耳去夏六月君赴龍山詩巢雅集有和友人六如韻詩末二句云鞠躬盡瘁尋常事動植猶然而況人嗟乎人師幾人斯人憔悴人琴歎逝聿述斯人我國人覽此傳文倘亦肅然而惻然歟

章寶穀字秋白偁山人弱冠赴保定讀律時在清光緒十七年及二十五年就河間府幕越年秋拳匪亂作河間爲衝要之區軍事倥偬寶穀恐宵小乘機竊發晝夜乘馬巡視城池某日馬蹶竟墜馬跌折右腿因公得疾未嘗稍悔後迭就直隸臬幕清末天下多故直隸爲繁劇之省案牘較煩常至丙夜猶秉燭批閱平反之

獄計不勝數民國初元任馮國璋軍署一等軍政執法官隨軍南下適江陰郭團兵變焚掠淫殺達七日夜之久卽奉命領軍剿辦三日之間剿撫兼施江陰全城得以克復事後僅擇變中之尤者二十餘人正以典刑事竣政府獎授四等文虎章二年呂調元任湖北巡按使以寶穀任祕書長同年秋呂長陝西寶穀任政務廳長陝西烟禁廢弛遍地罌粟乃厲行禁止使全省種烟之田改植棉花迄今陝棉猶著稱於全國佐治三年政績昭著政府獎授三等嘉禾章十年呂再長安徽寶穀仍任政務廳長政聲一如陝西皖省爲長江咽喉且民情風俗不若秦中之純樸益以財政枯竭時興學潮寶穀奔走調停刻無暇晷瓜期甫屆隨呂退居津沽十六年李鴻文長河北財政廳就聘爲財署參議贊襄擘畫建樹尤多十七年財政部召開編遣會議曾代表赴京出席十八年兼任直隸省銀行清理處處長至十九年退居林下値鄉里多故蝗蟲傷稼寶穀竭力救援又醵金爲本鄉設置電話以利交通更集資爲本鄉請派保衛團以防匪盜外此戚族中糾紛事件尤出爲排解必令輯睦以息爭端二十三年地方旱魃爲灾禾苗垂萎農民咨嗟乃乞靈機車灌水兼耆飲料田廬受惠不少云是歲卒年六十有五（采訪）

葛槐山陰人葛壯節雲飛之從子幼從壯節習拳術好武勇喜任俠咸豐八年隻身走蘇州從名師講武技適太平軍攻克蘇州槐以拳術精習受知於承天福許得貴委充全軍敎師且妻以女奉天王誥敕完婚時年甫弱冠也旋進副參軍値京口告急得貴飭帶隊往援常以少敵衆破清將馮子材都興阿軍以功升天將授令使統衆六營戰江淮十年應武試以學藝超羣列前茅授南滙主將關縣治海灘種棉廡不三年稅收

豐盈軍需充實號稱繁富同治元年蘇撫李鴻章率淮軍至上海令劉銘傳唐殿魁等統兵規復江南諸邑川沙已下南滙以鄰近猶能相持數月終以外援告絶勢難獨守而殿魁又再三函勸槐乃單騎夜走唐營與魁約以城歸淸而所部編爲槐字得字營凡七八千人隨劉唐諸帥馳驅江南北劉以槐軍非已出每匿其勞未膺上賞而殿魁以槐力得升至廣西右江鎭總兵魁性陰賊待人忌刻於槐尤甚七年捻旣平銘傳奉命督辦陝西軍務槐代統銘字右軍歷鳳翔隴州等處勦回積功尤多保升副將十年陝中回亂平左宗棠調槐從征甘肅十一年進駐蘭州旋奉命出長城到草地與蒙古王公會商復返西安十二年銘傳因事撤督辦職槐率所部回駐徐州光緒初元日本佔琉球羣島藉臺灣生番亂爲辭率兵進襲督辦沈葆楨率兵援臺槐被調往臺駐防備戰甚力並募熟番千餘爲開山營躬自訓練欲供一戰卒以淸廷外交失策許日本媾和槐尤忿恨留臺數年與內地鮮通音問有仇家妄稱槐病故者魁不査遽以上聞邮典甫下而槐適還謁唐而質不得要領再謁且不得見槐乃袖槍俟擊唐誤中待從走匿太倉轉避上海時彭玉麟得報令捕尤急槐友以遯跡非長策乃集欵爲之納捐佐貳易名選靑字蔭堂遠宦貴州迭充練團差署通判典史職無所表現惟廉潔奉公而已辛亥光復閉門告休寓居筑垣以歌詠自娛有詩曰血淚餘波集述生平事年逾古稀而精悍之色猶在眉宇間齒脫復生耳聾則弗聞每酒酣輒拔劍起舞作髀肉復生之歎東北事變槐年已大耋猶能攘袂張拳有誓吞倭虜之慨民國二十四年四月二十六日以疾卒於寓所年九十有八（采訪據越風雜誌所載傳）

（附錄婺川蹇樹楷撰墓表）君諱槐字蔭堂浙江紹興山陰人曾祖企宗祖敘堂父者香清道光中以總兵守定海抗英兵殉節予謚壯節名雲飛者君之諸父也君幼隨壯節習拳術喜任俠年十七里豪陳阿容刲沈湄生女媳君憤不平夜入阿容室刺之死奪湄生女媳還之遂遠遊咸豐八年在蘇州適太平軍攻據蘇台承天福許得貴聞君精拳術委充教師授五級參軍京口告急飭君率千人赴援嘗以少擊衆出奇制勝破清將馮子材都興阿軍論功升天將授軍令使統御前右翼六營十年任南滙主將同治元年蘇撫李文忠公率淮軍駐上海命劉銘傳唐殿魁規復失地下川沙逼南滙相持數月外援斷絕殿魁屢函招君遂以城歸清編所部爲槐字四營歸殿魁統轄銘傳調遣下蘇台克金陵君悉參其役屢立戰功六年正月殿魁剿捻陣歿弟定魁接統其衆君仍隸焉隨剿東西捻馳逐淮北山東直隸河南各地七年九月捻平銘傳督辦陝西軍務君代統銘字右軍隨入關轉戰鳳翔隴州斬回酋李德昌積功甚多歷保至副將賞達春巴圖魯勇號十一年奉陝督左文襄公調隨駐蘭州出長城經草地復返西安十二年隨定魁回駐徐州光緒元年日本假平臺灣生番名謀進襲督辦沈文肅公奉旨往援調君部以隨君至臺募熟番千餘編爲開山營躬自訓練使爲前導討平生番使日本無所藉口和議成功上晉秩總兵遇缺即補五年率部西歸因在臺時內地音耗阻滯有訛傳君死者定魁不加察遽白督撫以上聞甫奉郵典而君適歸走江陰謁定魁請正其誤不允君忿甚出手槍擊之定魁跳而免誤中巡捕江巨川仆地死遂走匿太倉轉遊上海時名捕甚急二三摯友爲謀避禍計更名選指捐雜職至黔易芴山按察陰識其非衙宮中人頗優遇之六年署四十八

溪主簿兼帶練軍一營九年補黄平舊州巡檢嗣署遠口巡檢錦屛縣丞水城照磨代理水城通判辦遵義牛塘等釐務旋署札佐巡檢值辛亥改革年已逾七十流寓貴陽不復歸老而彌健朋好過從談及當年戰事猶有廉頗據鞍顧盼之概一生經歷悉紀以詩輯集二册名曰血淚餘波生清道光戊戌十月十二日卒民紀第一乙亥四月二十六日春秋九十有八配許夫人承天福許得貴女生子阜山繼配倪夫人無出卒繼配邵夫人先君七年卒生子倪生殤女二長適姚聲虞次適嚴麓泉均紹興人之幕游貴陽者側室任氏生一女適許雪樵阜山遠宦新疆數十年絶音耗外孫嚴長林姚長生經紀君喪即以其年六月十四日葬貴陽城南河南莊邵夫人兆域中其戚文君彦生刺取君詩集中行實編爲事狀屬表其墓余纂省志職官志當於佐雜中得三人一印江典史吳秋莊一興義府經俞筱亭一羊場巡檢張龍門其品才文藝均可稱述顧未有如君之振奇者太平軍降清諸將如程學啓張國樑陳國瑞輩結局雖各不同身後姓字同一嘖嘖人口又烏知脚靴手版逐隊衙參中有縱横萬餘里大小百餘戰之囒嗜宿將在耶表君墓不禁英雄末路之感也〔按據此則誤報君死者爲唐定魁而傳作殿魁當是傳誤〕

沈錫慶字慶生東浦人清季留學日本讀律於早稻田大學既卒業爲法科教師於杭紹間民國紀元後歷任浙江江蘇湖南等省高等審判廳推事及永嘉吳縣上海等處地方法院院長所至皆有政績其在上海也第一次爲十二年二月至十六年三月北伐軍既定上海錫慶以平日馭下嚴有憾之者欲以蜚語中之爲之至軍中主者察其無他釋之旋得代去第二次在二十一年一月清積案改建看守所合特區五院組織

囚糧委員會事無弗舉而率屬之嚴一如前各任時二十四年去職二十五年六月病卒於家錫慶耿介絕俗意志強固既深於法家之學又畢生爲法官其言動一準諸法雖近精察然待人未嘗不厚其由吳縣調任上海時前任某虧蝕公款四萬金而逸原籍家產備抵僅値萬餘金妻孥離析錫慶憫之乃請於司法部停解印紙狀紙二五工本銀若干年以彌補之其獄得緩然錫慶與某固未相識也又有錄事將司法印紙混匿短報侵佔二千餘金例應緝追而主其事之書記官長亦難謝責錫慶慮株累衆乃自承失察幷以巳貲賠償之此二事尤爲同輩所稱道錫慶之祖母先烈徐公錫麟之姑也故錫慶少從徐公游丁未安慶之役徐公既殉國弟偉繫獄中久及錫慶自東歸百計思出之與徐公之弟錫麒奔走南北冀得一當屢遭挫折其志不衰會清亡獄解錫慶絕不以其事語人東浦之熱誠學校徐先烈所手創錫慶實贊助之民國三年燬於火錫慶復與同里陳燮樞請於省吏得補助五千金學舍以成迄今絃誦不輟錫慶內行醕備事親盡孝與弟錫裕友愛甚篤家庭之際人無間言乙亥年弟歿於家錫慶在滬亦病劇聞耗遽扶疾歸里爲之處理身後事勞苦感於外哀痛積於中支持經歲遂至不起云遺著有民法總則講義審判實務講義若干卷（采訪據行狀）

邵元冲　（節錄死國始末記所載事略）邵元冲先生字翼如原名驥浙之山陰人幼穎異嗜學十歲能文十三入邑庠當時有神童之譽十七進浙江高等學校治學益勤居常靜默不苟言笑每爲文則洋洋千言一揮而就以是師友尤敬愛之其時總理在海外倡導革命思潮所布漸入人心惟革命書報種類甚少且淸

庭禁之嚴尤不易得先生多方設法祕密購致每讀至憤激處輒慨然長嘯聲驚四座由是人多知爲有志之士而先生革命之動機亦已萌芽於此矣年十七與同邑蔡子民加入同盟會畢業後常思以政治爲推進革命之階年二十復就試己酉科舉拔貢次年考職以最優等入選授蘇省鎮江地方審判廳庭長執法謹嚴翌年東渡赴日晤總理參與革命是爲先生獻身黨國之始辛亥武昌發難歸國參加事定返滬任上海民國新聞總編輯於建設大政多所發揮尋同盟會改組爲國民黨總理親任爲上海交通部評議員兼編輯部主任討袁軍興與李協和發難湖口任長江各軍總司令部祕書長事敗走日本從總理組織中華革命黨兼任國民雜誌撰述旋奉總理命圖浙江任浙江紹興司令官事洩幾罹難遂走上海佐陳英士在滬發難及肇和事敗復與居覺生蔣介石等圖山東濰縣任中華革命黨山東警備司令六年從總理南下護法任大元帥府主任祕書及代理祕書長時先生雖公務鞅掌仍力學不倦總理器其才倚畀益深遂命赴美就學並襄助海外黨務先後留學於惠斯康新大學哥倫比亞大學並遊歷美洲全境調查各經濟事業社會黨勞工團體及工廠等以爲本黨組織及勞動政策之借鏡在美先後凡五載歷任三藩市少年報舍路埠僑星報維多利亞新民國報多朗度醒華報各撰述闡揚黨義喚醒僑胞不遺餘力十二年夏由美渡歐周歷英法德意各國考鏡其政俗人物視察本黨黨務是年冬奉總理命偕蔣介石代表本黨至莫斯科考察翌年本黨改組當選第一屆中央執行委員會候補委員旋遞補爲中央執行委員時先生尚在歐洲是年夏返國即被推爲兼代中央執行委員會常務委員並被任爲政治委員會委員大本營法制委員

會委員粵軍總司令部祕書長黃埔軍官學校教官代理政治部主任等職維時本黨改組伊始百廢俱興先生出其所見獻替尤多是年冬總理北上京津先生親侍左右任總理行營機要主任祕書北平政治分會委員北京民國日報社社長總理逝世先生與汪精衛戴季陶等親受遺命簽署遺囑襄理安靈事畢仍南下返粵任潮梅海陸豐行政長爲本黨推行地方自治首樹模楷是年冬返滬創設中山學院被推爲院長欲以總理遺敎貫輸於本黨忠實青年同志明年春復入粵任中央執行委員會青年部部長旋卽辭歸北伐軍興先生躬冒鋒鏑周歷湘鄂贛諸省旋赴浙任浙江政治分會委員浙江省政府委員兼杭州市市長三月而杭垣市政爲之一新十七年任廣州政治分會祕書長兩廣建設委員會委員中央軍事政治學校黃埔分校政治主任等職手撰廣東建設綱領於安定社會繁榮經濟諸大端多所擘劃復創設建國週刊樹立本黨中心理論尋赴斐律賓僑胞多從之是年冬被任爲國民政府立法委員並兼立法院經濟委員會委員長手訂經濟及勞工立法多起十八年春當選爲中國國民黨第三屆中央執行委員會委員及中央政治會議委員兼任中央民食委員會委員中央黨史史料編纂委員會常務委員訓政時期約法起草委員會委員並改組建國週刊爲月刊任社長十九年兼任考選委員會副委員長是年冬任攷選委員會委員長二十年任第一屆中央高等考試襄試處主任選任國民政府委員立法院副院長兼代理院長全國經濟委員會委員全國財政委員會委員首都建設委員會委員冬當選第四屆中央執行委員會委員兼中央政治會議委員中央宣傳委員會主任委員撫邺委員會委員財務委員會委員並再選任爲國

民政府委員廿一年五月選任考試院副院長旋選爲立法院副院長兼代理院長二十二年至二十三年任中央執行委員中央政治會議委員中央宣傳會員會主任委員中央黨史史料編纂委員會常務委員中央撫郵委員會委員中央財務委員會委員中央電影事業指導委員會常務委員立法院副院長全國經濟委員等職廿四年春辭中央宣傳委員會主任委員職代表中央赴陝祭謁軒轅黃帝橋陵暨周秦漢唐諸陵復周游陝甘青寧綏各省歷時四月始返京是年冬再被選爲第五屆中央執行委員會委員兼中央黨史史料編纂委員會主任委員及中央財務委員會委員撫郵委員會委員等職本年十月代表中央南下致祭胡故主席已而遊桂轉道返京適綏邊寇警奉蔣委員長電召入陝商討察綏抗敵軍事撫慰滇黔夷族問題並報告考察廣西經過居數日西安事變突起變起前二日先生在西安廣播電台演講統一思想與民族復興詞嚴義正正氣凜然遂益遭忌及變作先生因獨被害事至慘烈延至中華民國二十五年十二月十四日晚逝世享年僅四十有七生平志潔行廉自奉極薄服公尤清正纖介弗苟總理孫公及諸老同志胥知之甚深民十四屠太夫人之歿先生適留美不得歸總理特派林煥廷攜款之紹興爲治喪蓋篤念其清貧也民二十至二十一年間蔣公介石先後亦有所贈約三萬餘元固辭未獲迺以之充古北喜峯口等處犒勞抗敵將士及考察西北旅費之一部分並於民二十一年建修邵康節之安樂窩於百泉築住宅玄圃於白下著作有孫文主義總論訓政時期地方行政計劃美國勞工狀況各國革命史略廣東建設綱領建國之路心理建設論等並手輯軍國民詩選民族正氣文鈔俞大猷戚繼光詩文鈔等其他立

圃詩集玄圃日記及演講諸稿待刊

周樹人字豫才號魯迅城區都昌坊口人初入南京水師學堂旋改入路礦學堂畢業後派赴日本留學曾肄業於仙台醫學校二年其時已愛好新文藝回國後曾爲杭州兩級師範化學及生理學教師又任紹興中學教務長民國紀元後任師範學校校長旋赴北京任教育部員兼任北京大學師範大學女子師範大學國文系講師在執政政府時代曾被目爲過激派幾刋章名捕遂南游閩主厦門大學中國文學講座未幾復應廣州中山大學之聘任文科學長十六年至上海其時發生革命文學論戰有所謂語絲派者有創造社者而魯迅則語絲派之中心也二十六年病殁於上海其所著者有吶喊徬徨故事新編野草朝華夕拾憤熱風華蓋集續編而已集三閒集貳心集僞自由書南腔北調准風月談花邊文學其纂輯者有中國小說史略謝承後漢書輯本古小說鉤沈唐宋傳奇集小說舊聞鈔其校訂者有魏中散大夫稽康集十卷唐劉恂嶺表錄異三卷其翻譯者有桃色的雲一個青年的夢工人𢇍綏略夫愛羅先珂童話集小約翰豎琴一天的休息錶死魂靈一個壞孩子及其他苦悶的象徵出了象牙之塔壁下譯叢藝術論文藝與批評現代新興文學諸問題等書（采訪據其自叙傳略）

紹興縣志人物列傳資料第二編終

第二編校誤表

第頁	第	行	正	誤
一〇	前幅	一三	時巡撫	是巡撫
一一	前	四	八月	八日
一四	前	一五	又	乂
一五	後幅	一四	二十	一十
一五	後	一五	徵租	租祉
一六	前	四	櫬	襯
二四	前	一	蘭谿	蘭溪
四四	後	一三	諸弟	諸第
四四	後	一五	典籍	脫典字
四八	後	一四	棍徒下脫遇字	
五四	前	一	熱	熱
五六	前	一二	詞垣	祠垣
五六	前	一四	圢招	招圢

頁	前後	行	誤	正
五八	後	一	陵	凌
五九	前	六	名宦下應加〔按此與光緒上虞志所載略異可參看〕	
六〇	前	一〇	穎亳	穎毫
六八	前	七	緝	輯
六九	後	一二	用前	前用
八三	前	七	桐城	桐廬
八三	後	六	就直	就覔
八九	前	一二	祭葬	全葬
九七	後	七	嗚呼	嗚呼
九八	前	一四	田玫	田玟
九八	後	一三	咸豐	成豐
九九	後	一五	薛芳	薛芬
一〇二	前	一二	亂時	時亂
一〇四	前	一三	敗敵	敵敗
一〇六	前	四	恃勢	持勢

紹興縣志資料　第一輯　人物列傳校誤表

頁	前後	行	誤	正
一〇七	後	九	楫	揖
一一三	前	一	寄籍	寄藉
一一四	後	一〇	巡撫檄	巡撫激
一一五	後	九	居之	尻之
一一六	後	六	光緒	緒光
一二二	後	五	姚氏	挑氏
一二三	後	六	不敏	不欵
一二五	後	九	兩浙	浙兩
一二八	後	一二	請以	請於
一三〇	後	五	據涂	據徐
一四〇	後	一三	朝廷	朝延
一四六	前	一〇	光緒	光繙
一五〇	後	一三	兵團	兵團
一五一	後	一	程朱之學	程之學
一五三	前	九	圩	埨

一五三	前	一二	浙贛	浙豫
一五三	後	三	閩贛	閩豫
一五八	後	一五	曰昭	曰詔
一六二	後	一一	相勗	相勛
一六七	前	一〇	壽孝	孝壽
一六九	後	一四	陳太之太字衍	
一七三	後	一五	四品	四部
一八四	前	一四	縣庠爲生員	縣爲生員
一八六	前	七	夫君之夫字衍	
一九四	前	一一	稺	樨
一九五	後	一五	章銶萬傳已載百五十六頁此重出應刪	
二〇一	後	七	仲子下脱生字	
二〇一	後	一〇	源字衍	
二〇五	後	一一	滬上脱於字	
二〇七	後	一五	生命	性命

第一輯　名宦　厲賢

紹興縣志資料

李生翁題

中華民國二十八年十月

紹興縣修志委員會刊

紹興縣志名宦傳資料目錄

紹興縣志寓賢傳資料目錄

紹興縣志名宦傳資料

漢

馬臻字叔薦永和五年爲會稽太守創築鏡湖在會稽山陰縣西界築塘蓄水水高於田丈餘田又高於海丈餘旱則洩湖灌田潦則閉湖泄田水入海是以雖遇旱潦而無凶年其塘周迴三百一十里溉田九千餘頃民甚賴之然是時漢祚日衰宦豎專政豪右惡臻乃使人飛章告臻創湖淹沒人冢宅徵臻下廷尉乃使人按覆詭稱不見人籍皆是先死亡者所下狀臻竟被誣以死其後越民承湖之利歷千數百年終鮮旱潦之患至今立祠湖上祀之（乾隆志引萬歷志） 按歷代賢守及府屬各官本載舊府志名宦傳玆就其事蹟之著於本邑者重錄之下仿此

唐

皇甫政貞元三年爲浙東觀察使在鎭十年多惠蹟修治水利開鑿玉山朱儲二斗門以時蓄洩民甚德之（府志引萬歷志）（邵權朱儲斗門記云）朱儲當兩山之間南北二十步兩端稍陷鑿而通之植木爲杜分八閘其中石阜隆然存而未鑿（嘉泰志云）貞元三年二月自權宣州刺史授十三年三月改太子賓客

宋

任孟簡字幾道德州平昌人元和中爲浙東觀察使於山陰縣北開新河又於縣西北開運道塘民甚稱便其後陸亘繼之又置新逕斗門（府志引萬歷志）

范仲淹字希文，蘇州人，以吏部郎知越州，有惠政，嘗作清白堂記以見意。既去，越人祠祀之。至今郡中有泉曰清白，有亭曰希范，郡前有坊曰百代師表，蓋久而不忘如此（府志引萬歷志）祀名宦

曾鞏字子固，南豐人，嘉祐二年進士第，出通判越州。舊取酒場錢給募牙前，錢不足，賦諸鄉戶，期七年止，期盡，募者志於多入，猶責賦如初。鞏訪得其狀，立罷之。歲飢，度常平不足贍，而田野之民不能皆至城邑，諭告屬縣，諷富人自實粟，總十五萬石，視常平價稍增以予民，民得從便受粟，不出田里而食有餘，又貸之種糧，使隨秋賦以償，農事不乏（府志引宋史）祀名宦

王希呂字仲行，宿州人，渡江後寓嘉興，乾道五年登進士科，淳熙中除端明殿學士，知紹興府。尋以言者落職處之，晏如治郡，百廢俱興，尤敬禮文學端方之士，天性剛勁，遇利害無回護意，惟是之從。嘗論近習用事，語極切，至上變色欲起，希呂挽御衣曰：非但臣能言之，侍從臺諫皆有文字來矣。居官廉潔，無屋可廬，由紹興歸，有終焉之意，然猶寓僧寺。上聞之，賜錢造第，後以疾卒於家（府志引宋史及萬歷志原注云：時紹興和買絹最爲民病，雖屢經裁減，額數猶多，希呂復奏減六萬七千疋，太守洪邁繼而行之，由是越民始安。仕終吏部尚書、端明殿學士，晚移家會稽，貧不能廬，寓僧舍，孝宗聞之，賜地一區、錢六百萬緡，令有司造第于越之東隅，子孫世居於此，即今所稱後衙池也）祀名宦

王信字誠之，麗水人，遇事剛果，不避權要。初知湖州，據案剖析，敏如流泉，擢集英殿修撰，知紹興府，兼浙東安撫使，奏免逋官錢十四萬、絹七萬疋、綿十五萬五千兩、米二十萬斛。山陰境有狹猕湖，四環皆田，歲苦潦，信

創啓斗門導停瀦注之海築十壩化潟浸爲上腴民繪像以祀更其名曰王公湖又築漁浦隄禁民不舉子買學田立義塚衆職修埋加煥章閣待制徙知鄂州池州尋以通議大夫致仕（府志引宋史） 祀名宦

汪綱字仲舉黟縣人知紹興府寧宗時兼浙東安撫提點刑獄蕭山有古運河西通錢塘東達台明沙漲三十餘里舟行則膠乃開浚八千餘丈復創牐江口使海潮弗得入河水不得洩甃石通塗十里創一廬名曰施水往來稱便屬縣瀕海而諸暨十六鄉瀕湖灌溉之利甚博勢家私植埂岸圍以成田湖流既束水不得去雨稍久則溢入邑居田閭浸蕩瀕海藉塘爲固隄岸易圮鹹鹵害稼歲捐數十萬畝鐲租亦萬計以綱言詔常平司凡奇援巧請一切峻却而湖始復舊備緡錢三萬專備修築而海田始固綱謂郡臨海道密邇都畿軍伍單弱乃招水軍刺叉手專教習之不令他役創營千餘間增繕甲兵威聲赫然兼權司農卿直龍圖閣因任理宗即位爲右文殿修撰加集英修撰復因任又加寶謨閣待制寶慶初大水發粟三萬八千餘斛錢五萬賑之鐲租六萬餘石損瘠頓蘇無異常歲越舊有經總制窠名四十二萬其中二十五萬則紹興以來虛額也前後帥懼負殿以修奉攢宮之資倘增焉綱謂負殿之責小罔上之罪大摭其實以聞詔免九萬五千緡宿弊始革紹定元年召赴行在帝曰聞卿治行甚美越中民力何如對曰去歲水潦諸暨爲甚今歲幸中熟十年之間千里晏安皆朝廷威德所及臣何力之有尋以戶部侍郎致仕卒越人聞之多墮淚有相率哭于寺觀者綱學有本原多聞博記機神明銳遇事立決在越佩四印文書山積而能操約御詳治事不過二十刻公庭如水卑官下吏一言中理慨然從之（府志引宋史） 祀名宦

張遠猷字辰卿魏公浚六世孫也景定改元録張栻後以廕登籍咸淳中出知紹興直節不阿時賈似道秉鈞權傾一時遠猷爲郡守密邇京都自入覲外未嘗過謁權門似道營私第於郡治之西官僚過其門者下車馬如藩邸例遠猷於左右建二橋迂道避之其治行明察吏不敢舞文四境肅然運道淤塞疏西北河流七十餘里鏡湖田每患旱潦殫心溝洫以爲蓄洩民獲有秋作思明堂於府治後興禮學校朔望考校月給芻米以助貧士城外遺骼時加掩埋越人德之及報政加大中大夫賜緋魚袋致仕會蜀道梗阻因卜居山陰有屋數楹僅蔽風雨卒葬雲門石人山其後裔繁衍多簪纓爲邑之望族（府志引萬歷志）

元

脱帖穆耳字可與蒙古遜都台氏泰定三年以上千戸所達魯花赤分鎮於越攝萬戸府事時愍孝蔡定之廟爲民所侵慨然曰孝子不祀人奚以勸勒還侵地廟像復完元兵掠天台烈婦王氏死於清風嶺爲立廟剡有隱士吴君與之友善嘗言得附葬於二戴死不恨矣及卒輟俸爲葬於書院之側其好義如此性廉直不喜紛華晚闢城南齋閣懸弓劍左右圖書陶如也泰不華守越行鄉飲酒禮迎居僎輔升降不忒人望而敬之子月魯不花（府志引黄溍撰脱帖穆耳墓誌）

宋文瓚字子章裕州人由浙西憲司經歷累進禮部侍郎後至元六年爲紹興路總管始至卽大治廟學均坊都力役凡追逮程督悉用例設牌未嘗遣一卒寬酒榷鬻鹽筴瀕海輸漕官糧患尤大其千長凌蔑有司倍取斛面文瓚親總其出納自行省簿責之皆帖伏郡學有故宋丞相史忠定王所創義廪爲田三千畝故家

及先賢之後無以具婚喪者予米五石歲久不時給又有尅取之弊非挾勢要不可得乃考正舊規擇善士司之淫雨害稼假常平倉以賑次歲旱禱銅井龍湫雨隨至治民一本於仁愛然嫉惡最甚黠胥橫卒豪右武斷者必痛繩不少貸獲海濱劫盜六十餘人田里以安至正二年改山東都轉運使（府志引黃溍宋公去思碑）

貢師泰字泰甫宣城人泰定四年釋褐出身擢應奉翰林文字除紹興路總管府推官郡有疑獄悉爲詳讞而剖決之山陰白洋港有大船飄近岸史甲二十人適取鹵海濱見其無主因取其篙櫓而船中有二死人有徐乙者怪其無物而有死人稱爲史等所刦史傭作富民高丙家事遂連高史既誣服高亦就逮師泰密詢之則里中沈丁載抵杭而回漁者張網海中因盜網中魚爲漁者所殺史實未嘗殺人奪物高亦弗知情其寃皆白游徼徐裕巡鹽爲名肆暴村落間一日遇諸暨商奪其所賫錢撲殺之投尸於水走告縣曰我獲私鹽犯人畏罪赴水死矣官驗視以有傷疑之遂以疑獄釋師泰追詢覆案之具得裕所以殺人狀復俾待報餘姚孫國賓以求盜獲姚甲造僞鈔受賕而釋之執高乙魯丙赴所司誣以同造僞高嘗爲姚行用實非自造孫既舍姚因加罪於高而魯與孫有隙故幷連之魯與高未嘗相識也師泰疑高等覆造不合以孫詰之辭屈而情見即釋魯而加高以本罪姚遂處死孫亦就法其於寃獄詳讞之明多類此以故郡民自以不寃沾行爲諸郡第一考滿復入翰林爲應奉至正年間授兩浙都轉運鹽使至則剔其積蠹通其利源大課以集國用資之復除江浙行省參知政事二十年除戶部尚書俾分部閩中二十二年召爲祕書卿行至杭之

海寧得疾而卒〔府志引元史〕

泰不華字兼善伯牙吾台氏初名達普化文宗賜今名父塔不台仕台州遂居於台年十七浙江鄉試第一明年及第至正元年除紹興路總管革吏弊除沒官牛租令民自實田以均賦役行鄉飲酒禮教民興讓越俗大化召入史館方國珍亂以泰不華諳知賊情狀遷浙東道宣慰司都元帥使與孛羅帖木兒夾攻泰不華縱火焚之國珍遁去朝廷遣官招降泰不華親至海濱散其徒黨拘其海舟兵器既而遷泰不華台州達魯花赤十二年國珍復叛泰不華自分以死報國發兵扼之被害追封魏國公謚忠介泰不華尚氣節善篆隸

温潤遒勁〔府志引元史〕

邁里古思寧夏人字善卿至正十四年進士授紹興路錄事司達魯花赤時軍主將楊完者在杭縱其軍鈔掠莫敢誰何民甚苦之俄有至紹興城中奪人馬者邁里古思擒斬數人苗軍乃懼不敢復至其境邁里古思名聲遂大振會江南行臺移治紹興檄邁里古思爲行臺鎮撫乃募民兵爲守禦計處州山賊焚掠婺之永康東陽邁里古思提兵往擊之與石抹宜孫約期夾攻其巢穴山賊以平擢江東廉訪使經歷仍留紹興以兵衛臺治時浙東西郡縣多殘破獨邁里古思保障紹興境内晏然民愛之如父母江浙省臣乃承制授行樞密院判官分院治紹興會方國珍遣兵侵據紹興屬縣邁里古思曰國珍本海賊今既降爲大官而復來害吾民可乎欲率兵往問罪先遣部將黄中取上虞中還請益兵是時朝廷方倚重國珍資其舟以運糧而御史大夫拜住哥與國珍素通賄賂情好甚厚憎邁里古思擅舉兵恐且生事即使人召邁里古思至其私

第與計事至則命左右以鐵鎚撾殺之斷其頭擲厠溷中城中民聞之不問男女老幼無不慟哭者黄中乃率其衆復讎盡殺拜住哥家人及臺府官員掾史獨留拜住哥不殺以告於張士誠士誠乃遣其將以兵守紹興拜住哥尋遷行宣政院使監察御史貟童糾言拜住哥陰害帥臣幾至激變不法不忠莫斯爲甚於是詔削拜住哥官職安置湖州而邁里古思之寃始白〔府志引元史附注云案輟耕錄邁里古思西夏人僑居松江家貧授徒以養母性至孝名人士多與之遊至正甲午進士及第授紹興路錄事司達魯花赤比視篆天下雲擾所在悉瘝君撫字周至民愛之如父母苗帥楊完者縱虐無故刼府架閣照磨陳修家妻妾幾被汚君激怒填膺指揮吏兵收之郡民讙呼從事苗遂盡死後完者聞越民結義且固終不敢調兵渡浙江集慶陷江南行臺官置治所于越遂檄君總統義民護城池君更募得勇敢者二千餘人以果毅二字爲號被害後軍民爲君持服爲位以祭私謚曰越民考越六日拜自劾納印綬去君未死先三日有星大如栝椀紅光燭天墜鎭學門化爲石

呂珍字國寶安豐人偉貌多力沉毅英斷元至正十八年十一月以浙行樞密副使鎭紹興時明胡大海已克婺州次年正月陷諸暨珍浚濠立栅阻水爲固衆月城施釣橋旁置兩門便士卒出入月城外復起土壘左右横翼爲外護移城外居民淸野以待俄明師三路至乃開門延敵令曰彼遠來利速戰城外多水非用武地當以逸待勞觀其動而制之敵先攻常禧門珍躍馬向敵一騎來迎珍叱曰汝爲誰曰我捨命王也語未畢珍揮𠬶巳中其頤擒之遣總管焦德招等以舟師扼牛港廟斷敵營往來道所塡河連日親搏戰者老請

曰：「城之命縣於公，願毋輕出。」珍曰：「敵方銳，不身先士卒，誰肯致力？」我師嘗不利，退至月城，敵突入，珍在舟叱諸將曰：「今日尚愛死耶？」因上馬奮入敵軍，將士繼進，敵崩潰，逐北，摩壘而還。又嘗乘敵收軍，潛躡其後，至中堰，胡大海塞大呼而前，敵大亂。時敵兵四掠村邑，堀鮑姑吳後等堰，別將攻蕭山，悉分兵援築，乘間燒其寨柵，命戰船自東門出者入西門，自西門出者入東門，終日巡哨不絶。一日，敵潛水軍於浮草下，步兵翼之，珍立馬跨湖橋上，命游騎搜斬之。敵每以騎爲先鋒，乃多掘坑坎，布竹簽蒺藜，釘牌于泥中，至即顛仆被擒。時各門受敵，惟昌安通糧運出入。敵謀自箬簣山逾河趣石堰以斷運道，珍命元帥包玉等急攻之，總管德招亦引兵至，伺懈奮擊，焚其砦柵十餘里。又自官壩塡河至西施山，結砦山上，義兵又燒之。又自山後築路趣羅家莊，復擊敗之，迄不得至城北。自二月庚午至五月己酉，敵百計攻擊，四面齊逼，大小百餘戰，排柵樓堞，矢皆滿。珍隨宜應變，焚燒攻具無餘，陷陣擢堅，身當矢石，知人善任，賞罰分明，招懷降附，待以不疑，故人樂爲用。或有異志，輒先覺而處之，無迹，前後俘千百計，歸附者萬戸。馬顯祖等數十人生擒敵帥戈宗傑等五十餘人，至所擒士卒多不殺，縱還，有復擒者仍縱之，有三五縱者，其人投械拜伏。大海先遁，餘帥繼之，珍督兵乘勝逐北，驅戮無算，撫輯被難之民，論功皆歸於下，自以諸暨失守，堅請貶降，乃以僉院署職，尋授本省參知政事。事詳徐勉之保越錄中。〔府志附注云：案明志不立北傳，蓋有所諱也，今據保越錄補之。〕

明

彭誼，字景宜，東莞人。正統中鄉舉。景泰五年擢右僉都御史，提督紫荆、倒馬諸關。天順初，罷巡撫官，中朝有不悅誼者下遷紹興知府歲飢輒發廩振貸吏白當俟朝命誼曰民方急安得循故事耶築白馬閘障海潮歷九載多惠政超擢山東左布政使工部左侍郎遼東巡撫鎭遼八年軍令振肅年未老四疏告歸家居四十餘年卒〔府志引明史萬歷志云〕郡中官站湖田正稅既重復加折耗歲小祲則鬻產不能償官私困迫誼請按畝起耗不分輕重槩以三升爲率稅額耗乃大減民始獲蘇　祀名宦

洪楷字學濟莆田人初爲御史成化間出知紹興儉勤廉愼賦寬刑平民甚德之辛卯歲飢瀕海多盜楷令防守要隘盜遂屛息復勸富家出粟貸由是歲不爲害從子珠字玉方嘉靖初復知紹興寬厚文雅崇尙文敎建忠臣劉韐先賢尹焞祠封耆儒羅頎墓表節孝聘遺逸若王埜王琥輩皆躬造其廬一時士氣稍振尋遷本省右參政人謂大洪小洪先後同風云〔浙江通志〕

戴琥字廷節浮梁人由南臺御史來知紹興琥起家鄉貢而持身廉介馭八邑令長每甄別其黑白品第其高下稍有過輒庭叱之不稍假借諸令長凜凜無敢犯暇則舉行鄉射敎禮名士間至梅山造隱士羅頎之廬召諸長老與共商搉今古終日不倦卽窮鄉單戶有奇節獨行者封墓式閭唯恐弗及凡遇民疾疫必遣醫分療文廟樂久廢特崇修之朔望進諸生講論經史聽者竦動尤究心水利若上虞之夏蓋湖山陰之西小江疏防得宜扁拖玉山築塘建閘蓄洩有候潮患不侵功利甚溥至今去思有碑〔府志引萬歷志〕又〔邱清重修水利記〕西小江之水山會暨蕭四邑資以爲利近因潮湧沙漲水不能行戴侯建石牐凡六在山陰者五曰新竈曰柘林爲洞者四以泄江南之水曰夾蓬曰扁拖爲洞者三以泄江北之水曰新河爲洞者

二以泄麻溪五湖之水在蕭山者一曰龕山爲洞者二以泄湘湖之水小江雖淤積堰雖廢諸水悉有所往疏塞啓閉咸有法則諸費一出於官而民無與焉　案戴侯守越係成化十四年建閘在十五年至十八年有府境全圖記載水道甚詳且言曾爲柘林新竈等十三洞泄之遇非常之水亦不能支須于有石山脚如山陰顧埭白洋會稽柘枝新壩等處增置數閘則善矣其拳拳于民事如此　祀名宦

湯紹恩安岳人父佐宏治初進士仕至參政紹恩以嘉靖五年擢第十四年由戶部郎中遷德安知府尋移紹興爲人寬厚長者性儉素内服疏布外以父所遺故袍襲之始至新學宮廣設社學歲大旱徒步禱烈日中雨即降緩刑罰恤貧弱旌節孝民情大和山陰會稽蕭山三邑之水滙三江口入海潮汐日至擁沙積如邱陵遇霪潦則水阻沙不能驟洩良田盡成巨浸當事者不得已決塘以瀉之塘決則憂旱歲苦修築紹恩遍行水道至三江口見兩山對峙喜曰此下必有石根余其於此建閘乎募善水者探之果有石脈亘兩山間遂興工先投以鐵石繼以籠盛甃屑沉之工未半潮衝蕩不能就怨讟煩興紹恩不爲動禱於海神潮不至者累日工遂竣修五十餘尋爲閘二十有八以應列宿於内爲備閘三曰經漊曰撞塘曰平水以防大閘之潰閘外築石隄四百餘丈扼潮始不爲閘患刻水則石閘俾後人相水勢以時啓閉自是三邑方數百里間無水患矣士民德之立廟閘左歲時奉祀不絕屢遷山東右布政使致仕歸年九十七而卒初紹恩之生也有峨嵋僧過其門曰他日地有稱紹者將承是兒恩乎因名紹恩字汝承其後果驗（府志引明史）　（萬歷志）紹恩爲政務持大體不事苛細與人不欺人亦不忍欺始終清白然亦未嘗以廉自炫度量宏雅遇

士大夫有禮尤喜延接諸生諸生事涉身家必委曲調護然亦未嘗廢法也郡瀕海苦旱澇舊有斗門閘猶未得其要紹恩於三江建大閘功初起輒爲海潮所衝突役夫皆哭紹恩曰毋恐如是當益固耳時通判周表才敏慮周董視閘功勞績爲多越人祀以配湯侯焉〔毛奇齡循吏傳〕山陰東南有浦陽江爲三江之一上接金華浦江諸水北流至諸暨與東江合北過峽山東滙山陰之麻溪然後盡注錢清江而入于海是時浦陽已通浙第口隘浙常爲水反入浦陽而灌麻溪其錢清之入海者勢若建瓴又傾瀉不可止所以既苦潦又苦暵紹恩至相浦陽上流恢前守戴琥所開磧堰使浦陽之通浙者坦而易洩乃塞麻溪以遏其來不使浦陽之水得復入山陰東南于是相其尾閭凡在紹諸水濫則易澌澌則易竭者爲水坊海濱以伺潴瀉而定啓閉初錢清江下流原有二閘歲久堙廢紹恩相下流三江之口其地夾兩山爲浦陽入海故道下有石峽橫亘數十丈泅水得之乃伐石于山依峽建閘石牝牡相銜烹秫和炭以膠之石之激水者刓其首使不得與水爭下有檻而上有欅施橫坊其中刻平水之則于杜石間而啓閉之兩堤築土冶鐵而澆其根凡二十八閘閱一年工成共得良田百萬畝漁鹽斥鹵桑竹場畷亦不下八十萬畝初紹恩築隄隄潰有豚魚千頭乘潮而上衆驚告紹恩曰此隄成之兆也在易之中孚豚魚吉利涉大川　祀名宦

南大吉字元善渭南人性豪宕雄于文與康海胡纘宗諸人齊名嘉靖初以部郎出守郡同知靳塘多知譎在任久諳諸利弊大吉下車每事諮詢塘以書生易而謾之大吉陰察其情既三月一日坐堂上召諸吏抱案集庭下數之曰若等善欺予某事然若以爲不然某事不然若以爲然亟持案來案至立剖數十事悉中情

理人人慴伏塘駭汗齚舌不敢出一氣由是飭條教頒下邑懲奸戢暴不撓貴勢巨豪石天祿戴顯八者嵩盜致饒官府素不能治悉逮捕斃獄中每臨重囚必朱衣象簡秉燭焚香大開重門令衆見之望見者以爲神人不可犯然頗傷苛急當是時王文成公講明理學大吉初以會試舉主稱門生猶未能信久之乃深悟痛悔執贄請益文成曰人言不如自知之明自悔之篤於是稍就平和乃葺稽山書院創尊經閣簡八邑才儁弟子講習其中刻傳習錄風示遠近文成振絶學於一時四方雲集庵廬相繼皆大吉左右之也又嘗濬郡河開上竈溪理侵壅役丁夫遂籍籍騰謗矣以大計落職去大吉政尚嚴猛喜任事不避嫌怨竟以是蒙訾然鋤奸興利至今賴之其功不可掩云（府志引萬歷志）獻徵錄云大吉正德辛未進士知紹興政修廢舉建稽山書院萃屬邑髦士教之成者什九囚不決者一鞫即得其情屬吏有被誣者特爲洗雪盡力陂塘備旱澇運河爲勢家所侵疏而復之郡有大盜數爲權要所庇悉置之法有學士侵王右軍謝太傅故地悉剖歸其主竟由是罷歸　祀名宦

吳成器安徽休寧人知星象及遁甲六壬諸術父尉靖州器往省値苗亂厮陽應募有斬獲功授會稽典史嘉靖間倭寇東南監司以兵三千五百授訓練大敗之後倭入會稽設伏邀斬之入嘉興王江涇與趙宣慰陣徑先趙犯倭斬三巨酋獲千餘級倭又據陶家堰連敗諸道兵器偵知堅脆擊斬數十人冬敗之曹娥江又敗之龕山明年春倭復至山陰後梅器奮擊斬八十餘生擒七十人趙御史胡統制上其功擢布政使經歷丁父艱有旨奪情授紹興總兵通判浙諸郡賴以安勒石祠祀之所得賞金悉分戰士故所向有功大小四

十二戰手斬千餘級寇平致仕歸〔據寄園寄所寄參看嘉慶山陰志卷二十二武備〕

李僑字子高長清人嘉靖乙卯間倭寇擾越境前守某性悍急城守張皇賊未至衆已先潰尋以罪罷僑爲武選郎有聲遂簡知紹興既至務爲持重令壯丁悉歸田郊市晏如賊亦竟不敢犯督府方用兵征求四出僑每持議節省又欲發會稽銀礦佐軍費僑堅不可督府雖怒之而事竟寢其爲政精嚴吏屏氣不敢玩越俗少年競尚淫靡有犯必痛繩之即請託交入弗貸時山陰李令北人也每出則以兩鐵索前導而僑出必懸兩爐爇香越人爲之語曰府香爐縣鐵索一爲善一爲惡在郡六年乃遷按察副使備兵寧紹鎮靜輯和大都如治郡時官終山西左布政使〔府志引萬歷志〕

吳廷雲號白溟萬歷庚戌進士知山陰縣捕巨寇邵明等二十九人甬東始安築海東塘四十五里溉田萬餘頃以剛介失當路歡令永新歷南國子助教尋擢戶曹出守瓊州革屠牛錢三千餘金捐椰椰歲五千金抵解遼餉秩滿遷成龍兵備尋改高肇以璫熖告歸後累薦不起〔建陽縣志〕按嘉慶山陰志職官表知縣吳廷雲萬曆四十年任

許如蘭字芳谷廬州合肥人萬歷丙辰進士由工部郎簡守紹興三江自湯守建閘久漸圮如蘭捐俸修築一還舊制海塘關係三縣田禾晝永久疏通之法越民賴之〔浙江通志　府志〕

孫蘭字畹仲無錫人崇禎進士知紹興會歲饑定賑救法預爲分區使鄉官分主之籍記饑民之受賑者合萬九千六百零口立廠二百七十六所設散米給錢粥廠移粥藥局病坊官糴民糶官積民積諸事共二十六

則浙東三府十九縣皆行其法所全活以千萬計御史祁彪佳著爲救荒全書一十八卷可歲行之如官積先斛厫于秋收時征米每畝征升以時直給契登厫次年官出如舊直民積計民田積米凡二十以上畝積五升六十以上畝積七升百畝以上積斗二百以上遞增而米藏於家不俟官驗明年計畝以時值糶米於本圖其法如此陞廣東按察司副使〔府志〕

陳子龍字卧子一字人中松江人幼穎異以經世自任喜縱横之術與郡人别樹壇坫名曰幾社海内多宗之爲文法王李加以富麗與江右艾南英爭名相詆訕不肯下登崇禎丁丑進士授惠州推官改紹興折節下士與諸生多敍盟社之交先是東陽許都者名家子喜任俠輕財好施能得人見天下將亂陰以兵法勒其所知松江孝廉徐孚遠見而奇之謂子龍曰許都國士朝廷方破格求奇材倘假以職隱然干城也子龍在紹興因與都遊數薦之上官不能用東陽令姚孫棐貪而虐與都有違言會都有母喪送葬者數千人令疑有變遂以反聞都黨執令笞之旬日間聚數萬人下東陽義烏浦江三縣浙東震動然都一無所殺掠遣從者謝長吏而已巡按左光先調兵行勦民各保寨拒敵官兵大敗子龍單騎往諭之都即解散其衆以二百人隨子龍來降光先忌其功即論殺都子龍救之不得大恨當是時按臣專生殺而光先尤庸懦夫都以一書生能集萬衆其才必有大過人者感知己一言投戈就縛此豈悖逆之人哉激於貪令無以自明不得已走險耳使貰其死令率所撫衆渡江逐賊自贖當必有得當以報者而顧令梟俊之士駢首同盡子龍記其事曰激變之虐令不誅受降之功績不敍官軍勦殺平民株連無辜賊平數月騷騷不得寧嗚呼即此一事

知明之所以亡矣以招撫功擢兵科給事中子龍深痛負都不赴也南渡起兵科子龍言自古中興之主如少康周宣皆躬親武事以克仇邦三代以後漢之光武唐之肅宗莫不身先士卒戎車數駕故能光復舊物未有深居法宮之中履安處順而可以勘定禍亂者今者人情泄沓不異昇平從無有哭神州之陸沉念中原之榛莽臣瞻拜孝陵依依北望不知十二陵何能無恙否而先帝后之梓宮何在興言及此陛下當嘗膽臥薪宵衣旰食而羣工庶尹亦宜砥礪鋒鍔奮發志意以報仇雪耻是務庶中原可守舊京可復竊聞山東河北義旗雲集咸拭目以望王師朝廷宴然置之度外何以收三齊技擊之雄慰趙燕悲歌之士乎臣恐天下知朝廷不足恃不折而歸賊則豪杰皆有自王之心矣伏望陛下夙駕幸京營大閱之復弭節江滸大集舟師分命武臣一至蕪湖一至京口以視險要固根本使天下曉然知陛下下詔親征六師北發歸重淮泗令一軍由歸亳以入汝雒次潼關一軍由襄鄧以攻武關出褒漢巴蜀之甲燕晉之師則用之爲奇兵爲聲援逆賊授首可計日待矣又言防江之策莫過水師海舟之設更不容緩又言備邊三害又言收復襄陽皆當時至計莫之能用也甲申八月請假歸里馬士英深忌之恐其或奉潞藩以清君側未嘗一日忘子龍也南京不守閏六月十日淞江起兵子龍設太祖像誓衆沈猶龍稱總督兵部尚書子龍稱監軍左給事中延致水師總兵黄蜚吳松副總兵吳志葵故巡撫王家瑞蘇松道李向中等爲守城計閩中授子龍兵部右侍郎左都御史浙東授兵部尚書節制七省漕務八月三日李成棟破松江子龍逃匿無何而有吳勝兆之事勝兆提督松江長洲諸生戴之儁客其所敎之反陰遣人約舟山黄斌卿令率師來攻而己從中起事斌卿

以故所封伯印授勝兆期於丁亥四月十五六兩日水師至松江勝兆爲謀不密國人皆知之同知楊之易推官方重朗告變于總督總督殺勝兆部將之在金陵者畢光勝勝兆知事洩亦殺之易重朗下令入海使其中軍詹世勳及高永義偵海師之至而海師已於十四夜爲颶風所没世勳永義登東南城頭而望烽烟寂然兩人遂變志以兵劫勝兆矯其令箭召勝兆所親信者盡殺之戴之僞亦死執勝兆送總督窮治其獄詞連子龍子龍亡命與華亭夏之旭同奔嘉定告急於侯岐曾匿其僕劉馴家已遷崑山顧天逵所官跡捕至嘉定執岐曾而總兵巴山別遣兵圍天逵家遂獲子龍鎖於舟中泊跨塘橋下子龍乘守者不備躍入水死五月某某日也其以匿子龍死者延安推官顧咸正諸生侯岐曾張寬夏之旭（南疆逸史）

于穎 （錄全祖望撰事略）于公諱穎字穎長一字九瀛南直隸金壇縣人崇禎辛未進士累官尚書工部員外郎知直隸順德府再知陝之西安府以事罷官尋復起爲尚書工部郎知紹興府越人最重在水利前此以賢太守著者東莞彭公誼浮梁戴公琥富順湯公紹恩至湯公築三江應宿閘以洩水而越之水乃大治然三江閘在下流能洩水不能引水能禦潦無以處旱崇禎之末適苦旱左都御史劉公宗周家居謂惟通麻谿壩更於壩之上流通茅山閘則可以引潮抽鹹蓄淡而歲雖旱不爲災及其潦也則閉之是皆本浮梁戴公成規也諸紳余公煌姜公一洪以爲良策而蕭山愚民挾形家之言阻之爲方檄口詈劉公時持節分巡浙東者爲余公鵾翔以諮公公曰總憲之言是也下官當力任之乃捕蕭山之梗令者杖而梏之事得集既集連年雖大旱不爲災民乃翕然吏頌公公雖爲太守然每事必諮於劉公若弟子者乙酉遷分巡寧紹

台道馬士英以太后至浙江劉公泣謂公曰事乃至此若非斬士英無以收既潰之人心公於是再疏請誅士英不報劉公又曰明府竟申大義於天下可矣公自以外臣未可擅殺宰相不果行乃與劉公東歸謀結姚之熊公汝霖共起兵而王師（清）已入杭劉公絕粒公亦入雲門山中觀變通守張愫以城迎降貝勒即令之知紹興府會義興伯（鄭遵謙）以蒼頭軍起斬張愫遣民迎公公馳至望城哭城中人曰于公來吾事濟矣初公密使前指揮朱壽宜朱兆憲（東南紀事作朱兆殷）等募兵是日各帥至而前副將劉穆募兵五百至前參將郭惟翰都司金裕募兵五百至守備許耀至以官兵五百至前指揮武經國募兵六百至前太僕來方煒前職方來集之亦各以兵至公乃以小舟挾短童而西蕭之新令陳瀛出謁公執之貝勒之使以榜至公又執之焚其榜鳴鼓令衆誓於都亭閏六月十三日也公遂以五百人夜赴固陵前所遣諸生莊則敬等以江船百餘艘至王師在西岸未之知也公兵無甲乃借絮衣於固陵之民各一沖潮竟渡蕭人沈振東爲之導盡驅西岸之船而東至中流王師始知之則無所得船公軍上東岸大噪遂畫江而守一軍扼潭頭一軍扼橋司一軍扼海門一軍扼七條沙於是王師拽內河舟百餘於江又扎木排塡土擬東渡公復遣死士陳勝等沈其舟會風作木排飄向東岸各營勾致以爲用時以爲神助公謂諸將曰杭已有重兵攻之不易莫若於下流出橋司入海寧出海鹽以通震澤上流由潭頭入富陽通餘杭以扼獨松關昨聞海寧兵已起而富陽尙爲清將鄖斗金所據不可坐視乃遣劉穆夜襲之遂通餘杭之道故餘杭令邱若濬與瓶窰前副將姚志卓來會劉穆駐師清風亭以爲援王師突至復入富陽義士劉肇勷等死之王宗茂阮維新等

力戰公自漁浦渡江救之富陽復定于是方國安得駐七條沙江干立國王師所以不能遽渡者以公之取富陽也〔原注或以爲張公國維之功者非〕監國至越晉公按察使巡撫事已而晉公右僉都御史督師公自爲一營守漁浦時正兵爲方王二家義兵爲孫熊章鄭錢沈六家杭人陳公潛夫等以客兵别爲數家而公參處其間然内外交訌爭兵爭餉公以守土臣㷀力支拄則視諸公爲最苦王之仁尤惡公一日會於潭頭語次之仁拔劍擬公馬士英以身蔽公得免已而聞王師且自海道至乃移公守三江口公先已三疏辭官不許至是連章陳危急而方兵走列戍潰公扈從不及由海道還京口黄冠杜門不出乃公保身之哲又自有不可及者己亥海師入江京口失守薦紳以及諸生雲集其營公獨以事可未知避之山中及師退京口士大夫之禍最烈而公高臥竟無恙公之去越已踰百年志乘以嫌諱不爲公傳吾鄉林都御史時對嘗傳公今亦不可得見其能言公之事者鮮矣蕭山愚民遂閉厰谿茅山二水口不復爲通諸遺民如陳先猷輩力爭之不能得可歎也予掌教蕺山嘗欲即精舍中爲公謀一席之祀以辭歸不果爰采摭諸野史以爲事略一篇上以著公之大節下以志越中水利所關後世之稽古者定有覽於斯文〔鮚埼亭集〕

清

張三異漢陽人進士康熙七年任紹興知府力舉廢墜捐俸重建郡庠育才興行多士嚮風祀義愛祠〔浙江通志〕

許宏勳字無功又字无公奉天遼陽諸生以父廕除刑部員外郎歷雲南順寧知府後補紹興康熙十三年吳

三桂反滇黔耿精忠繼之遍布僞劄於浙東奸民互相煽訌遂倡亂連陷諸暨嵊縣新昌刻期攻郡城時副將許捷漫不經心宏勳謀城守事具而賊大至時七月十三日也賊攻常禧門擊却之又從南渡河攻稽山門銳甚宏勳燃巨炮擊賊皆糜爛次日賊復攻五雲門宏勳闢門率衆出城斬賊首數百級溺死者無算賊奔還稽山門十五日寧波援師至與戰連敗賊衆追至亭山十七日會城滿兵過江賊聞之潰散初大兵欲入城搜賊耳目至錢清人情洶洶四匿宏勳善清語反覆開譬力止之時郡城獲全屬邑猶未靖八月至大嵐山諭賊吳雙期降之十一月偕參將滿貴進由仙巖直抵賊巢遂破長嶺長樂太平開原蔡灣賊寨賊勢頓衰至桂門山乃班師越境以寧人人謂許公生我總督李之芳疏薦擢副使分巡寧紹以丁憂歸後累至河南布政司使卒於官（府志）（余縉續保越錄序云）公下車甫數月逢閩變一時鼎沸率師攻討旬日内悉殄根株嘗身詣賊巢諭禍福賊既感悟忽中變左右皆洶懼或勸易服遁公叱之酣寢達旦賊不敢動有間道逸去者輒爲邏卒所獲蓋公已先期設伏雖鋌走無脱者顧駭以爲神撫事乃定（殲寇記云）康熙十三年七月賊百道進攻公隨宜策應命民兵休番蓐食以待之賊之自箬簣山渡河攻五雲也公謂賊驕且憊可以出戰約以礮聲突出截殺斬獲及溺死者無算會城寧波之兵皆公先期請濟師夾攻先是郡兵六百餘名調赴三衢營伍遂虛比賊傳城城中兵不滿百公單騎呼於市市人持槌梃從之者頃刻萬計咸曰我公呼我可不殫力乎由是垣堞無隙地前此臺符屢趣集民城守公曰小民各有生計無事而錮之城上是坐困也有急呼之可耳民懷公德故罔不應公知城内賊間甚繁必舉火爲應令凡衢巷俱家懸燈

炬固守栅欄賊知有備終不敢發內應絕而外勢孤矣稽山素僻陋用紳士議秉炬塞之并撤春波橋遏其衝已而賊犯門熾薪爇火終不能克身當矢石目不交睫者三晝夜剿撫剗寇援將憤其負固欲盡屠之公力主招徠保全者億萬戶迄今言及咸感泣而公未嘗自伐其功繙從闉城中目擊公決機應變約書之爲記

李鐸字天民奉天鐵嶺人以兵部武選郎中出知紹興鐸爲政尚嚴甫下車廉得奸人十餘輩笞殺之民惴惴側足無敢忤者性喜有爲自郡署城垣社稷壇暨鐘樓驛舘書院賢祠一切陂塘古蹟期年俱振起立變從前惰窳然皆徵令猝辦不久即頹廢鐸亦不顧也康熙二十九年餘姚大水漂溺人民廬墓以巨萬其存者飢乏待斃鐸與知縣康如璉設粥廠數十哺之已又念就食妨業乃令各鄉坊上民籍每男婦一人給米四斗幼者半之復製木棉衣若干予寒者全活無算鐸聽獄頗任喜怒亦間爲黠者所紿然守越四載始終不名一錢後亦漸寬和三十年調繁杭州民遮道送之蜂擁大哭鐸亦流淚相酬呼聲震屋瓦爲去思盛事焉後以詿誤左遷補霸州守卒於治所（府志）

周範蓮字效白長洲人雍正庚戌進士入翰林典乙卯貴州鄉試改授嚴州府知府力請豁免所屬田畝之已廢而征者庚申調守紹興修江塘海塘治夏蓋湖官田濬餘姚汝仇湖修育嬰堂普濟堂郡大水廬舍漂沒無算親察往勘失撫綏法民譁範蓮即日發賑治爲首者一人衆乃服又念傭作之民不在賑數乃議築湖田隄埂榆柳利濟二塘禦水患以工代賑存活甚衆郡有蕺山書院聘孫灝方𣊟如陳兆崙徐廷槐諸名宿

主講席文風大振嗣以母老歸養服除改授廣西南寧同知署鎮安府引疾未歸而卒著有學古齋詩（府志採行略及方黍如序）

俞卿字恕菴別字元公雲南陸涼州人康熙辛酉舉人五十一年由兵部郎知紹興值颶風山陰後海塘盡圮漂沒田廬無算視事甫畢卽躬督畚梮次年颶復大作怒濤狂驟土塘不能禦乃盡易以石定江田歸江之例令分値歲修上虞海塘圮亦久潮直入夏蓋湖環湖七鄉田十餘萬畝雖甚旱不敢以勺水灌田海又大嚙蕩無尺土復議易石親往監工築石塘二千三百餘丈土塘萬一千餘丈接築會稽防海石塘三千餘丈蕭山西江塘四百餘丈修麻溪壩及山西閘越中自是無水患又以餘力繕城浚河大修禹廟學宮新廨署及城隍神祠創蕺山書院置田以贍之在任十有餘年百廢具舉性剛果治尚嚴峻越俗積弊爲之一清擢豪強撫貧弱猾吏豪民誅竄殆盡八邑震肅野無行盜人方之國僑治鄭云（乾隆府志）閻紹孟津人海塘之役以同知監視工匠勞效甚著（府志職官）

〔附錄宗稷辰撰白俞兩太守祠記〕爲守土吏膏澤之入人也深則沒世而祀之如成都之祠浚儀之社尚已大抵身被其澤者不能忘歷世久遠斯浸忘之矣卽傳之書册與故老所稱亦漸衰矣非有大功德垂千百年鮮克修舉其禋享者必如漢之馬公明之湯公乃可以終古而不敝然則白俞二太守之復祀於種山其說安在攷府志山北有白太守墓其下有祠嘉靖間郡守屠君明道所創立是在永福寺旁今墓尙存而祠在寺旁之址已成荒塚春秋仲月有司循例設位祭寺中以爲常寺與吾家近葢自稷辰幼日至今但見

祀禮存而失其所非一日也白公由判升府在正統十二年〔原注陝志爲永樂九年鄉舉〕其德政志若未詳近有從剡中來者稱貴門山三潭爲龍所居有潭頭祀太守白公及公子相傳歲大旱父子走巖嶺求雨雨驟至公子沒潭水中人德之爲立廟祈禱甚神恍然曰白公之不廢祀有由然矣則祠曷容廢諸若國朝爲越守而民不能忘者莫如恕庵俞公公之視越無異乎其家也越之境有利於民生者公無弗盡力也有關乎名教者無弗殫心也條舉目載自成一書曰實政錄後之賢者莫能過焉昔者祔祀之於義愛祠後爲胥吏所居恢其外宇以奉他神而所謂義愛者藏於後室不可見則雖像設如無有矣將復白公祠曷弗更祠俞公使小民毋忘其舊德而長吏感發於前徽以詢於衆皆以爲善道光己酉歲稷辰念永福之名創自六朝迄於南宋屢圮屢復且白公祠與相維繫不容任其廢也於是與里人修之而白公祠復建於寺門之左俞公祠新建於寺門之右鄉農里婦見佛廬則加禮過先賢祠宇或弗之知今入廟門者先見兩公之儀容因而敬之如禮絲氏將使馨香無缺而修葺無窮存古寺即長存二祠安得以不類疑之爲兩太守祠記而永福之修不待別記焉其出資之士女爲二公來者與爲慈氏來者亦得附書於後〔躬耻齋文鈔〕按白公名玉漢中人明正統中任紹興知府墓在臥龍山後舊府縣志均載之惟其事蹟不詳故附錄此文於此

葉左寬江蘇長洲人康熙五十九年舉人授山西定襄縣知縣通達政體悉民隱滌煩苛不假胥吏故事辦而民不擾雍正八年陞沁州知州署潞安府知府除無名諸稅復四門集以便商民民大懷畏歷權平陽太原治行爲山西最以十二年卓異引見賜蟒服擢浙江紹興府知府紹興有惰民格殺士衆譁將罷試左寬在

三江閘飛騎至數言剖解試如初尋調金華府東陽縣飢民求賑者萬計左寬曰按册施賑是賑册非賑民也乃召飢者前注名於册而撻其二人衆乃定二人者一婦人曾以訟至官服華服至是易敝衣乞賑左寬識之令褫其敝衣内華服如故一男子容甚澤令飲皂莢汁嘔出酒肉衆驚服冒賑者潛散去在金華三年多善政擢杭嘉湖道既久人爲立祠遇其生日張燈合樂以祀有武人自沁州來者言沁州亦有祠曾於左寬生日過其地祭獻者擁馬首不能行是時左寬去沁已數歲矣旋調金衢嚴道衢州地高西安龍游諸縣素築壩蓄水溉田木商入山者私開壩行水日涸左寬嚴禁之民皆稱便八年移寧紹台道釐關政修戰艦親巡外洋雖遠必至紹興水蕭山諸暨民多挾衆詣縣求食巡撫惡之不欲賑左寬曰某來時民飢幾欲死何忍坐視其塡溝壑耶繼以泣請巡撫心惻聞於朝遂得賑左寬以饑而賑常不及因議修復紹之鑑湖寧之廣德湖用資灌溉會去官乃止著浙東水利書冀後有行之者丁父憂歸遂不出卒於家〔清史列傳〕

朱煦　〔錄盧文弨撰家傳〕公諱煦字育資別號涵齋系出新安朱氏明初安五公爲吏部左侍郎寄籍江南揚州之泰興時守常郡者與安五公有舊其屬縣江陰江中有新漲沙名馬駄沙人不利有之守因以歸於公蓋揚與常雖隔郡而由泰興至馬駄沙道甚近公於是闢草萊治溝塍招貧民給籽種歲餘得腴田八百畝生聚因以益盛至成化七年遂建爲靖江縣仍屬常州故少宰之子孫世爲常之靖江人其顯名者甚衆具載邑乘中公祖諱沐麇貢生候選儒學訓導未仕所著有竹牕詩集行世考諱懋德歷知直隸完縣山東夏津長淸以公貴並封贈中憲大夫公幼誠篤不苟言笑以國子生就順天試見器於諸老前輩旋丁母聞

太恭人憂居喪哀毁致疾踰年始獲痊時長淸公以疾辭官家居有三子公居長年幾壯矣長淸公欲其展力國家以補生平未酬之志入貲如例乾隆二十年選授刑部貴州司員外郎無錫秦尚書綜部事留意人材以公爲能凡有現審案件率以委公公詳愼研鞫悉得其情先是凡旗主以家人酗酒滋事送部者準例概行發遣公覩其所下狀質之於庭不能實因稟堂官拘集錄供乃其主私僕婦欲遠其夫故以此坐之事遂不行而舊例亦重定在刑部三年轉戶部江西司郎中兼現審處又兼督催所二十六年京察一等記名以道府用値浙江巡撫番禺莊公入奏以紹興郡大事劇急須幹員爲請遂特授紹興府知府是年九月至任越地多以健訟爲能每駕詞聳聽逢放告期多至二三百紙狀内多引條例以爲言謂如是可以挾制也公一一閱之情僞畢露擇其尤不合於理者卽予杖懲又少年無賴者擾害里閭且詭立名字以自標異如九尾狐小羅成賽桊瓊之類俗所謂綽號是也其所到人皆畏之或雖被害亦不敢言葢其結爲死黨者衆也亦有身列衿士而結交吏胥以誣詐傾陷人者公皆廉得其實案名捕治於是受其害者咸得以狀訴擇其爲惡甚者流之遠方餘亦議罪有差地方爲之一淸士民咸額手稱慶曰今而後得以安枕矣乃以驅惡綏良四字匾廳事以頌公德其餘審斷命案少有疑竇不肯卽據縣申完結屬邑諸暨有賈人陳姓者其父夜出以其子守店晨歸則店中之銀一空尋其子已死於宅東之隙地身負刃傷者三縣方懸緝有鄰人駱文達者曰殺人者某某等也指證似實縣已成招解犯過府公覩其狀類寃抑且思殺人爲下旬五日之夜於時月色甚微去死所約六丈有餘駱文達登樓遠望其行兇先後并各人所著衣色焉能了了至此於是

亦如其期夜中令駱文達立舊處擇其鄉鄰素所習者三四人立死所令駱辨其某色衣者爲誰某竟語塞加以嚴訊始得其挾嫌妄攀之實而負寃者卒得昭雪郡中蕺山書院爲教養英俊之地非明師不足以造士公訪得烏程孫太史名人龍者品端而學優即以幣禮延至向諸生中亦有一二不馴謹者及孫至士皆帖服無異論是年登賢書者五人明年中進士者二人公既歸而後政尙挽留孫不令去後竟卒於越其子遂入籍山陰此固見衆士事師之誼而公之爲士求師與父兄之爲其子弟何以異宜乎至今而不忘也二十七年翠華南巡凡所承辦敬謹無誤蒙賜賚甚優五月差竣即派同杭台寧波三府修建海寧塘工又因塘石俱出紹興之羊大兩山撫軍令三府應採買者俱解銀交紹興代辦公於尺寸一稟成規日往監採絕需索之弊凡在工之宕戶石匠等無不踴躍急公塘工自始事以至告竣不扑一人而事集明年秋大雨越地四面環山外爲大江內多巨湖雨大宣泄不及泛溢成災八邑中諸暨尤甚公親往察勘近江者導之入江近湖者導之入湖又確核成災戶口應派郵者乘小艇以胥吏各一自隨其淺灘難達處坐大木盆四五人扶曳而行村民往往竊指曰此太守活我命也亦間有不火食之時唯食果餅充飢而已勘定後詳請振濟大吏入奏奉旨如所請皇仁浩蕩使數十萬生靈不致塡於溝壑而公之盡瘁奉職亦可謂無絲豪遺憾矣是冬念長淸公年及七旬唯季子依膝下不可不急歸養然非獨子於終養例尙不合遂以疾請告時公年三十有九大府不聽其去公陳懇甚至乃許去之日郡民涕泣攀追者以萬數歸及一載遂丁外艱向使稍濡滯不去官其抱終天之恨者將無窮矣三年中哀傷慘瘁幾至骨立自是遂無意仕宦既而患怔忡因

以四十二年四月終於家年五十有三公自出仕以來謹持廉隅公事方急至自出家財以佐之未嘗稍有科率公考嘗捐田七百餘畝以贍族人公謹遵其制而復推廣之家居十餘年無一字入公門人亦敬公長者亦不敢以無禮忤公律身勤儉以是率其子孫士大夫稱有家法者莫先焉〔下略〕〔碑傳集補〕

李超孫字奉墀號引樹嘉興人乾隆乙卯舉人官會稽教諭剖析經義務爲根柢之學尤深於詩著有詩氏族攷及拙守齋集其訓課諸生悉依雷副憲鋐學規條約士習文風賴以日上〔采訪參輶軒續錄〕

覺羅百善滿州人嘉慶間知紹興府事十六年閏三月去任時士人賦詩以贈者甚衆且自西郭門至西興驛百里人民扶老携幼焚香遮道相挽留兩日始得西渡時年已七十矣其在任時丁卯戊辰二歲越州水災流行諸蕭二邑尤甚即申憲發粟振飢並勸平糶又因蕭邑江塘稍決禾稼無成爲之輾轉乞捐民得全活者甚衆因修築西江塘且免蠲租稅又孤貧糧久爲甲首等秉扞公洞悉其弊乃使預繪孤貧形狀按季聚集公庭查對年貌唱名給發越城育嬰堂久廢公首先捐廉議建又兩次修葺禹陵一次修葺學宮並在蕺山親爲課士亦一難得之賢知府也〔采訪據越中贈別集〕

許松崖〔名待考〕北平人嘉慶二十任紹興知府十年又重署府事有惠政子伯墳〔名待考按道光十六七年知會稽縣者有許發和或即此人〕道光間知會稽縣事十九年與山陰縣宋雲笏同建義倉以廣積貯次年英人啓釁曾率練勇於姚江海口擒其偵諜並勸捐修城〔陳秋水撰許松崖德政詩存敍云〕嘉慶十年春松崖公祖權紹興事時余在金陵聞之心喜爲吾郡賀兹歎上官之知人善任錫福兹土爲不淺也先

是公曾涖於越興農桑振學校平詞訟愛民育士美政斐然至今嘖嘖人口不衰公之再至也郡之人無遠邇大小咸色喜幸重遇賢太守而太守亦樂與此邦之人由舊政而謀幹止焉下車之始吏畏而民用情蓋素所樹立者使然春夏之交穀價昂發常平濟之自上下下均平周密非愛人而佐以經濟者不能郡有巨案失入者手禽渠魁坐之其神明如此歲稍旱齋禱立雨其感通如此課士必躬親指示戒浮華崇實行其勸學又如此余歸而與誦說境蓋士民之望太守來久矣公通籍後由廣文起家理繁劇膺上考非日月計者可同語涖浙久權湖台金衢諸府者各一權紹興者二所至皆率以簡寬鎮以靜謐其有疑難者不畏難不避嫌不憚勞治之如家事百姓安堵臥而害馬掃除雖古之循吏何以過此吾士之愛慕吾見之列郡之禱祠仰望吾聞之識之彼石城宕渠之民可知也已書曰民情大可見誠哉是言夫情所不自已者謳歌發之公之去眷眷者各以詩鳴余既頌之以什未盡者更弁數語蓋亦不能自已云爾〔采訪〕

徐榮字鐵孫漢軍旗人道光丙申進士由縣令知紹興府事己酉庚戌間越連遭水災憂勤有惠政及咸豐初年越中江海諸塘具修濬洩以時民賴以安性喜詩畫愛禮文士而胥吏輩甚畏之尋調知杭州協辦徽嚴軍務會太平軍陷祁門進陷休寧榮與戰於徽州城外之漁亭死之〔采訪據越縵堂日記〕

〔附錄宗稷辰撰徐公祠記〕道光己酉夏紹興大雨水江海隄潰民患饑其時守郡者爲鐵孫徐公皇然狂奔徒行淖中號泣告天百神徧禱苦口勸分禁毋攘斂拮据捋荼早夜弗休官恤鄉賙惠浹窮庶明年夏五壬子擊衙署雨復集公豫爲儲糒春糗四境賚振民困甚於昔歲而恥出攘服公仁化甘餓泥塗叩首望公

流涕待哺遠近歡呼謂公活我菑平其士人欲爲庚桑之尸麥封之祝愀然謝曰水之來守不能衽席民卽救飢亦烏能人給而戶到咎戾實多烏敢以爲德明年歲康于是羣揭壽樂同登四字於越臺之門壽樂者公籌振之所卽宋人壽樂堂也嗣是兩年公乃與民休息疏沙導流杜竇修隔隄防華完益新大禹陵廟以報明德遂大開講壇與髦俊論文校藝惇崇先哲拜稽有加禮郡人抃手加額咸慶漢之馬明之湯戴我朝之李俞再見於今日矣咸豐三年公調杭州往防嚴州衢州又往防徽州意在掃平皖南羣寇以保浙邊餉匱兵飢憂瘁成痗力疾馳行山谷間未嘗一字求退屢有斬獲朝廷重以辦賊倚公遷授汀漳備兵仍留督剿漁亭之役忽致土賊計陷援師不前力戰死綏有詔震悼專祀漁亭而浙人以爲不祠於浙心未慊也杭人越人爭告大府請以名宦祀於學宮尊崇至矣而吾越士夫思公更深以爲學中之祠春秋一享吒黎罕見未足以慰其哀慕之心爰就公所服膺之王文成公祠左舊曠地十數弓葺爲公專祠使士若民出入祠下常可敬禮馨香其儻當與文成同千古而蕺山學者別爲栗主奉於蕺山祠宇相望亦公志也祠將成同人以稷辰知公深記祠之文責諸稷辰朔地寒宵欷歔追念既草此記并爲迎神送神之辭其辭曰酌清白兮寒泉依陽明兮洞天乘蒼虬兮驅蠵鰻愛越人兮神栖越山山曾禱禜兮水曾決導溺者予拯兮飢者予飽覺兮覺兮天日曉感公之仁兮忍違敎神來斯樂兮憺忘歸爲有爭享兮杭與徽時馭江濤兮往復回降福於越兮慰我永思對無斁溢兮吒無眚災鼉城北兮莫郭西春薦筍兮秋薦粢千百載兮無窮期（躬耻齋文鈔一）

唐廷綸字言如號雪航錢塘人舉道光戊子順天鄉試丙申成進士以知縣用先是廷綸父鳳儀官於皖贛有遺訓誡子孫勿爲縣令因呈請改教庚子教授紹興府學值英吉利之役襄理糧臺大計卓異己酉庚戌紹興大水查辦災振咸豐辛亥覃恩加光祿寺署正銜庚申辛酉赴各鄉查辦團練同治癸亥隨軍克復紹興府城丙寅部推廣東翁源縣知縣復請改教戊辰教授湖州府學己巳以疾乞歸卒於家廷綸視官事如家事課士三十年以躬行實踐爲歸郡人稱爲眞學師著有自得草堂詩存子恭安流寓紹興（采訪）

廖宗元字梓臣湖南寧鄉人道光丁未進士以即用知縣到浙補德清調署歸安皆有能名咸豐庚申二月太平軍自廣德陷長興民心洶洶宗元曰不足慮湖城踞形勝可戰可守詎坐而待斃乎會郡紳趙景賢自蘇來遂定議固守宗元素諳兵事有機謀設防局司兵餉趙主之設團練司民丁宗元主之布置井井屢却太平軍城得全四月太平軍再至圍城已三面矣宗元夜率精兵百人亂流而渡直擣其營適總兵曾秉忠率長龍礮船六十號自蘇至湖宗元約同夾擊是役太平軍連營數十里衆十萬以昏夜不辨多少驚擾達旦遂不敢近城解圍去當時浙撫王有齡論功多歸趙而湖民皆頌德於廖蓋癸丑年有齡守湖勸富紳捐餉趙特助二千兩王嘉趙好義其相知有素也功大不賞蜚語上聞宗元解任聽勘學使張錫庚力白其誣有齡亦悟辛酉四月金華初陷大吏以其肯任勞怨檄令權知紹興府時紹紳王履謙主團務移書省垣請緩之及浦江告危九月宗元始蒞任而事難爲矣二十六日參將何炳謙率礮船禦太平軍於錢清陣亡水師潰退回城外宗元出城撫慰奸民王淮三等毁輿毆之受重傷水師被殺者十二人二十九日城亡宗元死

於署同城包典史楨亦受戕及左宗棠爲浙撫奏聞賜建專祠贈太僕寺卿〔采訪據浙江忠義錄〕

包楨丹徒人會稽縣典史咸豐辛酉太平軍入越楨奉知府廖宗元檄協守日夕登陴廢寢饋及陷力戰受傷家丁包忠救回署公服坐堂賊入以籤筒擊之被賊剖腹死賊掠忠去越兩年子蕙生到浙適忠從賊中逸出述慘死狀請卹〔采訪據蘇浙表忠錄〕

邱同猷直隸清苑籍浙江候補從九品咸豐間署會稽曹娥巡檢太平軍陷紹興死之〔采訪據昭忠錄〕

聶銑敏〔錄孫垓蕺山懷前郡守聶公詩序〕公諱銑敏楚南人戊子春權越篆宏奬風流百廢具舉未及期月謝事病歿武林郡人士建祠蕺山公之愛才好士不多覯者秋日拜祠下不知涕之無從也

汪曰楨字仲維號謝城烏程人咸豐壬子舉人幼秉母氏趙之教敦行勵志學無涯涘以書籍朋友爲性命博觀約取箸述等身嘗修烏程縣志南潯鎮志義例精嚴爲世推重晚歲官會稽教諭著有四聲切韻表補正五卷長術輯要十卷古今推步諸術考二卷隨山宇方鈔一卷儷花小榭詩草口卷荔牆詞一卷又刋有荔牆叢刻若干卷〔采訪據輶軒續錄〕

霍順武字子方滿州長白人光緒間知紹興府事勤政愛民興修水利籌修東西兩塘及應宿閘棟樹閘等終任不出險無大水旱患郡城育嬰堂嬰多費絀設法籌欵竭力推擴活嬰無算堂中爲設長生位〔采訪〕

俞鳳岡字振巖江西廣豐縣舉人光緒初知會稽縣事先後在任三十餘年親士愛民寧靜無擾邑人至今猶能稱道之〔采訪〕

紹興縣志名宦傳資料終

紹興縣志寓賢傳資料

宋

孟彥弼字朝英宋徽猷閣大學士元祐太后南渡扈蹕至越州以巡撫使由吳徙鎭越在吳得民和在越修攢宮賜居第於紹興府治之右卒贈太師封咸寧郡王葬會稽稷山〔獨樹孟氏譜〕

孟忠厚字仁仲號監齋彥弼子宋鎭海軍節度使開府儀同三司判紹興府事公忠國事不恃私情不畏奸徒卒贈太保封信安郡王葬會稽瓜嵊嶴子充字若虛宋朝列大夫直祕閣賦性不阿觸怒執政毫不畏避以太后恩封山陰開國伯葬稷山〔同上〕

蘇玭字訓直泉州同安人宋南渡後寓居於越仕至明州通判改知泰州擢吏部郎晚年學於朱晦菴盡門人禮晦菴稱其善學以紹熙三年卒葬於會稽陶山西塢陸放翁爲誌其墓言與相從甚久山陰之居又俱在城西南相望烟水間扁舟往來交好不薄云〔見渭南文集〕

酈文紹〔錄王佐撰墓誌〕公諱文紹字時敏其先陳留人食其之後唐貞觀間有諱昶者遷淮揚遂爲淮揚人曾祖諱希亮贈學士祖諱輔國子監丞仕學士父諱守博膺承節封學士母田氏德安縣君公十歲能屬文名重天下元祐進士及第拜著作郎元符元年丁父憂政和間歷官至翰林學士宣和二年議西事不合改永寧判官知崇慶軍號令嚴肅爲邊人所畏四年征廣陵洞得遺金十萬悉命貯之官帑公未嘗目視部卒亦不敢取靖康元年不從割地之請忤李邦彥復謫長沙至中途得暴疾幾不起時五月間俄有一老人

餽黄柑三枚食之卽日病愈謫長沙者多不生還而公獨顔色如童毛髮盡綠世皆以公爲遇僊也高宗駕南渡召還復翰林學士知制誥四年以疾辭公爲人端謹廉介爲上所敬信紹興九年致仕遂家於山陰號柑仙翁卒葬會稽之義安鄉生熙寧三年十月丁卯享年百有一歲娶王氏端明殿學士王公女生四子長嵩補著作郎次坊蘭溪教授三元亨諸暨州學正幼道亨大理評事公詩賦迥出塵表若有神助所著有易解十篇太極辨論一卷奏議二十卷稽山集二十四卷事蹟之可記者如此〔會稽鄒氏譜〕

梁贏字用卿其先汴州人靖康中徙越登淳熙進士授御史慨然以功業自期明究律意而用法平恕九年陞大理寺少卿尋陞刑部尚書夙夜盡心有所顧問應對詳明一時老成推讓之四五年間獄訟一清内外肅然歷仕三十餘年卒於家訃聞上爲悼惜遣内侍黄珏諭祭其文有立身正直用法詳明之褒命有司營葬事紹定二年葬於山陰之迪埠今之白牧梁氏皆其裔也〔白牧梁氏譜〕

婁寅亮字陟明宋仕上虞令紹興間上封事請立太祖後於是准行選立伯琮卽孝宗也寅亮致仕後卜居山陰〔安昌婁氏譜〕

宋駒字廄父宋南渡後居紹興學於葉水心乃從事于古今倫貫物變終始所當究極用功甚銳家居或踰月不出野宿或兼旬不返以讀書爲樂由進士知蘄春縣卒〔節錄黄宗羲宋元學案〕

明

王襞字順宗號東崖心齋仲子也〔按心齋名艮字汝止泰州之安豐場人王陽明弟子見明儒學案〕九歲隨

父至會稽每遇講會先生以童子歌詩聲中金石陽明聞之知爲心齋子曰吾固疑其非越中兒也令其師事龍溪緒山先後留越中幾二十年心齋開講淮南先生又相之心齋沒遂繼父講席往來各郡主其教事歸則扁舟於村落之間歌聲振乎林木恍然有舞雩氣象萬歷十五年十月十一日卒年七十七先生之學以不犯手爲妙鳥啼花落山峙川流飢食渴飲夏葛冬裘至道無餘蘊矣充拓得開則天地變化草木蕃充拓不去則天地閉賢人隱今人纔提學字便起幾層意思將議論講說之間規矩戒嚴之際工焉而心日勞勤焉而動日拙忍欲希名而誇好善持念藏機而謂改過心神震動血氣靡寧不知原無一物原自見成但不礙其流行之體眞樂自見學者所以全其樂也不樂則非學矣此雖本於心齋樂學之歌而龍溪之授受亦不可誣也白沙云色色信他本來何用爾脚勞手攘舞雩三三兩兩正在勿忘勿助之間曾點些兒活計被孟子打併出來便都是鳶飛魚躍若無孟子工夫驟而語之以曾點見趣一似說夢蓋自夫子川上一嘆已將天理流行之體一日迸出曾點見之而爲暮春康節見之而爲元會運世故言學不至於樂不可謂之樂至明而爲白沙之藤蓑心齋父子之提唱是皆有味乎其言之然而此處最難理會稍差便入狂也蕩一路所以朱子言曾點不可學明道說康節豪傑之士根本不貼貼地白沙亦有說夢之戒細詳先生之學未免猶在光景作活計也〔黄宗羲明儒學案〕

高弘圖字子猷號硜齋山東膠州人萬歷庚戌進士累官工部侍郎弘圖性伉直當天啓崇禎間東林齊楚宣浙之黨互相詆誹而弘圖一無所附麗立朝剛介嘗爲御史與逆奄忤削籍而名愈高其在工部官者張彝

紹興縣志資料　第一輯　寓賢傳

憲受勅督部事弘圖恥與並坐復罷歸踰年而懷宗思之又聞其佐膠州城守有功召至闕諮以時事補南京兵部侍郎尋擢戶部尚書甲申李闖犯闕史可法謀勤王弘圖轉芻粟浮江入淮以濟師方發而烈皇帝凶問至南都大臣議所立可法謂非英主不足以定亂弘圖與姜曰廣呂大器佐之方擇主而福王至淮馬士英貪定策功與諸將以兵威奉王倉卒稱大號以弘圖物望所屬改禮部尚書東閣大學士與可法並入直弘圖因請移蹕中都進臨山東示討賊之舉開經筵設起居注宗廟未立先製列聖神主祔享奉先殿宗藩流離玉牒散軼令各府長史備上典籍江北今爲畿輔其被兵郡縣兩年之內蠲其正稅羣臣章奏不得妄言以淆是非而遣使朝鮮可以牽制凡八議皆優旨答之未幾可法出督師士英輔政憚弘圖等既而士英疏荐阮大鋮弘圖持之士英曰我既犯人言豈敢相累因自擬旨卒起大鋮爲兵部侍郎弘圖漸不安其位矣左懋第之北使也弘圖奏事宜一山陵閟梓宮葬田貴妃墓宜於天壽山特立陵寢選日改葬一分地許割榆關以外不得侵及關內一歲幣量增十之三一國書如古稱可汗故事一使禮遵會典不可屈膝以致辱命當是時淸方議遣師南下而懋第至守其議崛强不屈國書無由達使事不終議者謂弘圖不達時勢執承平故事以虛文釀禍然其時廷臣皆莫之計也其後議遣中官督畿輔浙閩餉復設東廠弘圖皆力爭之又請召還史可法士英愈怒矯旨切責因力求去弘圖在閣士英尙畏之不敢肆志及去遂無所忌時山東已失弘圖流寓吳門已復渡入浙東弘光亡涕泣絕食卒於會稽之竹園寺〔節錄溫睿臨南疆逸史〕

〔附錄全謝山爲明故相膠州高公立祠議與紹守杜君書〕執事葺念臺之精舍祀寓山之影堂皆近世俗

吏所無其有功風教大矣而越中有一典禮百年以來未之舉者則膠州高文忠之祠是也僕初至越嘗向諸生問以膠州厲寮而莫能對也始寧倪生安世者太保文正公後也蹙然對曰相傳在野寺中而今亦無確知其地者蓋天下之平久矣但膠州之未有祠祀於越是下國之恥也僕曰善哉對也是非文正之後不能爲此言然而無可告者今幸值執事守越講明廢闕振起忠孝膠州之祠當在斯日蓋膠州厲公此間無有子孫能請之當路者倘得之是尤天理人心之公有光文獻者也膠州乖迕貴陽其詳已載明史據李公映碧三垣筆記則當其未去時貴陽尙在牽制自其去而小人益無所忌膠州家本素封亂後一介不存但攜一少子欲居常熟不果寄於長洲久之入越其居越也日惟一餐祈死於神不見一客及蕪湖敗聞至念臺尙與熊公雨殷銜訇赴杭議奉潞王發羅木營兵以拒守而膠州不往嘆曰天之喪明若稽夫徒苦江東父老亦復何益吾籌之熟矣遂絕粒貝勒以貂參致書聘六公膠州爲首使者至門家人使致命於殯宮使者太息而去時膠州已托其子於門客海寧談遷挈之渡江蓋逆知浙東將有事也會畫江之師起詔贈太師謚文忠其制詞吾鄉林評事時躍所草有云卽避兵之凈土爲薦酹之周垣則是時故有賜祠之旨而兵革匆匆未施行耳是皆明史及諸野乘所未及者赧王六相大與死於邛上膠州死於越中最後而新建死於金王之難不然則南都綸閣眞穢地矣而膠州首山之薇適在此間箕尾寒芒至今臨之豈可使空山杜宇怨人也謹卽遣倪生持短牋商之執事倘得俞允不腆僕文卽可採入麗牲之石亦未必無助也〔鮚埼亭集〕

王正中　〔錄黃宗羲撰墓表〕君諱正中字仲撝直隸保定人登丁丑〔崇禎〕進士第未謁選遊於高唐州會大兵〔清〕南下轉運銀杠亦避入高唐大兵圍高唐州守以爲銀杠且晚是敵物不如以此贊城免士女屠戮流離之苦立要約使與議者押字仲撝與焉事平轉運者上失物狀於是逮高唐守及仲撝論死繫獄數年刑科給事中李靖理而出之降補揚州照磨移長興知縣國變後失官避地於紹興截江時以兵部職方司主事攝餘姚縣事是時公私赤立劃奪爲豪市魁里正朝得箚付一紙暮便入民舍根括金帛係縲丁壯交錯道路郡縣不敢向問爲某營也仲撝設兵彈壓各營取餉必使經由於縣品覈貲產裁量以應之非是則爲盜賊總兵陳梧敗於檇李渡海至姚鹵掠鄉聚仲撝遣兵擊之鄉聚相犄角殺梧行朝忌仲撝者以此聲討某謂梧之見殺犯衆惡也不當罪正中上疏救之乃止張國柱刼定海王總兵縱兵大掠列船江上入城牢搜者二千人仲撝攔止所圍大姓數家從仲撝丐命仲撝爲之消息國柱終不得志而去田仰荆本徹先後過姚舟檝蔽江皆帖帖俯首不驚雞犬蓋人民之恃仲撝一時如決水之隄焉陞監察御史尙寶寺卿朱大定太僕寺卿陳潛夫兵部主事吳乃武皆從浙西來受約束壞山烽火達於武林仲撝短小精悍喜於任事雖以武寧羣從得不爲列營所撓亦其智計有以副之也好讀實用之書不事文彩其言星象則從閩人柯仲炯於獄中受之行朝初建進某所著監國魯元年大統曆丁亥訪某山中某時註授時曆仲撝受之而去壬辰來訪授以律呂辛丑來訪授以壬遁仲撝皆能有所發明自某好象數之學其始學之也無從叩問心火上炎頭目爲腫及學成而無所用屠龍之技不待問而與之言亦無有能聽者矣跫然之音僅一仲

搗又以饑火驅走南北丁未二月遇之越城爲言年來益困將於鑑湖濱佃田數畝以醫卜佐食耳其年八月十九日仲搗卒年六十九權厝於山陰之陳常堰所著周易註若干卷律呂詳註一卷子一人三捷嗟乎某與仲搗交二十餘年與之同事而無成與之共學而未畢仲搗生時已無人知仲搗者向後數年復更何如此紙不滅亦知稽山塊土曾塞黃河也〔南雷文約〕

清

魏畊原名璧字楚白甲申後改名畊又名甦以世胄少失業學爲衣工於湖州能讀書有富室奇其才客之尋以贅壻隸歸安籍成諸生國亡棄去所交皆當世豪俠志圖大事與於茗上之役兵敗亡命江湖妻子滿獄弗恤也久之事解乃與歸安錢纘曾居茗溪閉戶爲詩酷嗜李白長洲陳三島尤心契之東歸遊會稽與張近道朱士稚極相得因幷交纘曾三島稱莫逆畊又與祁公子理孫班孫善得盡讀淡生堂藏書詩日益工畊癖於酒色祁氏兄弟竭力資給之畊至輒爲置酒呼妓而朱張數子左右之久之畊遣死士致書鄭成功謂海道甚易南風三日可直抵京口己亥鄭如其言幾下金陵已而軍退畊遮道留尚書張煌言請入焦湖以圖再舉復不克是役也江南半壁震動閧其謀出於畊邏者益急纘曾行賄得稍解癸卯有孔孟文者從鄭軍來有所求於纘曾不饜幷怨畊以其蠟書首之畊方館於祁氏被執至錢塘與纘曾俱不屈死妻子盡歿班孫亦遣戍初諸子破產結客士稚首以是傾家近道救之得出獄而近道竟以此渡江遇盜死己亥三島亦以憂憤死畊死山陰李達楊遷經營其喪坐遣戍錢塘孫治卒購得畊骨葬之南屏後改葬靈隱石人

峰下題曰長白山人之墓鄞人墓在湖上者職方楊文琮同以是年死次年尚書張煌言亦葬焉時呼曰三忠之墓畊居苕上爲晉高士沈禎沈聘故山故有息賢堂因名其集曰息賢堂集自言其前身乃劉楨也

〔慈谿縣志〕

向某不知其名號往來行李自以客浮爲識初爲天台縣學生爲知府郭昌燧所誣籍其家入滿洲旗教旗童數歲旗主德之質其子放歸歸途遇盜乃其同學友驚問故曰某家廹內徙無所恃不得已隨衆掠海舶自給且保護鄉里哭而別贈金三十兩因得貨於會城諸州邑漂流至越寓會稽山中僻小村有詩歌一册大都多怨誹之音〔陶及申篛厂文選〕

全祖望字紹衣號謝山鄞縣人乾隆元年進士改庶吉士十三年紹興知府杜甲延主蕺山書院祖望既建言於浙撫方觀承謂子劉子正命百年而無專祠書院故其學舍生前嘗目稱蕺山長則祀之莫良於此乃重新其堂以奉栗主祠成率諸生行釋菜禮因議定配享從祀諸弟子撰子劉子祠堂配享碑其初課諸生以經義繼以策問詩古文辭條約既嚴甲乙無少貸越士始而大譁已而帖然一月之後從者雲集學舍至不能容方撫復欲開雕蕺山遺書屬祖望讎正有訪購子劉子亡書詩杜守欲建倪文正元璐祠於上虞苦經費無出祖望議即上虞書院中新兩楹以祀之撰倪文正祠堂碑銘杜守謁宋六陵補祀謝臯羽王修竹鄭樸翁於唐林之次祖望告以尚有羅陵使不可遺語詳冬青祠祭議與杜守帖子中復與杜守議立故太守湯公鴸菴之主於書院又欲推其例於陳臥子及明故相膠州高弘圖皆已議定以去越不果次年杜守仍

請主蕺山祖望固辭以舊冬主人徵失禮也於是蕭山餘姚諸暨之士爭先入學舍者幾滿合之山陰會稽共得三百餘人旅食以待諸生蔡紹基沈有聲姚世治率十餘人抵鄞面請杜守亦密懇觀察使者俟某速駕終不赴〔據董秉純編全謝山先生譜〕

吳均字雲帆錢塘人嘉慶己卯舉於鄉大挑用知縣分發廣東初任潮陽令瀕海斥鹵民田乏灌溉引水開渠口三築堤六千一百餘丈化瘠壤爲膏腴縣俗惑於堪輿多停柩不葬捐置義塚令速瘞埋免暴露重修棉陽書院拓廣講舍增給諸生膏火及任海陽值潮陽劇匪黃悟空聚黨焚刼圖襲縣城急率勇突赴匪驚潰遂擒數百人以計獲黃悟空置之法時惠州土匪楊阿惹八等乘機竊發大吏檄往勦擒楊阿惹八等千餘名各邑藉以安謐迨洊升潮守郡東廣濟橋被水沖潰權設浮船以濟行旅多患覆溺捐俸倡率橋得修復如舊咸豐四年江南遣撤潮勇回籍煽惑作亂土匪陳孃康王興順吳忠恕陳阿十等紛起滋擾適公再守郡次弟撥勦殺賊數千有撲郡城者悉解圍去澄海外沙賊猶猖獗移兵攻破之值霪雨連旬跽雨中求晴久衣透濕洎天霽功得成全潮以定而積勞卒以不起奏聞得旨贈太僕寺卿廕一子入監讀書以知縣用並詔入祀名宦准於潮州府建立專祠歷任事蹟宣付國史館入循吏傳生平居官有三不要三可對之稱以不要錢不要官不要性命可對天可對地可對君親所行能踐其言其勦匪時揭二黑幟於前紛書十二字曰但願百姓回頭免得一番辣手蓋治匪極嚴匪每股渠相戒吳鬍子不好惹然宅心仁恕猛以濟寬寬以濟猛實兩兼之本徽州籍寄籍錢塘愛浙東山水僑居越城後任所靈歸葬五雲門外之前丁子孫世居

城區今猶稱同卿第焉（采訪）

吳鍾愔字樸菴蕭山人嘉慶丙子優貢道光辛巳舉人爲山陰義學師（按卽袍瀆義學參看潘汝翼傳）師範端嚴治經終身惜著作散佚（蕭山縣志）

楊鳳翰字抑甫曾祖朝位嘉慶辛酉舉人善屬文鳳翰胚胎家學弱冠卽有聲黌序性耿介不隨人俯仰故與世寡諧嗣丁寇難渡越中棲泊柯亭山下悒悒無憀時父挈眷依戚族於衢州江路阻修鳳翰由上海繞江西行出入兵戎五閱月始達未踰年遽歿旅次生平學問淵博尤工詩著有鏡海樓集四卷其友錢大令保塘序而刊之（海寧州志稿）

徐迪惠字鹿苑上虞人嘉慶戊午舉人官江西泰和知縣著象洞山房文詩稿（馬賡良撰墓表云）先生究心青囊天玉諸書神而能明嘗與青田進士端木國瑚訂正地理元文一書道光初旨下巡撫資遣來京與選三吉地叙勞擢同知先生旣雅以地理自喜故歷宰劇邑廉明慈惠而一時譁稱先生之地理吏績轉隱焉（姚元之序略云）鹿苑通天文之學凡天官占驗遁甲諸書靡不洞悉精微其爲文肆力於古倔强離奇精神迸躍不名一體君植品旣醇而所學又足以輔之故能下慰民望爲他日傳循吏者所取（上虞縣志云）徐迪惠原名肆三字聞詩號鹿苑弱冠登嘉慶戊午鄉薦九上公車不第由大挑歷署江西進賢縣義寧州知州所至有惠政補授泰和縣知縣迭辦要案百廢具興重修泰和縣志創設懷仁渡義船道光乙酉丙戌連年旱潦兩次捐廉千五百金賑給老幼收埋淹斃紳耆頌德不衰嘗與青田端木國瑚參定地理元文奉

旨召相萬年吉地解任進京旋以丁內艱歸徙居郡城徐人龍尙書故第性戇直好施與嘗捐田一百二十畝作會試公車路費士林德之著有象洞山房詩文集行世子賡梅〔後改虔復〕自有傳弟之子作梅同治戊辰進士補廣西北流縣知縣署思恩有聲民爲立德政碑

徐虔復〔錄馬賡良撰傳〕字寶彝先世上虞人父迪患泰和宰始居郡城寶彝生數歲卽知讀書目一二過背誦無遺稍長博覽强記作爲文縱恣自喜年十五補博士弟子員數年食餼邑中言文者皆稱寶彝而寶彝益自負嘗大言丈夫生世閒當匡君濟民與天下同憂樂又言天下多事吾當請長纓爲天子繫虜然屢試不第道光巳酉貢乙科寶彝既不得志乃發憤肆力於詩古文辭凡周秦兩漢以迄唐宋書無不畢讀輒能記憶故其遇日益窮而所作詩古文辭日益工祥符周侍御叔雲兄弟山陰李郎中愛伯周比部雪甌會稽孫子九皆與寶彝遊當是時寶彝名播吳越然終不第辛酉九月□〔太平軍〕陷郡城寶彝先一日抱詩文稿至餘姚姜渡村依其戚姜進士聯福編次其稿數日十月餘姚陷爲□所得王某者上虞人先被虜爲主計素識寶彝見之驚曰徐君耶寶彝趨而前熟視曰咄王某奈何從賊某禁勿聲趨白寶彝才足用乃導入室授意則罵曰賊奴子徐虔復豈爲賊用者耶某曰姑安之與其死也罵不已須臾具食憤不食强之大哺啜已復罵王知其求死閉之謹數日稍弛寶彝中夜起得佩刀置柱礎之大呼曰王某吾死矣某驚起已浴血死急白□爲具棺葬寶彝既死其稿無所復得家人亦不知死所後某從□中出言其事始悉然其葬處不復能記論曰孫子九嘗稱徐君徐君詩文余不及見然子九稱之至欲伏闕請纓與天下同憂樂何其

狂也罵敵至死而敵葬之非忠義感人者耶或曰狂聖人之所取也狂然後能罵口理或然歟

〔附錄譚獻撰墓誌銘〕咸豐十一年十月口〔太平軍〕陷餘姚縣掠姜渡村郵贈雲騎尉世職直隸州州判副榜貢生徐虔復止焉不屈死之君字寶彝原名鼎梅上虞人父迪惠江西泰和縣知縣君生絕慧讀書博習銳欲試於事雄於文辭其志卓然不阿道光己酉副舉人終已不達意氣自若也敵將至君自府城抱其詩文稿本走姜渡及於難敵擁君行所識同縣王某詫曰君胡至此曰汝從賊耶吾有死耳王咋舌不語敵知君文士乃屬王欵之謹伺之君憤不食罵敵求死俄而大飲啖數日敵意稍弛一夕臥起得敵佩刀倚杜祖而觸之且觸且呼王曰徐虔復死矣王驚起視君已浴血僵也噫君固不欺其志者歟後家人招魂以葬於義宜銘銘曰霜霰下有崗瘁儒一人世無譁樹之松墓門闕

田裕〔錄宗稷辰躬耻齋文鈔〕王氏僕田裕山西人幼粥身事王愛山翁宦游于晉後攜之以歸裕服勞于王氏自丱至耄歷三世性忠直勤謹不昏不嗜利少飲無酒過貌肫肫然也王氏伯仲兩房仲有三子甚貧而孤初猶合爨久之三子喪其母境益困各謀自食將析箸裕聞而泣勸之曰合則一釜分則三釜自此困將益甚矣三子感其意顧不能從余時假寓槐堂聽其言而喜之爲採入一行傳中迨裕沒念其嘗往來余家祖塋山中助力如在王氏心重其爲人久而不能忘舊草在山房恐亂後亡佚特爲補書焉

倪順者陝西渭南縣回民也小名阿濟咸豐時誣陷大辟囚囹圄已處決有日矣余公炳燾知渭南縣廉得其情爲之平反釋放之日順並不作謝言意以此恩非口舌能報也逮余公以守城拒賊功升任河南布政使

旋卒於任順聞知亟赴洛陽慝欲首繇前詎順至而柩已先回故里順隻身無資乃走行至塚斜詣墓門叩拜則云此身無可酬報願役余門以終其身維時紹郡被奪山鄉無安枕日余公觀瑩創辦義勇團禦之於平水之石馬坂順與焉順故充兵籍知紀律首先執旗闖入敵陣奈後隊不繼順遂被擒支解之 （家斜余氏譜）

顔竹工（錄宗稷辰躬耻齋文鈔）烏傷山民久客于越習編竹篾製器精于心而熟于手貴者爲籩爲筍鉅者爲簞爲㢒織者爲筐筥爲楂皆有裨于居家日用其業甚勤其食甚廉寒暑敝衣撙節縫補不以爲苦雖古之守藝食力者弗能過也自余以憂歸越始來依余家傭作不去盎背眇目言訥而行遲已老矣積傭資市山木爲棺以俟死洎焉無多求也余再出山竹工司家塾四賢義學之門蓁謹兩從孫隨師誦讀出入稍縱輒正色訶止頗畏憚之咸豐十一年九月二十九日粤匚犯越城猝陷闖孝里突入家塾門竹工忘其衰且孱力拒凶暴中一戈以死然寇中主兵者其時本不欲殺人殺竹工後余家吏無被害者四賢栗主與塾西家廟宗祏歷三月猶未傷毁然則竹工之一殉所保全不甚大哉其愚惡之誠抗節之勇報主之忠有常人所不能及者惜其自制之棺能否斂骸以納于土尚未有聞尤可哀也 （下略）

唐恭安字子敦錢塘人廷綸（見名宦傳）子諸生父歿流寓紹興以少年善病絶意帖括篤志乙部尤熟南北朝及明季事三十以後嘗仿秀水朱氏經義考爲史籍考存佚未見一用朱氏體裁烏程汪曰楨稱閎著晚年慮未見者多更爲史籍所見錄裒然成巨帙又喜讀唐劉知幾史通得曰楨手校浦氏通釋朝夕尋繹補

校疑經惑古諸篇加以糾正復病河間紀氏削繁過嚴别爲史通拾繁一書祥符周星譽謂劉氏之功臣亦浦紀之諍友也好爲詩古近體皆宗白傅嗜佳山水六十以後得足病猶命小舟出游往來吳越載書自隨愛藝菊自號菊隱老人宣統三年十月卒年七十葬山陰縣南池瓛璆嶂父墓旁〔沈曾植撰傳〕子詠裳一名風字健伯號後兎爰詩人光緒二十六年歲貢生候選訓導二十九年爲浙江大學堂監學清亡後隱居於越以遺民終民國二十五年卒葬祖塋側所著有庸謹堂文存庸謹堂詩鈔鹹酸橋屋詞庸謹堂歲華紀感雉桑小刻均已刊行〔采訪〕

宣小毛諸暨產或曰鄞人也洪楊時方童年避亂來紹寇退無可歸遂棲流於大江橋之張夏祠日則效伍員之乞市夜則步袁安之高臥自是以後每日黎明身起於邇廟一帶畚埽垃圾其地皆南貨棧及水果行門外見抛棄腐爛之果拾之去在廟前戲臺下設攤而市之或有字紙艸紙又拚拾之以有字者焚諸爐沒字者悉插諸厠所以供人用行主喜其勤賒以佳果屬沽出償錢乃日以爲常後可弗必沿門托缽也而惜字供厠仍不懈且於暇時覓破瓦缶收藏於局街護國寺內每以鐵絲堅箍之迨殘冬時給諸丐以禦寒歲歲不輟閱數十年薄有蓄積行棧各主恩其娶婦許以佽助乃成家室生壯男二及長成皆爲立業昏娶洎晚年見善勇爲蹀躞於街頭巷尾尤注重於津梁螺螄橋之後有石家池頗深廣鄰近舖戶皆汲綆於此池袤形須繞道行始爲架木板以濟渡耿耿欲建一石梁日事勸募至某年預算可成或不敷以己之所蓄補足之於是鳩工庀材圍以石磡不數月而石梁成兼築一亭蓋此地係出昌安要道以便路人憩歇且夏間得

以納涼自謂得蔵此事死亦瞑目厥後改造大小兩江橋皆與有力焉享八旬上壽子孫甚衆〔節錄李文札撰傳〕

紹興縣志厲賢傳資料終

名宦傳校誤表

頁	行	正	誤
二	前九	發粟	發票
四	後一三	此傳	北傳
五	前三	明史下應加括弧	
五	後一	續堰	積堰
六	後一三	又據	乂據
八	前二	三代	二代
八	後八	于穎	于穎 下同
十	後一二	雍正	雍止
一一	前一	古齋	古齊
一五	前三	光祿	光倸

庽賢傳校誤表

頁	行	正	誤
四	前八	弗恤	茀恤